Rudolf August Usinger

Die Anfänge der deutschen Geschichte

Rudolf August Usinger

Die Anfänge der deutschen Geschichte

ISBN/EAN: 9783743397743

Hergestellt in Europa, USA, Kanada, Australien, Japan

Cover: Foto ©ninafisch / pixelio.de

Manufactured and distributed by brebook publishing software (www.brebook.com)

Rudolf August Usinger

Die Anfänge der deutschen Geschichte

DIE ANFÄNGE

DER

DEUTSCHEN GESCHICHTE.

VON

RUDOLF USINGER.

HANNOVER.

HAHN'SCHE HOFBUCHHANDLUNG.

1875.

Hannover. Schrift und Druck von Fr. Culemann.

Die Schrift, welche hier veröffentlicht wird, ist die Arbeit, welche den so früh der Wissenschaft und seinem Lehramt entrissenen Verfasser die letzten Jahre hindurch vorzugsweise beschäftigte und deren Vollendung er nicht mehr erleben sollte.

Sie hat, wie so manches Buch, selbst ihre Geschichte. Usinger hatte nach einer Besprechung mit mir den Plan gefasst, eine Geschichte des alten Sachsens zu schreiben. Er meldete am 3. November 1870: „Unser letztes Gespräch wird hoffentlich für mich recht gute Folgen haben. .. Mit dem Plan eine Geschichte Sachsens zu schreiben kehre ich zu einer Idee zurück, die ich schon als Student hatte. .. Nur fasse ich die Aufgabe jetzt weit grösser. Die Geschichte des Theils Deutschlands, der fast unberührt blieb von der unmittelbaren Einwirkung der Römer, wird vielfach die Entwickelung der Deutschen selbst zur Darstellung zu bringen haben. .. Rüstig bin ich auch sofort ans Werk gegangen. .. Die Kriege der Römer beabsichtige ich nicht zu schildern. Um ihren geschichtlichen Zusammenhang zu erklären, müsste ich zu tief auf Verhältnisse eingehen, die mit Sachsen nichts zu thun haben. So beginne ich die Nachrichten zusammenzustellen über das allmähliche Verschwinden der alten Völkernamen und das Aufkommen des neuen Gesammtnamens. .. Jedenfalls bin ich rüstig an der Arbeit, und sehe ein weites Feld vor mir, wo ich kräftig graben und den Acker nach eignen Ideen bestellen kann". Wie ich noch heute bedauern muss, diesem Plan ist er so nicht lange treu geblieben. Schon am 13. De-

cember hiess es: „Mit der Geschichte der Sachsen bin ich
sehr gut in Gang gekommen. Zunächst haben mich freilich
ausschliesslich die ethnographischen Verhältnisse der ältesten
Zeit, schon der Abgrenzung wegen, beschäftigt... Ich habe
früher den Nachrichten über die Sueben einen sehr geringen
Werth beigelegt: ich bin jetzt ganz anderer Ansicht". Am
17. Januar 1871: „Viele, sehr viele Schwierigkeit haben mir
die älteren ethnographischen Verhältnisse bereitet... Doch
gab mir ihr Studium durch Forschungen über Sprach-, Haus-
bau-, Rechts-, kirchliche Grenzen u. a. schon für die folgende
Zeit manche wichtige Gesichtspunkte. Auch bin ich jetzt
so ziemlich damit fertig". Aber am 23. Juli, nach Unter-
brechung durch eine Krankheit: „Die Geschichte Sachsens
schreitet allerdings vorwärts, aber weit langsamer als ich dachte.
Die ethnographischen Verhältnisse, von denen ich als grund-
legend doch ausgehen muss, machen mir zu viel Schwierigkeiten... In der letzten Zeit haben mich die Franken ausschliesslich beschäftigt. Mit einer Abhandlung über die Herkunft derselben, die wesentlich druckfertig vorliegt, denke ich
die Geschichte Sachsens zu beginnen. Sie ist erforderlich, um
die ethnographische Stellung der Sachsen darzulegen". Zwei
Ausarbeitungen und der Anfang einer dritten sind im Nachlass
erhalten, beide gehen sie aber nicht über die Zeit der Römer-
kriege hinaus, und enthalten grossentheils dasselbe, was später
in eine andere Form gebracht ward. Denn der ganze Plan
nahm eine andere Gestalt an. „Die Neigung mich mit allgemeiner Deutscher Geschichte zu beschäftigen", schrieb er am
23. Februar 1872, „ist doch bei mir überwiegend und hat daher denn auch den älteren Plan erweitert. Ich arbeite an einer
Geschichte der Deutschen Stämme. Der erste Band wird die
Anfänge derselben enthalten und etwa bis auf Karl den Grossen
gehen". Und bald darauf 31. März: „Jetzt bin ich ja nun

freilich mit einer grossen Arbeit und swar sehr ernstlich be-
schäftigt. Weil ich mir absolut kein festes Bild über die
ethnographische Stellung der Sachsen machen konnte, kam ich
schliesslich auf den Plan, eine Geschichte des Ursprungs der
Deutschen Stämme überhaupt zu schreiben. Dass sich auf
Zeuss nicht bauen lässt, haben Sie selbst oft genug gezeigt.
Wir besitzen überhaupt noch keine älteste Geschichte der
Deutschen". Nachdem ich ihm manche Bedenken gegen dies
Vorhaben geäussert, war in den folgenden Briefen weniger von
demselben die Rede; auch andere Arbeiten, namentlich für die
Schleswig - Holsteinsche Gesellschaft für vaterländische Geschichte, nahmen ihn in Anspruch. Erst im März 1873 kün-
digte er an, dass er hoffe das Werk im Lauf des Jahres zu
vollenden, den Druck eines ersten Bandes erster Hülfte bald
werde beginnen können. Dann aber dehnten sich seine Vor-
lesungen weiter aus, beschäftigten und befriedigten ihn in viel
höherem Grade als die ersten Semester in Kiel. Die Deutsche
Stammesgeschichte hat auch in dieser Zeit nicht geruht, aber
geringere Fortschritte gemacht. In dem letzten Brief, den ich
empfing, vom 20. April 1874, nicht lange vor der Bremer
Zusammenkunft des Hansevereins, zu welcher er sich lebhaft
freute und wo der Tod ihn so plötzlich ereilte, wird derselben
nicht gedacht.

In dem Nachlass befand sich ein grösserer Abschnitt vollständig, so gut wie druckfertig ausgearbeitet. Dazu kamen
verschiedene Anfänge, ausserdem Fragmente späterer Theile.
Ein Blatt enthielt einen Plan der Arbeit, den ich hier mittheile:

„A. Ausbreitung der Germanen.

1. Hercynischer Wald (umzuarbeiten und zu erweitern).

2. Die Ausbreitung der Germanen vor der Ankunft Caesars in Gallien.

3. Von Caesar bis Tacitus.

B. Die Völkerschaften der Germanen.

1. Sueben.
2. Friesen.
3. Nichtsueben.
4. Römische Nichtsueben.
5. Halbgermanen (Belgen, Trevirer, Nemeten u. s. w., Donaugermanen).

(Sitze, Verfassung, Wirthschaft, stets jeder Völkerschaft zugefügt).

C. Die neuen Stämme.

1. Franken.
2. Allemannen.
3. Baiern.
4. Friesen.
5. Sachsen.
6. Thüringer.

D. Das Fränkische Reich. "

Vergleichen wir mit diesem Plan das vorhandene Manuscript, so zeigt sich, dass dem Abschnitt A 2. 3 das entspricht, was in zusammenhängender Redaction vorliegt, und was ich deshalb als „Ausbreitung der Germanen" bezeichnet habe, obgleich es nicht blos diese, sondern namentlich auch die Einwirkungen der Römer auf die Germanische Welt bis zu Tacitus enthält. Ein Abschnitt über den Hercynischen Wald war nur in älterer Gestalt vorhanden und liess sich jener Darstellung nicht wol einfügen. Ich habe ihn als „einzelne Ausführung" beigefügt, ebenso eine offenbar spätere, weitläuftigere, für den Anfang bestimmte Auseinandersetzung über die von dem Verf. angenommene frühere Verbreitung der Kelten nach Osten und Norden und allmähliche Verdrängung durch die Germanen auch in diesen Gebieten. Daran reihen sich Abschnitte über einzelne Deutsche Völkerschaften, wie sie für den zweiten Hauptabschnitt des Buches

beabsichtigt waren, aber nur theilweise und auch nicht gleichzeitig, zum Theil nach anderem Schema ausgearbeitet worden
sind. Einiges andere, was sich im Nachlass fand, war entweder
nur Wiederholung oder zu abgerissen, um passend veröffentlicht werden zu können.

Man wird vielleicht die Frage aufwerfen, ob die so un-
vollendet gebliebene Arbeit überhaupt dazu geeignet gewesen
sei. Ich habe geglaubt sie bejahen zu sollen. Nicht als ob
ich mit den Ausführungen des Verf. immer einverstanden wäre
oder von ihnen eine wesentliche Förderung unserer älteren
Geschichte erwarten möchte. Dass beides nicht der Fall, habe
ich Usinger bei seinen Lebzeiten, ohne allerdings mehr zu
kennen als den allgemeinen Plan und was derselbe als besonderen Ausläufer seiner Untersuchungen in den Forschungen zur
Deutschen Geschichte (XI, S. 395 ff.) hat drucken lassen, nicht
verhehlt. Mir scheint jetzt, dass er namentlich bei den ethnographischen Untersuchungen sich immer mehr auf ein Gebiet
unsicherer Vermuthungen und Combinationen begeben hat.
Das betrifft aber nur einen Theil der Arbeit. Er hat dem
Gegenstand viel Fleiss und Sorgfalt zugewandt, die Ausarbeitung mit sichtlicher Liebe unternommen, wie schon die
wiederholten neuen Anfänge zeigen; die Darstellung ist mit
Wärme gemacht: man lässt die etwas helleren Partien unserer
ältern Geschichte in dieser gewandten, von allgemeinen Ideen
getragenen Darstellung mit Vergnügen an sich vorübergehen.
Er selbst legte auf seine Untersuchungen nicht geringes Gewicht. „Ich hoffe", schrieb er, als ich ihm meine Bedenken
geäussert, „Ihnen zu zeigen, dass ich nach jeder Seite hin
— wol mag es ein kühnes Wort scheinen — das Zeug habe,
um, was seit Mascou nicht geschehen, den viel durchwühlten
Boden zu beackern". Den Haupttheil der hier vorliegenden
Abschnitte hat er für druckfertig erklärt.

Auch war daran kaum etwas zu redigieren, höchstens hie
und da ein Citat nachzutragen: eine Arbeit, der sich Hr. Dr.
Holder-Egger freundlich unterzogen hat. Die beigefügten
„einzelnen Ausführungen" gehören, nach dem was vorher bemerkt, verschiedenen Zeiten an, die über den Hercynischen
Wald und die Sueben sind älter, die über die Ausbreitung
der Kelten jünger als das Hauptstück. So zeigen sich einzelne
Wiederholungen, hie und da auch Differenzen der Auffassung,
auf die in den Noten aufmerksam gemacht ist. Auch die
Schreibung der Namen war keine ganz constante, dazu in
Usingers Handschrift nicht immer mit rechter Sicherheit fest-
zustellen [1]). Doch habe ich Sorge getragen, das Manuscript
möglichst getreu wiedergeben zu lassen, nichts zugethan oder
weggelassen, was irgend seine Arbeit verändert hätte, nur
den allgemeinen Titel habe ich gewählt.

Möge das Buch auch in dieser allerdings ja unvollkommenen
Gestalt das Andenken an einen der eifrigsten und treuesten
Forscher auf dem Gebiet Deutscher Geschichte erhalten, dem
nicht vergönnt war, die Ziele zu erreichen, die er sich hoch
gesteckt und nach denen er unablässig getrachtet hat, von
dessen wissenschaftlicher Kraft und reichem Talent aber diese
wie andere Arbeiten das rühmlichste Zeugnis geben.

Göttingen, 9. August 1875.

G. Waitz.

---

1) Es findet sich Sueben und Sueven, Usipeter und Usipier, Trevirer
und Treverer, Sigambrer und Sugambrer, daneben Sigambern; diese Le-
sung konnte öfter schwanken zwischen Nemeten und Nemeter, Bataven
und Bataver u. a. In dem Aufsatz der Forschungen hat er auch „Belger"
drucken lassen. Es ist möglichst die gleiche und die zuletzt vorgezogene
Form gewählt, doch hätte darnach wol auch Sugambrer gesetzt werden
sollen, ebenso gleichmässig Ptolemaeus.

Inhalt.

Die Ausbreitung der Germanen.

I.

Je höher die Cultur der Menschen steigt, je mehr ihre gemeinsame Arbeit durch gegenseitige Unterstützung, wie sie in Staat und Gesellschaft erreicht wird, grösseres Wolleben, eine höhere Gesittigung und ein strafferes Vertreten der gemeinsamen Interessen bewerkstelligt hat: je mehr werden die Schranken zurückgedrängt, welche die Natur der Wirksamkeit der Menschen gestellt hat. Ein Blick auf die Entwickelung des menschlichen Geistes lehrt, wie sehr ein solcher Fortschritt in das Leben des Einzelnen eingreift: während ein gleicher Blick auf die Entwickelung der Völker bekundet, dass in früher Zeit der räumlichen Ausdehnung derselben gar häufig in der Bodenfiguration selbst da unübersteigbare Schranken entgegengestellt wurden, wo der Verkehr jüngerer Zeiten kaum Schwierigkeiten zu erkennen vermag.

Deutlich tritt solches in der Geschichte Deutschlands hervor.

Nirgends zeigt das grosse mitteldeutsche Gebirge schroffe, schwer überwindbare Uebergänge, die, Cordilleren vergleichbar, einen Verkehr der Menschen, so niedrig er auch noch sein mag, zu hemmen brauchen. Und doch war dieses Gebirge einst Völkerscheide. Es hing das gewiss mit der frühesten Stammesentwicklung und Ausdehnung, hier der Kelten, dort der Germanen, zusammen. Aber die wirthschaftlichen Verhältnisse müssen dem für Jahrhunderte lang einen Halt geboten haben, der auch den sittlichen und religiösen Anschauungen der Völker entsprach. So lange ein auf niedriger Stufe stehender Ackerbau ausreicht, um die Lebensbedürfnisse der Menschen zu befriedigen, ist nicht daran zu denken, dass sie Mittel ergreifen,

1

um ihren Erwerb über den Bedarf zu vergrössern. Dann aber suchen sie neues Land zu occupieren, um dieses mit der gleich geringen Arbeit zu bebauen. Aber schwer werden sie sich stets hierzu entschliessen, wenn das benachbarte Land ihnen erst viele Arbeit durch Urbarmachung schaffen würde: noch schwerer, wenn ihnen dasselbe unzugängig, wenn es geheiligt ist durch religiöse Ueberzeugung. So nun aber war es mit dem grossen Walde, der die Germanen von den Kelten schied[1]). Der Wald hatte immer für die Germanen etwas geheimnissvolles und geheiligtes. Die Axt daran zu legen, erschien gar leicht als ein Frevel. Die Unbekanntschaft, auch die offenbare Gefahr, die ein Betreten, sei es durch den Mangel an Wegen, sei es durch wilde Thiere, darbieten musste, wird aber für Jahrhunderte lang die Scheu vor dem grossen Walde bei den Germanen noch vermehrt haben. Selbst da noch, als sich hüben und drüben bereits festere Völkerschaften gebildet, werden zahllose Generationen nach einander ins Grab gestiegen sein, bevor daran gedacht wurde, den grossen Wald als Völkergrenze durch Ueberschreitung zu vernichten.

Ob dieses nun aber in einem hartnäckig und nach bestimmtem Plane geführten Kriege geschehen, darf bezweifelt werden. Das hercynische Waldland zwischen dem mitteldeutschen Gebirge bis zur Donau hin wird, ausser am Rhein entlang, nur schwach von Kelten bewohnt gewesen sein, als Germanen hier einzogen. Dass daselbst, im Vergleich selbst mit dem Theile Galliens, wo in historischer Zeit Germanen sassen, so wenig keltische Städtenamen vorhanden, leitet auf jene Muthmassung hin. Wichtiger ist, dass, wie Römer berichten, die Kelten Besitzungen in jenem Gebiet auf die Gründung einzelner Colonien zurückführten[2]): gewiss hätten sie das nicht gekonnt, wenn das Land einst, vor dem Verlust an Germanen, von dem ihnen noch eine dunkle Kunde erzählte, dicht von Stammesgenossen besetzt gewesen wäre. Auch die jüngeren Wohnsitze des keltischen Stammes, der einst jene

---

1) Vgl. unter den einzelnen Ausführungen die erste, welche sich auf den hercynischen Wald bezieht. 2) Liv. V, 34, besonders Caes. VI, 24, den Tac. Germ. 28 benutzte.

Gegenden hatte, weisen darauf hin, dass dieses nördliche Land nur schwach bevölkert war.

Als frühere Herren des Gebietes zwischen dem hercynischen Wald, dem Rhein und dem Main kennt Tacitus die Helvetier, an die sich dann weiter im Osten die Bojer anschlossen. Kann in Beziehung auf letztere die Glaubwürdigkeit der Nachricht nicht bestritten werden, so verdient sie auch in Bezug auf erstere volle Zustimmung. Keine Spur zeigt sich, dass die linksrheinischen Kelten einst auch am andern Ufer des Flusses Sitze gehabt. Dahingegen hören wir nordwärts von den Alpen von einer „helvetischen Einöde" reden [1]), und es kann keinem Zweifel unterworfen sein, dass ein unweit des Rheins beginnendes Gebiet damit gemeint ist, zu dessen Bezeichnung der Name eines Volkes gebraucht wurde, das es früher besessen. Einöde aber entspricht dem Begriff, den sich die Römer von Grenzlanden der Germanen machten.

Die Helvetier wohnten in historischer Zeit südlich vom Rhein bis in die Alpen. Sie hatten von der andern Seite des Flusses Germanen zu Nachbaren [2]). Diese also müssen ihnen von Norden nachgerückt sein: und da sie von nur geringer Macht waren, denn sie vermochten noch für Jahrhunderte lang in der Geschichte nicht selbständig aufzutreten, so ist gewiss anzunehmen, dass schon vor langer Zeit die Hauptmasse der Helvetier weiter im Süden gesessen. Es werden eben, wie auch die gallische Sage will, nur einzelne Colonien gen Norden gesandt und hier dann vor den Germanen gewichen sein.

Wann das aber geschehen, entzieht sich völlig unserer Kunde. Lange Zeit muss darüber schon vor der Ankunft der Römer in Gallien vergangen sein, da sie bereits das rechte Ufer des Rheins von Basel ab ostwärts in unbestrittenem Besitz der doch wenig zahlreichen Germanen vorfanden. Auch erzählte nur noch eine ganz dunkele Kunde von jenen einstigen Sitzen der Helvetier; und nicht, wie unweit der Mündung des Rheins, legten unsichere und schwankende Besitzverhältnisse noch Zeugniss ab von dem Uebergang des Landes an ein neues Volk.

---

1) Ptolem. II, 10; vgl. Zeuss S. 225. 2) Caes. I, 2; 27; 28.

Gewiss weit länger als ihre westlichen Stammesgenossen, die Helvetier, haben sich in ihrem von Bergen umkränzten Lande die Bojen gegen die Germanen gehalten. Sie müssen es daselbst auch zu einer festen staatlichen Gliederung gebracht haben, an die heute noch der Name des einstigen Keltenlandes erinnert.

Somit wird das Land zwischen dem Böhmerwald und dem Rhein durch jenes erste Vordringen in den hercynischen Wald den Germanen anheimgefallen, den Kelten entzogen sein. Es wurde aber zweifelsohne nur schwach, nicht von ganzen Völkerschaften besetzt. Daher konnte auch im Süden, obwol schon jene Nachbarn der Helvetier am Rhein noch weiter südlich sassen, bald darauf die Donau als Grenze erscheinen, während sogar nordwärts auch ferner noch lange Zeit hindurch die alte Völkergrenze fortbestand. Mit ihr endeten eben die einzelnen, in sich fest abgeschlossenen germanischen Völkerschaften, denen sich dann im Süden bis zur Donau hin, und, am Schwarzwald hinüber, bis an den Rhein, germanische Ansiedlungen in verschiedenen Städten anschlossen.

Erst durch diese Ausdehnung gen Süden werden die Germanen westlich von dem Taunus den Rhein erreicht haben. Es war wol eine Folge dieser späteren Occupation, dass noch zu Caesars Zeit die Maingegenden bis an den Rhein öde und nicht in festem Besitz waren [1]).

Von hier aus haben die Germanen dann den Rhein überschritten. Es geschah das zweifelsohne in ganz ähnlicher Weise, wie sie nach Süden am rechten Ufer des Flusses vorrückten: in ein schwach bevölkertes Land [2]) zogen germanische Ansiedler. Hier aber sind die keltischen Einwohner, die, ausser hart am Rhein, als Trevirer, besonders im Moselgebiet erscheinen, nicht von jenen, wie am andern Ufer die Helvetier, zurückgewichen; sie werden sogar diese Germanen gern aufgenommen und sich selbst durch sie verstärkt haben, denn nur dadurch ist die frühzeitige, schon lange vor Caesars Zeit erfolgte Vermischung der Treviren mit Germanen zu erklären,

---

1) Caes. IV, 3.   2) Dass Ubier u. a. hier später Land bekommen konnten, beweisst, dass das Gebiet schwach bevölkert war.

der allmählich die selbständige Nationalität der ersteren vollständig erlag [1]).

Ein Grund aber zu dieser Ansiedlung und Aufnahme von Germanen in ihrem Lande war für die keltischen Trevirer entweder gleichzeitig mit der ersten Einwanderung derselben, oder bald darauf in Bewegungen am rechten Ufer des Niederrheins gegeben, die sie in ihrem linksrheinischen Besitz bedrohten.

Der Taunus scheint die beiden Stämme der Germanen, welche in diesem Theile des heutigen Deutschlands Sitze hatten, geschieden zu haben. Oestlich von denselben wohnten die Sueben: ihnen gehörten auch die Germanen an, welche in das gebirgische Vorland der Alpen und zu den Trevirern vorgedrungen. Die westlichen Völkerschaften der Germanen können wir Nichtsueben nennen. Sie haben weit früher als jene den Rhein erreicht, denn sie müssen damals schon einen blühenden Ackerbau an ihrem ganzen Ufer des Flusses gehabt haben. Sie suchten nun aber auch, wie es in der Natur der Sache lag, das gegenüber liegende Ufer in ihre Gewalt zu bringen. Sie werden in dieser Beziehung ältere Bestrebungen gegen die Trevirer fortgesetzt haben, denn wenn uns auch keine bezüglichen Nachrichten überliefert sind, so müssen letztere einst doch — so entspricht es der in natürlichen Verhältnissen gegebenen Ausdehnung der Völker — auch auf das rechte Rheinufer hinüber gerichtet haben.

Vermuthlich werden die Trevirer, um diesen Germanen besser widerstehen zu können, jene Sueben nicht ungern unter sich gesehen haben. Dieselben waren wol die ersten von ihrem Volke, welche Kelten Kriegshülfe leisteten. Schwerlich werden sie jedoch dieserhalb eigens, gegen bestimmte Verpflichtungen angesiedelt sein. Da das Land Raum genug darbot, werden sie sich hier, wie andere in Hercynien niedergelassen, sich mit den spärlich wohnenden Kelten vermischt, und dann zu grösserer Bedeutung, gewiss auch zu einer erheblichen Verstärkung ihres volksthümlichen Elements gekommen sein,

---

1) Näher ist dies und das Folgende in der zweiten Ausführung behandelt.

als jene Nichtsueben von der andern Seite des Rheins her drängten.

Auf einen stärkern Zuzug der Germanen in das Land der Trevirer muss insbesondere aber das weitere Vordringen der keltischen Belgen von dem rechten auf das linke Ufer des Niederrheins von Einfluss gewesen sein.

Wie im südlichen Grenzland der Germanen, wie in Hercynien, so erinnern auch im Lande zwischen Rhein und Weser weite Strecken eines für Jahrhunderte lang zweifelhaften Besitzes an einen stattgehabten Wechsel der Bevölkerung. Und es weiss uns sogar von ihm hier wie dort eine geschichtliche Kunde zu erzählen, die, so dunkel und geheimnissvoll sie auch ist, allein schon dadurch eine grosse Beglaubigung erhält, dass sie, von jenen Besitzverhältnissen ganz abgesehen, im scharfen Gegensatz zu der sonstigen Annahme der Alten steht, im eigentlichen Germanien, wie auch in Gallien, sei eine autochthonische Bevölkerung.

Die gallischen Kelten zerfielen in drei grosse Hauptstämme. Von denen wohnte der eine im äussersten Nordosten. Dass ihn, eine seltene Völkergrenze, zwei schiffbare Flüsse, Seine und Marne, von den südlichen Stammesgenossen trennten, erklärt sich aus frühzeitiger Entwicklung politischer Verhältnisse, die sich bei beiden in historischer Zeit reich gegliedert zeigen. Gen Osten werden die Ardennen wol schon früh eine, wenn auch der natürlichen Beschaffenheit des Gebirges wegen nicht ganz feste Grenze gebildet haben. Im Norden aber reichte das Land dieses Keltenstammes in altersgrauer Zeit zweifelsohne weit über den Rhein hinaus; es wird die heutigen Niederlande umfasst und selbst an der Ems vielleicht kaum sein Ende gehabt haben. Soweit schwankte wenigstens — wie sich ergeben wird — in historischer Zeit hier der Besitz der Völker, woraus, besonders da derselbe im Osten bei den Germanen, sowie bei den südlichen Kelten schon lange und stets ein unwandelbar fester war, gefolgert werden muss, dass die Bevölkerung daselbst gewechselt [1]). Auch er-

---

1) Vielleicht deutet auch der Name der Bructerer im Norden der Lippe noch darauf hin, dass hier einst Kelten, Bretonen gesessen; vgl.

innert die Thatsache, dass bis zum Beginn unserer Zeitrechnung die Kelten über den Rhein hinüber reichten, gleichfalls an die einstige, weit grössere Ausdehnung ihres Gebietes, die auch in der Ueberlieferung der Belgen von ihrem
Herkommen und früheren Schicksalen eine volle Bestätigung
findet [1]).

Dieser nördlichste Keltenstamm zerfiel in viele einzelne
Völkerschaften, die aber ein auch durch politische Einrichtungen
getragenes Bewusstsein ihrer Zusammengehörigkeit hatten.
Einzelne der Völkerschaften standen ausserdem in näherer
Beziehung zu einander, und hatten dadurch noch eine erhöhte
Bedeutung. So war es im Westen der Fall mit den nächsten
Nachbarn der anderen Kelten, mit den mächtigen Bellovaken,
mit welchen, wie es scheint, die Ambiaten und Atrobaten eng
verbunden waren [2]). Das Land dieser Völkerschaften nannten
die übrigen Kelten [3]) „Belgium", und danach scheint, einem
Vorgange entsprechend, der sich oft im Leben der Völker
wiederholt, dieser ganze Keltenstamm den Namen der „Belgen"
erhalten zu haben. Allmählich wird derselbe von den Angehörigen selbst gebraucht sein, während früher bei ihnen wol,
wie bei den Germanen, kein Gesammtname vorhanden war.
Aelter als dieser sind die Namen der einzelnen Völkerschaften,
wie die Hauptorte derselben ausweisen. Sie werden damals
ausgereicht haben, um den Stamm und seine Theile zu bezeichnen: doch ist es anzunehmen, dass auch in früherer Zeit
schon die Uebertragung des Namens einer besonders angesehenen Völkerschaft auf andere vorkam. Als ein auch sonst
bei den Kelten vorkommender Name, dem möglicherweise
ebenfalls eine solche Uebertragung zu Grunde liegt, und der
vielleicht einst grosse Verbreitung hatte, ist für jene belgischen
Völkerschaften wol der der „Cymbrer" oder „Cambrer" anzusehen, der nicht nur in dem Stadtnamen Cambray [4]), sondern

---

Diefenbach, Celtica II, 59; und ebenso der der Sigambern und Chamaven;
s. unten. 1) Caes. II, 4. Timagenes bei Ammian XV, 9, 4; s. S. 10 N. 1.
2) Vgl. Walckenaer, Géograph. des Gaules I, 421. 3) Caes. V, 24; 25;
vgl. Zeuss S. 190. 4) Dass die Stadt Mittelpunkt eines eigenen Bis-
thums war, deutet gewiss darauf hin, dass dieses Gebiet früher einer

auch bei brittischen Kelten fortlebt, die aus Belgien eingewandert sind. Vermuthlich gebrauchte die altkeltische Bevölkerung in dem ganzen oder einem grossen Theile des Gebietes an der rechten Seite des Niederrheins diesen Namen
für sich selbst, wie es auch heute noch von den Kelten in
England geschieht, die von anderen Völkern anders genannt
werden.

Sassen aber einst am rechten Rheinufer solche keltische
Cimbern, so gehörten zu denen auch die Menapier und die
Germanen: beides Keltenstämme, welche dort ihre Sitze hatten.
Auch darf dasselbe für die den Menapiern engverwandten
Moriner angenommen werden. Sie haben vielleicht ihren Namen, der sich deutsch mit Sicherheit als „Meeranwohner"
wiedergeben lässt [1]), nach einem Küstengebiet an beiden Seiten
des Rheins erhalten. Südlich von dem Flusse werden zu den
Cymbren oder Cambren vor allem die Nervier gehört haben:
in ihrem Gebiet lag Cambray. Doch ist gerade für die Nervier anzunehmen, dass sie sich auch weit auf das rechte Ufer
des Rheins erstreckten.

Im Osten hatten die Belgen die stammverwandten Trevirer, und am rechten Rheinufer den grossen, zahlreichen Volksstamm zu Nachbarn, dessen Angehörige in historischer Zeit
als Germanen bezeichnet werden. Eine natürliche Grenze
gegen diese, wie die Ardennen sie zum Theil gegen die ersteren
bildeten, gab es nicht. Eine solche mochte aber um so weniger
entbehrt werden, da der Staat dieser Kelten in jener fernen
Zeit noch auf einer sehr niedrigen Stufe gestanden haben
muss [2]), und weil dieselben damals noch so wenig zahlreich

---

besonderen Völkerschaft angehörte, denn ein solches liegt allen andern
Bisthümern der Gegend zu Grunde.   1) Zeuss S. 212.   2) Noch zur
Zeit Caesars standen diese nördlichen Belgen gegen die anderen an politischer Entwicklung und allgemeiner Gesittigung weit zurück; Nervier
II, 15; Germanen zum Theil in politischer Abhängigkeit IV, 6. — Am
bezeichnendsten ist aber, dass, während die Völkerschaftsgebiete der
übrigen in Bisthümern fortlebten, solches bei jenen nicht der Fall war:
woraus sich nebenbei auch ergiebt, dass ihre Sitze noch keineswegs so
fest ausgebildet waren, wie die der übrigen Belgen.

waren, dass ihre Landwirthschaft eine wenig intensive zu sein brauchte ¹).

Bei der geringen Entwicklung der Grenzen war es nun aber den Ostnachbarn um so mehr erleichtert, sich auf Kosten der rechtsrheinischen Belgen zu erweitern. Am Flusse selbst scheint das allerdings in nicht erheblichem Masse geschehen zu sein: vermuthlich weil die dortigen (deutschen) Völkerschaften, welche durch kein politisches Band vereinigt waren, leicht abgehalten werden konnten, besonders da sie von der andern Seite fast beständig die Sueben abzuwehren hatten ²). Im Norden aber hatten jene Belgen Angehörige eines anderen (deutschen) Germanenstammes zu Nachbarn. Diese standen an Cultur und daher auch an Ausbildung des Staates gegen die südlichen Stammesgenossen sicherlich zurück, und werden daher auch leichter zu planlosem Angriff geneigt gewesen sein. Ein solcher erfolgte dann aber vermuthlich doch erst mit Erfolg, als dieser nördliche (deutsche) Germanenstamm Einbusse an Gebiet erlitten, die wol durch fern östlich wohnende Sueben ³) herbeigeführt wurde. Der Stamm musste dadurch, zumal in einem mit grossen unwirthbaren Mooren bedecktem Lande, zu grösserer Ausdehnung gen Westen gezwungen werden, falls er den Verlust nicht durch intensivere Wirthschaft ersetzen wollte, wozu der Culturstand schwerlich angethan war.

In dem schwach bevölkerten Lande wird nun wol eine längere Zeit um den Besitz gestritten sein. Ein Ausweichen der bedrohten Kelten nach Süden war gewiss durch den Besitzstand daselbst verwehrt: obwol die erhöhte Fruchtbarkeit der Gegend Aufforderung genug dazu bieten mochte ⁴). Den einbrechenden Gernamen aber kam die Natur dann selbst zu

---

1) Noch als sie am linken Ufer stark zusammengedrängt waren, war es möglich ihnen Land zu entziehen, um es Germanen zu geben. Der Rest muss dadurch zu intensiverer Wirthschaft gezwungen sein. — Auch die Ansiedlung der Bataver weist darauf hin, dass hier Ueberfluss an Land war. 2) Dass ein sehr intensiver Ackerbau bei diesen Völkern früh zur Entwicklung kam, erklärt sich aus dieser doppelten Einschränkung. 3) Ich rechne die Cimbern zu den Friesen, s. unten. 4) So muss doch wohl Caes. II, 4: „propter loci fertilitatem" aufgefasst werden.

Hülfe: die keltische Ueberlieferung führt das Verlassen der Sitze am rechten Rheinufer nicht nur auf häufige Kriege, sondern auch auf gewaltige Naturereignisse zurück; Fluthen des brausenden Meeres, so weiss sie zu berichten, hätten schon in alter Zeit gezwungen, den stets gefährdeten Besitz aufzugeben[1]). Den wenig kundigen Griechen und Römern stand es zu, derartige Nachrichten zu bezweifeln; wir aber, mit besserer Kunde über die Gewalt des Meeres an diesen Gestaden ausgestattet, schenken bereitwilligst Nachrichten Glauben, die durchaus innerhalb der von Natur gegebenen Möglichkeit liegen und die eben durch jene Zweifel, welche den Verdacht gelehrter Combination entfernen, an Wahrscheinlichkeit gewinnen müssen.

Wann nun aber dieser Rückgang der belgischen Cymbren erfolgt, und wo derselbe zunächst sein Ende erreicht: darüber ist kaum eine Vermuthung zulässig. Zwar kennen gelehrte Griechen des vierten Jahrhunderts vor unserer Zeitrechnung als Bewohner der Nordseeküste nur Kelten[2]): es ist aber fraglich, ob sich ihre Kunde überhaupt über diese Gegenden erstreckte, und auch, ob sie Kelten und Germanen zu unterscheiden vermochten.

Nicht ihr gesammtes Gebiet am rechten Rheinufer haben damals die Kelten geräumt. Vermuthlich hielten sie dasselbe etwa bis über das Flussgebiet der Issel hinaus auch ferner noch in ihrer Gewalt[3]).

Die vertriebene Bevölkerung wird wol zum grossen Theil über das Wasser nach Albion gegangen sein, wo ihre Nachkommen heute noch in den aus der Heimath mitgebrachten Namen der Cymbren oder Cambren fortleben. Ein anderer

---

1) Timagenes bei Amm. XV, 9, 4: memorant — ab insulis extimis confluxisse et tractibus transrhenanis, crebritate bellorum et adluvione fervidi maris sedibus suis expulsos. — Andere Stellen, die sich aber mehr auf Ueberschwemmungen im Allgemeinen beziehen s. bei Diefenbach Celtica II, 188. Die Sage von Landverlust durch Wassernoth war jedenfalls bei den Kelten sehr verbreitet. 2) Vgl. Müllenhoff, Deutsche Alterthumskunde I, 233. 3) Bis dahin sind, wie sich ergeben wird, die Besitzverhältnisse noch zur Zeit der Römer wieder anderer, noch unbestimmterer Art als nördlich, was auf einen jüngern Wechsel der Bevölkerung hindeutet.

bedeutender Theil ging aber südwärts, um hier im Lande anderer Kelten neue Sitze zu erwerben. Es ist wahrscheinlich, dass hierdurch auch von letzteren viele bewogen sind, die Heimath zu verlassen, um gleichfalls jenseits des Meeres neuen, ungestörten Besitz sich zu erwerben.

Nach belgischen Traditionen fand die Uebersiedelung der Stammesgenossen auf das linke Rheinufer keineswegs in friedlicher Weise statt. Es mag auch die Menschenmenge gross gewesen sein: denn später hiess es sogar, die „meisten" der Belgen seien von jenseits des Rheins gekommen [1]). Es war zunächst wol eine Folge dieser Anschauung [2]), wenn die Ueberlieferung ferner berichtete, Galliern seien die neuen Sitze entzogen: sie seien von dort mit Waffengewalt durch die einbrechenden Belgen vertrieben. Das Land wird vielmehr schon vorher grösstentheils [3]) Belgen gehört haben: nur im Osten wurde wol den gallischen Treviren von den vom rechten Rheinufer vertriebenen Belgen Gebiet entzogen. Aber dieses Ereigniss musste alsdann am meisten Aufsehen veranlassen und erhielt sich daher auch am längsten in der volksthümlichen Erzählung, die es verallgemeinerte.

---

1) Caes. II, 4: sic reperiebat: plerosque Belgas esse ortos ab Germanis Rhenumque antiquitus traductos propter loci fertilitatem ibi consedisse, Gallosque, qui ea loca incolerent, expulisse. — Das „plerosque" weist darauf hin, dass ein Theil nicht von den Germanen abstammte; dann musste dieser doch aber schon vorher auf dem linken Rheinufer wohnen: woraus sich auch ergiebt, dass in der Stelle, wie es ohnehin unzweifelhaft ist, nicht die ethnographischen, sondern die geographischen Verhältnisse, welche Caesar vorfand, und nach denen die am rechten Rheinufer gesessenen Belgen als Germanen galten, massgebend für die Fassung waren. — Tac. Germ. cap. 2 bestätigt diese Auslegung. 2) Doch kann auch bei Caesar die geographische Auffassung, wonach Gallien bis zum Rhein reichte, von Einfluss auf seine Fassung gewesen sein. Tacitus hat hier Caesar benutzt. 3) Auf das „plerosque" darf gewiss nicht zu viel Gewicht gelegt werden. Das südliche Belgenland war der Hauptsitz des Volkes, s. die Aufzählung bei Caes. II, 4, und war gewiss, wie namentlich auch die feste Grenze gegen die eigentlichen Gallier ausweist, längst in wahrem Besitz, als der Einbruch in das nördliche Gebiet erfolgte. — Richtiger sicher Timagenes bei Ammian XV, 9, 4.

Die Gebiete mehrerer der vom rechten Rheinufer verdrängten cymbrischen Belgenstämme erstreckten sich vermuthlich schon vorher auch auf das andere Ufer. So wird es bei
den Morinen und Nerviern[1]) gewesen sein. Deren Angehörige
fanden alsdann leichter bei den Stammesgenossen eine neue
Heimath. Anders die Germanen. Diese keltische Völkerschaft
hat wahrscheinlich am nördlichsten von allen am rechten Rheinufer gesessen; denn sie scheint von dort ganz vertrieben und
in ihrer ganzen Stärke zur Ansiedlung südlich vom Flusse
gezwungen zu sein.

Die Germanen scheinen versucht zu haben, an den Ardennen, im Osten ihrer Stammesgenossen, also auf dem Gebiete,
das diesen am nächsten lag, sich niederzulassen. Eine keltische Bevölkerung wird da schon gewohnt, und ihre Namen
werden auch ferner dem Gebiete geblieben, von diesem auf
die neuen Bewohner übergegangen sein[2]). Sie selbst aber,
diese frühern Anwohner, mögen sich nur zum Theil mit den
neuen Ankömmlingen vermischt haben, zum Theil aber südlich
gezogen sein. Gewiss wird es in den Ardennen, und besonders
östlich von denselben, bis wohin die neuen Sitze der Germanen ausgedehnt wurden, auch zu harten Kämpfen gekommen
sein: gerade dieserhalb haben sich wol die Treviren, welche
jenen entgegen traten, durch neuen und ansehnlichen suebischen
Zuzug verstärkt. Auch erreichten nun die Treviren, freilich nicht
die Vertreibung der gewiss unbequemen Ankömmlinge: wol
aber, dass ein Theil derselben, die Eburonen und Condruser[3]),
die sich zweifelsohne in ihrem Gebiet niedergelassen, in ein
Abhängigkeitsverhältniss zu ihnen traten. Das bestand noch
als Caesar nach Gallien kam.

Die Verhältnisse der Völker am Rhein mussten durch diese
Ereignisse bedeutend beeinflusst und zum Theil auch wol wesentlich andere geworden sein. Die keltischen Völkerschaften

---

1) Die Nachricht über die germanische Abstammung dieser führt darauf.
2) Die Namen: Condrusi, Eburones, Caeraesi, Paemani, Segni sind entschieden keltisch, s. Zeuss S. 212. Sie haften auf dem Lande, was bei
dem Namen der Germanen. welcher ja nach Tac. auch von der neuen
Bevölkerung mitgebracht wurde, nicht der Fall war.   3) Caes. IV, 6.'

schlossen sich wahrscheinlich mehr in einander ab: das engere Zusammenwohnen und ein wol für lange Zeit selten unterbrochener Kriegszustand muss bei ihnen den Staat zu grösserer Entwicklung gebracht haben. Den Kelten war nun auch in einem Volksstamme am rechten Rheinufer ein gefürchteter Feind erstanden. Aeltere Besitzungen, die einst die Trevirer wol am andern Flussufer hatten, werden schon seit unvordenklichen Zeiten, und da ohne erheblichen Schaden verloren gegangen sein: hatten die Trevirer selbst doch noch in historischer Zeit am linken Rheinufer mehr Land als für ihre Wirthschaft erforderlich war [1]). Ganz anders die neue Bedrängung. Sie entzog den linksrheinischen Kelten Land: sie musste auf alle Verhältnisse derselben einwirken. Jetzt erst traten die Bewohner des gegenüber liegenden Ufers, die anderen Stammes waren, mehr in den Gesichtskreis, in die Berechnung und Erwägung der linksrheinischen Kelten. Es wurde hauptsächlich erforderlich für sie einen Namen zu finden: denn dass alle dortigen Völkerschaften zu e i n e m, dem keltischen entgegen stehenden Völkerzweige gehörten, musste bemerkt werden. Zunächst aber wurden offenbar d i e am meisten beachtet, welche sich in dem Lande der vertriebenen Belgen niedergelassen. Von ihnen wird im weiten Keltenlande am meisten gesprochen und Schrecken vor ihrem Namen verbreitet sein.

Der Name aber wurde hier, wie in so tausendfachen Fällen, dem Lande entnommen, in dem sich die Gewaltigen niedergelassen. Es war im Lande der keltischen Germanen und daher nannte man die neuen Bewohner des Landes gleichfalls „Germanen“. Vor allen Dingen wird das von den entfernter Wohnenden, zu denen nur, und vielleicht erst nach langer Zeit, eine dunkele Kunde über das Volk kam, welches den Kelten Schrecken einflösste, geschehen sein. Bald aber müssen alle Stammesgenossen der Eindringlinge, wie sie selbst, „Germanen“ genannt sein.

Von wesentlichem Einfluss mag es gewesen sein, dass der Rhein früh auch schon eine geographische Bedeutung erhielt. Obwol sich ihr Volksstamm zum Theil noch etwas

---

1) Die Ansiedlung der Ubier beweist solches.

über den Fluss hinaus erstreckte, betrachteten die Kelten schon zur Zeit Caesars den Rhein doch als die Grenze Galliens, ihres Landes. Daher nannten sie alle Bewohner jenseits des Flusses „Germanen", und allmählich erhielt dann der Eigenname, anstatt der räumlichen, eine ethnographische Bedeutung. Es konnte aber solches um so leichter geschehen, da für die keltischen Germanen mittlerweile andere Namen aufkamen. Anfangs wurden sie wol auch nach denen genannt, die vor ihnen im Besitz des neuen Landes an der linken Seite des Rheins gewesen: dann aber fasste man sie, vermuthlich nach ihrer Hauptstadt, unter Einem Namen, dem der Tungern, zusammen. Des alten Namens, der nun eine ganz andere, weit grössere Bedeutung erlangt hatte, gedenkt der kundige Tacitus für sie nur noch als einer historischen Antiquität, indem er uns erzählt, wie es gekommen sei, dass derselbe auf die gefürchteten Bewohner des rechten Rheinufers übergegangen, und allmählich, nachdem diese geographische Bedeutung zurückgetreten, eine ethnographische erhalten habe [1]).

Gleichzeitig mit der Uebertragung des Namens „Germanen" auf alle Angehörige des grossen Volksstamms, der im Norden der Kelten wohnte, werden bei diesen auch besondere Bezeichnungen für die einzelnen Theile desselben aufgekommen, oder vielmehr bekannt geworden sein, denn für diese Theile, die einzelnen Völkerschaften der (deutschen) Germanen, wurden bei den Kelten die Namen gebräuchlich, welche für sie bei ihnen selbst und ihren germanischen Nachbarn in Gebrauch waren. Als Beweis dient, dass, während der Germanenname am rechten Rheinufer niemals heimisch geworden, die Namen der Völkerschaften daselbst, die uns von den Alten

---

1) Vgl. meinen Aufsatz über Tacitus Germ. cap. 2 in Forsch. zur Deutsch. Gesch. XI, 611 ff. Historisch erklären lässt sich nur nicht: omnes primum a victore ob metum, mox a se ipsis invento nomine Germani vocentur. Ersteres kann unmöglich richtig sein, zumal da das Abhängigkeitsverhätniss dieser Germanen von den Treverirn sie gar nicht einmal als Sieger erscheinen lässt. Es liegt da sicher eine nicht glückliche historische Combination vor. Dass sich aber die (deutschen) Germanen nie selbst so genannt, erscheint ausserdem als unzweifelhaft.

überliefert, sich ihrer grossen Mehrzahl nach in jüngern geographischen Bezeichnungen oder in alten volksthümlichen Liedern erhalten haben: soweit sie nicht wieder von anderen Namen, deren Entstehung in historische Zeit fällt, verdrängt wurden. Der Name aber, unter dem diese Völker des Nordens den Südländern zuerst Furcht und Schrecken einflössten, der Name der Cimbern, hat augenscheinlich, dem Germanennamen hierin gleich, nördlich vom Rhein niemals ethnographische oder geographische Bedeutung gehabt [1]). Er war hier dem Volke fremd: und darin allein schon ist die Vermuthung gegründet, dass er, wie jener andere, von südlichen Nachbarn auf einen Theil des gefürchteten Volkes übertragen wurde.

Das Aufkommen des Cimbernnamens hängt vermuthlich mit der Verdrängung von Kelten aus jenen Sitzen am rechten Rheinufer, hauptsächlich aber mit weiteren Veränderungen zusammen, die in diesem Lande, oder von dort aus geschehen.

Mit dem Lande zwischen Ems und Rhein werden die (deutschen) Germanen, gerade weil ihr Ackerbau nur wenig entwickelt war, sich schwerlich für Jahrhunderte lang, bei stets steigender Kopfzahl, begnügt haben. Da es ihnen einmal gelungen, Kelten zu verdrängen, werden sie das Volk auch noch weiter bedrängt haben. Zunächst entrissen sie ihm wol das Gebiet der Issel [2]): dann werden sie früh auch schon versucht haben über den Rhein vorzudringen. Doch haben die Kelten ihnen jetzt tapferer widerstanden, so dass sie sich nicht nur in einem schmalen Strich noch am rechten Rheinufer, sondern vermuthlich auch noch auf der durch Rhein und Waal gebildeten Insel hielten.

Anlass zu grösseren und stärkeren Bewegungen wurde dann aber den Germanen wol wiederum in Ereignissen des fernen Ostens gegeben.

Der Stamm, zu dem diese Germanen im alten Keltenlande gehörten, wohnte längs der Gestade der Nordsee, bis gen Jütland hin. Er zerfiel in verschiedene Völkerschaften mit verschiedenen Namen, die sich aber, wie es häufig bei

---

1) Es ist ein ganz entschiedener Irrthum, wenn solches z. B. von Mommsen, Röm. Gesch. II, 173, angenommen wird.   2) S. oben S. 10, N. 3.

Völkern mit geringer Ausbildung des Staates der Fall, auch
mehrfach wiederholten. Als solche Namen kommen hier Teutonen und Ambronen in Betracht. Beide hatten ihre Heimath
wol wesentlich an der Westküste Schleswig-Holsteins: doch
werden sie wol auch schon bei dem ersten Einbruch in das
Land der Kelten betheiligt gewesen sein. Da nun aber scheinen die gesammten Gestade der Nordsee durch eine neue
grosse Flut heimgesucht zu sein. Noch heute lässt die Bildung, besonders der schleswigschen Westküste erkennen, dass
hier grosse Landstrecken vom Wasser verschlungen sind.
Vielleicht ist das damals geschehen. Denn zu den Südländern
drang die Kunde, aus dieser Halbinsel [1]) sei der gefürchtete
Menschenschwarm durch eine grosse Flut[2]) aufgeschreckt und
gen Süden getrieben. Die Zusammensetzung desselben ist
nicht widersprechend. Kein Zweifel kann sein: Mann, Weib
und Kind, ein ansehnlicher Theil des gesammten Volkes in den
heimgesuchten Gegenden brach auf, um sich anderswo neue
Sitze, in denen der Ackerbau mit geringerer Gefährde betrieben
werden konnte, zu suchen. Nur ein Theil, wie der geschmä-
lerte Besitz der Heimath es gestattete, blieb zurück. Die Zahl
der Ausziehenden wird aber trotzdem keine grosse gewesen
sein, denn da auch hier die Wirthschaft sicher noch auf sehr
niedriger Stufe stand und desshalb grosser Landstrecken bedurfte,
um auch nur wenige zu ernähren, so ist anzunehmen, dass
das Volk schon an und für sich auf der mit Sümpfen und
Wäldern bedeckten Halbinsel, die es dazu noch mit mehreren
andern theilen musste, wenig zahlreich war. Je kleiner nun
aber die Zahl der Ausziehenden war, je schwieriger musste
es sein, nach gesegneteren Gegenden zu gelangen. Der mächtige
Stamm der Sueben, der im Osten und Süden zuerst erreicht
wurde, wird die Vordringenden zweifelsohne abgewehrt haben.

---

1) Darauf weist doch schon Strabo VII, 2, ed, Kramer pag. 9, hin:
χερσόνησον οἰκοῦντες. — Dann diejenigen Nachrichten über die Sitze der
Cimbern, auf die um so mehr Gewicht zu legen ist, weil der Name in
dieser Gegend nicht heimisch war. — Unbestimmt Plut. Mar. 11.
2) Strabo VII, 2. Florus III, 3. Festus s. v. Ambrones. — Die Zweifel
Strabo's bekräftigen die Sache, s. oben S. 10.

Auch für die westlichen Nichtsueben ist, bei der kriegerischen Tüchtigkeit, die sie später den Römern gegenüber zeigen, gewiss dasselbe anzunehmen. So mochte ganz von selbst schon der Weg gegeben sein, den in früherer Zeit bereits die Stammesgenossen gen Westen eingeschlagen; vermuthlich waren auch diese selbst, die durch dasselbe Naturereigniss grosse Verluste an Land erlitten haben mochten, von vorn herein geneigt sich anzuschliessen. Und so wuchs die Volksmasse wahrscheinlich, indem sie sich von Ost nach West am Meere entlang drängte, immer mehr an, bis sie sich in den ehemaligen alten und äussersten Gebieten der Kelten [1]), dort wo einst die (keltischen) Germanen, überhaupt aber wahrscheinlich der cymbrische Stamm der Kelten gesessen, zusammenballte, um nun über den Rhein vorzudringen [2]) und Gallien zu überschwemmen.

Nur ein schwacher Theil der Bevölkerung, die von hier aus früher die Kelten vertrieben, blieb damals im Lande zwischen Ems und Rhein. Er wurde später mehr an die Küste gedrängt, und erscheint alsdann unter dem Namen der Friesen, der dem ganzen Stamme zukam.

Die grosse Masse der Ausziehenden hatte vielleicht schon — das mochte am Anfang des zweiten Jahrhunderts vor Christus sein — bei der Ueberschreitung des Rheins Widerstand zu überwinden. Sie stiessen hier auf die Belgen, deren kriegerische Tüchtigkeit sich schon voll und ganz, wol im Kampfe gegen alle Nachbarn entwickelt haben muss. Sie hatten ja jetzt auch mehr zu vertheidigen als einst ihre Vorfahren: zweifel-

---

1) Ausdrücklich sagt das Florus III, 3: Cimbri, Teutoni atque Tigurini, ab extremis Galliae profugi (der Zusatz kann sich nur auf die beiden ersteren beziehen). Bestimmender ist, dass der Angriff auf die Belgen nur so zu erklären ist. Vgl. Dio Cass. XLIV, 22. 2) Vellej. Pater. II, 8: Tum Cimbri et Teutoni transcendere Rhenum. — Dieses kann auch aus dem Gedanken geschrieben sein, dass Germanien das Land jenseits des Rheins sei: doch ist zu berücksichtigen, dass gerade dieser Autor die Gegenden kannte und schwerlich so gesprochen haben würde, wenn die Cimbern zuerst in den Donauländern erschienen wären. Auch Tac. Germ. cap. 37 geht offenbar von der Ansicht aus, sie seien über den Rhein vorgedrungen und hätten sich an dessen linker Seite eine Zeit lang behauptet; nur so ist „utraque ripa" zu erklären; vgl. Forsch. XI, 598.

los begehrten die Bedränger vom andern Rheinufer anfangs
nicht ferne im unbekannten Süden, sondern hier im Norden,
in den fruchtbaren, ihnen bekannten Gegenden, neue Sitze.
Da aber traten ihnen die Bewohner derselben, die Belgen,
tapfer entgegen. Es geschah vermuthlich bereits bei dem
Rheinübergang, besonders da ein Theil des jenseitigen Ufer-
landes noch immer im Besitz der Kelten war. Doch haben
die Germanen siegreich diesen Widerstand zu brechen gewusst.
Als sie sich dann aber über das linksrheinische Land der
Belgen ergiessen wollten, traten ihnen diese mit solcher Gewalt
entgegen, dass sie von ihrem Vorhaben abstehen mussten [1]).
Da nun zur Rechten das Meer dem Schwarme eine feste Schranke
darbot, so blieben ihm nur zwei Wege offen: er musste entweder zurück, oder gen Osten, zunächst in das Land der Trevirer. Dieser Weg wurde gewählt. Auf der Grenze aber
zwischen Trevirern und Belgen, da, wo früher schon ein Theil
der letztern sich niedergelassen, doch mehr noch im Lande
der Belgen, ist ein Theil der Volksmenge zurückgeblieben.
Vermuthlich war dieses die einzige Gegend am rechten Rheinufer, wo sie zu einer wirklichen Occupation der Aecker gekommen. Zunächst galt es wol, diesen neuen Erwerb zu
behaupten. Doch ging zur Zeit Caesars die Sage: als die
Volksmasse gen Süden gezogen, habe man hier am Rhein das
überflüssige Gepäck und zu dessen Bewachung 6000 der Volksgenossen zurückgelassen [2]). Es mag darin eine Hindeutung

---

1) Caes. II, 4: — reperiebat: Belgas — solos esse, qui patrum
nostrorum memoria omni Gallia vexata Teutones Cimbrosque intra fines
suos ingredi probibuerint.   2) Caes. II, 29: Aduatuci erant ex Cimbris
Teutonisque prognati, qui, cum iter in provinciam nostram atque Italiam
facerent, iis impedimentis, quae secum agere et portare non poterant,
citra flumen Rhenum depositis, custodiam ex suis ac praesidium sex milia
hominum una reliquerunt. — Diese Nachricht so wie die der vorigen
Note sind ganz augenscheinlich in Verbindung zu bringen. Sie sind so
positiv und der betreffenden Zeit so nahe liegend, dass, besonders da ein
solcher Gewährsmann sie überliefert, ihre Glaubwürdigkeit nicht bezweifelt
werden darf. Alsdann aber muss angenommen werden, dass sich diese
Nachrichten auf die früheste Zeit des Einbruchs in Gallien beziehen:
denn wie wäre es anzunehmen, dass die Volksmasse, nachdem sie

auf eine bestimmte Massregel zu erkennen sein: und da die
Bewachung des Gepäckes, das, zumal bei dem Einbruch in
Gallien, noch kaum ausreichend gewesen sein kann, gewiss
nicht anzunehmen, vielmehr auf römische Anschauung zurückzuführen ist, so liegt die Annahme nahe, dass eine Ueber-
wachung des wahrscheinlich mit Mühe erkämpften Rheinüberganges der bewusste Zweck war, um hier einen Theil des
Volkes zurück und feste Wohnsitze nehmen zu lassen.

Viele Kämpfe mit den keltischen Nachbaren haben diese
alsdann zu bestehen gehabt. Doch behaupteten sie sich, wol
gerade, weil sie nur ein kleines Gebiet besetzt hielten, mit
Tapferkeit: bis endlich der Krieg ruhte und sie im Besitz
eines Gebietes zwischen Maas und Schelde anerkannt wurden.
Für sie kam nunmehr, wol nach dem Hauptorte eines keltischen Landes, das sie besassen, der Name der Aduatuker
auf. Sie müssen in jüngerer Zeit, obwol sie die germanische
Tüchtigkeit bewahrt, von keltischem Element durchdrungen
sein: doch haben auch sie gewiss dazu beigetragen, hier am
Niederrhein eine germanisch-keltische Mischbevölkerung er-
wachsen zu lassen [1]).

Die grosse Hauptmasse aber der eindringenden Germanen
hat sich durch das Land der Trevirer, die ihnen, durch auf-
genommene Sueben gewiss verstärkt, tapfer widerstanden haben
werden, bis an den Rhein gedrängt. Zum zweiten Mal überschritten sie alsdann den Fluss, um sich nun über das schwach
bevölkerte Hercynien zu ergiessen. Da war es nun vermuthlich, wo sie eine längere Zeit verharrten und „nur eben in
der guten Jahreszeit alljährlich vorwärts rückten" [3]). So stiessen
die Schaaren aber endlich im Osten wiederum auf einen fest

---

bereits in Hercynion gewesen, Strabo II, 2, vielleicht gar, nachdem sie
Gallien durchzogen, in diesen äussersten Winkel Galliens gerathen? —
Daher sind bereits Cellarius, Mascou u. a. auf den Gedanken gekommen,
vom Unterrhein aus sei der Zug begonnen; s. Pallmann, Die Cimbern und
Teutonen S. 35. — Zur Bestätigung dienen auch die Nachrichten des
Florus und Vellejus Paterculus, s. oben S. 17, und namentlich der ganze
Zusammenhang der Ereignisse, den ich ja freilich vorzugsweise auf die
Richtigkeit dieser Auslegung der Nachrichten Caesars basiere.   1) S.
unten.   3) Plut. Marius cap. 11.

2*

geschlossenen keltischen Volksstamm, auf die Bojen. Es erging ihnen da wie im Westen bei den Belgen: die wild an-
stürmenden Germanen wurden abgeschlagen und sahen sich
nun gezwungen, zunächst nach der Donau, der sie schon nahe
sein mussten, sodann nach dem fernern Süden aufzubrechen [1].

Wahrscheinlich ist aber ein Theil des Volkes damals in
Hercynien, wenn auch ausserhalb des Machtbereiches der Bojen,
geblieben. Es hat sich jetzt eben eine Scheidung, die schon
in der Heimath begründet war, von neuem geltend gemacht.

Wie die Zeitgenossen anfangs die wilde Masse genannt,
wissen wir nicht. Wiederholt wird hervorgehoben, sie wären
ein „unstätes, herumschweifendes Volk" [2] gewesen, und das
führt zu der Vermuthung, dass erst später eine besondere Bezeichnung für dasselbe aufgekommen. Da ist es nun aber
hoch merkwürdig, dass uns mehrere Namen berichtet werden,
obwol doch anzunehmen ist, dass die Masse anfangs ungetheilt
war [3]. Zweifelsohne darf darin der sicherste Beweis für die
Annahme gesucht werden, dass verschiedene Völkerschaften
sich zu dem Zuge vereint. Von diesen sind zwei, die Teutonen und Ambronen, gewiss germanischen (deutschen) Ursprungs. Jene traf Pytheus schon vor Jahrhunderten in Sitzen
an, die nur den Germanen gehören konnten; diese haben bis
auf die heutigen Tage Spuren ihres Daseins im deutschen
Norden gelassen [4]. Anders der Cimbernname. Er hat sich
heute nur erhalten bei den Kelten Englands, die von den
Belgen abstammen. Die Vermuthung wurde ausgesprochen [5],
dass dieselben namentlich nach dem Eindringen der Germanen
in das Land zwischen Ems und Rhein über den Ocean gewandert. Aber die Erinnerung daran, dass sie einst jenes
Land besessen, wird sich erhalten haben, und kaum mag es
zweifelhaft sein können, dass hiernach zuerst die südlichen

---

1) Posidonius bei Strabo II, 2, p. 10.   2) Liv. epit. 63: Cimbri,
gens vaga. — Strabo II, 2: λῃστριχοὶ ὄντες χαὶ πλάνητες οἱ Κίμβροι;
vgl. p. 9.   3) Dafür lässt sich u. a. Caes. II, 4 u. 29 anführen, besonders ist es aber auch kaum denkbar, dass die Massen getrennt ausgezogen und sich so durch die Kelten geschlagen; s. unten.   4) S. unten.
5) S. oben S. 10.

Kelten [1]), darauf auch die übrigen Völker, die von dort, aus dem ehemaligen Lande der keltischen Cymbren Ausgezogenen, selbst Cimbern genannt haben. So wurde eine Volksmasse unzweifelhaft germanischen Ursprungs [2]) mit dem Namen eines keltischen Stammes belegt. Die Alten hielten daher, sogar noch als jenseits der Alpen schon genauere Kenntniss über Kelten und Germanen vorhanden war, das viel gefürchtete Volk zuweilen für ein keltisches [3]).

Diese Cimbern bildeten jedenfalls den bei weitem grössern Theil des gefürchteten Volks. Sie treten in der Geschichte am meisten hervor, und der ganze Krieg wird von den Alten nach ihnen genannt. Auch legen ihre verlassenen Sitze Zeug-

---

1) Den gallischen Ursprung würde Festus, doch zweifellos wol nach Flaccus, bezeugen: Cimbri lingua gallica latrones dicuntur, wenn er nicht auch die Ambrones als gens gallica bezeichnete und damit seine Unkenntniss darlegte. Auch giebt er nur eine Worterklärung, bei der freilich an den Volksnamen gedacht sein muss. Aehnlich Plut. Mar. 11: Κίμβρους ἐπονομάζουσι Γερμανοὶ τοὺς λῃστάς. Hier ist also das Wort germanischen Ursprungs, und daraus wird dann geschlossen, dass auch das so genannte Volk zu den Germanen gehört habe. Diesen Worterklärungen haben sich in neuerer Zeit mehrere, besonders Zeuss S. 141 und Grimm, Gesch. d. d. Sp. S. 636, angeschlossen. Doch muss ich dieselben für völlig unzutreffend halten: Völkernamen entstehen nicht post eventum, wie hier geschehen sein müsste. Und welche Zustände denkt man sich denn bei den Germanen, wenn bei ihnen eine verhältnissmässig sehr grosse Völkerschaft ihren Namen danach erhalten hätte, dass sie die Umwohnenden mit Raub heimzusuchen pflegte? Würden die Nachbarn, zumal da ihnen nicht werthvolle Sachen, sondern lediglich der zur Lebensnothdurft erforderliche Bedarf geraubt werden konnte, wol das Aufkommen einer solchen Völkerschaft geduldet haben? 2) Dafür sind die jüngern Angaben über Wohnsitz u. s. w. der Cimbern, besonders aber Tac. Germ. cap. 37 vollgültige Zeugnisse. 3) Cic. de provin. consul. cap. 13. Salust. Jugurth. 114. Plutarch. Mar. 11 u. a. Vgl. Zeuss S. 144; Brandes, Kelten und Germanen S. 105; Ukert, Germanien S. 326. — Es ist auffallend, dass Niebuhr, Röm. Gesch. 2. Aufl. II, 586, welcher die Cimbern ihres Namens wegen für Kelten hielt, nicht auf den Gedanken gekommen, der keltische Volksname sei auf sie, — von deren germanischer Abstammung er doch leicht zu überzeugen war, s. Dahlmann, Gesch. Dänemarks I, 7 n. 2, — durch die Zeitgenossen übertragen worden.

niss für die Grösse der ausgezogenen Masse ab. Noch lange Zeit war das weite Land der ehemaligen keltischen Cimbern nur ganz spärlich bevölkert und in unsicherm Besitz, während die Gegenden, von denen der übrige Theil der wilden Schaar aufgebrochen sein wird, eine fest angesessene Bevölkerung, die für andere Ansiedlungen keinen Raum liess, in der Geschichte aufzuweisen hat.

In diesen Beziehungen zu der Heimath tritt bereits ein Gegensatz innerhalb der grossen Volksmasse hervor. Es hängt höchst wahrscheinlich damit zusammen, dass den Cimbern das Land, von wo sie ausgezogen, noch nicht zum Vaterland geworden; dasselbe war ja auch nicht seit unvordenklichen Zeiten in dem Besitz ihrer Väter, vielleicht selbst unbestritten nie in ihrem eigenen Besitz gewesen. Leichter mochten sie daher geneigt sein, neue Wohnsitze zu suchen, kämpfend, wie um das Land an den Nordseegestaden, weite Gebiete zu durchziehen: während ihre Genossen von den Stämmen der Teutonen und Ambronen mit dem Erwerb neuer fruchtbarer Gefilde zufrieden waren, bis sie etwa durch Waffengewalt aus dem ruhigen Besitz derselben verdrängt wurden. Politische Verhältnisse, gewiss nicht strategische Erwägungen, waren ausserdem wol entscheidend: jene Verschiedenheit der Neigung mag aber der erste Anlass für eine Trennung [1]) des grossen Volkshaufens gewesen sein.

---

1) Mommsen II, 185 meint, die Teutonen seien erst später aus Germanien ausgezogen und hätten sich alsdann im nördlichen Gallien mit den Cimbern vereinigt. Dem widersprechen aber zunächst schon die Berichte der Alten auf das bestimmteste; so schon Appian Celt. 13, besonders aber, wie schon Peter, Gesch. Roms II, 61, bemerkt hat, Vell. Pater. II, 8; s. oben S. 17 N. 2. Doch widerspricht auch die allgemeine Lage der Verhältnisse. Gewiss waren die ausziehenden Teutonen und Ambronen nur Bruchtheile kleiner Völkerschaften: und da sollten die kriegstüchtigen Trevirer, oder gar die Germanen, deren kriegerische Stärke Caesar zwei Menschenalter darauf nicht genug hervorheben kann, gelitten haben, dass jene, die doch des Lebensunterhalts wegen wol ganz ausschliesslich auf die Mittel der von ihnen durchzogenen Gegenden angewiesen waren, sich durch ihr Land drängten? Die Sache stand bei den Trevirern ganz anders, als früher die zahlreichen Cimbern mit dabei waren. — Mommsen

Die Cimbern, welche bei jenem Angriff auf die Bojen
schon allein genannt werden, zogen zunächst gesondert weiter,
während die übrigen wahrscheinlich in' dem waldreichen, halb
öden Hercynien einstweilen blieben. Sie werden sich hier mit
der schwachen keltischen Bevölkerung näher verbunden haben.
Die Cimbern aber durchzogen, nachdem ein Versuch nach
Italien vorzudringen abgeschlagen, zunächst den südlichen
Theil Galliens, dann stiegen sie über die Pyrenäen, um darauf,
auch hier zurückgewiesen, nochmals den Versuch zu machen,
sich in fruchtbaren Landstrecken Südgalliens oder Italiens
niederzulassen. Da nun schlossen sich ihnen die alten Genossen wiederum an.

Vielleicht waren es Kämpfe mit den Bojen, welche die
Teutonen und Ambronen zum neuen Aufbruch veranlassten.
Jene mochten die fruchtbaren Donaugefilde besetzt halten, und
so die Germanen auf das Waldland beschränken. Das aber
galt für so wenig bewohnbar, dass noch hundert Jahre später
von ihm gesagt werden konnte: „in der Mitte sei ein Land,
das sich wol zur Bebauung eigne“ ¹). Nur starke, ungewohnte Rodungen hätten den eingezogenen Germanen gestattet,
die aus der Heimath bekannte Feldwirthschaft, welche die
Verfügung offener und fruchtbarer Landstrecken zur Voraussetzung hatte, hier fortzusetzen; daher werden sie, bevor sie
sich zu solch' ungewohnter Arbeit, die ihnen dem künftigen
Gewinn wol nicht entsprechend scheinen mochte, lieber dem
Rufe gefolgt sein, sich abermals mit den Cimbern zu vereinigen,
um anderswo, in einem Lande fern südlich, über dessen Fruchtbarkeit wol dunkele Sage ging, bessere Wohnsitze, und zwar
für die Dauer zu erwerben ²).

---

hätte aber auf den Gedanken auch gar nicht kommen können, wenn
er nicht die von Liv. epit. 67 berichtete Verbindung in das nördlichste
Gallien setzte und sie mit Nachrichten Caesars verbünde; s. darüber unten.
1) Strabo VII, 1; p. 7. — Dass ich annehme, die Teutonen und Ambronen seien längere Zeit in Hercynien gewesen, ist eine nothwendige
Consequenz von der Ansicht, dass beide mit den Cimbern gleichzeitig
ausgezogen und sich in Gallien erst wieder mit ihnen vereinigt. 2) Dieses
ist immer der eigentliche Zweck des Zuges, s. Liv. epit. 65; Plut. Marius 11; Florus III, 3. Daraus ergiebt sich aber wiederum, wie wenig

Den Teutonen und Ambronen scheinen sich aber bei ihrem neuen Aufbruch Theile des keltischen Volkes, mit dem sie hier zusammengekommen, freiwillig angeschlossen zu haben. Jedenfalls treffen wir solche bald als ihre Waffengenossen an. Dass auch ihnen der Wunsch, fruchtbarere Aecker zu erwerben, der Grund zum Verlassen der Heimath war, verbürgt ein gleiches, um sechzig Jahr jüngeres Ereigniss [1]). Denn es waren Helvetier [2]), die sich damals den Germanen anschlossen. Vermuthlich war dieses der Anlass, dass, während auch ein Stamm vom Süden des Rheins mit aufbrach, der letzte Rest dieser Kelten aus Hercynien abgezogen ist. Hinfort wurde die dünne Bevölkerung des Landes, ausser im Osten, wo sich noch Bojen behaupteten, wol ausschliesslich durch Germanen gebildet. Ob unter ihnen auch noch Reste der Teutonen und Ambronen geblieben, ist als zweifelhaft zu bezeichnen.

Gegen den Schluss des zweiten Jahrhunderts vor unserer Zeitrechnung vereinigten sich die Teutonen und Ambronen, durch jene Helvetier verstärkt, von neuem mit den Cimbern. Vermuthlich geschah es im südlichen Gallien [3]).

---

zutreffend die Anschauung ist, ein kriegerischer, auf Beute gerichteter Sinn habe die Züge dieser Germanen bestimmt. 1) Caes. I, 2 seqq. 2) Strabo VII, 1; p. 10, wo diese Helvetier freilich mit den Cimbern in Verbindung gebracht werden. 3) Mommsen a. a. O. nimmt an, es sei im äussersten Norden, im Lande der Velocassen geschehen. Er schlägt vor Liv. epit. 67: reversique in Galliam in belli casus se Teutonis conjunxerunt, zu ändern in: in Galliam in Vellocassis se Teutonis conjunxerunt. Sprachlich und epigraphisch möchte sich wenig, historisch aber sehr viel dagegen einwenden lassen. Zunächst ist es doch wol recht zweifelhaft, dass diese Germanen bis in den äussersten Norden Galliens, bis nach Rouen vorgedrungen, ja hier selbst den nicht leichten Flussübergang über die Seine erzwungen haben sollten. Sodann wären dieselben auch in das Gebiet der Belgen eingedrungen, zu denen die Velocassen gehörten, was doch nach Caes. II, 4 nicht der Fall war. Endlich aber widerstrebt die gesammte Richtung des Zuges der Cimbern und Teutonen. Mommsen u. a. haben geglaubt, der Kampf mit den Belgen müsste an diese Ostseite derselben gesetzt werden. Um nun aber alsdann die Nachricht bei Caes. II, 29 zu erklären, wird es erforderlich anzunehmen, dass sich von jenem Lande der Velocassen aus die späteren Aduatuker durch die Belgen durchgeschlagen, um am Rhein feste Sitze zu erwerben. Da liegt doch die

Jetzt aber begann ein planmässiger Krieg zwischen den Römern und diesen Germanen aus dem hohen Norden, die durch den feindlichen Zusammenstoss mit vielen waffentüchtigen Nationen selbst erfahrener geworden waren in der Führung der Waffen, in der Kunst des Krieges. Auch werden sich ihnen, schon getrieben durch die Noth, weil der nur erntende, nicht säende Haufe ihnen entriss wovon sie selber leben mussten, viele von denen angeschlossen haben, deren Lande sie durchzogen. Zum Schrecken wurden so dem geübtesten und trefflichsten Heere der Welt die ungeordneten Schaaren, deren vor nicht langer Zeit noch die Belgen, selbst die Bojen und die Celtiberer in Spanien Herr geworden.

Doch ist die Grenze meiner Aufgabe erreicht. Jenseits derselben liegt es, von der Besiegung und Vernichtung der Cimbern, Teutonen und Ambronen, sowie den nächsten Folgen des grossen Ereignisses zu erzählen. Denn es ist uns mit dem Schleier, der jede Blutmischung verdeckt, alle Kunde darüber entzogen, wie die dem Untergang entronnenen, wie die gefangenen Germanen auf die Umbildung der Völker des Alterthums in die modernen Nationen eingewirkt.

Es lag aber die weltgeschichtliche Bedeutung der gewaltigen Bewegung auch nicht in diesen realen Verhältnissen. Weit eher schon mag sie in dem feindseligen Zusammenstoss zwischen Kelten und Germanen zu suchen sein. Am meisten aber tritt in der Geschichte, hier hemmend, dort eine bewegende Ursache, die Erinnerung an den cimbrischen Schrecken hervor: eine sittliche Macht, die hinfort nicht selten die Politik der Römer bestimmte, die ihre Feldherren zu vorsichtiger Kriegführung veranlasste, die ihren Legionen Furcht und Zagen oft so tief in die Seele senkte, dass selbst die Thaten des C. Marius darüber vergessen wurden. Es war eine Nach-

oben S. 18 N. 2 begründete Ansicht viel näher, dass der Kampf mit den Belgen auf deren Ostseite stattgefunden und dass von hier aus dann der Zug begonnen. Bei dieser Annahme ist aber das Zeugniss für ein Vordringen der Cimbern in das Land der Velocassen hinfällig: denn auf jene Emendation wird man sich nicht stützen wollen.

wirkung des cimbrischen Schreckens, dass sich die Römer mit grösserer Vorsicht, als sie sonst Barbaren gegenüber walten liessen, den Germanen näherten. Da schien oft schon ein kleiner Erfolg viel rühmender Worte werth zu sein.

II.

Durch den Zug der Cimbern und Teutonen wurden fast alle Stämme des grossen Keltenvolkes auf dem Festlande heimgesucht. Die Folgen müssen sich bei allen im Staat, und bei den meisten auch in den Verhältnissen des Grundbesitzes geltend gemacht haben. Klar liegt solches für die Völkerschaften zu Tage, von denen ein Theil der Genossen sich dem Zuge anschloss. Aber auch, wo die wilden Schaaren, über deren Grösse fast abenteuerliche Nachrichten auf uns gekommen sind[1]), längere Zeit gehaust, wo sie also des Ertrages der Aecker sich bemächtigt, auch da müssen die Besitzverhältnisse gründlich verschoben sein. Auswanderung oder Anschluss muss fast überall das einzige Mittel gewesen sein, um sich der willenlosen Unterwerfung oder der Vernichtung durch die stärkere Gewalt zu entziehen. In allen Fällen aber war alsdann, auch nachdem wieder ruhigere Zeiten gekommen, ein rascher Wechsel im Besitz von Grund und Boden eine unabwendbare Folge.

Eine neue Gefahr, weniger für die Kelten selbst als für ihre räumliche Ausdehnung ist daraus entstanden. Ihnen waren Germanen benachbart, deren schwach entwickelter Ackerbau nicht nur grosse, sondern auch immer neue Landstrecken zur Voraussetzung hatte. Die Störung des Besitzes bei den Kelten musste ihnen eine Einladung sein, die Grenzen derselben zu überschreiten, um hier Acker, der, wol auch durch die bessere

---

1) Nach der geringsten Angabe Plutarchs (Vita Marii c. 21) sollen bei Aquae Sextiae über 100000 Teutonen und Ambronen, bei Vercellae (ibid. c. 27) über 180000 Cimbern erschlagen und gefangen sein. Bei Vell. Pater. II, 12 beträgt die Zahl der Ersteren 150000, der Letzteren über 100000, bei Liv. epit. 68 gar 290000 und 200000. Ihm folgen Eutrop. V, 1 und Oros. V, 16.

Bearbeitung seiner Inhaber, im Rufe grosser Fruchtbarkeit stand, für sich zu erwerben.

Damals wird ein beträchtlicher Theil des linken Rheinufers in die Gewalt deutscher Stämme gekommen sein.

Hier haben einst, etwa vom Knie des Flusses an, nordwärts zunächst die Sequaner gewohnt. Sie zogen sich, während ihre Hauptstärke im Süden lag, hier zwischen Vogesen und Rhein etwa bis zur Ill hin. Ihnen werden, indem sie die Ausläufe der Vogesen umspannten, von ihren Hauptsitzen um Metz und bis zum Rhein und zur Ill hin die Mediomatriker benachbart gewesen sein, denen sich auch hier, wie weiter westlich, einst die Trevirer anschlossen. Doch scheint sich auf dieser Grenzscheide der beiden mächtigen Keltenstämme eine neue keltische Völkerschaft gebildet zu haben, die Nemeten, deren Entwicklung und selbständiger Abschluss dann freilich durch die einbrechenden Germanen wol gehindert wurde.

Der cimbrische Schrecken muss diese Gegenden ganz besonders heimgesucht haben. Die Mediomatriker werden sich zweifelsohne auf den Haupttheil ihres Volkes im Westen zurückgezogen haben. Die Nemeter aber, wie auch die Einwohner des anstossenden Ostgebietes der Trevirer werden stark gelitten haben. Um so leichter wird es aber Germanen vom andern Flussufer, an welchen auch der Cimbernzug nicht ohne schwere Schädigung vorübergegangen sein kann, alsdann geworden sein, hier neue Sitze zu erwerben. Das Gebiet der Mediomatriker, hauptsächlich am Ostabhang der Vogesen, doch südlich auch an den Rhein stossend [1]), haben Germanen besetzt, —

---

1) Nach Caes. IV, 10 reichten die Mediomatriker bis an den Rhein. Diese Nachricht zu verwerfen, liegt gar kein Grund vor, besonders da Caesar gerade in der Nähe seinen grossen Sieg über Ariovist erfocht. Bestätigung giebt auch Strab. IV, 3 p. 303, der hier keineswegs, wie Zeuss S. 220 meint, von Caesar abzuhängen braucht. Er hat vielmehr einen merkwürdigen Zusatz, der geradezu mit Caesar, welcher neben Mediomatriker einfach Triboken nennt, sogar im Widerspruch steht, der mir aber sehr glaublich erscheint, und der auch erklärt, weshalb in jüngerer Zeit von Mediomatrikern am Rhein keine Rede mehr ist: ἐν οἷς (Μεδιοματρικοῖς) ἵδρυται Γερμανικὸν ἔθνος περαιόθεν ἐκ τῆς οἰκείας Τρίβοχχοι. — Zeuss ist nur desshalb gegen diese Nachricht, weil sie mit

welche als Triboken bezeichnet werden. Wenn neben ihnen anfangs noch Mediomatriker genannt werden [1]), so kann es zweifelhaft sein, ob solche sich hier noch eine Zeit lang gehalten, oder ob nur eine historische Reminiscenz vorliegt. Der Name der Triboken wird keltisch sein. Und doch ist es wahrscheinlich, dass die Eindringlinge ihn schon mitgebracht. Keine Stadt, wie sonst doch bei den Kelten gebräuchlich, erinnert durch ihren Namen daran, dass hier einst keltische Triboken gewohnt. Auf diese Germanen aber kann, schon da sie noch am rechten Rheinufer wohnten, ein keltischer Volksname übertragen oder gar für sie gebildet sein [2]). Sie behielten ihn alsdann in der neuen Heimath.

Vermuthlich gehörten zu den Triboken auch die Germanen, welche in den benachbarten Sitzen der keltischen Nemeten [3]) sich niederliessen, und auf die nun der Name dieser überging. Anders war es mit den Germanen, die sich nordwärts in dem Gebiet der Trevirer niederliessen. Sie werden als Vangiones bezeichnet, und es kann nicht zweifelhaft sein, das Wort ist germanischen Ursprungs. Der Natur des Landes

---

seinem hier ganz und gar verwirrten Ptolemäus nicht in Einklang zu bringen ist, und aus demselben Grunde werden sogar die positiven Zeugnisse Caes. IV, 10 und Tac. Germ. 28 (vgl. Plin. IV, 17), wonach die Triboken am Rhein wohnen sollen, ohne weiteres verworfen. Alle Schwierigkeit wird durch meine Annahme über die Wohnsitze beseitigt. 1) So bei Caes. IV, 10. — An germanische Mediomatriker ist hier zunächst nicht zu denken, vielmehr wird durch die Fortdauer des Namens für den benachbarten grossen Keltenstamm wol erklärt, weshalb die Germanen in den altmediomatrikschen Sitzen des Ostens einen andern, ich denke eben den Namen der Heimath haben. 2) Wenn der Name etwa Waldanwohner bedeutete, vgl. Zeuss S. 220, so könnte er dem Volke schon gegeben sein, da es etwa an den Abhängen des Melibokus wohnte. 3) Dass solche hier früher gesessen, schliesse ich aus dem Namen ihrer Hauptstadt, neben dem dann auch ein ganz unabhängiger deutscher Name, Speier, üblich wurde, sowie daraus, dass Caes. VI, 25 die Sitze der Nemeten zur Bezeichnung einer geographischen Lage verwendet; für jene waren doch seit lange feststehende, allbekannte Verhältnisse die Voraussetzung. An deutsche Nemeten aber, die hier schon geraume Zeit vor Caesar gesessen haben müssten, ist gewiss nicht zu denken: das frühzeitige Vorhandensein der Städte, auch deren ganz keltische Namen widerstreiten.

entsprechend ist er durch „Bewohner der Fläche" wieder-
zugeben [1]) und findet in dieser einfachen Bezeichnung eine
weitere Bestätigung seiner ursprünglichen Bedeutung.

Die Triboken, Nemeten und Vangionen haben zu dem
suebischen Stamm der Germanen gehört, der, vermöge seiner
Wirthschaft, damals und noch Jahrhunderte lang besonders
geneigt war, die Wohnsitze zu ändern. Verhängnissvoll war
das insbesondere wol, da die Kelten diese germanischen Ankömmlinge veranlassten, sich in ihre Streitigkeiten mit einzu-
mischen.

Viele der keltischen Völkerschaften scheinen schon seit
längerer Zeit in stetem Unfrieden mit einander gelebt zu haben.
Der aber wird durch die Zerrüttung aller Verhältnisse, die
als unausbleibliche Folge des Cimbernzuges anzunehmen ist,
noch gesteigert sein. Für die Völkerschaften des Südens kam,
als neues Moment der Erregung, die von den schwächeren
gesuchte, von den anderen abgewiesene Einmischung der Römer hinzu. Auf sie suchten sich insbesondere die Häduer
zu stützen, wogegen die Sequaner nun durch Verbindung mit
Germanen ihre Waffengewalt verstärkten. Ihnen werden jene
drei Völkerschaften, die sich nördlich angesiedelt, die Mittel
dazu geboten haben.

Am rechten Rheinufer, den Helvetiern, Rauraken und
Sequanern gegenüber, wohnten derzeit bereits Germanen [2]).
Die Helvetier lebten mit ihnen auf einem beständigen Kriegs-
fuss [3]). Nicht von da her aber werden die Sequaner ihre
Hülfsschaaren gegen die Häduer genommen haben: solches
hätte kaum ohne Einfluss auf den Einfall der Helvetier in
deren Gebiet sein können. Vermuthlich durch Vermittlung der
Triboken, Nemeten und Vangionen [4]), die auch selbst zur Hülfs-

---

1) Vgl. Zeuss S. 219 Anmerkung und besonders H. Müller, Lex
Salica S. 37. — Ueber Worms s. unten.   2) Caes. I, 1; 2; 27; 28;
31 u. a. Ich weiss nicht, wie diesen bestimmten und wiederholten Zeugnissen gegenüber, Mommsen, Die Schweiz in römischer Zeit 18, zu einer
andern Ansicht kommen konnte.   3) Caes. I, 2.   4) Darauf bezieht
sich vielleicht Caes. VI, 12: Germanos atque Ariovistum adjunxerant,
worin auch eine Hindeutung darauf liegt, dass Ariovist nicht von Anfang

leistung bereit waren, zogen vom Norden her Angehörige des mächtigen und grossen Suebenstammes [1]) zu den Sequanern. Anfangs kamen nur einige tausend Mann. Bald folgten grössere Schaaren. Die Gallier schätzten die Zahl derselben schliesslich auf etwa 120,000.

Wie überall, so waren aber auch diese Germanen keineswegs ausgezogen, um Beute zu machen. Nur die grössere Fruchtbarkeit des gallischen Bodens [2]) hatte sie bestimmt, das Land der Väter zu verlassen, und auch die Kriegshülfe leisteten sie erst, nachdem ihnen von den Sequanern ein Theil ihres Ackers, zweifelsohne gegen den Rhein zu, bis in die Nähe der Triboken [3]), also im südlichen Elsass, überlassen war. Gerade diese Landerwerbungen werden dann aber der Grund gewesen sein, weshalb immer neue Schaaren über den Rhein kamen. Je mehr ihrer waren: je sicherer war der neue Besitz. Allmählich entstand dadurch für die Sequaner selbst eine grosse Gefahr. Sie mussten befürchten, durch die stets geforderten, jetzt schon erzwungenen Landabtretungen mit der Zeit in einer Weise bedrängt zu werden, die ihnen nicht mehr gestattete, von dem Ueberfluss ihres Ackers zu leben. Daher suchten sie jetzt, im Bunde mit den gleich ihnen bedrohten benachbarten Kelten, die lästigen Ansiedler wiederum zu vertreiben. Die aber haben wol durch neuen Zugug aus der Heimath sich für die bevorstehenden Kämpfe gestärkt, und auch ein engerer Anschluss derselben unter einander mag nun nächste Folge des keltischen Vertreibungsplans gewesen sein. Es erscheint nunmehr an der Spitze dieser Ansiedler Ariovist, der ein König der Germanen genannt wird. Ihm hat zweifelsohne der fortwährende Kriegszustand seine Macht gegeben und auch be-

---

an der Führer, wie es überhaupt kaum glaublich; die Stelle fährt, indem sie auf das Weitere übergeht, fort: eosque ad se magnis jacturis pollicitationibusque perduxerant.   1) Dass die Schaaren des Ariovist zu den Sueben gehörten, kann, wie sich unten ergeben wird, nicht zweifelhaft sein. Auch wird es Caes. I, 37; 53 augenscheinlich vorausgesetzt. Ebenso spricht die Aufzählung der Völkerschaften I, 51 dafür.   2) Caes. I, 31.   3) Sonst hätten die Helvetier diese sedes in Gallia concessas bewohnen müssen.

festigt. Er führte die Germanen, als sie die keltischen Kriegsschaaren, die zu ihrer Vertreibung ausgezogen, in heisser Feldschlacht besiegten, und er war es dann auch, der für einen neuen
beträchtlichen Zuzug aus der germanischen Heimath, von Haruden, Waldbewohnern [1]), mit Härte neue Wohnsitze forderte.
Ariovist beherrschte hier nun ein förmliches Reich, als dessen
Haupt er mit fremden Völkern, selbst mit den Römern ver-
handelte. Es erstreckte sich bis zur Saone und umfasste
nordwärts die früher schon angesessenen drei Stämme, von
denen nun die Vangionen den Stammesgenossen in der Heimath einen zur Unterstützung bereiten Uebergang über den
Rhein gewähren konnten. Die Kelten aber mussten durch
Geiselstellung den Frieden und den ruhigen Gebrauch der
occupirten Aecker gewährleisten. Es war nicht ohne Grund,
wenn sie befürchteten, sie würden sich überhaupt nicht lange
mehr gegen die Germanen behaupten können.

Da aber haben die Römer hier dem sinkenden Volke
ihren Schutz verliehen. Die Bedrohung ihrer Provinz durch
die nördlich benachbarten Helvetier bot einen äusseren Anlass
zu diesem für die gesammte Entwickelung der Menschheit
folgeschweren Ereigniss.

Die Helvetier galten den Alten als einer der kräftigsten
Volksstämme der Kelten. Einst — wir sahen es — dehnten
sie sich weit gen Norden in Hercynien aus. Die Germanen
haben sie aber dort bedrängt, und der Zug der Cimbern und
Teutonen, denen sich ein Theil des Volkes anschloss, dann
auch eine neue germanische Invasion, mögen ihnen die alten
rechtsrheinischen Sitze vollends verleidet haben. Aber gerade
dieser wol noch halb freiwillige Aufbruch der Helvetier musste
alsdann suebischen Völkerschaften eine Aufforderung sein, ihre
überzählige Volksmenge nach Hercynien zu entsenden. Es war
eine Bewegung, die sich wahrscheinlich sehr allmählich vollzog
und für die grösstentheils auch keine zahlreichen Massen in
Betracht kamen. Die Alten wissen nur von ihrem Endergebniss
zu berichten: der Acker in der Biegung des Rheins, den

---

1) Caes. I, 31. Harudes sowol als Marcomanni scheinen mir beide
appellative Bezeichnungen zu sein.

Helvetiern gegenüber, der freilich eine sehr dünne Bevölkerung gehabt haben muss, war zur Zeit Caesars schon in dem
Besitz der Germanen.

In grösserer Volksmenge wird eine Ausdehnung der Germanen gen Süden am rechten Rheinufer, zwischen dem cimbrischen Zuge und der Ankunft Caesars in Gallien, wol nur
im fernen Osten stattgefunden haben. Denn in diese Zeit
möchte die Ausdehnung der suebischen Hermunduren bis zur
Donau hin zu setzen sein. Die Hauptmasse des Volkes blieb
aber jedenfalls im Norden des mitteldeutschen Gebirgszuges,
denn die neuen Sitze sind zweifelsohne noch für viele Menschenalter nur schwach bevölkert gewesen. Auch das wäre vielleicht
den Germanen nicht gelungen, wenn die keltischen Bewohner
der Gegend nicht früher schon in ihrem ruhigen Besitz gestört
worden wären. Hier muss es gewesen sein, wo die Cimbern
von den Bojen zurückgeschlagen wurden [1]). Letztere werden
freilich in dem benachbarten Berglande, das ihren Namen erhalten hat, in Böhmen, ihren Hauptsitz gehabt haben; der
war leicht zu vertheidigen: und es mag daher mit um so mehr
Unmuth ertragen sein, dass die weniger werthvollen Sitze im
Westen häufiger ein gefahrvolles Uebersteigen der natürlichen
Schutzwehr erforderlich machten. Lag darin nun ein Grund
zu einer neuen Bewegung der Bojen, oder entzieht sich derselbe sogar der gewagten Hypothese: genug, wir hören, dass
Bojen die Heimath verlassen, in das südlich anstossende Land
der Noriker eingefallen seien und sich hier neue Sitze erkämpft
hätten [2]). Damals, kein Jahrhundert vor unserer Zeitrechnung,
mögen sich demnach Hermunduren im Norden und Bojen im
Süden der Donau festgesetzt haben. Nur der Aufbruch der
letzteren kann es ersteren ermöglicht haben, sich in den neuen
schwach besetzten Gegenden zu halten.

Die Bojen werden noch mit den Norikern um neue Sitze
gekämpft haben, als sich die stammverwandten Helvetier entschlossen die Heimath zu verlassen.

Das Land der Helvetier war nicht sonderlich zu einem
Ackerbau mit leicht zu erzielendem und reichem Ertrage ge-

---

1) S. oben S. 20.   2) Caes. I, 5.

eignet. Im Norden durch den Rhein, im Westen begrenzt durch den Jura, der die Grenze gegen die Sequaner bildete, umfasste das Gebiet das heutige schweizer Hügelland und die Thäler, welche sich, noch zum Fruchtertrag verwendbar, bis in die Berner und Glarner Alpen erstrecken. Im Süden sind die Gestade des Genfersees noch von dem Volke bewohnt, wie im Norden die des Bodensees.

Der Acker scheint hier schon seit langer Zeit nicht mehr genügt zu haben, das zahlreiche und kräftige Volk zu ernähren. Daher war ein Theil desselben, nachdem wahrscheinlich andere Stammesgenossen in Hercynien sich bereits den Cimbern und Teutonen angeschlossen, schon vor mehreren Menschenaltern aufgebrochen, um sich neue Sitze zu suchen. Die Waffen des Marius werden den Rest wiederum in die alte Heimath verwiesen haben. Die aber erschien jetzt für alle Helvetier zu eng. Sie musste getheilt werden mit zahlreichen Volksgenossen, welche, sei es freiwillig, sei es gezwungen, sei es infolge des Schreckens vor den Cimbern, oder im Anschluss an deren Zug, die altererbten Aecker am rechten Rheinufer aufgegeben hatten und jetzt durch vorgedrungene Germanen an eine neue Occupation derselben gehindert waren. Besonders werden sich Bojen, da der ruhige Besitz Noricums nicht erreicht, zu den Helvetiern geflüchtet, und so die Uebervölkerung im Lande derselben vermehrt haben. Um so schwerer aber mochte das Drückende einer solchen von den Helvetiern getragen werden, da ihr alter Kriegsruhm, wenn er auch nicht zu einem grossen und glänzenden Erfolg geführt, sich in den mit den Cimbern gemeinsamen Feldzügen von neuem bewährt hatte. Ein römischer Consul war besiegt: sein Heer zur Uebergabe gezwungen worden.

Da entschlossen sich dann die Helvetier endlich die Sitze der Väter ganz zu verlassen und sich in unsicherer Zukunft eine neue Heimath, einen ergiebigeren und weiteren Acker zu suchen. Das aber konnte nur nach Gallien zu geschehen. Das Waldgebiet Hercynien galt damals für so unwirthlich, dass es niemals das Ziel der Völkerschaften ist, welche andere Wohnsitze erstreben.

Die nächsten keltischen Westnachbarn schlossen sich, wie auch jene noch aus Noricum verstärkten Bojen, den Helvetiern an. Es waren die Rauraken, welche um die Biegung des Rheins wohnten: ein sehr kleines und den Helvetiern verwandtes Völkchen. Auch sie werden Gebiete am rechten Rheinufer verloren haben, und jetzt durch die Ansiedlung der Schaaren des Ariovist, welche in ihrer unmittelbaren Nähe statthatte, stets bedroht gewesen sein.

Weiter gen Westen sassen die Sequaner: ein Volk, das den Rauraken und auch wol den Helvetiern verwandt [1]); sie hatten letztere vielleicht im Laufe ihrer rühmlichen Vergangenheit bereits oft zu Genossen in Krieg und Frieden gehabt. Hier wurde der Durchzug gewährt. Das Land noch weiter im Westen, über dessen Fruchtbarkeit dunkele, nicht unwahre Berichte vorlagen, war das bekannte Ziel des Zuges der Helvetier.

Sorgsam wurde nun der Auszug durch Anhäufung von Lebensmitteln, durch Beschaffung von Heergeräth, durch Verhandlung mit benachbarten keltischen Staaten vorbereitet. Doch scheint eine Schwierigkeit nicht genügend gewürdigt zu sein. Es war das Interesse, das die Römer an der Sache haben mussten. Ihr Gebiet berührte bereits am Leman das der Helvetier: wäre dieses nun, wie sicher anzunehmen, nach dem Abzug der bisherigen Bewohner in die Gewalt der Germanen gefallen, so würden diese hier die unbequemen Nachbarn Roms geworden sein [2]). Dann aber hätte das Unternehmen der Helvetier, wenn es geglückt, zweifelsohne auch viele neue Kämpfe hervorgerufen, bei denen die Römer um so weniger unbetheiligt sein konnten, da die Sitze, welche erstrebt wurden, in der nächsten Nachbarschaft des Theiles von Gallien lagen, der bereits unter ihrer Botmässigkeit stand. Begreiflich genug, dass Gajus Caesar, noch bevor er im Jahre 58 v. Chr. als neuer Statthalter im narbonensischen Gallien eintraf, fest entschlossen war, sich mit Nachdruck den Planen der Helvetier entgegen zu stellen.

----

1) Die Bildung der römischen Provinz Maxima Sequanorum beweist solches. 2) Diese Erwägung ergiebt sich aus Caes. 1, 28.

Zunächst bereitete er dem Aufbruch derselben Schwierigkeiten. Den nächsten und leichtesten Weg hätten die Helvetier
durch das Land der Rauraken gehabt, denn nur hier wäre die
schwierige Uebersteigung des Jura zu vermeiden gewesen.
Der Weg wurde aber nicht gewählt: zweifelsohne weil das
von den Germanen im Gebiet der Sequaner occupirte Land
auf ihm hätte berührt werden müssen, was wol ohne Kampf
nicht möglich gewesen wäre. So beabsichtigten denn die Ausziehenden einen andern Weg einzuschlagen, auf dem sie zum
Theil ein Gebiet betreten mussten, das schon unter römischer
Obhut stand. Caesar hat es verhindert. Und er gewann in
Unterhandlungen kostbare Zeit, um mit beträchtlicher Macht
den Gefahren zu begegnen, die für Rom erstehen mussten,
als endlich die Helvetier doch ihr Gebiet verliessen und, sich
durch das Gebiet der Sequaner in das der Häduer ergiessend,
ihren Marsch auf die ersehnten, der Provinz benachbarten
Gegenden richteten. Caesar setzte sich, mit leichtem Vorwand,
über mannigfache politische Bedenken hinweg: er verliess mit
seinen Legionen das römische Gallien, zog Bundesgenossen
an sich, folgte mit ihnen dem grossen, wüsten Haufen der
Helvetier und brachte dann, nachdem er sie zu günstiger Zeit
endlich in eine entscheidende Feldschlacht verwickelt, ihnen
jene grosse Niederlage bei, welche mit einem Schlage das
Schicksal Galliens bestimmte und die weitere Ausdehnung der
Germanen von dem Willen des römischen Reiches abhängig
machte.

Der Sieger verfügte über die Helvetier, die den Be-
schwerden des Marsches und seinem Schwerte entronnen. Die
Bojen wurden freiwillig, wol in ähnlicher Weise als früher die
Schaaren Ariovists von den Sequanern, von den Häduern
aufgenommen und in ihren Grenzen mit Land ausgestattet.
Ein gleiches Schicksal mag vereinzelt auch andern zu Theil
geworden sein. Der Rest, wenig mehr als ein Drittel der ausgezogenen Mannschaft, wurde von Caesar wieder in die verlassenen Sitze verwiesen. Sie dienten hier jetzt der römischen
Herrschaft, der sie hinfort unterworfen waren, zur Abwehr
der Germanen: eine Aufgabe, die, neben den Helvetiern, ins-

3*

besondere auch, nach der Lage ihres Gebiets, den Rauraken zufallen musste [1]).

Wie hier, so tritt überhaupt in der Politik Caesars die Rücksicht auf die Germanen mannigfach entscheidend hervor. Sie ist zunächst durch die Nachwirkung des cimbrischen Krieges, der noch in aller Gedächtniss war, zu erklären. Wiederholt werden der Befürchtung Worte geliehen, dass die eingedrungenen Germanen, nicht zufrieden mit den erworbenen Sitzen, nach Art der Cimbern und Teutonen, ganz Gallien heimsuchen und selbst Italien bedrohen möchten. Die Gallier aber scheinen eine solche Befürchtung, oder auch, dass ihnen allmählich die fruchtbarsten Landschaften durch die Germanen entzogen würden, noch mehr gehegt zu haben als der römische Statthalter, was auf diesen um so mehr von Einfluss sein musste, da solches bei Plänen zu berücksichtigen war, die ihn jetzt bereits erfüllten und bestimmten. Der Sieg über die Helvetier und die beherrschende Stellung seiner Legionen im Herzen Galliens, machten Caesar die Unterwerfung des Landes zu einer unabweisbaren und unschwer zu erfüllenden Pflicht. Am leichtesten konnte Rom dadurch vor erneutem cimbrischen Schrecken bewahrt werden [2]), während die Ausdehnung des römischen Gebietes auch den Traditionen des Staates sowie den Interessen des Feldherrn entsprach.

Die Unterwerfung Galliens war aber jedenfalls leichter im Frieden als im steten Kriege zu erreichen. Römische Parteien machten sich seit lange unter den Hadernden geltend. Sie eröffneten Caesar Einfluss auf die keltischen Staatsangelegenheiten. Seine Macht war dann entscheidend in ihrem

---

1) Caes. I, 28 übergeht die Rauraken; VII, 75 können, wie die aufgeführten Bojen, anderswo Angesiedelte gemeint sein. Dass aber auch Rauraken wieder in die Heimath verwiesen, ist anzunehmen, weil hier am leichtesten eine germanische Invasion bewirkt werden konnte. Auch werden Rauraci von Plinius IV, 17 eigens mit unter den Völkern Galliens aufgezählt; so dass mit ihrem Namen hinfort nicht nur ein geographischer Begriff verbunden gewesen sein kann. Mommsen hat sich jetzt für Rückführung entschieden; früher war er zweifelhaft; Schweiz in röm. Zeit S. 5.

2) Das lässt Dio Cass. XLIV, 42 den Antonius in der Leichenrede scharf hervorheben.

helvetischen Kriege. Und durch nichts konnte Caesar sein und des römischen Staats Ansehn bei den Kelten, das doch die Grundlage der erstrebten Herrschaft war, so sehr befestigen, als indem er mit ihnen gemeinschaftlich vollbrachte, was schon durch die Beziehungen der Häduer zu Rom und auch durch das Interesse der eigenen Sicherheit geboten war: die Besiegung der Germanen am rechten Rheinufer.

Um den Vorwurf von sich abzuweisen, er habe muthwillig einen grossen Krieg begonnen, liess sich Caesar, alsbald nach dem Zurückwerfen der Helvetier, von Abgeordneten der keltischen Völkerschaften, die auf einem grossen Landtag vereinigt waren, zum Schutz gegen Ariovist auffordern.

Nur eine kurze Zeit ist dann unterhandelt. Caesar stellte Bedingungen, von denen die erste gleich unannehmbar für Ariovist war. Er sollte, so wurde verlangt, keine neuen Schaaren mehr über den Rhein hinüber ziehen. Ariovist konnte darauf nicht eingehen. Mehr als je war, der Haltung Caesars gegenüber, streitbarer Zuzug aus der Heimath für ihn geboten. Gerade dieserhalb werden wenige Monate zuvor jene Haruden in der beträchtlichen Stärke von 24,000 Mann über den Rhein gezogen sein, und eine noch weit ansehnlichere Heeresmasse wurde von dem germanischen Könige baldigst erwartet. Beides aber gab nun wieder Veranlassung, um den Ausbruch des Krieges zu beschleunigen. Während die Haruden, für die vergebens wie für die früheren Schaaren von den Sequanern Land erbeten war, in das Gebiet der Häduer einfielen, um die Last ihrer Erhaltung von den Stammesgenossen auf die Kelten zu wälzen, wurde Caesar auch zugleich berichtet, ein bedeutendes suebisches Heer sammle sich am Rhein, um, nach Ueberschreitung des Flusses, sich mit den Schaaren Ariovists zu vereinigen.

Da begann Caesar ohne Zaudern den Krieg. Er rückte in das Land der Sequaner ein und besetzte deren Hauptstadt Vesontio (Besançon). Ariovist zog gleichfalls seine Schaaren zusammen: die streitbare Mannschaft der Triboken, der Nemeten und der Vangionen; dazu Sueben verschiedenen Stammes, die wol gerade mit oder unter dem Befehl von Ariovist über den Rhein gekommen, oder vor kurzem, wie die Haruden, zu ihnen

gestossen waren. Unweit Belfort kam es zur Schlacht. Es war
wol an der Grenze des von den Germanen besetzten Landes.
Caesar erfocht einen glänzenden Sieg.

Der grosse Feldherr hat in seinem Bericht über die Kriegs-
thaten in Gallien wol nicht ohne Absicht jede Angabe über
die nächsten Folgen des glücklichen Kampfes vermieden. Nach
ihm sind die flüchtenden Germanen, mit Ausnahme weniger,
unter denen Ariovist, vernichtet worden. Doch ist solches
gewiss nicht richtig. Wenn hinfort Triboken, Nemeten und
Vangionen in jenen Gegenden vom mittlern Elsass an bis gen
Mainz erscheinen, so liegt die Muthmassung nahe, dass sie
Nachkommen von Germanen waren, die hier schon vor den
Zeiten Ariovists angesiedelt [1]) und die dann in seinem Heere
gefochten. Caesar wird diese Germanen ruhig in ihren neuen
Wohnsitzen gelassen haben. Er wurde dadurch der Schwierigkeit enthoben, über diese Gegenden, auf die er noch nicht
einmal ein politisches Recht hatte, zu verfügen, und er gewann so gleichzeitig auch eine streitbare Bevölkerung, die
zunächst allenfalls gegen die Kelten, später auch zur Bewachung des Grenzflusses gegen die eigenen Landsleute zu
gebrauchen war.

Schwieriger ist es zu sagen, was mit dem Acker geschah,
der in ihrem eigenen Lande von den Sequanern den Schaaren
des Ariovist eingeräumt war. Er umfasste zweifelsohne den
südlichen Elsass etwa bis zum Doubs. Von dem Römer wäre
es zu viel Grossmuth gewesen, wenn diese fruchtbaren Gefilde
von ihm den Sequanern, den Gegnern seines Staates, zurück-
gegeben wären. In der That erscheinen dieselben in der Folge
auch nicht mehr als angesessen am Rhein [2]). Ausser ihnen
hatte aber das bezeichnete Gebiet von allen Keltenstämmen

---

1) Dass diese drei Völkerschaften schon vor Ariovist am linken Rheinufer sassen, schliesse ich besonders daraus, dass sie nicht im Gebiet der
Sequaner, sondern in dem der Mediomatriker, der (keltischen) Nemeten
und der Treverer sich niedergelassen. Ihr eigner Vortheil erforderte aber,
dass sie sich dem Ariovist anschlossen.   2) Als solche erwähnt sie der
gerade hier ganz unterrichtete Caes. I, 1 u. IV, 10, welcher Strab. IV, 3
vorgelegen haben wird.

nur noch die Rauraken [1]) zu Nachbarn: denn der Kamm der
Vogesen trennt es von den westlichen Stämmen. Dass Caesar
jenen das Land überwiesen, ist aber auch nicht anzunehmen.
Auch sie gehörten zu den sehr zweifelhaften Freunden Roms
und waren dazu von so geringer Macht, dass es einerseits nicht
lohnte, sie in das römische Interesse zu ziehen, während andererseits ihnen eine Grenzwacht nicht anvertraut werden konnte.
Da liegt dann der Gedanke nahe, dass Caesar, wie nordwärts,
so auch hier im früheren Lande der Sequaner Germanen im
Besitz des ihnen überlassenen Ackers gelassen hat. In der
Folge mag dann von hier aus ein Austausch, eine Vermischung
mit der keltischen Bevölkerung im benachbarten Gebiet der
Rauraken stattgefunden haben, wodurch es möglich wurde, für
eine administrative Einrichtung aus jüngerer Zeit, trotz der ein-
getretenen ethnographischen Veränderung, territoriale Verhältnisse zu benutzen, die durch die Niederlassung der Germanen im
Lande der Sequaner schon vor Caesars Zeiten erschüttert waren [2]).

Ist es richtig, dass der römische Statthalter in der vor-
bemerkten Weise über die Gefilde am Rhein verfügte, so muss
darin für die Kelten ein ziemlich deutlicher Hinweis auf die
Absicht gelegen haben, in diesen Landen die römische Herrschaft zu behaupten. Aeusserlich aber trat dieselbe noch mehr
in dem Umstande hervor, dass Caesar sein Heer nicht wieder
in die Provinz zurückführte, sondern es im Lande der „Bundesgenossen“ Winterquartiere beziehen liess. Das sahen die Belgen, die nicht nur kriegstüchtig, sondern auch durch eine feste
Bundesverfassung besser als die andern Kelten organisirt waren,
sehr wol ein: und sie bereiteten sich daher im Winter von 58
auf 57 v. Chr. zu einem Krieg, um rechtzeitig die Gefahr einer
Herrschaft Roms über sie abzuwenden. Es war ein männlicher,
aber kein weiser Entschluss. Er gab dem römischen Feldherrn den sicher erwünschten Anlass, sein ruhmgekröntes Werk
zu vollenden.

Caesar kam den Feinden zuvor. Nachdem er zu seinen
sechs Legionen noch zwei weitere hinzugefügt, brach er gegen

---

1) Wenn dieselben nämlich überhaupt zurückgeführt sind, s. oben
S. 36 N. 1. 2) S. unten.

die Belgen auf. Die Zwistigkeiten der Kelten unter einander führten ihm auch jetzt die Schaaren der Völkerschaften zu, die mit ihm gegen Ariovist gekämpft. Selbst die Reiterei der Trevirer schloss sich dem römischen Heere an. Da ist es Caesar denn auch bald gelungen, die älteren und eigentlichen Belgenstämme, von denen die Remer sich ihm ohnehin zugewandt, zur Unterwerfung zu bringen. Nur die Stämme, deren Hauptmacht vor langer Zeit an der andern Seite des Rheins gewesen, zunächst vor allem die Nervier, rüsteten sich zu energischem Widerstande. Sie fanden Unterstützung bei den Aduatukern, jenen Nachkommen der Cimbern und Teutonen. Caesar musste dann mit den Nerviern einen sehr ernstlichen Krieg führen, dessen Ausgang eine Weile zweifelhaft erschien. Um so entscheidender für das Schicksal Galliens war sodann aber der Sieg. Die römische Herrschaft durfte nicht erlassen werden, wo Völker unterworfen waren, die gegen Rom das Schwert erhoben.

Der Sieg ist hier jedoch mit blutiger Strenge gepaart gewesen. Sie galt nicht den Nerviern: sie galt den Aduatukern.

Glücklicher als ihre ruhmreichen Genossen hatten sich diese Cimbern und Teutonen zwischen Maas und Schelde feste Sitze erkämpft. Sie bewahrten die alte Kriegstüchtigkeit. Den benachbarten Eburonen, keltischen Germanen, sollen sie sogar einen sicher in Getreide zu erlegenden Tribut aufgezwungen haben, für dessen richtige Erlegung Geiseln gegeben seien [1]). Jetzt auch brach ihre Mannschaft auf, um den Nerviern im Kriege beizustehen. Unterwegs hörten sie jedoch bereits von deren Niederlage und zogen nun eiligst zurück, um sich zu hartnäckiger Vertheidigung gegen die anrückenden Römer zu rüsten. Caesar berichtet, sie hätten alle ihre Habe an einen festen Ort gebracht, und der sei nun von ihm mit starker Heeresmacht belagert worden. Die Aduatuker wollten sich ergeben: doch nur, wenn ihnen ihre Waffen, von denen ihre Sicherheit abhing, gelassen würden. Caesar verweigerte es. Da haben sich die Aduatuker auch so, nach Ablieferung der Waffen, unterworfen. Ihrer wartete sicher ein hartes Loos,

---

1) Caes. V, 27.

denn rücksichtslos wurde von Anfang an mit ihnen verhandelt und gegen sie verfahren. Sie versuchten daher, selbst noch nach der Uebergabe, Leben und Freiheit zu retten, indem sie sich durchschlugen. Als der Plan misslungen, ereilte sie eine um so härtere Strafe. Die Stadt mit allem, was darin war, wurde unter den Hammer gebracht. Nach kurzem lebte der Name der Aduatuker nur noch in der Geschichte ihres Unterganges fort. Triumphirend aber konnte der römische Feldherr berichten, dass, wie einst die Ueberreste der Cimbern und Teutonen, die Italien bedroht, als Sclaven verkauft seien, so habe das gleiche Schicksal auch diese Nachkommen jener Völkerschaften erreicht. So hatte Rom eine Rache, die schlimmer als der Tod war, an seinen ärgsten Feinden genommen. Und Caesars Verdienst war es, mit starker Hand die Schmach des Zitterns abgewaschen und vergolten zu haben.

Auch eine Reihe kleiner Völkchen an der See, die zu den Belgen gerechnet wurden, sind durch Caesar bald „in die Macht und Gewalt des römischen Volks" gebracht. Schwieriger war es, die Moriner und Menapier zu unterwerfen, und ganz ist das sogar dem grossen Feldherrn überall nicht gelungen. Er musste sich da, wie auch bei andern Belgenstämmen, mit einer losen Botmässigkeit begnügen. Denn während die geschickte Benutzung der durch die Helvetier und den Ariovist veranlassten Störungen ausreichte, um die eigentlichen Kelten abhängig von den Römern zu machen, während Caesar die Unterwerfung Aquitaniens einem seiner Legaten anvertrauen konnte, der das Werk auch leicht vollbrachte, haben die Belgen, mehrfach auch durch eine allgemeine Bewegung der Kelten unterstützt, wiederholt versucht, das anfangs so leicht übernommene Joch wiederum abzuschütteln. Sie fanden da einen wesentlichen Rückhalt bei den keltischen Germanen, besonders den Eburonen, die Caesar selbst durch die grausamsten Mittel nicht unter das römische Joch bringen konnte. Dem Feldherrn wurde hier ein dauernder Erfolg um so mehr erschwert, da auch die benachbarten Trevirer sich den Römern stets widersetzten oder nur widerwillig und vorübergehend fügten. Das hing mit ihren besondern Zuständen, doch auch mit Verbindungen zusammen, die sie mit über-

rheinischen Germanen unterhielten. Die Ruhe Galliens, die
Grundlage des sichern Besitzes der neuen Provinz, wurde
hierdurch bedroht. Und so enthielt denn nicht nur das Verlangen nach dem unsterblichen Ruhm, die gefürchteten Germanen zuerst in ihren Sitzen aufgesucht zu haben [1]), sondern
auch die Sicherung und Vollendung des eignen Werkes, für
Caesar das Gebot: den Rhein zu überschreiten.

III.

Wie andere, so vererben sich geographische und politische
Begriffe im Leben der Völker selbst dann häufig, wenn offen
vorliegende und allbekannte Thatsachen mit ihnen hier oder
dort in einigem Widerspruch stehen. So ist es auch von den
frühesten Zeiten geschichtlicher Kunde an mit der Rheingrenze
gewesen.

Caesar fand in Gallien, seine Commentare legen vollgül-
tiges Zeugniss dafür ab, die Anschauung vor, der Rhein trenne
Germanen und Kelten. Ihm war dann auch die Aufrecht-
erhaltung dieser Grenze, sowol in Rücksicht auf die Kelten
als auch auf die Sicherheit des römischen Staates ein bewusstes und ausgesprochenes und festes Ziel seines Strebens.
Jede Bedrohung oder gar Verletzung der Rheingrenze durch
die Germanen erschien ihm als eine Gefahr für Rom, die sofort mit starker Hand abgewehrt werden musste.

Und doch war diese Grundanschauung schon für Caesars
Zeit nicht ganz zutreffend. Im Süden zwar trennte der Rhein
zweifelsohne Helvetier von Germanen [2]). Doch kann die Be-
völkerungszahl dieser hier nur sehr gering gewesen sein. Den
Rauraken gegenüber waren wol ähnliche Verhältnisse. Nun
aber schloss sich das alte Sequanergebiet am Rhein an, das,
wie vermuthet wurde [3]), auch nach der Besiegung des Ariovist,
wie sicher das Land nordwärts bis gen Mainz, von Caesar
im Besitz von Germanen gelassen wurde. Und nicht nur
hierdurch, also in ethnographischer Hinsicht, wird in jener

---

1) Cicero, de prov. cons. cap. 13.   2) S. oben S. 29.   3) S. oben
S. 38.

Gegend von der Rheingrenze abgewichen sein: da gegenüber, am rechten Ufer des Flusses keine fest geschlossenen Völkerschaften sassen, ist es sehr wahrscheinlich, dass die Gebiete der germanischen Triboker, Nemeter und Vangionen sich auch hierhin erstreckten. Ein Fluss verbindet immer mehr als er scheidet, und eine jüngere Grenze, die sich gemeiniglich an eine ältere anschliesst [1]), spricht hier noch ausserdem für jene Annahme. Für die Strecke, welche sich nun anschliesst, etwa von Mainz bis zur Waal, kann es nun freilich wiederum keinem Zweifel unterworfen sein, dass der Rhein hier fest geschlossene germanische Völkerschaften von anderen schied, welche Caesar mit gutem Grunde für Kelten hielt. Doch war auch hier die ethnographische Grenze beider stark bedroht oder eigentlich wol gar schon erschüttert. Die Germanisirung der Trevirer muss schon lange vor Caesars Zeit begonnen haben: sie wäre sonst kaum zu erklären, und besonders weisen die steten Verbindungen der Trevirer mit überrheinischen Germanen, vor denen alle andern Kelten in Furcht lebten, darauf hin, dass sie schon zu Caesars Zeit nicht nur nach „Lebensweise und Wildheit“, wie Hirtius meint [2]), sondern auch sonst in manchen andern Dingen „sich nicht sehr von den Germanen unterschieden“. An die Trevirer stiessen dann jene keltischen Germanen: für sie wird nirgends Abstammung vom Blut der überrheinischen Germanen, oder die Beachtung von Sitten und Lebensweise derselben bezeugt, während für ihre Nachbarn, die Aduatuker, die Art und Weise, wie gegen sie nach ihrer Besiegung verfahren wird, auch die Schilderung ihrer Beziehungen zu den umwohnenden Kelten, eine weitere Beglaubigung der Angabe ist, dass sie von den Cimbern und Teutonen abstammten, demnach germanischen Ursprungs waren. Ihr Wohnen in Gallien verletzte also wiederum die Rheingrenze. Am auffallendsten geschah solches aber noch weiter westlich, indem hier die keltischen Menapier von vergangenen Zeiten der Macht ihres Volkes her sich noch Sitze am rechten Rheinufer behauptet hatten und darin von Caesar beschützt wurden [3]).

---

1) Ich meine natürlich die Bisthumsgrenzen.　　2) Caes. VIII, 25.
3) Caes. IV, 4.

Wie der Rhein nun aber als eine ethnographische Grenze von Caesar weder vorgefunden noch dazu gemacht wurde, so hat er den Fluss auch als Staatsgrenze nicht in vollem Maasse beachtet. Das war also zunächst am Niederrhein, in dem Gebiet der Menapier der Fall; dann auch zweifelsohne bei den Vangionen, Nemetern und Tribokern.

Wichtiger aber sind die Versuche gewesen, welche Caesar, wenn auch mit nur geringem Erfolg, gemacht hat, um der römischen Herrschaft zwischen den Mündungen von Main und Lippe am rechten Rheinufer Boden zu gewinnen. Sie werden als eine der Folgen, welche die Niederlage Ariovists für das innere Germanien, dessen suebische Heimath hatte, ange-sehen sein.

Der Angriff Caesars auf den germanischen Heerkönig wurde — wir sahen es — durch die Nachricht beschleunigt, 100 Gaue der Sueben, und das soll wol heissen 100,000 Mann derselben [1]), seien am Rhein, dem Lande der Treverer gegen-über, neben den Ubiern erschienen, um zur Unterstützung ihrer Stammesgenossen heran zu ziehen. Als sie dann aber hörten, Ariovist sei geschlagen, begannen diese Sueben er-schreckt wieder in ihre Heimath zurückzukehren, wobei sie von den Ubiern verfolgt wurden und auch einen grossen Ver-lust zu erleiden hatten.

So berichtet Caesar.

Indessen ist gerade hier die Erzählung des grossen Staats-mannes nicht recht glaubhaft und zum wenigsten unvollständig.

Nach der ganzen Art der Kriegsführung, wie sie sonst für die Germanen jener Zeit hervortritt, ist anzunehmen, dass jene Schaaren dem Ariovist nicht nur zur vorübergehenden Hülfe zuziehen, sondern sich, wie die anderen, in den frucht-baren Gefilden Galliens neue Wohnsitze erwerben wollten. Sie werden daher ihren ganzen Tross bei sich gehabt und die Heimath ganz aufgegeben haben. Sollten sie nunmehr in die absichtlich verlassenen, vielleicht gar verödeten Sitze zurück-ziehen? An und für sich ist solches schon wenig wahrschein-lich, vielmehr liegt die Annahme nahe, dass diese Sueben

---

1) Caes. I, 37 verbunden mit IV, 1.

ihre kriegerische Mannschaft, die nun einmal aufgeboten war, benutzten, um sich, da ihnen der Uebergang über den Rhein erschwert, am rechten Ufer desselben neue Wohnsitze zu erkämpfen. Und in der That: dieses Suebenheer wird es gewesen sein, das in demselben Jahr, als Ariovist geschlagen wurde, Westnachbarn der Sueben mit Krieg überzog.

Am Rhein stiessen im Westen die Sitze der Ubier an die der Sueben. Beide Völkerschaften kämpften seit langer Zeit vielfach mit einander; die Sueben werden oft versucht haben, die Ubier aus ihrer fruchtbaren und gut angebauten Gegend zu vertreiben. Das aber ist ihnen nicht gelungen. Selbst jenes grosse Suebenheer, das zur Unterstützung des Ariovist ausgezogen, musste den Rhein wieder verlassen, ohne die Ubier verdrängt zu haben: es erlitt sogar, wie angemerkt, durch jene eine Niederlage. Wahrscheinlich geschah solches, als sie sich weiter nördlich gegen die Tencterer und Usipeter wandten, welche vom Rhein weg, oberhalb der Ubier sassen [1]). Die Sueben griffen dieselben im Jahr 58 v. Chr. und vermuthlich nachdem ihr Zug in die gesegneteren Gefilde des Südens gescheitert, mit solcher Gewalt an, dass der Stoss nicht ertragen werden konnte, vielmehr eine theilweise Räumung des bisherigen Gebiets seitens der beiden genannten Völkerschaften zur Folge hatte. Aber auch jetzt wurden sie von den Sueben beständig in Athem gehalten, so dass es ihnen verwehrt war, in bisheriger Weise dem Ackerbau obzuliegen [2]). Endlich sind die fried-

---

1) Dass die Tencterer und Usipeter neben den Sueben sassen, ergiebt sich aus Caes. IV, 1; 4; 7, während cap. 4 sie auch als Nachbarn der Ubier ausweist. Dann können sie aber nur über diesen gesessen haben. Die Sigambern werden von Caesar nicht als Nachbarn der Sueben genannt; vgl. unten. 2) Caes. IV, 1: causa transeundi fuit, quod ab Suebis complures annos exagitati bello premebantur et agricultura prohibebantur. Zur Ergänzung IV, 4: qui complures annos Sueborum vim sustinuerunt; ad extremum tamen agris expulsi et multis locis Germaniae triennium vagati ad Rhenum pervenerunt. — Nach der ersten Stelle wird man sagen müssen: die Sueben hinderten mehrere Jahre lang den Ackerbau, endlich aber wichen die Tencterer und Usipeter und zogen über den Rhein. Nach der zweiten: mehrere Jahre wurde Widerstand geleistet, darauf vertrieben die Sueben die andern; diese irrten drei Jahre

liebenden Völkchen zu dem verzweifelten Entschluss gekommen, die Sitze der Väter ganz zu verlassen und sich, nach Art der Sueben, anderswo eine Heimath zu suchen. Im Januar des Jahres 56 v. Chr. werden sie, stets in Waffen gegen die Sueben, nur geringe, nicht ausreichende Vorräthe geerndtet haben. Da brachen, vermuthlich nachdem dieselben aufgezehrt, in den ersten Monaten des folgenden Jahres, also drei Jahre nach der Besiegung des Ariovist, die Tencterer und Usipeter mit Weib und Kind und aller beweglichen Habe auf, um sich in Gallien niederzulassen. Ihnen war der Weg nach Osten durch ihre Bedränger, die Sueben, nach Süden durch die nahe verwandten Ubier versperrt. So zogen die Tencterer und Usipeter durch das Gebiet ihrer nächsten Nachbarn im Westen, der Sigambern, hindurch und überflutheten jene Gegend am rechten Rheinufer, in dessen Besitz sich noch die keltischen Menapier gehalten. Erschreckt zogen sich diese auf das linke Rheinufer zurück und suchten mit Erfolg den Flussübergang zu verwehren. Ihre Wintervorräthe werden sie grösstentheils mitgenommen haben. Damit aber war den eingedrungenen Germanen das nächste Ziel ihres Zuges vereitelt. Sie waren, bei der unzureichenden Erndte des Vorjahres, darauf angewiesen, von dem Ertrage der Aecker anderer zu leben,

---

lang in Germanien umher, dann zogen sie an den Rhein. — Ein solches Umherirren, ohne zu säen und zu erndten, ist aber für fast eine halbe Million Menschen unmöglich; andere Aecker zu occupiren ist gleichfalls für die Bedrängten hier sicher unthunlich gewesen; das war ja anderswo selbst den mächtigen Sueben nicht gelungen, und die Tencterer gingen dieserhalb mit ihren Genossen über den Rhein. Wären überflüssige Aecker in diesem Theile Germaniens zu haben gewesen, hätten die Ubier gewiss auch nicht ihren mühsamen Landbau betrieben. Somit darf, auf eine Combination beider Stellen gestützt, doch in voller Uebereinstimmung mit IV, 1, zu dem nur „triennium“ als eine positive Ergänzung hinzugezogen wurde, die Darstellung des Textes gegeben werden. — Mit dem gänzlichen Aufgeben der Sitze seit drei Jahren steht auch in Widerspruch IV, 4: reverti se in suas sedes regionesque simulaverunt. — Mommsen, R. G. III, 235. 253, meint, die Völkerschaften hätten schon seit drei Jahren im Lande der Menapier gesessen: das widerspricht aber sogar dem Wortlaut.

und so konnten sie sich nicht nur mit den neu erworbenen Aeckern zufrieden geben. Endlich ist es aber auch den Tencterern und Usipeter durch List und Gewalt gelungen, den Fluss zu überschreiten, sich im dortigen Gebiet der Menapier niederzulassen und „sich den übrigen Theil des Winters von den Vorräthen desselben zu ernähren". Nur ein Theil wird am jenseitigen Ufer geblieben sein.

Die Belgen waren noch keineswegs von den Römern unterworfen. Da sind dann, Caesars Bericht zufolge, einzelne Stämme derselben auf den Gedanken gerathen, diese Germanen, die das Schicksal in ihr Land geführt, gegen die lateinischen Bedränger zu gebrauchen, also einen ähnlichen Dienst von ihnen zu verlangen, wie früher die Sequaner von den Schaaren des Ariovist. Für das Werk Caesars hätte darin eine grosse Gefahr gelegen. Doch war auch allein schon die Niederlassung dieser Germanen in dem noch keineswegs beruhigten Gallien ganz gegen das Interesse der Plane, die von ihm verfolgt wurden. Mit Macht und Eifer rüstete er sich daher allsogleich, um den Eindringlingen entgegen zu treten. Konnte doch auch durch nichts besser dargethan werden, dass Gallien eine römische Provinz geworden.

Inzwischen waren die Tencterer und Usipeter weiter vorgerückt. Sie müssen das Gebiet der stark gelichteten Aduatuker durchzogen haben und erreichten dann an der Maas die Sitze jener keltischen Germanen. Hier trat ihnen Caesar entgegen. Die Germanen verlangten die Zuweisung von Aeckern oder die Genehmigung, dass sie im Besitz derer bleiben könnten, die sie in dieser Gegend occupirt. Die kurzen Verhandlungen über diese Forderung wurden durch Unordnungen unterbrochen, welche dem römischen Feldherrn die nur zu erwünschte Gelegenheit gaben, sich mit ganzer Macht auf die wüste, ungeordnete Masse zu werfen. Er brachte ihnen eine vollständige Niederlage bei, so dass die Schaaren in wilder Flucht dem Rhein zueilten, in dessen Fluthen noch viele ihr Leben verloren, die dem feindlichen Schwerte entronnen waren. Nicht gross mag die Zahl derer gewesen sein, welche gegenüber im Lande der Sigambern sich wieder zusammenfanden. Doch erhielten sie allerdings bald Verstärkung, denn ein beträchtlicher Theil der Reiterei der Tencterer und Usipeter — und das heisst der eigentlichen Kriegsschaar derselben — war, weil sie abwesend, nicht mit in die Niederlage verwickelt worden und stiess nun im Lande der Sigambern, welche Aufnahme gewährten, mit den Uebriggebliebenen wiederum zusammen. Vereint mit den andern werden sie nun, und schwerlich ohne Erfolg, gestrebt haben, einen Theil der alten Heimath von neuem in Besitz zu nehmen. Doch behielten sie, besonders Usipeter, auch einen, nämlich den östlichen Theil des rechtsrheinischen Menapiergebietes, westwärts von der Lippe, von wo sie erst nach mehreren Jahrzehenden durch die Römer wieder verdrängt wurden.

Caesar scheint nach der Besiegung der Tencterer und Usipeter nach einem Vorwand gesucht zu ha en, um seinerseits über den Rhein zu setzen [1]). Hier kamen ihm die Ubier in einer Weise entgegen, dass er sich der Hoffnung hingeben mochte, er könne durch die Uneinigkeit der Völkerschaften, auch in German der römischen Herrschaft einen festen Boden gewinnen.

Nach dem Abzuge der Tencterer und Usipeter konnten natürlich die Sueben ihre ganze Macht gegen die Ubier richten, die ihnen zum mindesten vor drei Jahren, als sie selbst es aufgaben dem Ariovist zu Hülfe zu ziehen, starke Verluste beigebracht. Auch wird der wolbestellte Acker der Ubier das unstete Volk der Sueben besonders gereizt haben. Da sandten nun jene in ihrer Noth zu dem römischen Feldherrn und erbaten sich dessen Unterstützung, die um so leichter zu gewähren, da sie sich ihm schon vorher zugewandt. Die gemeinsame Gegnerschaft gegen Ariovist und die Seinen musste solches erleichtern. Die Ubier schlossen sogar, als das einige Volk am rechten Rheinufer, vermuthlich im Jahr 57 v. Chr. [2]), einen Freundschaftsbund mit Rom und bekräftigten den durch Geiselstellung. Es pflegte das der erste Schritt zur Unterwerfung zu sein: und in der That verfügte Caesar zwei Jahre

---

1) Das ist auch wol die Auffassung von Dio Cass. XXXIX, 48.
2) Caes. II, 35, wo freilich von nationes, quae trans Rhenum incolerent, die Rede ist, ist hier mit IV, 16 zu verbinden.

darauf schon über die Ubier als wenn er nach Kriegsrecht über sie gebiete [1]). Denn als die Tencterer und Usipeter von ihm Land begehrten, bot er ihnen solches im Gebiete der Ubier an: denen werde er schon, so berichtet Caesar selbst seine Worte, befehlen, sie aufzunehmen. Begreiflich genug, dass die Germanen hierauf nicht eingehen wollten. Gewiss würden die Ubier, die sich tapfer gegen die Sueben wehrten, sich auch mit aller Gewalt der Aufnahme jener zahlreichen Menschenmenge, die Caesar gelegentlich auf 450,000 Köpfe schätzt, in ihr kleines Land entgegengestellt haben, zumal da sie selbst ihren Lebensbedarf nur durch einen sehr mühevollen Ackerbau er arben. Aber auch die Weigerung wäre Caesar vielleicht will ommen gewesen: er wird wol bereits, wie angedeutet, nach einer günstigen Gelegenheit gesucht haben, um sein Heer über den Rhein zu führen.

Eine solche gewährte ihm jetzt, und zwar zugleich mit der Möglichkeit, den Zug zu unternehmen, c ne den befreundeten Ubiern beschwerlich zu fallen, die Aufna r der geflüchteten Tencterer und Usipeter bei den Sigambern. Caesar verlangte von diesen jetzt die Auslieferung jener: und höchst wahrscheinlich zugleich auch Geiselstellung, überhaupt eine ähnliche Unterwerfung, wie er sie bei den Ubiern erreicht. Die von dem Feldherrn selbst überlieferte Antwort [2]) war: weshalb er denn irgend eine Herrschaft oder Gewalt an ihrem Rheinufer beanspruche? Für Caesar mochte darin der letzte Antrieb liegen, den Fluss zu überschreiten. Er verschmähte, — wol zum sichern Zeichen, dass keine kurz vorübergehende Unter-

---

1) Er sagt VI, 9 sogar von ihnen: qui — in deditionem venerant. 2) Auf die Forderung IV, 16: eos, qui sibi Galliaeque bellum intulissent, sibi dederent, passt die Antwort eigentlich nicht: si se invito Germanos in Galliam transire non aequum existimaret, cur sui quicquam esse imperii aut potestatis trans Rhenum postularet? Die Forderung der Auslieferung ist noch kein Act der Herrschaft und die überlieferte Frage stützt sich gerade auf den Gegensatz im Verhältniss von Gallien und Germanien zu den Römern. — Bei der ganzen Darstellung ist zu berücksichtigen, dass Caesar eine Sache besprach, deretwegen er theils in Rom sehr heftig angegriffen war, die er theils aber auch nicht zu einem rechten Abschluss gebracht.

nehmung beabsichtigt war — die Benutzung der ihm von
— den Ubiern angebotenen Schiffe, baute vielmehr eine feste
Brücke und führte alsdann sein Heer in das Land der (deutschen) Germanen, zunächst der Sigambern. Diese zogen sich
mit all ihrer Habe mehr in das Innere zurück: andere Stämme
aber, so erzählt Caesar, hätten Friede und Freundschaft versprochen, worauf er von ihnen Geiseln verlangt habe. Indessen
wurden alle erreichbaren Dörfer und Häuser der Sigambern
niedergebrannt, ihr Getreide abgemäht. Dann wandte sich
der Feldherr den befreundeten Ubiern zu, die aber gerade jetzt
nicht von den Sueben angegriffen wurden. Denn auch diese
zogen sich scheu vor dem Besieger Ariovists zurück. Nach
achtzehn Tagen verliess das römische Heer Germanien wieder.
Die Brücke wurde abgebrochen.

Wenn Caesar, wie kaum zweifelhaft sein mag, beabsichtigte, noch mehr Stämme am rechten Rheinufer in das Verhältniss zu bringen, in dem die Ubier zu Rom standen, so
war dieser Plan vereitelt. Anstatt dessen hatte er die mächtige
Völkerschaft der Sigambern, die anzugreifen nach seiner eignen
Darlegung eigentlich gar kein Grund vorhanden war, zu Todfeinden Roms gemacht.

In der Folge hat das die Beziehungen Roms zu den nichtsuebischen Völkerschaften bestimmt, und es ist so durch Caesar
die Politik begründet, die in dem Teutoburger Walde später
ihr schmachvolles Ende fand.

Die Natur der Sache hätte eigentlich diese Nichtsueben,
oder zum mindesten doch die am Rhein, zum Anschluss an
Rom bringen müssen. Auch sie wurden, wie die Römer in
ihrem Gallien durch die Sueben bedroht. Nur durch die Bedrängung, welche sie von diesen zu erdulden hatten, waren
die Tenctorer und Usipeter zu dem Versuch gebracht worden,
sich am linken Rheinufer neue Sitze zu erwerben: und dieser
geschelterte ist der allereinzigste in seiner Art, von dem die
Geschichte zu berichten weiss.

Ganz anders die Sueben. Zu ihnen gehörten zweifelsohne bereits die Schaaren des Ariovist; dann gewiss auch
diejenigen, welche ihm in so beträchtlicher Zahl zu Hülfe
ziehen wollten. Und gefährlicher waren die Sueben wol den

Römern noch durch ihre Verbindungen mit den Trevirern, die in eine so alte Zeit zurückreichen müssen, dass sie schon in der Caesars das keltische Volk selbst halb germanisirt hatten. Doch scheint es so, als ob der römische Feldherr erst während der letzten Jahre seines Aufenthalts in Gallien auf jene Verbindungen aufmerksam geworden ist. Erklärlich mag solches um deswillen scheinen, da ihm die Verhältnisse der Trevirer augenscheinlich überhaupt wenig bekannt waren.

Anfangs haben sich freilich auch die Trevirer dem Caesar angeschlossen. Es geschah zweifelsohne, weil jenes grosse Suebenheer, das sich zum Ariovist begeben wollte, sie zunächst bedrohte, indem es doch für eine lange Strecke des Zuges auf ihre Vorräthe und Erndten angewiesen war, um sich zu unterhalten [1]). Dann stellten die Trevirer zwar Hülfstruppen gegen die Belgen zur Verfügung: doch zeigten sich die von Anfang an als sehr unzuverlässig, so dass ihre Unterwerfung, und zwar besonders weil sie Verbindungen mit den Germanen, und das sind hier die Sueben, unterhielten, für Caesar erforderlich wurde.

Als nämlich im Jahr 56 v. Chr. ein neuer Aufstand der Belgen bevorzustehen schien, ging bereits das Gerücht, Germanen würden zur Unterstützung desselben über den Rhein setzen. Gewiss waren damit Sueben gemeint; denn die Ubier waren mit den Römern verbunden, und als im folgenden Jahre andere Nichtsueben über den Rhein kamen, zeigten sie sich den Kelten, und zunächst den Belgen, feindlich. Aber es werden auch damals schon die Sueben von den Trevirern herbeigerufen sein: in ihr Land wenigstens wurden römische Truppen geführt, um die Sueben vom Flussübergang abzuhalten [2]).

Im folgenden Jahre freilich hielten sich die Trevirer ruhig: das römische Heer befreite damals die Eburonen und Condrusen, die in ihrem Schutz standen, von den eingedrungenen Tencterern und Usipetern. Vielleicht war es aber gerade der längere

---

1) Das kann, allen Nachrichten über den Culturzustand der Sueben zufolge, gar nicht zweifelhaft sein, ausdrücklich hebt diese Schwierigkeit der Verpflegung aber auch Caes. VI, 10 hervor.   2) Caes. III, 11, wo es freilich heisst: auxilio a Belgis arcessiti.

Aufenthalt, den das Heer dieserhalb im Lande der Trevirer nehmen musste, ein wesentlicher Anlass mit, um bei denselben den Plan einer Erhebung gegen Rom reifen zu lassen. Sie besuchten jetzt die von Caesar angesagten Landtage nicht mehr, weigerten sich auch seinen Befehlen Folge zu leisten, und suchten, so ging das Gerücht, die linksrheinischen (keltischen) Germanen gegen die Römer aufzuwiegeln. Caesar, hiervon benachrichtigt, begab sich im Jahre 54 v. Chr. mit sehr bedeutender Macht in das Land der Trevirer. Da gelang es ihm auch durch kluge Massregeln deren Pläne für die nächste Zeit zu vereiteln: allein im folgenden Winter wurden dieselben von neuem aufgenommen. Der Aufstand brach bei den Eburonen, den Schutzbefohlenen der Trevirer, los. Letztere aber haben ihn von Anfang an unterstützt. Ihr Fürst Indutiomarus, der den Römern vor allen seit langer Zeit verdächtig war, rüstete dieserhalb während des ganzen Winters und suchte namentlich durch suebischen Zuzug [1]) das Aufgebot seines Volkes zu verstärken. Und als er in einem Reitertreffen gefallen, nahmen andere sein Werk, besonders seine Beziehungen zu den Sueben wieder auf. Diese sagten in der That Kriegshülfe zu [2]), und die Trevirer veranlassten auch, dass zwischen ihnen und den Menapiern ein Freundschaftsbündniss geschlossen wurde. Als nun aber der Aufstand in dieser Weise vorbereitet war, wurde er im Frühling des Jahres 53 v. Chr. begonnen. Wirk-

---

1) Vgl. zu allen folgenden Angaben Caes. VI, 9, wo berichtet wird, dass die Sueben es waren, die den Trevirern zu Hülfe kamen. Das feindselige Verhalten der Sigambern gegen die Eburonen bestätigt die Nachricht. 2) Caes. V, 55: (Indutiomarus) neque ulli civitati Germanorum persuaderi potuit, ut Rhenum transiret, cum se bis expertos dicerent, Ariovisti bello et Tencterorum transitu: non esse amplius fortunam temptandam; und ferner VI, 2: (Treveri) finitimos Germanos sollicitare — non desistunt, cum ab proximis impetrare non possent, ulteriores temptant: — diese Angaben sind augenscheinlich nur für die Römer bestimmt. Dass die Sigambern vor dem römischen Heere sich nicht fürchteten, aber auch mit den Trevirern und deren Bundesgenossen nichts zu thun hatten, zeigt ihr kühner Zug genugsam; und dass nicht ulteriores, sondern die Sueben, die Caesar immer proximi sind, den Trevirern zu Hülfe zogen, lässt Obiges vollens als vage Redensart erscheinen.

lich setzten auch bereits Hülfsschaaren der Sueben über den Rhein [1]): doch die Trevirer glaubten auch ohne dieselben stark genug zu sein, und griffen allein die römischen Truppen an. Sie wurden vollständig geschlagen. Trotzdem rückte aber Caesar mit der Hauptmacht in ihr Gebiet ein. Da haben dann die Sueben, denen jedes Ueberschreiten des Rheins grosse Schwierigkeiten darbieten musste, den Zusammenstoss mit dem Feinde gemieden und sind eiligst wieder heimgezogen. Der römische Feldherr unterdrückte nun zunächst den Aufstand: dann aber versuchte er für die Folge eine Verbindung abzuschneiden, die für die Erhaltung der neu erworbenen Provinz so gefährlich werden konnte, wie einst das Bündniss mit den Schaaren des Ariovist den Gegnern der Häduer.

Zum zweiten Mal schlug Caesar eine Brücke über den Rhein. Dieses Mal geschah es nach dem Lande der Ubier; denn deren Nachbarn, die Sueben, nicht wie früher die Sigambern, sollten heimgesucht werden. Aber wie vor zwei Jahren, so musste Caesar auch jetzt unverrichteter Sache wieder nach Gallien zurück. Auch die Sueben wichen dem römischen Heere aus, indem sie das Innere des Landes aufsuchten. Caesar scheute sich, schon aus Rücksicht auf die Verpflegung, ihnen zu folgen. Er mochte auch einsehen, dass er die Sueben ebenso wenig wie früher die Sigambern unterwerfen könnte, ohne sich auf neue unübersehbare Unternehmungen einzulassen. Doch liess er, mit den erforderlichen Befestigungen, einen Theil der Brücke stehen, um sie zu gelegener Zeit wieder zu benutzen.

Zurückgekehrt wandte sich Caesar den Eburonen zu. Sie allein waren von allen Kelten, die sich an dem Aufstand betheiligt, noch nicht gezüchtigt. Jetzt wurden sie für vogelfrei erklärt. Da zeigte sich denn recht, welche der überrheinischen Germanen mit den aufständischen Kelten im Bunde gewesen. Nicht etwa, um Rache an den Römern für den früheren Zug zu nehmen, sondern um das Land der Eburonen zu verwüsten, setzten 2000 sigambrische Reiter über den Fluss. Freilich

---

1) Caes. VI, 7; 8: Germani, qui auxilio veniebant; cap. 9: Caesar — reperit ab Suevis auxilia missa esse.

wandten sie sich dann auch gelegentlich gegen ein römisches
Lager: doch bezeichnet Caesar selbst es als das wunderbarste,
dass sie so, wider ihre Absicht, den Eburonen zu Hülfe gekommen seien. Beutebeladen kehrten sie heim.

In dem Bericht über Caesars Feldzüge in Gallien treten,
nach der Erzählung jenes kühnen Sigambernzuges, die Beziehungen zu den Germanen ganz in den Hintergrund. Die
Nachrichten, welche gegeben werden, sind ungenügend, um
einen Zusammenhang erkennen zu lassen.

An einem grossen Keltenaufstand betheiligten sich im Jahr
52 v. Chr. die Trevirer nicht, „weil sie von den Germanen
bedrängt wurden" [1]). Es kann hier nur an überrheinische
Germanen gedacht werden: die also müssen in die römische
Provinz eingefallen sein, was wenig Jahre zuvor den Tencterern
und Usipetern so blutig vergolten wurde. Geschah der Einfall
jetzt, etwa durch die Ubier, erst nach Aufforderung Caesars?
Und gehörten etwa die Germanen, welche sich im folgenden
Jahre mit den Treviren verbanden, „weil sie niemandem ihre
Hülfe gegen die Römer verweigerten [2])", den Sueben an? Oder
muss, es möchte glaubwürdiger sein, bei diesen Hülfsschaaren
der Treviren und bei Germanen, die sonst noch gegen Caesar
während der letzten Jahre seines Aufenthalts in Gallien kämpften, an keltische Germanen gedacht werden?

Die Eburonen [3]) waren von Caesar gezüchtigt: aber nicht
unterworfen. Wol möglich daher, dass Commius, der Führer
der Atrabaten, welche ganz in der Nähe dieser keltischen Germanen wohnten, zu ihnen im Jahr 51 kam, um Unterstützung
gegen die Römer zu gewinnen [4]). Ihm wurde auch eine Reiterschaar mitgegeben, die dem mehr tapfern als glücklichen Gegner
der Römer nun in heissem Kampf treu zur Seite stand [5]), und
deren Ueberreste ihn auch wol begleiteten, als er „zu den

---

1) Caes. VII, 63.   2) Caes. VIII, 45.   3) Wie kommt es, dass
nach VI, 35 Caesar nie mehr von Eburonen spricht, sondern nur noch
von fines Ambiorigis? Ich denke, es soll vertuscht werden, dass er diese
Völkerschaft nicht unterworfen.   4) Caes. VIII, 7: (inveniebat) Atre-
batem Commium discessisse ad auxilia Germanorum adducenda, quorum
et vicinitas propinqua et multitudo esset infinita.   5) Caes. VIII, 10; 47.

Germanen flüchtete, von denen er Hülfsschaaren erhalten" [1]).
Ist Caesar ihm gefolgt, als er unmittelbar darauf verheerend
in das Gebiet der Eburonen einfiel [2]), während Labienus gegen
die Treverer zog, die, wenigstens bald darauf, von den Germanen, welche den Römern stets feindlich gesinnt waren, unterstützt wurden [3]) ?

Die Gleichheit der Namen von Völkerschaften verschiedenen
Stammes erschwert hier noch die wol absichlich dunkel und
unklar gehaltene Darstellung. Doch sprechen die allgemeinen
politischen Verhältnisse der Zeit für die, auch durch den chronologischen und sachlichen Zusammenhang glaubwürdig gemachte
Annahme, dass unter den zuletzt genannten Germanen die
Nachkommen derjenigen Kelten zu verstehen sind, welche einst
vom andern Rheinufer vertrieben wurden.

Ueberhaupt entzieht sich das Verhältniss Caesars zu den
rechtsrheinischen Germanen unserer sicheren Kunde und ein-
gehenden Kenntniss.

Die Züge über den Rhein werden ohne Zweifel wol den
nicht erreichten Zweck gehabt haben, auch hier der römischen
Herrschaft einen festen Boden zu gewinnen. „Um die Germanen zu schrecken", wie Caesars Tendenz glauben machen
will, ist er sicher nicht über den Fluss gegangen. Kann auch
gesagt werden, den Barbaren sei Schrecken eingejagt, wenn
ihre Kriegsmacht nicht aufgesucht, ihr Land vielmehr nach
wenig Tagen unverrichteter Sache verlassen wurde? Den Af-
fecten, die stets gleich für alle Zeiten in der Menschen Brust
gesenkt, entspricht es weit mehr, dass die Barbaren über einen
solchen Kriegszug frohlockt, dass sie die Götter gepriesen und
stolz auf ihre Waffen gewesen. Doch drang dann ihr Sieges-
geschrei nicht nach Rom: und wie überall glaubt auch hier
das Volk gern, dass Siege erreicht seien, selbst wo es sich
nur um geringe Erfolge über gefürchtete Feinde — die
freilich in deren eigenem Lande erfochten wurden — handelte.

---

1) Caes. VIII, 21.   2) Caes. VIII, 25.   3) Caes. VIII, 25; 45.

Caesar selbst hat bereits seine Thaten in Germanien übertreibend hervorgehoben: „ganz Gallien und Germanien seien von ihm beruhigt" lässt er von sich sagen, und an anderer Stelle wird von seinem Heere gesprochen, das „Gallien und Germanien besiegt habe" 1). Bald ging man weiter. Die geographische Unkunde mochte es gestatten. „Den grössten Theil des überrheinischen Germaniens habe Caesar unterworfen" wird uns da berichtet 2), und er soll dann auch jenen Germanen, die er nicht zu Gesicht bekommen, „die allerschwersten Niederlagen" beigebracht haben 3).

Caesars Ruhm und Ansehen, und das heisst seine politische Macht, wurde durch diese Vergrösserung seiner Erfolge über die Stammesgenossen der Cimbern und Teutonen sowie des Ariovist noch erhöht. Es war das von nicht geringer politischer Bedeutung. Für die weitere Entwicklung der Dinge aber, die auf die Spitze des Schwertes gestellt wurde, war es noch viel wichtiger, dass Caesar durch Verbindung mit Germanen sich seine Streitkräfte für die Zeit der Entscheidung ansehnlich zu vermehren wusste.

Zum Jahre 52 v. Chr. meldet der grosse Feldherr in seinen Denkwürdigkeiten, „er habe über den Rhein zu denjenigen Staaten in Germanien gesandt, die er in den Vorjahren beruhigt, und von ihnen Reiterei, sowie leichte Fusssoldaten, die zwischen jener zu kämpfen pflegten, herbeigezogen" 4). Schon vorher begegnen uns um des Feldherrn Person germanische Reiter 5). Von jetzt an aber werden solche, sowie überhaupt Germanen in dem römischen Heere häufiger erwähnt. Doch überwog die Reiterei: Caesar hatte zu dieser von Anfang an ein besonderes Zutrauen, so dass er andere Reiter absitzen liess, um ihre Pferde Germanen zu übergeben 6).

Geschichtlich würde es von dem grössten Interesse sein,

1) Bell. civ. I, 7; III, 87. 2) Liv. epit. 105. 3) Suet. Caes. 25; vgl. Eutrop. IV, 14. 4) Caes. VII, 65: trans Rhenum in Germaniam mittit ad eas civitates, quas superioribus annis pacaverat, equitesque ab his arcessit et levis armaturae pedites, qui inter eos proeliari consuerant. 5) Caes. VII, 13. 6) Caes. Bell. Gall. VII, 67; 70; 80. VIII, 10; 36. Bell. civ. I, 83. III, 4; 52. Bell. Alex. 29. Bell. Afric. 19; 29.

zu wissen, welchen Völkerschaften diese Germanen angehört. Gewiss waren Söldlinge darunter, die sich etwa einzeln in Gallien umhertrieben, und auch einzeln angeworben waren. Caesar hebt aber auch eigens hervor, dass er von den überrheinischen Germanen solche Soldtruppen begehrt und erhalten. Darunter können nicht die Sueben verstanden sein: sie waren, besonders auch, wenn sie die Treverer unterstützten, stets feindlich gegen die Römer. Auch ist kaum an die Sigambern zu denken: fast typisch wurde bald deren Feindschaft gegen Rom. In gute Beziehungen zu sich hat Caesar überhaupt nur die Ubier gebracht. Sie müssten demnach in erster Linie jene Hülfsschaaren gestellt haben. Doch spricht Caesar, darin über seinen eignen Bericht hinweggehend, von mehreren Völkerschaften am linken Rheinufer, die ihm Truppen gesandt. Da ist wol nur an Nachbarn der Ubier, und zwar an solche, die ihnen näher verwandt, zu denken. Vielleicht gar an die durch Noth gedrängten Tencterer und Usipeter [1]), die wenigstens auch als Reitervölker bekannt sind, während der Sueben Stärke in der Infanterie lag [2]). Caesar wird aber in Gallien auch Germanen förmlich für sein Heer ausgehoben haben. Solches scheint wenigstens von einem der Officiere des Feldherrn gelegentlich gesagt zu werden [3]), und auch geschichtliche Berichte jüngerer Zeit deuten darauf hin. Sie nennen da [4]) Germanen von Stämmen, die einst in dem Heere Ariovists mit gefochten, und deren Reste Caesar auch ferner in Gallien geduldet haben

---

1) Zur Zeit des Augustus scheinen bei ihnen wenigstens, trotz mehr Feindschaft gegen Rom, Kriegsschaaren ausgehoben zu sein; Schol. zu Hor. Carm. IV, 2, 36; s. unten Cap. IV.   2) Darüber später. 3) Bell. Afric. 40: Galli Germanique, qui partim ejus auctoritatem erant e Gallia secuti, partim pretio pollicitationibusque adducti ad eum se contulerant.   4) Luc. Pharsal. I, 430; er nennt Vangiones Batavique. Letztere durften entschieden nicht genannt werden: als Germanen bestanden sie vermuthlich noch nicht. Wäre es aber der Fall gewesen und hätte Caesar sie bereits unterworfen, so hätten sie ihm die kräftigste Stütze gegen die Eburonen sein müssen, und so in der Darstellung der Kämpfe mit diesen sowie mit den Aduatukern und Menapiern nicht übergangen werden können. Viel Werth lege ich überhaupt auf die ganze Nachricht nicht.

wird. Hat eine wirkliche Aushebung stattgefunden, so kann sie eben nur bei diesen Völkerschaften, den Vangionen, Nemeten und Triboken geschehen sein, so dass auch wir Ansichten beipflichten dürfen, die wir gerechtes Bedenken tragen müssen als Quellen zu benutzen.

Es ist ein Act von der grössten Bedeutung, von unübersehbaren Folgen gewesen, dass Germanen, sogar in geschlossenen Haufen, dem römischen Heere einverleibt wurden. Bald bildeten sie Kerntruppen desselben und schützten Jahrhunderte lang eine Cultur, von deren Erhaltung die geistige Entwickelung der Menschheit abhing.

Caesar hat auch in dieser Beziehung einen Weg eingeschlagen, der nun bis ans Ende des Weltreiches nicht wieder verlassen wurde. Es war das freilich nur eine der Folgen seines grossen gewaltigen Werkes. Aber auch sie hat mitgewirkt, um die Einheit der Cultur von beiden Seiten der Alpen für alle Zeiten zu begründen.

Als Caesar im Jahre 50 v. Chr. nach achtjährigem Schaffen Gallien verliess, waren die Eburonen, und auch wol noch einzelne andere Stämme hier im äussersten Nordwesten, noch nicht besiegt. Die Römer sagten: die unwegsamen Sümpfe des Landes hätten die Unterwerfung verhindert [1]). Auch einer festen Herrschaft über die Trevirer konnte sich Caesar kaum rühmen. Sonst aber war Gallien durch ihn, vom Ocean bis zu „Unserm Meere", von den Pyrenäen bis zu den Alpen und bis zu den Fluthen des Rheins, den Römern unterworfen. Dem grossen Feldherrn selbst war es noch vergönnt, das Land, mit Beachtung besonderer Verhältnisse, zum Theil solcher, die ihm die Niederwerfung ermöglicht oder erleichtert, in die Form einer römischen Provinz zu bringen.

IV.

Als Caesar Gallien verliess, um sich der Alleinherrschaft im Staate zu bemächtigen, konnte nur ein geringer Theil seiner Streitmacht im Lande verbleiben. Doch lagen, nachdem die

---

1) Caes. VI, 5. Ut. p. 367.

wiederholten Aufstandsversuche gebrochen, die Führer der
Kelten gefallen oder gefangen genommen waren, die Verhältnisse jetzt auch derartig, dass sie sich eine Weile durch ihre
eignen Schaaren erhalten konnten, bis die Beendigung der
inneren Unruhen gestattete, die Organisation der neuen Provinz zu vollziehen.

Einstweilen blieb das neu eroberte Land nordwärts von
der älteren gallischen Provinz der Römer ungetheilt. Die
Verwaltung war wol noch eine rein militärische. Einige Jahre
hat D. Brutus ihr vorgestanden. Kurz vor seinem Tode hat
dann aber Caesar das Land in zwei Statthalterschaften zerlegt,
von denen Belgica die Gebiete umfasste, welche den Germanen
am nächsten lagen. In ihr lebten auch die keltischen Germanen und die Treverer.

Uns fehlen alle Nachrichten darüber, wie lange die Eburonen ihren Widerstand gegen Rom fortsetzen konnten. Schwerlich werden sie vor 38 v. Chr. unterworfen sein. Als gewiss
aber darf angenommen werden, dass die Trevirer in alter
Weise sich den Römern widersetzten. Sie unterhielten auch
jetzt noch, wie sich zeigen wird, Verbindungen mit den Sueben,
und nur der Umstand, dass diese bei einer Ueberschreitung
des Rheins zunächst immer auf ihre Kosten leben mussten,
verhinderte wol, dass die Sueben von neuem, wie zur Zeit
des Ariovist, massenhaft in das Keltenland zogen. Um so mehr
werden aber die Ubier, wie in früherer Zeit, von den wilden,
unsteten Nachbarn zu leiden gehabt haben. Sie werden schon
dieserhalb dem Bündniss mit Rom nicht haben entsagen können. Und doch war solches für die Ubier schwerlich ohne
Gefahr. Ihre nächsten Nachbarn im Norden und Westen, die
Sigambern, mit denen die Tencterer und Usipeter meistens
eng verbunden erscheinen, werden zwar den Sueben, durch
welche jene beiden aus dem grössten Theil ihrer alten Sitze
getrieben, besonders feindlich gegenüber gestanden haben:
aber die bittere Feindschaft, welche ihnen von Caesar gegen
Rom aufgezwungen war, kann auch nicht ohne Einfluss auf
ihr Verhältniss zu den Ubiern geblieben sein. Von Feindschaft
zwischen diesen und den Sigambern oder einem der ihnen nahe
stehenden Stämme weiss die beglaubigte Geschichte allerdings

nichts zu berichten: doch werden letztere den Ubiern, wenn sie
von den Sueben bedrängt wurden, auch nicht zu Hülfe gekommen sein. Das aber war wol um so verhängnissvoller,
da für die Römer, selbst wenn sie Streitkräfte in der Nähe
hatten, ein Ueberschreiten des Rheins immer mit viel Schwierigkeiten verbunden war.

Das Geschick der Ubier, durch welches zunächst die
weitere Entwickelung der germanischen Welt herbeigeführt
wurde, ist jedoch nicht allein durch ihre politische Lage, sondern
wesentlich auch durch die Verhältnisse am linken Rheinufer
bestimmt worden.

Die Ubier suchten durch einen Ackerbau, der grosse Mühe
und Arbeit erforderte, dem Boden eine erhöhte Fruchtmasse
abzugewinnen [1]). In der Natur der Sache lag es dann aber auch,
dass sie ihr Ackerfeld zu vergrössern suchten: eine Steigerung
des Erwerbes musste dadurch, und zwar mit Verminderung
der Arbeit, erzielt werden. Nun wurde an dem gegenüberliegenden Ufer des Rheins ein Landbau betrieben, der jedenfalls hinter dem der Ubier zurückstand: und auch an unbe-
bautem Land mochte es hier nicht fehlen. Darin, sowie in
dem naturgemässen und stets wiederkehrenden Streben aller
Flussbewohner, sich in den Besitz des gegenüberliegenden
Ufers zu setzen, hat nun aber für diese fleissigen und streb-
samen Ackerbauer ein starker Antrieb liegen müssen, sich
von ihrem rechten Rheinufer auch auf das linke durch Erwerb
von Grund und Boden auszudehnen. Vermuthlich haben sie
solches auch schon vor Caesars Zeiten in beschränktem Maasse
erreicht, denn darin ist wahrscheinlich einer der Gründe für
den Anschluss an die Römer zu suchen, und vor allen Dingen
erklärt sich nur dadurch, dass die Ubier auf dem Rhein eine
so grosse Anzahl von Schiffen unterhielten, dass sie Caesar
anbieten konnten, sein Heer auf denselben über den Rhein zu
setzen [2]). Die Schiffe mochten, ausser zur Vermittelung des
friedlichen Verkehrs, auch gebraucht werden, um das Aufgebot
der Ubier über den Rhein zu setzen, wenn etwa die Trevirer
ihre dortigen Besitzungen bedrohten.

---

1) Caes. IV, 3.   2) Caes. IV, 16; 17.

Durch diesen linksrheinischen Besitz ist vermuthlich die Massregel wesentlich mit bedingt gewesen, welche hier für *die* Verhältnisse der Völkerschaften aller Zeiten massgebend wurde.

Unsere Nachrichten sind gerade für dieses wichtige Ereigniss von der allerdürftigsten Art.

Die Gallier, heisst es, hätten sich empört und seien dann von Agrippa bekämpft worden. „Der ging zu diesem Ende, der zweite der Römer, mit einem Heere über den Rhein" [1]). Die Nachricht ist zu dem Jahre 38 v. Chr. gestellt.

Aus den Verhältnissen, wie sie vorher bestanden, und auch in der folgenden Zeit noch wiederholt hervortreten, ist zu schliessen, dass unter jenen Galliern vorzugsweise die unruhigen Trevirer zu verstehen sind. Sie werden auch jetzt von den Sueben unterstützt sein, und das mag, wie schon für *Caesar*, für Agrippa der Anlass gewesen sein, mit bewaffneter Macht über den Rhein zu setzen. Doch war der Zug auch *wol* mit zum Schutz der Ubier unternommen, die unter beständiger Feindschaft der Sueben zu leiden hatten. Ein solches *Eingreifen* der Römer konnte jedoch dem schwer bedrängten Volke wenig helfen: ihre Beschützer kamen, und überliessen sie, sobald sie zurückgegangen, nur einer um so grösseren Wuth ihrer Bedränger. War es nun ein solcher oder ein anderer Gesichtspunkt, genug Agrippa hat, und zwar aller Wahrscheinlichkeit nach bei diesem Anlass [2]), sich mit den Ubiern dahin geeinigt, dass sie am linken Rheinufer feste Wohnsitze erhalten und zu Rom in ein bestimmtes, durch Eide gesichertes Unterthänigkeitsverhältniss treten sollten. Ihnen wurde hier ihrer erprobten Treue wegen die Bewachung des Grenzflusses übertragen [3]).

---

1) Dio Cass. XLVIII, 49. 2) Dass Agrippa die Ubier über den Rhein geführt, kann nach Strabo IV, 3 p. 303 u. Tac. Ann. XII, 27 nicht zweifelhaft sein. Nur könnte noch an den zweiten Aufenthalt desselben in Gallien im Jahr 19 v. Chr., Dio LIV, 11, gedacht werden. Der Rheinübergang aber, und dass nach Dio LIII, 12 schon im Jahr 27 v. Chr. das linke Rheinufer im Besitz der Germanen war, entscheidet für die Zeit des ersten Aufenthaltes. Bestätigung giebt die ganze Politik des Augustus. 3) Vgl. Strabo l. c.; Tac. l. c. und Germ. 28; Sueton. Aug. 21.

Schwerlich werden die Ubier gewillt gewesen sein, den Acker der Väter am rechten Rheinufer ganz aufzugeben. Sie mochten sich das Verhältniss jetzt umgekehrt denken als früher: anstatt auf dem rechten wohnten sie nun auf dem linken Rheinufer und hatten auf dem rechten auch noch Besitz. Doch musste dieser ein viel zweifelhafterer sein als früher der andere: weil eben stärkere Völkerschaften in ihrer Nähe wohnten und keine Römer sie, wie im Lande der Trevirer, daselbst stets beschützen konnten. Dazu kam, dass die neuen Sitze nicht gerade gegenüber, sondern, bald wenigstens, zum grössten Theil weiter abwärts am Fluss lagen.

Auch Agrippa hat kaum das Land der Ubier am rechten Rheinufer aufgegeben und ohne weiteres anderen Germanen, hier den Sueben, überlassen. Die Römer werden behauptet haben, dass sich auch noch hinfort über dieses Land ihre Herrschaft erstrecke, und es ist darin wahrscheinlich einer der wesentlichsten Anlässe für die germanische Politik des Augustus zu suchen.

Wie aber war es dem Agrippa möglich, den Ubiern die neuen Sitze zu verschaffen? Caesar hatte einst den Tencterern und Usipetern zur Antwort gegeben, in Gallien sei über kein Ackerland zu verfügen, alles sei in festem Besitz. Das Wort entsprach freilich den thatsächlichen Verhältnissen nicht, obwol es durch Strabo[1]) eine gewisse Bestätigung erhielt. Am Rhein waren vor nicht langer Zeit Germanen angesiedelt: die Sequaner nahmen Schaaren des Ariovist, die Häduer zahlreiche Bojen freiwillig auf. Allein für eine zahlreiche Völkerschaft, wie die Ubier waren, konnten geschlossene und zusammenhängende Sitze doch wol nur gewonnen werden, indem andere aus einem Theil ihrer Gegenden verdrängt wurden. Das nun scheint dem Agrippa gelungen zu sein mit jenen keltischen Germanen, von denen die Eburonen, der Hauptstamm, sich Caesar mit solchem Nachdruck widersetzte. Vermuthlich wird auch in der folgenden Zeit gegen sie noch mit derselben Härte gekämpft sein, die schon Caesar angewandt. So mag der grösste Theil des Volkes vernichtet sein. Die übrigen haben

---

1) Strabo IV, 1. 2.

sich westlich von den Ardennen, doch weiter vom Rhein ab, ——)|
erhalten: ihre Sitze aber im Osten des Waldgebirges, zu denen
wol auch noch Acker geschlagen wurde, der früher den Trevirern gehört, wird Agrippa den Ubiern gegeben haben.

Auf die Beziehungen der benachbarten Kelten zu Rom
können diese Verhältnisse nicht ohne Einfluss gewesen sein.
Der Hass gegen die lateinischen Bedränger mag sich bei dem
Volke von neuem erhoben haben. Wir hören, dass im Jahr 29
v. Chr. die Trevirer wiederum in Waffen gegen die Römer
gewesen, und dabei wiederum von überrheinischen Germanen
unterstützt seien. Freilich hatte dem mächtigen Staate gegenüber die Sache wenig genug zu bedeuten: Octavian kehrte
sich nicht daran, er schloss trotzdem den Janustempel. Gallien aber musste, obwol Nonnius Gallus die Trevirer bald
wieder bändigte, unter der Unruhe leiden, zumal sie auch
andere keltische Völkerschaften ergriffen. Von ihnen werden
die Moriner mit Namen hervorgehoben: aber der Aufstand
wird sich von ihnen bis zu den Trevirern hingezogen haben:
denn die Sueben, die alten Verbündeten der letztern, die sich
zweifelsohne auch jetzt ihnen angeschlossen, kamen von neuem
in feindlicher Absicht gegen Rom über den Rhein. Sie wurden
von C. Carinas, der auch die Moriner bewältigte, zurückge-
trieben. Manche von ihnen wurden, zumal bei der Schwierigkeit des Rheinüberganges, gefangen genommen: sie traf das
harte Geschick in Rom bei festlichen Spielen mit Daciern
kämpfen zu müssen [1]).

Ob nun Ruhe in Gallien eingetreten: wir wissen es nicht. —
Doch hat sich der Blick der Staatsmänner in Rom, die gerade
jetzt mit einer neuen Organisation der Provinzen beschäftigt
waren, wol mehr als früher dem römischen Rheinufer zugewandt. Im Zusammenhang damit mögen Veränderungen, in
der Art, wie sie von Agrippa vollzogen, damals erstrebt, vielleicht auch vollbracht sein.

Caesar erwähnt gelegentlich [2]), da er von der Maas spricht,
dieselbe bilde, nachdem sie einen Theil des Rheins aufgenommen, „die Insel der Bataver".

---

1) Dio Cass. XV, 20; 21; 22.   2) Caes. IV, 10.

Das Land nördlich von denselben werden die Menapier gehabt haben; sie sassen auch noch im Süden, während hier die Aduatuken und die keltischen Germanen, besonders Eburonen, das nächste Nachbargebiet der Bataver innehatten. Waren letztere nun wol mit einer jener Völkerschaften verwandt? Sicher nicht mit den Aduatukern: denn sonst würde Caesar sie mit in deren Untergang gezogen haben, und das würde, als ein Sieg über Germanen, nicht unerwähnt in den Commentarien geblieben sein. Dahingegen wird Verwandtschaft mit einem der benachbarten Keltenstämme anzunehmen sein: wenn diese Bataver zur Zeit Caesars nicht bereits deutsche Germanen waren, wie wir sie seit dem ersten Jahrhundert unserer Zeitrechnung in jenen Sitzen antreffen.

Diese Germanen waren Sueben, wie glaubhaft versichert wird. Sie waren also von dem Stamm, zu dem sie gehörten, durch einen weiten räumlichen Abstand getrennt. Es wäre denkbar, dass sie hier von den Kelten, in ähnlicher Weise wie die Schaaren des Ariovist im Sequanerland, gegen Leistung von Kriegsdiensten angesiedelt. Doch spricht dagegen, dass gerade die nächsten Keltenstämme sehr kriegerisch, und gewiss allein stark genug waren, um die nahen rechtsrheinischen Germanen abzuwehren. Auch ist es wiederum kaum anzunehmen, dass Caesar hier in seinem Gallien, wo er so viel Kriege zu führen hatte, Germanen gelitten, ohne sie zu unterwerfen: was doch, wie bemerkt, ganz zweifelsohne in seinem Thatenbericht angeführt wäre [1]). Somit darf wol angenommen werden, dass die Bataverinsel zur Zeit Caesars noch von Kelten bewohnt war. Dieselben mögen zu den keltischen Germanen gehört haben und so mit in das Schicksal der Eburonen verflochten sein, die jedenfalls in den langjährigen herben Kämpfen gegen Rom ziemlich stark vermindert und schliesslich ganz vom Rhein weggedrängt wurden [2]).

---

1) Vgl. auch oben S. 57 N. 4.   2) Dass Strabo die Bataver nicht erwähnt, kann diese Ansicht nur unterstützen. Ueberhaupt kommen sie, ausser für einen geographischen Zweck bei Caesar, als Völkerschaft zuerst bei Lucan; s. oben S. 57 N. 4 und als Germanen bei Plin. IV, 106, dann bei Tac. vor.

Die Ansiedlung von Sueben im alten keltischen Bataverlande [1]) hängt vermuthlich mit der Ueberführung der Ubier
auf das linke Rheinufer und mit dem besseren Verhältniss zusammen, das hierdurch zwischen Rom und den Sueben hergestellt wurde.

Durch die Uebersiedlung der Ubier ist in Germanien ein
ansehnliches Gebiet frei geworden, nach dessen Besitz die benachbarten Sueben seit Menschenaltern gestrebt. Einstweilen
mag daran gedacht sein, dass die Ubier das Land auch ferner
noch behalten sollten. Doch hatte das sicher viele Schwierigkeiten: und das mag der Anlass gewesen sein, weshalb die
Römer, gewiss gegen vollständige Entschädigung der Ubier
in Gallien, anderweitig über das Land verfügten. Die Ansiedlung von Germanen „zur Erprobung ihrer Treue, nicht
um bewacht zu werden, sondern um abzuwehren", wie Tacitus
von den Ubiern sagt, mochte so zweckmässig erscheinen, dass
ein zweiter Versuch mit dieser Massregel dadurch gerechtfertigt erschien.

Freilich boten sich in Betreff des alten Ubierlandes eigenthümliche Schwierigkeiten dar.

Die umwohnenden Germanen waren bisher den Römern
feindlich, und es mochte schwer sein, gerade sie aufzunehmen.
Aber es war da doch ein bedeutender Unterschied: die Sueben
hatten zur Zeit der Römer in alter Weise ihre Kriege gegen
die benachbarten Germanen und die Züge nach Gallien fortgesetzt. Eine besondere Feindschaft gegen Rom scheint dabei

---

1) Die erste Erwähnung derselben könnte bei Dio Cass. LI, 21 sein:
Γάιος Καρίνας τούς τε Μωρίνους καὶ ἄλλους τινὰς συνεπαναστάντας αὐτοῖς
ἐχειρώσατο, καὶ τοὺς Σουήβους τὸν Ῥῆνον ἐπὶ πολέμῳ διαβάντες ἀπεώσατο.
Doch glaube ich diese Nachricht auf die eigentlichen Sueben beziehen
zu müssen. — Die batavischen Sueben sitzen auch auf dem festen Lande,
und zwar nach Tac. Hist. IV, 12 von Anfang an. Ja, ihre Insel wurde
von den Alten immer als südlich vom Rhein liegend angesehen, so
dass die Ueberschreitung des Rheins auf sie nicht passte. Auch ist
die Zusammenstellung bei Dio mit dem Aufstand der Moriner nur ein
ganz äusserlicher: so dass dieserhalb kein Grund vorliegt, die Nachricht
auf einen andern Suebenzug zu beziehen, als wie sie seit Caesar häufig
vorkamen.

nicht hervorgetreten zu sein [1]). Dahingegen erschienen die früher von den Sueben so arg bedrängten Tencterer und Usipeter, im engen Bunde mit den Sigambern, bei Dichtern und in der Geschichtserzählung als die Todfeinde der Römer. In diesem Verhältnisse wird vermuthlich ein Anlass gelegen haben, das alte Ubierland, soweit es nicht für militärische Zwecke in Anspruch genommen wurde, an Sueben zu überlassen. Der Besitz war nun mehr gesichert: die neue Bevölkerung konnte wol kaum den Schutz des römischen Staates entbehren gegen die Germanen in der Nachbarschaft, ihre alten Feinde.

Diejenigen Sueben, welche in Germanien am meisten nach Westen vorgeschoben, erscheinen allmählich gegen Ende des letzten Jahrhunderts vor unserer Zeitrechnung als Chatten. Die Folge zeigt diese so sehr von den Stammesgenossen getrennt, dass solches schon auf frühere Zeiten zurückgehen muss. Durch die Nähe und mancherlei Berührungen mit den andern Germanen, die nördlich und westlich von ihnen wohnten, mögen sie früh zu einem bessern Ackerbau und dadurch zu einer gewissen Loslössung von den übrigen Sueben, wie sie geschichtlich hervortritt, gekommen sein. Darin, und in innern Bewegungen, die zweifelsohne mit der Aenderung des Volkslebens zusammenhängen, deren Natur und Anlass unserer Kenntniss aber völlig entzogen ist, wird die Ursache gelegen haben, weshalb sich ein Theil der Chatten den Römern anschloss.

Zu diesen Chatten gehören sicher die Mattiaken, die Bewohner des alten Ubierlandes in jüngerer Zeit, dann aber vermuthlich auch die suebischen Bewohner der Insel der Bataver, auf die dann dieser Name selbst überging.

Tacitus erzählt: „Ein Theil der Chatten, durch einen Aufstand aus der Heimath vertrieben, zog an den äussersten Saum des gallischen Landes, um ihn, wie auch die daran stossende Bataverinsel in Besitz zu nehmen. Hier wurden sie ein Theil des römischen Reichs" [2]). Das nun scheint zur Zeit

---

1) Ueber Hirt. VIII, 45, s. oben S. 54.   2) Tac. Hist. IV, 12 verbunden mit Germ. 24. Die Worte „seditioue domestica" in beiden Stellen.

des Augustus geschehen zu sein. Ein Historiker, freilich bedeutend jüngerer Zeit, spricht es ziemlich offen aus [1]), und mag so zur Bestätigung einer älteren Notiz dienen, die an und für sich durch ihre Kürze dunkel und vieldeutig ist [2]). Entscheidender ist, dass die früher erwähnten Bataver, wie oben dargelegt, Kelten gewesen sein werden. Die Römer gaben vermuthlich das Land derselben, nachdem ein grosser Theil von ihnen in dem Aufstand der Eburonen umgekommen, sowie ferner einen Theil des Gebietes der letzteren und namentlich auch von Aduatukern, jenen Chatten, die wir nun hinfort, obwol ihr alter Name auch noch unvergessen blieb, als Bataver antreffen. So ging also auch hier der Name des Landes auf das Volk über [3]).

Die Ansiedlung der Chatten sowol im alten Ubier-, als auch im Bataverlande geschah von Seiten der Römer gewiss im Zusammenhang: einmal mit bestimmten Planen in Beziehung auf die Provinz Gallien, sodann aber auch in Beziehung auf eine Neuordnung des Militärwesens.

---

1) Nämlich Procop, De bello Goth. I, 12; vgl. ferner Müller, Der Lex Salica Heimath S. 141, der überhaupt zuerst, und bisher wol ohne Zustimmung zu finden, die hier vertretene Ansicht ausgesprochen hat. 2) Sueton. August. 21: Suebos et Sigambros dedentes se traduxit in Galliam atque in proximis Rheno agris collocavit. An vereinzelte Germanen ist, bei der Zusammenstellung mit den Sigambern nicht zu denken: dann aber können die Suebi eigentlich nur die Bataver sein. — Heute wird wol niemand mehr für „Suebos" ganz willkürlich mit Pithoeus „Ubios" lesen wollen. 3) Anders wäre zu urtheilen, wenn, wie ältere Ausgaben haben, bei Tac. Hist. IV, 12: simulque insulam, nunc Bataviam occupavere, oder gar: Batavam a se dictam, zu lesen wäre. Allein es wurde da „juvata sit an" in jener Weise, anstatt einfach durch das durch den Sinn geforderte „juxta sitam" aufgelöst. Ausdrücklich sagt Dio LV, 24: ἐπεὶς οἷς τὸ τῶν Βαταούων ἀπὸ τῆς Βατούας τῆς ἐν τῷ Ῥήνῳ νήσου ὄνομω. Also nur nach der Insel wurden sie genannt; das Volk hatte einen andern Namen, wie es ganz dem Theile der Chatten entsprach. Er tritt in: Attuariern, dann Sueben und Thüringern hervor. — Dass der Name aus der Heimath mitgebracht sei, wie Grimm Gesch. d. d. Sp. 585, Ledebur u. a. wollen, halte ich für sehr unwahrscheinlich; dass diese Bataver aber gar „wenigstens schon hundert Jahre vor Christus" hier gesessen haben sollen, scheint mir völlig unhaltbar zu sein.

Das Verhältniss der Ubier zu den Römern war, solange
sie am rechten Rheinufer sassen, noch nicht das einer ab-
hängigen und unterthänigen Völkerschaft[1]). Ganz anders muss
es aber von Anfang an mit dem Theil der Chatten gewesen
sein, welchem Sitze im alten Ubierlande überlassen waren,
und die, nach gallischer Sitte, nach Mattium, dem Hauptorte
des Landes, Mattiaken genannt wurden. Freilich scheinen hier
die Befestigungen, wodurch der Besitz für die Römer hauptsächlich Werth hatte, erst in etwas jüngerer Zeit, im letzten
Jahrzehend des Jahrhunderts vor unserer Zeitrechnung angelegt zu sein: doch waren die Mattiaken schon im Jahre 10
v. Chr. so sehr von den Römern abhängig, dass ein Verlassen
der ihnen angewiesenen Sitze als ein Anlass zum Kriege ein-
gezeichnet werden konnte[2]). Bald darauf erscheinen alsdann
die Mattiaken in voller Abhängigkeit von Rom, so dass in
ihrem Lande selbst römisches Leben und römische Cultur eine
Stätte fand, deren Spuren bis zum heutigen Tage unver-
loschen sind.

So war die Rheingrenze, welche freilich von je her mehr
eine theoretische Bedeutung hatte, von den Römern überschritten!

Vielleicht gleichzeitig, jedenfalls schon nach kurzem, wurde
auch festgesetzt, dass die Mattiaken dem Weltreich ansehnliche Mannschaften, aus denen bis zum vierten Jahrhundert
unserer Zeitrechnung mehrere Truppentheile gebildet, oder die
doch wenigstens nach ihnen genannt wurden, zur Verfügung
zu stellen hatten.

In der letztern Beziehung treten jedoch die Verhältnisse
der weiter nach Westen vorgeschobenen Chatten, der Bataver,
mehr und sicherer hervor.

Sie traten zu den Römern, und ich meine, das wird
gleichzeitig oder bald darauf geschehen sein, als ihnen diese
Wohnsitze überlassen wurden, in ein bestimmtes, ehrenhaftes

---

1) Tac. Ann. XII, 27: acciderat, ut gentem Rheno transgressam Agrippa
in fidem acciperet.   2) Denn augenscheinlich bezieht sich auf die
Mattiaken Dio Cass. LIV, 36.

Bundesverhältniss [1]), dessen zwanglose Erfüllung freilich erst einer jüngeren Zeit angehören wird. „Sie lieferten Männer allein und Waffen dem Reiche", denn sie wurden nicht, wie sonst die Bewohner der Provinzen, „durch Steuern erniedrigt, oder durch Zollpächter heimgesucht". Ihre waffenfähige Mannschaft war schon daheim kriegerisch organisirt, auf dass sie „mit Pferd und Waffen in geordneten Schaaren über den Rhein gegen die Germanen vordringen konnte", wobei sie „nach altem Herkommen [2]) von den Edelsten ihres Volkes geführt wurden". Daher sagt auch Tacitus, dem vorstehende Worte entnommen: „Befreit von Lasten und Leistungen, nur zum Gebrauch in der Schlacht zurückgestellt, werden sie wie Geschoss und Waffen für den Krieg aufbewahrt" [3]).

Ein Theil der batavischen Mannschaft wird aber von früh an ausgehoben sein, um in Rom der Leibwache des Imperators eingefügt zu werden [3]). Sie dienten hier vornehmlich in der Reiterei, und so sehr überwog ihre Zahl in diesem bestimmten Truppentheil, dass derselbe nach ihnen „die Bataver" genannt zu werden pflegte [4]). Zuerst kommen diese batavischen Reiter unter Tiberius vor: doch ist anzunehmen, dass sie schon unter Augustus vorhanden waren [5]).

Auffallend mag es scheinen, dass gerade die Bataver auserwählt wurden, um einen Kern der besten Reiterei des römischen Heeres zu bilden. Die Hauptstärke der Sueben, und insbesondere der Chatten, bestand in den Fusssoldaten. Allein auch sie werden mit Pferden, für deren Zucht die Bataver-

---

1) Wenn die Bataver eine Völkerschaft gewesen wäre, die in diesen Sitzen von Rom unterworfen, oder sich freiwillig angeschlossen, so wäre die Aufrichtung eines solchen Bundesverhältnisses ganz gegen die sonst bekannte Politik des Reiches gewesen.   2) Tac. Hist. IV, 12: vetere instituto, und Germ. 29: antiquae societatis. Was gut hundert Jahr zuvor geschehen, durfte, zumal wenn es nicht ausdrücklich überliefert, mit Recht althergebracht genannt werden.   3) Die erste Erwähnung könnte in Lucan. Phars. I, 431 gefunden werden: — Batavi truces, quos aere recurvo Stridentes acuere tubae. Doch beruht die Nachricht, weil Caesar nichts über die Völkerschaft sagt, wol auf Anticipation; vgl. oben S. 57 N 4. 4) Vgl. die Stellen bei Becker-Marquard III, 2, 385; zuerst S. 101; dazu Suet. Calig. 43; Dio besonders LXIX, 9.   5) Dio LV, 24.

insel besonders geeignet, gut umzugehen gewusst haben: und
da konnte Augustus denn doch veranlasst werden, den neu
angesiedelten Batavern die Verpflichtung, Reiter zu stellen,
als Bedingung aufzuerlegen. Er verschaffte dem Reiche dadurch einen festen Stamm für eine wichtige Waffengattung,
was um so bedeutungsvoller, da die Bildung der Reiterei ganz
den Bundesgenossen überlassen war, indem zu ihr bereits seit
lange die römischen Bürger nicht mehr ausgehoben wurden.

Endlich wollen wir den Blick zurückwenden auf die allgemeinen Verhältnisse Galliens und Germaniens. Wol mag es
möglich sein, dass der chronologischen Ordnung vorgegriffen
wurde: die Ansiedlung von Chatten auf der Bataverinsel ist
vielleicht — wenn sie in der Zeit des Augustus erfolgte [1]) —
erst in einem der letzten Jahre des Jahrhunderts vor unserer
Zeitrechnung geschehen, und vielleicht darf auch nur wenig
früher, wenn auch sicher vor 10 v. Chr., die Aufnahme der
Mattiaken gesetzt werden. Unsere Ueberlieferung ist hier aber
so lückenhaft, dass es genug sein muss, einen auch nur unge-
fähr genauen Zeitpunkt für die wichtigsten, doch nur dunkel
erkennbaren Ereignisse angeben zu können.

Eine der wesentlichsten Veränderungen, welche Augustus,
den neuen Verhältnissen entsprechend, durchführte, war die
Theilung der Provinzen zwischen sich und dem Senat. Im
Jahr 27 v. Chr. übernahm er selbst die Provinzen, die einer
festeren, nicht jährlich wechselnden Verwaltung und einer steten
militärischen Besatzung bedurften. Zu ihnen gehörte vor allen
Dingen Gallien, durch dessen Behauptung von Rom die Wiederkehr früherer Gefahren abzuwenden war. Die Unruhen der
innern Kriege hatten es bisher noch nicht zu einer endgültigen
Ordnung dieser wichtigen Provinz kommen lassen: jetzt erst
ist eine solche vollzogen. Danach blieb die ältere gallische
Provinz (Narbonnensis) bestehen, und ihre Verwaltung ging
auch bereits nach wenig Jahren auf den Senat über. Das
neu erworbene Gallien aber wurde unter Berücksichtigung,
doch nicht mit ganz genauer Anlehnung an ethnographische

---

[1]) Dass die Bataver schon 27 v. Chr. am linken Rheinufer waren,
wage ich aus Dio LIII, 12 nicht zu schliessen.

Verhältnisse, die schon Caesar beachtet hatte, in drei Provinzen
getheilt. Von diesen „drei Gallien" kommt hier für uns nur
Belgica in Betracht. Die Provinz umfasste im wesentlichen
das Land östlich von der Seine und der Saone, so dass die
Sequaner und Helvetier, wie auch die Gebiete am Rhein ihr
angehörten [1]). Augustus selbst ordnete, indem er sich, noch
im Jahr 27 v. Chr., eine längere Zeit in Lyon aufhielt, die
gallischen Angelegenheiten.

Damals mochte man sich in Rom der Hoffnung hingeben,
nun endlich für Gallien Ruhe und Frieden hergestellt zu haben,
wie sie dem Nutzen der Provinz und des Reiches entsprachen.
Doch gab es bald neue Unruhen. Nun Rom hier am Rhein
eine gebietende Stellung einnahm, konnten Verwicklungen mit
den Germanen, denen die Forderungen eines geordneten staatlichen Verkehrs noch fremd waren, um so weniger ausbleiben,
da im Innern Galliens die alten Zwistigkeiten fortdauerten.
Wie in früherer Zeit wurden sie von den Germanen benutzt,
um über den Grenzfluss vorzudringen. Agrippa ist dieserhalb
im Jahr 19 v. Chr. abermals in die Provinz gesandt [2]). Er
stellte hier die Ruhe wieder her: das Werk des einflussreichen
Mannes wird damit aber nicht beendet gewesen sein. Es
möchte schwerlich ein Irrthum sein, dass seine Rathschläge
es gewesen, die eine Aenderung der bisherigen Politik Roms
gegen die rechtsrheinischen Germanen herbeigeführt.

Anlass genug war dazu geboten.

Schon vor Caesars Zeit fand friedlicher Handelsverkehr
zwischen den Kelten und den Germanen, besonders denen am
Rhein, statt [3]). Als nun Gallien eine römische Provinz geworden,
stellten sich, da für germanische Producte gar bald in Rom
guter Absatz war, auch römische Kaufleute ein. Sei es nun,
weil die Zustände bei den Germanen überhaupt noch wenig
entwickelt waren, oder sei es, weil bei einzelnen ihrer Stämme
ein wirklicher Hass gegen die Römer entflammt war, unter
dem auch die einzelnen zu leiden hatten: genug, wir hören

---

1) Strabo IV, 1, 1 gegenüber ist zunächst wol nicht an eine Einrichtung der beiden Germanien zu denken. 2) Dio LIV, 11. 3) Caes.
IV, 2; 3.

wiederholt von Gewaltthätigkeiten der rechtsrheinischen Germanen gegen Römer, die mit friedlicher Absicht, des Handels wegen, in ihr Land gekommen. Um Rache dafür zu nehmen, rückte um das Jahr 25 v. Chr. Marcus Vinicius, vermuthlich von dem alten Ubierlande aus [1]), in das Land der betreffenden Germanen und züchtigte sie. Doch war damit sicher wenig erreicht, wie schon der Einfall in Gallien zeigt, der einige Jahre darauf Agrippa an den Rhein rief.

An und für sich waren diese Ereignisse, wenn sie auch Anlass gaben in Rom Triumphe über das Volk zu feiern, zu denen die Cimbern und Teutonen gehört, von sehr geringer Bedeutung. Sie mochten jedoch eine Mahnung daran sein, dass der Besitz der Provinz Gallien, der für Roms Schutz von so unermesslichem Werth gehalten wurde [2]) und der für Augustus auch noch mit einer Ehrenpflicht gegen Caesar verbunden war [3]), noch immer nicht ganz gesichert sei. Möglich konnte es scheinen, dass „ein anderer Ariovist" wieder über den Rhein vordringe [4]), um den Römern die Herrschaft streitig zu machen. Derartige Erwägungen haben wol den Gedanken immer näher gebracht, wie früher Gallien, so nun auch diesen benachbarten Heerd ewiger Beunruhigungen und Störungen dem Reiche einzuverleiben und sein Feuer dadurch zu ersticken. Doch wäre die Sache wol noch länger verschoben, wenn nicht ein Schimpf, den die Germanen der römischen Waffenehre beigebracht, zu schleuniger Vergeltung aufgefordert.

Der äussere Anlass dieses folgenschweren Ereignisses wird nicht von aussergewöhnlicher Art gewesen sein. Die Sigambrer, Usipeter und Tencterer, so ist uns glaubhaft überliefert [5]), griffen einige Römer in ihrem Lande auf und tödteten sie. Jüngere Nachrichten sagen, die Umgebrachten seien Centurionen gewesen, die, als sie für den römischen Kriegsdienst bei jenen

---

1) Es ist wol zu beachten, dass jetzt schon ein Mann von untergeordneter Stellung in Germanien Krieg führt.   2) Vgl. besonders Cicero de prov. consular. 13; 14.   3) Flor. IV, 12.   4) Tac. Hist. IV, 73.
5) Dio LIV, 20. Die Nachricht muss einer alten Quelle entnommen sein: sonst wären sicher nur die Sigambrer gemeint.

Völkern angeworben, umzingelt seien [1]). Die Nachricht darf um so eher mit der ersteren verbunden werden, da hier alle drei Völkerschaften genannt werden: ein gemeinsames Aufgebot derselben rottete sich wol zusammen, um die schwache Schaar römischer Soldaten, die ihr Gebiet betreten, zu überfallen. Hiermit dann aber nicht zufrieden, drangen sie, denen staatskluge Rücksichten sicher sehr fern lagen, im Jahr 16 v. Chr. ungestüm über den Rhein vor. Es war das wol ein Beutezug wie in alter Zeit, wie einst der gegen die Eburonen.

An Zahl und Ansehn überwogen in der Schaar sicher die Sigambrer, denn gegen sie wurde der Feldzug, den die Römer zur Vergeltung unternahmen, besonders geführt. Auch mag es wenigstens für die Usipeter zweifelhaft sein, ob ihre Sitze ihnen damals gestatteten, einen selbständigen Staat neben den Sigambrern zu bilden. Auch der Führer gehörte diesen an. Er hiess Melo [2]).

Der Uebergang über den Rhein fand vermuthlich vom Lande der Usipeter am Niederrhein statt. Den Germanen rückte wenigstens die fünfte Legion, die wol schon damals in Xanten ihr Standquartier hatte, entgegen. Sie wurde geführt durch den Legaten M. Lollius, der hier jedenfalls der höchste Beamte war. Um so grösser war nun die durch die Barbaren bald erlittene Gefahr. Letztere, deren Massen jedenfalls aus Reiterei bestanden [3]), verwickelten die römische Reiterei auf ungünstigem Terrain in ein Treffen, in dem sie den Sieg davon trugen. Die Geschlagenen zogen sich auf die Legion zurück: die Germanen folgten und brachten nun auch dieser eine Niederlage bei, wobei der Adler derselben verloren ging. Die römische Waffenehre erlitt, besonders da die Legion innerhalb der Grenzen des Reiches geschlagen wurde, einen argen Schlag.

M. Lollius wird uns als kein sehr sauberer Charakter geschildert [4]). Er hatte sicher zahlreiche Gegner: und die werden

---

1) Acro schol. ad Horat. carm. IV, 2 (ed. Fr. Pauly I, 372); vgl Flor. IV, 12; 24. 2) Strabo VII, 1; 4. Monum. Ancyr. 3) Für diese Reitervölker ist es überhaupt anzunehmen; die Verfolgung ist ein weiterer Beweis. 4) Vell. Pater. II, 97.

schon dafür gesorgt haben, dass man in Rom sehr bald von seinem Missgeschick erfuhr. Das aber traf zeitlich mit dem Wunsche des Augustus zusammen, aus Rücksicht auf seine persönliche Stellung eine Weile unter gutem Vorwand von Rom fortzugehen. Daher begab er sich alsogleich selbst nach Gallien, um neue Truppen mit denen des Lollius zu vereinigen.

Die Germanen werden aber schon längst wieder über den Rhein zurückgewiesen sein, als Augustus in Gallien eintraf. Sie erlitten schliesslich selbst wol noch eine tüchtige Niederlage [1]), werden dann zurückgewichen und schliesslich wol noch froh gewesen sein, als sie durch Geiselgebung sich fernerer Anfeindung entzogen [2]). Doch war nun Augustus keineswegs geneigt, die Sache hiermit beendet sein zu lassen, vielmehr blieb er über zwei Jahre am Rhein, und bereitete persönlich ein grosses Unternehmen vor, das wol schon seit längerer Zeit geplant, und das nun nicht allein den argen Schimpf der Niederlage des Lollius abwaschen, sondern auch für die Folge von der Provinz Gallien derartige, für den Besitz der Römer sogar nicht ungefährliche Störungen im Keim ersticken sollte.

V.

In der Leichenrede auf Caesar lässt das Alterthum den Antonius sagen, der gefeierte Julier würde, wenn nicht Missgunst ihn zur vorzeitigen Rückkehr nach Rom gezwungen, wie Brittannien, so auch ganz Germanien bis an den nördlichen Ocean den Römern unterworfen haben [3]). Und damit werden die Ziele des grossen Mannes richtig angedeutet sein. Nicht vage, abenteuerliche Versuche, sondern sehr reale, auf die Grösse Roms berechnete Plane haben dem Zuge nach der unbekannten Insel und dem zweimaligen Ueberschreiten des Rheins zu Grunde gelegen. Sie sind als ein geheiligtes Erbe

---

1) Sonst hätte Jul. Obsequens c. 14 nicht aus Livius extrahiren können: Insidiis Romanorum Germani circumventi sub M. Lollio legato graviter vexati. 2) Dio LIV, 10; 21. — Die andern Quellen in den vorstehenden Noten citirt, dazu noch Sueton. Aug. 23. 3) Dio XLIV, 42.

auf den Octavian übergegangen: aus dessen nachhaltigen, freilich nicht mit dauerndem Erfolg gekrönten Unternehmungen gleichsam nur die Summe gezogen wurde, wenn ein römischer Historiker ihre Erzählung mit den Worten einleitet: dem Caesar zu Ehren habe er gestrebt, Germanien zur Provinz zu machen [1]). Es mag das als ein Vermächtniss zunächst persönlicher Art erschienen sein. Doch würde der staatskluge, stets ruhig erwägende Augustus ihnen nicht gefolgt sein, wenn nicht Rücksichten auf die Lage des Reiches, auf die Sicherheit der Provinz Gallien, auch auf Befestigung der Alleinherrschaft, dem Werke der Pietät gegen Caesar als weitere, mächtige Unterstützung zur Erreichung eines grossen Zieles zur Seite getreten wären.

Als Lollius jene schimpfliche Niederlage erlitt, werden bereits viele Vorbereitungen gemacht sein, um im Norden die Herrschaft der Römer zu sichern. Freilich nicht die hier den Rhein entlang bis zur Nordsee: aber die Grenzen des Reiches senkten sich sodann bis zu dem Südabhang der Alpen, die, fast in ihrer gesammten Ausdehnung, von wilden und unabhängigen Völkern bewohnt wurden. Wie hier im Süden, so umspannte das römische Reich dieselben auch im Westen. Aus leichtem Anlass, mehr um das Heer zu beschäftigen, hat Octavian damals dies Land im Osten von Noricum, Pannonien, das im Norden an der Donau seine Grenze hatte, mit Krieg überzogen, bewältigt und unter die unwillig ertragene Herrschaft der Römer gebracht, für die nun auch, um diese Erwerbung sicher zu stellen, erforderlich wurde, das Gebiet bis gen Gallien zu unterwerfen. Ein Anlass war leicht zu finden. Die Alpen wurden von Völkerschaften bewohnt, die sich der staatlichen Zucht und Ordnung noch weniger fügten als die Germanen am Rhein. Sie waren den Römern nicht gefährlich: aber altgewohnte Streifereien in die benachbarten, gesegneten Gefilde Italiens und Illyriens mussten auch hier für die Römer den Wunsch nahe legen, ewigen Belästigungen durch einen entscheidenden Schritt ein sühnendes und ruhmreiches Ende zu geben.

---

1) Flor. IV, 12.

Zahlreiche Völkchen werden in den südlichen Alpen genannt. Sie gehörten grösseren Stämmen an, haben aber, besonders wol durch die Schwierigkeit des Verkehrs zwischen den einzelnen Thälern, in denen sie wohnten, Besonderheiten unter sich ausgebildet, die sie als einzelne Völkerschaften erscheinen liessen. Die westlichen gehörten den Kelten an [1]). Diese hatte Caesar bereits im Jahr 57 v. Chr. zum Theil unterwerfen lassen, doch ohne sie damit in feste Abhängigkeit von Rom zu bringen. Die geringe politische Bedeutung erklärt, weshalb die Römer hier Unabhängigkeit duldeten, die sogar zu einem eigenen kleinen Alpenreich unter einem König Cottius führte. Seine Gewalt mag nicht am wenigsten durch die Nothwendigkeit einer gemeinsamen Vertretung gegen Rom für die im Südwesten der Alpen wohnenden Völker zur Entwicklung gekommen sein. Westlich schlossen sich, auf der Wasserscheide der Nordsee, des Adriatischen und des Mittelländischen Meeres, die Raeten und Vindeliker an: mächtige Völkerschaften, deren Abkunft noch in Dunkel gehüllt ist. Sie dehnten sich gen Norden bis zum Bodensee aus und füllten, ausser der Ostschweiz, auch noch einen nicht unbeträchtlichen Theil Tirols und Baierns. Bestimmter als Raeten und Vindeliker dürfen die anstossenden Taurisker oder Noriker, die weiter südlich als Karner erscheinen, keltisch genannt werden.

Schon im Jahr 16 v. Chr. wurde der Krieg gegen diese Alpenvölker begonnen, doch handelte es sich da mehr um Abwehr und Vergeltung. Als nun aber in demselben Jahre die römischen Waffen jene schimpfliche Niederlage durch die Sigambrer mit ihren Bundesgenossen erlitten, scheint der Plan gereift zu sein, alsogleich die beabsichtigte Eroberung des freien Germaniens mit der Unterwerfung der Alpen- und Donaugegenden zu beginnen. Die Lage der Lande musste solches erfordern. Wenn Roms Herrschaft im Norden bis an das unbekannte Meer ausgedehnt wurde, musste ihr, der auch Pannonien gehorchte, in gleicher Weise das dazwischen liegende Gebiet unterworfen werden. Jede kriegerische Bewegung war sonst gehemmt. Und dieser Grund musste auch entscheidend

---

1) Vgl. Zeuss S. 227 ff.

für das Beginnen sein. Die starren Alpen, welche einst als Schutzwehr gegen die nördlichen Barbaren angesehen wurden [1]), — konnten nicht im Besitz feindlicher Völkerschaften gelassen werden, wenn sich nordwärts von ihnen römische Heere in dem unbekannten Lande der gefürchteten Barbaren bewegen sollten.

Zwei kaiserliche Prinzen, die Stiefsöhne des Augustus, wurden ausersehen, um durch gleichzeitigen, gemeinsamen Angriff das Werk zu verrichten. Von ihnen eröffnete Drusus den Krieg von Italien aus. Hier, wie auch nach Gallien zu, gaben Einfälle in die römische Provinz den erwünschten Vorwand zum Kriege. Und während dann Drusus durch die Tridentinischen Alpen zog, indem er die feindlichen Schaaren leicht vor sich hintrieb und auch schlug, begann Tiberius von Gallien aus, durch das Land der Helvetier römische Streitkräfte heran zu führen. Die Germanen, die schon Caesar im Knie des Rheins angetroffen, blieben unberührt: erst am Bodensee, der mit Schiffen befahren wurde, ist der Feldzug von ihm begonnen. Weiter im Osten vereinigten sich darauf die beiden Brüder, die dann, so scheint es, durch ihre Legaten, welche in die einzelnen Alpenthäler gesandt wurden, das Werk vollenden liessen. So ist durch geschickte militärische Bewegung in einem Feldzug das Land der Räten und Vindeliker unterworfen worden. Freiwillig brachte darauf auch der König Cottius seine Völker unter das römische Joch. Anderen Völkerschaften der Alpen aber wurde in den nächsten Jahren die für Rom erforderliche, zunächst nur noch lose Abhängigkeit gleichfalls mit Waffengewalt auferlegt.

Ganz kurz und unsicher, dazu selbst noch meistens aus bedeutend jüngerer Zeit sind unsere Nachrichten über diese wichtigen Begebenheiten. So können wir auch nur vermuthen, dass gleichzeitig mit Rätien das daran stossende Noricum den Römern unterworfen ist. Das Land war einst wol, vermuthlich in Kämpfen mit den benachbarten Bojen, in eine mehr einheitliche politische Organisation gekommen, als die angränzenden Gebiete. Wiederholt wird Norikum ein „regnum" genannt, —

---

1) Cic. de prov. cons. 14.

und auch die Namen zweier Könige sind überliefert. Doch ist trotzdem an keinen festgeschlossenen Staat zu denken. Es wird insbesondere gen Norden an einer bestimmten Grenze gefehlt haben. Die Römer haben hier bald die Donau als solche betrachtet, so dass sich Augustus schon in seinem Thatenbericht rühmen konnte, er habe bis zu deren Gestade die Grenzen des römischen Illyriens ausgedehnt. Es ist aber, zumal keine mächtige Bevölkerung gegenüber sass, undenkbar, dass die fruchtbaren Südgefilde der Donau in anderen Besitz als die weiter nordwärts bis zu dem Hercynischen-, d. i. hier zunächst dem Böhmer-Wald gelegenen, gewesen sind. Aus diesem Grunde werden, kurz vor Caesar [1]), die Bojen, die nördlich von der Donau sassen, gesucht haben, sich auch der südlicheren, norischen Gestade des Flusses zu bemächtigen. Sie wurden ihrerseits wol von Germanen gedrängt. Ob diese nun aber auch über die Donau gesetzt, ob sie sich, nachdem die Bojen wieder ab- und weiter westwärts zu den Helvetiern gezogen, nun schon in dieser frühen Zeit hier in Noricum niedergelassen: das sind Fragen, auf welche die Geschichte keine Antwort geben kann. Die Alten erwähnen keine Germanen im Süden der Donau. Doch ist das Land hier hart am Fluss nach Jahrhunderten, wenn gleich noch unter römischer Herrschaft, in ihrem Besitz.

Auch das entzieht sich unserer Kunde: in welcher Weise nun diese Alpenvölker der römischen Herrschaft unterworfen wurden. Vermuthlich begnügte man sich anfangs mit der Besetzung einiger strategisch wichtiger Punkte und mit geringer Tributzahlung [2]). Erst später kam grössere Härte, kam insbesondere eine massenhafte Fortführung der streitbaren Mannschaft hinzu, als die unterworfenen Völkerschaften in wiederholten Aufstandsversuchen das auferlegte Joch wieder abzuschütteln erstrebten.

Da aber war der Kampf mit den Germanen, für welche in den Donaulandschaften gleichsam eine zweite Basis, neben der am Rhein, gewonnen war, schon in vollem Gang.

---

1) S. oben S. 32.   2) Strabo IV, 6, 9.

Ueber zwei Jahre lang blieb Augustus in der Provinz Gallien. Es galt dieselbe vollens einzurichten, insonderheit die unwillig ertragene Tributzahlung zu regeln, und Massregeln zu treffen, um Friedensstörungen durch die benachbarten Germanen für die Zukunft zu verhüten. Als sich dann der Imperator endlich wieder nach Rom zurückbegab, liess er den Drusus, während Tiberius die Donaulandschaften bewachte, am Rhein, in dem römischen Germanien zurück [1]). Er sollte, wie die Folge zeigt, das Werk gegen die Germanen vollenden.

In dem Verständniss des Menschen für menschliches Unglück ist es begründet, dass selbst der rücksichtsloseste Gewalthaber die Verantwortung für jeden Krieg von sich weist, den er, wenn auch gezwungen durch das unabweisbare Erforderniss seines Staates, zu führen hat. So rühmt sich denn auch Augustus: „Ich habe kein Volk ungerechterweise mit Krieg überzogen" [2]). Freilich ist das Wort zunächst mit Bezugnahme auf die Alpenvölker gesagt; doch sollte es zweifelsohne der allgemeinen Politik entsprechen, und so war es nicht ohne Grund, vielmehr sicher nach seiner eignen Anschauung, wenn bald über Augustus mit geringer Erweiterung obiger Worte gesagt wurde: „Er begann mit keinem Volke ohne gerechte und nothwendige Ursache Krieg" [3]).

Von solcher Gesinnung aus war es den Römern gewiss erwünscht, dass die Sigambrer und ihre Bundesgenossen, sicher die Usipeter, zweifelsohne auch die Tencterer, gar bald nach dem Abzug des Augustus aus Gallien, die früheren Züge nach dorthin wieder aufnahmen. So konnte denn ein Zeitgenosse mit Recht, indem er freilich vielleicht an den Zug dachte, der durch Lollius Missgeschick bezeichnet wurde, den Sigambrern die Verantwortung für den Beginn der langjährigen Kriege zuschreiben, die nun am Rhein zu führen waren [4]). Drusus versicherte sich zunächst der Ruhe Galliens, die durch Unzufriedenheit über den auferlegten Census bedroht war. Er

---

1) Dio LIV, 25: τὸν μὲν Δροῦσον ἐν τῇ Γερμανίᾳ κατέλιπεν.   2) Res divi Aug. cap. 16: nullo genti bello per injuriam illato.   3) Sueton. Aug. 21.   4) Strabo VII, 4; 1.

brachte die angesehensten Männer des Landes, friedlich bei einem Feste, als Geiseln in seine Gewalt. Dann erwartete er ein neues Betreten der römischen Provinz von den rechts-rheinischen Germanen. Und als darauf, während wol die letzten Zurüstungen beendet wurden, ein doch wahrscheinlich arg-loses Unternehmen einiger Unbesonnener ihm in solcher Weise den Vorwand zum Kriege erneuert, begann im Jahr 12 v. Chr. die Ausführung des Planes Germanien zu unterwerfen.

Caesar hatte an zwei verschiedenen Stellen sein Heer über den Rhein gesetzt, ohne etwas erreicht zu haben. Er war mit den Feinden gar nicht einmal zusammengetroffen. Aehn-lich wird es bei allen folgenden Unternehmungen gewesen sein. Die Germanen wichen stets gen Norden zurück: und den Rö-mern blieb dann nichts übrig, als ihnen entweder mit Be-drohung der eigenen Rückzugslinie in das unbekannte Land zu folgen, oder sich selbst wieder zurückzubegeben.

Diesen bisherigen Erfahrungen gegenüber tritt die Plan-mässigkeit der Bewegung des Drusus deutlich hervor. Sie beruhte augenscheinlich auf genauer Kunde über das Land der Germanen. Uns selbst ist dadurch ein Einblick in die Verhältnisse des nordwestlichen Deutschlands in damaliger Zeit verstattet.

Das linke Rheinufer, das sich ziemlich nach Norden er-streckte, und vor allem die strategisch wichtige Insel der Bataver war in Besitz der Römer. Im Osten hatten dieselben am jenseitigen Ufer des Flusses, im alten Ubierlande, gleich-falls festen Fuss gefasst. Sie hatten hier auch bessere Be-ziehungen zu den Sueben angeknüpft, welche bis dahin ge-schichtlich stets als Feinde der Sigambrer und deren Bundes-genossen auftraten. Mit gutem Grunde konnte daher Drusus annehmen, dass die Sueben ein Ausweichen der Sigambrer, gegen die sein Feldzug zunächst gerichtet war, nach Osten verhindern würden. Hierauf gestützt, bestand offenbar der Plan des Feldherrn in einem Umfassen der unruhigen Völker-schaften von Norden her. Gelang er: so war ein Ausweichen nach keiner Seite hin möglich.

Zu diesem Zweck wird Drusus bereits vor Eröffnung des Feldzuges mit einem germanischen Stamm in Verbindung

getreten sein, der sich vielleicht schon damals bis auf das
linke Rheinufer, sicher vom Ufer ostwärts in schmalem Küstenstrich weit gen Norden hin, bis in das heutige Schleswig erstreckte. Der Stamm schloss also die Sigambrer mit ihren
Bundesgenossen und, wie sich wol erst später herausstellte,
auch alle andern Völkerschaften, die westlich von den Sueben
sassen, vom Meere ab. Es waren die Friesen. Sie selbst
zerfielen wieder in mehrere Völkerschaften, von denen die
Chauken zwischen Ems und Elbe wol die bedeutendsten waren.
Die Friesen müssen sich damals schon ziemlich scharf von
den übrigen Germanen unterschieden haben: sie stehen diesen
fast fremd gegenüber; andere politische Anschauungen verschiedener Art lassen auch auf abweichende wirthschaftliche
und politische Verhältnisse bei ihnen schliessen [1]). Drusus hat
augenscheinlich diesen Gegensatz der Friesen zu ihren südlich
anstossenden Stammesgenossen von Anfang an für seinen
Zweck benutzt.

Dem angedeuteten Plan entsprechend wurden die Sigambrer
im Jahr 12 v. Chr. nicht direct angegriffen, vielmehr überzog
Drusus zunächst die Usipeter. Einst waren dieselben Nachbaren
der Sueben gewesen; von denen vertrieben, hatten sie sich,
gemeinsam mit den Tencterern, des Landes bemächtigt, welches
die Menapier noch als letzten Rest früherer Herrlichkeit am
rechten Rheinufer besassen. Hier haben sie sich behauptet:
bis ihnen jetzt die Römer sehr bald zeigten, dass sie, denen
die Menapier jetzt undedingt unterworfen waren, nähere Ansprüche auf das Land geltend machten.

Von der Insel der Bataver aus [2]) setzte Drusus zuerst in
dieses frühere Menapier-, jetzt Usipeterland über. Dann machte
er, zweifelsohne nach Ueberschreitung der Lippe, einen Einfall

---

1) S. unten.   2) Dio LIV, 32: καὶ μετὰ τοῦτο ἔς τε τὴν τῶν Οὐσι-
πετῶν κατ' αὐτὴν τὴν τῶν Βαταούων νῆσον διέβη. Nur indirect ergiebt sich,
dass Drusus, was aber durch die geographischen Verhältnisse geboten ist,
von der Insel der Bataver aus vordrang. Die Nachricht muss sehr alt
sein, da die Usipeter hier später nicht mehr sassen. Aus Liv. epit. 137
ist leider nur eine allgemeine Bestätigung zu entnehmen.

in das Gebiet der Sigambrer. Doch war es nur auf ein Zurückschrecken derselben abgesehen, weshalb das Land, zum Theil verheert, auch bald wieder verlassen wurde. Drusus wollte sich wol nur für die nächste Zeit Ruhe in seinem Rücken verschaffen, denn er zog alsbald wieder westlich, fuhr den Rhein hinunter, d. h. etwa nach dem heutigen Zuidersee zu, war hier im Lande der Friesen und brachte die nun zum festen Anschluss an Rom, was ganz gut als Unterwerfung bezeichnet werden konnte. Von dem Aufgebot der Friesen zu Lande begleitet, schiffte die römische Flotte darauf der Meeresküste entlang und kam so zu den Chauken. Auch sie werden zu den Römern bereits in gute Beziehungen getreten sein.

So stand denn die römische Heeresmacht im Norden der Sigambrer. Vermuthlich wollte Drusus sofort gegen sie vorbrechen, und sie, indem er durch ihr Land ziehend den Rhein wieder erreichte, unterwerfen. Doch musste er dabei zuerst durch das Gebiet der Bructerer. Die nun traten ihm feindlich entgegen: denn in diesem ersten Kriegsjahr wird es geschehen sein, dass Drusus mit den Bructerern auf, und doch auch wol an der Ems kämpfte [1]). Hierdurch aufgehalten, scheint der beginnende Winter alsdann dem Unternehmen der Römer für dies Mal ein Ende gemacht zu haben.

Mit den Erfolgen konnte man sehr wol zufrieden sein. Der jugendliche Feldherr durfte sich, als er in Rom erschien, um die kalte Jahreszeit daselbst zu verleben, rühmen, dass er durch Unterwerfung der Friesen, und die Anbahnung einer solchen bei ihrem chaukischen Zweige, einen ersten nachhaltigen Schritt gethan, um Germanien zur Provinz zu machen. Weiteres sollte im folgenden Jahre geschehen, und um es vorzubereiten, wird Drusus inzwischen das Land der Friesen zwischen Rhein und Ems, das dadurch auch noch fester in seine Gewalt kam, mit Gräben, die nach ihm genannt wurden, durchzogen haben. Vielleicht konnte er es selbst schon wagen, dem friedlichen Völkchen der Friesen einen leichten Zins, bestehend in Häuten, aufzuerlegen, den sie später zahlen mussten.

---

1) Strabo VII, 1; 3.

Zum zweiten Kriegsjahr, 11 v. Chr., war die Lage bereits bedeutend günstiger für die Römer. Sie kannten jetzt das Land im Norden, und haben da in diesem Jahr die Chauken vollens zum Anschluss gebracht [1]). Von dieser Seite gedeckt, bewerkstelligte Drusus seinen Zug schon etwas südlicher durch Germanien. Wie aber im Vorjahre, so wurde auch jetzt ein ernstlicher Kampf mit den Sigambrern vermieden: sie mussten sich wol den Römern unterwerfen, wenn alle benachbarten Germanen in Abhängigkeit von diesen gekommen. Es entsprach sogar wol dem römischen Kriegsplan, wenn die Sigambrer jetzt in einen Krieg mit den Sueben verwickelt wurden, der den Abzug ihres Aufgebotes gen Osten, gegen jene, zur Folge hatte [2]). Drusus benutzte das: er durchzog wiederum das Land der Usipeter, schlug darauf eine Brücke über die Lippe, fiel in das Land der Sigambrer ein, und durchzog dieses, indem er sich nach Nordosten wandte. Da traf er denn die Cherusker an, von denen, als Feinden und Nachbarn der Sueben, bereits Caesar gehört. Drusus erreichte in ihrem Lande die Weser. Auch hat er sie, so wird berichtet, unterworfen.

Gleichzeitig werden, vermuthlich vom Lande der Chatten aus, und auch wol mit deren Unterstützung, die Tencterer, die an der Westseite des Taunus bis zum Rhein sassen, angegriffen und zu loser Unterwerfung gebracht sein.

Härte und Drangsal ist auf diesem Zuge von Drusus sicher nach Möglichkeit vermieden: es wäre zu sehr gegen die hergebrachte, und gerade gegen die Germanen, ausser wo sie gezüchtigt werden sollten, beobachtete Politik gewesen. Durch kluges Verhalten war hier mehr als durch Waffengewalt zu gewinnen [3]). Vermuthlich setzte Drusus über die Lippe, um, indem er durch das Land der Sigambrer zog, das der Brructerer zu schonen. Und auch, dass, wie berichtet wird, eingetretener Getreidemangel der wesentlichste Grund für den Rückzug nach dem Rhein war, beweist, dass die Römer es

---

1) Nach Tac. Ann. I, 38 steht in ihrem Gebiet römische Besatzung, sie selbst leisten Heeresfolge (Tac. ann. I, 60; II, 17). 2) Dio LIV, 33. 3) Vgl. Vell. Paterc. II, 97.

vermieden, die Germanen, die sie unterwerfen wollten, gegen sich aufzubringen, indem sie auf ihre Kosten lebten.

Trotzdem ist es freilich zu Kämpfen mit den Germanen gekommen: doch wissen wir nicht wo. Insbesondere wurden die Römer auf dem Rückzuge in Freundesland, vermuthlich nach dem alten Gebiet der Ubier [1]), angegriffen, und hätten fast, wenn uns Richtiges überliefert ist, eine Niederlage erlitten. Allein Drusus konnte auch dieses Mal gewiss mit dem Erfolge des Feldzuges zufrieden sein: denn er liess — bei dem Rückzuge wird gesagt, doch vermuthlich benutzte er hierzu bereits die ganze letzte Zeit [2]) dieses Feldzuges, — da, wo die Lippe und der Alison zusammenfliessen, ein Castell bauen. Wiederum wissen wir nicht recht, wo dies war: aber das Castell kann kaum anders als an der oberen Lippe, vermuthlich am Ende des Sigambrerlandes, gelegen gewesen sein.

Die Anlage dieses Castells beweist, mit wie vielem und gutem Rechte sich die Römer der Hoffnung hingeben konnten, sie würden wenigstens diesen westlichen Theil Germaniens bald zur Provinz machen. Der Besatzung des Castells musste der Unterhalt entweder von den Umwohnenden geliefert, oder er musste ihr von weit her zugebracht werden. Wäre ersteres geschehen, so wäre darin eine Tributzahlung, die also eine völlige Unterwerfung bezeichnete, zu sehen. Denn die Germanen kannten kein Geld: Lebensmittel waren ihnen daher nur durch Tauschverkehr abzukaufen: der aber, bei dem Culturstand derselben, und weil Waffen ihnen sicher nicht überlassen wurden, nicht denkbar ist. Tributzahlung darf aber bei diesen Völkern nach ihren socialen Begriffen nicht angenommen werden [3]). So bleibt denn also nur die Zufuhr vom Rhein aus denkbar, und auf sie hin konnte eine solche

---

1) Denn dieses war das einzige, welches die Römer bis dahin am rechten Rheinufer besassen. 2) Wenn auch Dio LIV, 33 nicht so kühn als mehrere Neuere, z. B. Watterich, mit Hypothesen um sich warf, um einen Zusammenhang in der Erzählung herzustellen, so hat er seine Quellen doch überall frei benutzt, sie nicht wörtlich wiedergegeben. Daher darf man seinen Worten, zumal wenn ihr Sinn wie hier ein zweifelhafter ist, nicht zu sehr pressen. 3) S. unten.

Anlage gewiss nicht gegründet werden, wenn man sich nicht der Hoffnung hingab, dass die erforderlichen Lebensmittel bald in der Nähe zu haben, und dass bis dahin die Zufuhr keine all zu schwierige sein werde. Um sie auf dem kürzesten Wege, und mit Vermeidung des Landes der Sigambrer, zu ermöglichen, hat Drusus den Uebergang in das alte, jetzt Chatten überlassene Ubierland durch die Anlage eines Castells am Rhein gesichert. Es geschah damit ein weiterer Schritt, um Germanien zu unterwerfen. Auch waren die Sigambrer nun von allen Seiten durch die Römer eingeschlossen.

Die Römer, deren Anschauung gar leicht von uns übernommen wird, haben in der Folge den Schrecken und die Gefahr jüngerer Ereignisse schon auf diese ersten Züge des Drusus übertragen [1]): doch waren dieselben zweifelsohne mit nur unerheblichen Kämpfen verbunden. Dadurch allein erklärt es sich, dass in Rom, obwol Drusus sein Werk noch keineswegs beendigt, vielmehr mit den Sigambrern wol noch nicht einmal zusammen getroffen war, im Jahr 10 v. Chr. daran gedacht werden konnte, den Janustempel zu schliessen [2]). Wenn den Augustus in dem gleichen Jahre die Angelegenheiten der Germanen nach Gallien riefen, so liegt die Vermuthung nahe, dass es sich bereits um die ersten Einrichtungen der neuen Provinz handelte. Doch zog freilich Drusus auch jetzt wieder mit kriegerischer Macht über den Rhein. Die im Ubierlande angesiedelten Chatten, die Mattiaken gaben einen Anlass dazu: sie verliessen, so wird erzählt, das ihnen überlassene Gebiet und verbanden sich mit den Sigambrern. Geschah ersteres nach alter Suebenweise? Oder weil die Römer ihnen wiederum Land entzogen? Und beruht die Nachricht von dem Bündniss zwischen diesen Chatten und den Sigambrern, welche sonst stets friedlich sich gegenüber standen [3]), nicht etwa auf der falschen Auffassung des Geschichtsschreibers, der es nach drittehalbhundert Jahren der Nachwelt überlieferte? — Das alles sind Fragen, die sich jeder Beantwortung entziehen.

---

1) S. Florus IV, 12. 21.   2) Dio LIV, 35.   3) Ueber Florus s. unten.

Das Schweigen der Quellen legt die Vermuthung nahe, dass in diesem Jahr 10 v. Chr. die Unterwerfung Germaniens durch Drusus mit minderem Nachdruck betrieben wurde [1]). Der gleichzeitige Kampf des Tiberius gegen Dalmatien und Pannonien mag darauf von Einfluss gewesen sein. Doch handelte es sich auch wol um die Befestigung der nun glücklich gewonnenen Stellung, und der staatskluge Augustus, der sich dieserhalb nach Gallien begeben, mochte erachten, dass eine günstige Zeit dafür gekommen.

Es wird uns von grossartigen Vorrichtungen des Drusus erzählt, um sein Werk zu sichern. Dahin sind zunächst schon jene Gräben zu zählen, die den Ocean leichter zugängig für die römischen Schiffe machten. Sie werden als ein ungeheures Werk bezeichnet. Dann befestigte er auch, gewiss um in ähnlicher Weise die Verwendung der römischen Waffen zu erleichtern, den Rhein. Drusus erbaute, so wird erzählt, mehr als funfzig Castelle an den Ufern des Flusses. Sie wurden zum Theil im Lande der Ubier, den Sigambrern gegenüber angelegt: und da bezeichnet es die kluge Rücksicht gegen Germanen, die sich anschlossen, dass Drusus Entschädigung für das Land gab, das er für seine Zwecke occupirt [2]). Aber nicht nur am linken, auch am rechten Ufer des Rheins wurden Befestigungen angelegt. Mit Sicherheit wissen wir da freilich nur von einem Castell im Lande der Mattiaken: es wird die Befestigung gewesen sein, welche von Moguntiacum im Lande der Vangionen, das zum Hauptwaffenplatz gemacht wurde, einen unmittelbaren Uebergang gestattete. Die lateinische Benennung hat sich für den wichtigen Punkt bis heute erhalten. Hier bei Moguntiacum wird Drusus auch bereits durch eine feste Brücke, die dann in der Folgezeit noch mehr ausgebaut wurde, den Flussübergang erleichtert haben [3]). Sie war ge—

1) Darauf deutet auch wol Liv. hin, epit. 139: Bellum adversus Transrhenanas gentes a Druso gestum refertur: in quo inter primores pugnaverunt Senectius et Anectius tribuni ex civitate Nerviorum. Die Hervorhebung dieser beiden Officiere, die sonst nicht genannt werden, möchte doch darauf deuten, dass keine grossen kriegerischen Unternehmungen berichtet wurden.　2) Front. Strat. II, 11, 7.　3) Strabo IV, 3, 4.

wiss erforderlich, wenn nun auch das östliche Germanien angegriffen werden sollte. Dahingegen war zweifelsohne, um die Sigambrer jederzeit heimsuchen zu können, eine Brücke erbaut, welche die Castelle Bonna, etwas unterhalb der heutigen Stadt Bonn, mit dem am rechten Ufer liegenden Gesoniacum verband [1]). Dieses war also schon im Lande der wilden Völkerschaft gelegen, in dem die Römer dadurch festen Fuss gefasst.

Zahlreiche Schiffe auf dem Rhein sicherten gleichfalls, indem sie auch die Wiederkehr ähnlicher räuberischer Züge, wie sie bis vor Kurzem stattgefunden, erschwerten, den leichten Uebergang nach Germanien, das durch Klugheit und Waffen zur Provinz gemacht werden sollte.

Doch auch weiter vom Rhein weg, nicht nur im Lande der Mattiaken und Sigambrer, hat Drusus damals schon festen Fuss gefasst. Er schon hat die Höhe des Taunus befestigt [2]): zweifelsohne theils um die benachbarten Völkerschaften, Mattiaken, Tencterer und Chatten, in Schach zu halten, theils auch um die Verbindung mit den nördlicheren Castellen zu sichern. Nur dadurch konnte es möglich sein, weit ab vom Rhein jenes Castell an der Lippe und dem Alison zu erhalten. Auch Befestigungen, die an der Weser erwähnt werden, stützten sich wol auf diese Verbindung. Es können freilich unter denen auch Castelle an der Mündung des Flusses gemeint sein. Denn es ist durchaus glaublich, dass Drusus auch hier im Lande der Chauken die Herrschaft der Römer durch Anlage von Befestigungen sicherte. Der Verwendung der Flotte, durch welche diese Lande verhältnissmässig leicht zugängig waren, musste dadurch noch ein wesentlicher Vorschub geleistet werden. Ebenso mögen aus gleichem Grunde und mit gleichem Erfolge an dem untern Lauf der Ems Befestigungen angelegt sein [3]).

Diese nördlichsten Besitzungen sind aber für die Römer vielleicht auch ein Anlass gewesen, um die begonnenen Eroberungen wieder aufzunehmen und weiter fortzusetzen.

---

1) Flor. IV, 12; vgl. Dederich, Feldzüge des Drusus und Tiberius S. 79 ff.   2) Tac. Ann. I, 56.   3) Dederich a. a. O. S. 53 u. 71 schlägt vor, bei Florus anstatt: per Mosam zu lesen per Amisiam. Ich stimme ihm mit Rücksicht auf Tac. Ann. II, 8 bei.

Der Feldzug des Jahres 9 v. Chr. sollte vermuthlich der entscheidendste sein. Jetzt werden auch, wenn es nicht schon im Vorjahre geschehen, die von allen Seiten eingeschlossenen Sigambrer die Macht der Römer zu empfinden gehabt haben[1]). Kämpfend wird damals ein grosser Theil des Volkes vernichtet sein[2]). Wenn es sich trotzdem noch nicht unterwarf, so lag das wol daran, dass solches damals schon nur unter den härtesten Bedingungen geschehen sollte.

Die Züchtigung der Sigambrer wird aber wol Unterfeldherren überlassen sein, während Drusus selbst die Ausführung der wichtigen Aufgabe, die Befestigung der römischen Herrschaft in andern, schon halb unterworfenen Landschaften übernahm.

Dieser Feldzug begann, anders wie die beiden ersten, vom mittlern Rhein, sicher wol von dem Lande der Mattiaken aus. Drusus scheint sich zuerst gen Osten gewandt zu haben. Er wollte vielleicht, dann einer nicht richtigen geographischen Anschauung folgend, hier die Elbe erreichen, indem er den Main aufwärts zog. Dabei stiess er vermuthlich auf die suebische Völkerschaft der Markomannen, über die er einen auch beutereichen Sieg erfochten hat[3]), der in andrer Weise, als

---

1) Dafür wäre Pedo Albinovanus anzuführen: wenn die Consol. ad Liv., die demselben zugeschrieben wird, nicht ein Machwerk des 15. Jahrhunderts wäre, s. Haupt, in Hermes III, 209 ff. Auffallenderweise berichtet nur Florus von Kämpfen mit den Sigambrern, die in dieser Zeit stattgefunden haben müssen. Doch ist es gar nicht denkbar, dass sie ganz verschont geblieben von den römischen Heeren.   2) Vgl. Tac. Ann. XII, 39.   3) Ganz ohne Grund kann die Nachricht bei Florus nicht sein: ist aber bei ihm nicht nur an die appellative Bezeichnung eines Theiles irgend einer Völkerschaft zu denken, so kann der Zusammenstoss bloss auf diesem Zuge des Drusus stattgefunden haben, da nach dem zweifelsohne viel zuverlässigeren, wenn auch bedeutend jüngeren Dio nur in diesem Jahre Gebiet berührt wurde, das andern Sueben als Chatten gehörte: wobei doch allein an den Südosten, an die Maingegenden zu denken ist; LV, 1: ἀλλ' ἔς τε τὴν τῶν Χάττων ἐσέβαλε καὶ προῆλθε μέχρι τῆς Σουηβίας, τήν τε ἐν ποσὶν οὐκ ἀταλαιπώρως χειρούμενος καὶ τοὺς προςμιγνύντας οἱ οὐκ ἀναιμωτὶ κρατῶν. — Zu beachten ist auch, dass selbst bei Florus die Markomannen, in der Aufzählung von Westen nach Osten, hinter den Chatten genannt werden.

die Römer erwartet, von nachhaltigem Einfluss auf die germanische Welt sein sollte. Doch sah der Feldherr wol ein, dass er hier nicht durchdringen könne. Mehr als auf andern Feldzügen wird er zu kämpfen gehabt haben: und es geschah das nicht ohne schweren Verlust. Da wandte er sich dann wieder nordwärts, und wird so die Stammesvettern der Mattiaken, die eigentlichen Chatten erreicht haben, denen so endlich Einfälle, die sie früher häufig nach Gallien gemacht, im eignen Lande vergolten wurden[1]). Ob es übrigens auf die Unterwerfung der Chatten abgesehen war, mag sehr bezweifelt werden. Vermuthlich wurde ihr Gebiet nur durchzogen, um jetzt, nachdem der Zug gen Osten aufgegeben, auf dem kürzesten Wege das Land der Cherusker zu erreichen. Drusus hatte letzteres schon vor zwei Jahren betreten, war aber nur *bis* an die Weser vorgedrungen. Es ist denkbar, dass die Römer damals beabsichtigt haben, die Weser hier zunächst die Grenze ihrer neuen Provinz sein zu lassen. Das aber ging schon nicht, wenn man die Cherusker, deren Hauptstärke an der rechten Seite des Flusses sass, sowie die Chauken, in ihrem durch die Flotte leicht zugängigen Norden bis zur Elbe hin, in Botmässigkeit erhalten wollte. Das wird der vornehmste Grund gewesen sein, weshalb die Grenze des Reiches von dem Rhein nicht nur bis zur Weser, sondern bis zur Elbe vorgeschoben werden sollte. Dahin nun also war des Drusus Zug zu richten. Er hat auch den Fluss erreicht. Welche Völker er aber angetroffen, wird uns nicht gesagt. Zuletzt werden es Sueben gewesen sein: und wenn uns er-

---

1) Hier wäre nun auch, nach den meisten Darstellungen, die Anecdote *bei Florus* einzuflechten, wonach Sueben, Cherusker und Sigambrer sich gegen die Römer verbunden und schon im voraus ausgemacht haben sollen, *wie die* Beute zu vertheilen sei. An und für sich schon unglaubhaft, steht die Sache auch mit den Nachrichten bei Dio, die durch Vell. Pater. *und* besonders die kurze Notiz bei Strabo VII, 1, 4 eine gute Bestätigung erhalten, im krassen Widerspruch. Geradezu falsch ist es, wenn *schliesslich* erzählt wird: victor Drusus ... ipsos praedam dividit et vendidit. Das könnte nur auf die Sigambrer gehen, die aber bekanntlich erst durch *Tiberius* unterworfen, und doch auch nicht auf den Sclavenmarkt gebracht wurden.

zählt wird, alles Land sei von den Römern verheert worden,
so liegt die Annahme nahe, dass das Volk sich feindselig gezeigt, und dass es sich auch dem Uebergang über die Elbe,
der beabsichtigt war, aber missglückte [1]), widersetzte. Von
den mächtigen Sueben ist solches ohnehin zu erwarten.

Auf dem Rückzuge von der Elbe erkrankte der jugend-
liche Feldherr. Er liess sich aber trotzdem, obwol es der
Germanen wegen sicher angegangen wäre [2]), nicht über den
Rhein zurückbringen. Es unterblieb wol, weil die grossen
Erfolge durch Abwesenheit des Feldherrn bedroht erschienen.
Und wol aus gleichem Anlass, nicht nur aus brüderlicher Liebe,
begab sich Tiberius, nachdem die ernstliche Erkrankung des
Drusus bekannt geworden, in fliegender Eile zu ihm. Er kam
noch zeitig genug, um am Sterbelager des Bruders zu stehen.
Zu sagen aber, wo der Drusus gestorben, ist wiederum im
höchsten Grade misslich. Doch kann es nur westlich von den
Chatten, im heutigen Westphalen geschehen sein [3]).

Schwerlich werden die Römer selbst anzugeben vermocht
haben, wie weit Germanien besiegt, als Drusus starb. Die
Friesen freilich, besonders auch die Chauken, dürfen wir uns
in einem leidlich festen Anschluss an Rom denken. Die jüngern
Ereignisse, auch die ethnographische Stellung derselben ge-

---

1) Dio a. a. O.   2) Das wird durch die eilige Reise des Tiberius,.
welche überhaupt ein nicht von Feinden strotzendes Land zur Voraussetzung hat, hinlänglich bewiesen.   3) Strab. VII, 1, 3 sagt: ἔστι δὲ
καὶ Σάλας ποταμός, οὗ μεταξὺ καὶ τοῦ Ῥήνου πολεμῶν καὶ κατορθῶν
Δροῦσος ἐτελεύτησεν ὁ Γερμανικός. Nach dem ganzen Zusammenhang und
besonders nach der sogar zweimaligen Aufzählung der Völkerschaften, die
mit Krieg und Sieg überzogen wurden, kann unbedingt nicht daran gedacht werden, diese Saale etwa in Thüringen zu suchen. Auch ging die
Richtung der Kriegszüge der Römer in Germanien, bis auf den des Ahenobarbus, stets vom Rhein aus nördlich oder nordöstlich: wie ist es da
anzunehmen, dass das Heer mit dem kranken Feldherrn in diese bis
dahin ganz unbekannte Gegend, auf welche Val. Maxim.: per modo de-
victam barbariam, ganz und gar nicht passt, gezogen? Entweder liegt
eine schlechte Lesart vor, oder Strabo hat an die Isala gedacht, die
durch die Drususgräben oft genug genannt sein mag. Doch ist die
Nachricht dann für die Bestimmung der Gegend ziemlich werthlos.

statten solches. Das Gegentheil aber wird durch beides für die jüngst durchzogenen Völkerschaften der Sueben, nämlich Chatten und, an der Elbe, wol Longobarden, nahe gelegt. Ueberhaupt war es zweifelsohne jetzt, nach näherer Kenntniss der Gegenden, zunächst nur auf Herrschaft über die echtsuebischen Völkerschaften zwischen Rhein und Elbe abgesehen. Dass diese Absicht vorgewaltet, tritt wiederum deutlich hervor. Ein jüngerer Historiker bezeichnet das Land nach Drusus Tode schon geradezu als römische Provinz [1]), und wie sehr er da die Ansicht der Zeitgenossen wiedergab, zeigen die Worte des Valerius Maximus, nach denen Tiberius „durch kaum erst besiegtes Barbarenland" zu dem sterbenden Bruder eilte [2]).

Auch die Art und Weise, wie hier der Krieg geführt werden musste, hat es gewiss im hohen Grade erschwert, eine bestimmte Zeit für die endgültige Unterwerfung anzunehmen. Ein Zeitgenosse [3]) erzählt, nachdem er den Anfang unter Melos Führung erwähnt: „alsdann führten den Krieg hier oder da bald diese, bald jene, bald mächtig, bald bezwungen, bald wieder abfallend". Der Gang der Ereignisse ist in diesen Worten gewiss richtig wiedergegeben. Wie die Völkerschaften früher einzeln gegen Caesar oder die Sueben gekämpft, so nun auch gegen die Römer. Unter sich selbst mochte bei ihnen von je her des Haders genug gewesen sein: sie konnten aber unmöglich binnen zwei, drei Jahren zu einem Bewusstsein gemeinsamer Interessen gegen die Fremdlinge kommen, wie ein gemeinsames kriegerisches Auftreten es erforderte. Erst der längere Aufenthalt der Römer in ihrem Lande hat ein solches gezeitigt.

Hier war zweifelsohne mehr durch Milde und Vorsicht als durch militärische Schärfe zu erreichen. Daher lässt auch der grösste Historiker der Römer [4]), welcher gerade der germanischen Dinge besonders kundig war, den Tiberius von sich sagen: „er habe in Germanien mehr durch kluges Verhalten

---

1) Flor. IV, 12, besonders: cognomen ex provincia, wo, wie die folgende Zeile beweist, nur an den technischen Sinn des Wortes zu denken ist.   2) Val. Maxim. V, 5, 3.   3) Strabo VII, 1, 4.   4) Tac. Ann. I, 26; vgl. Vell. Pater. II, 97.

als durch Gewalt erreicht". Solches entsprach gewiss nicht nur der Politik des bedeutenden Staatsmannes, sondern auch dem Gang der Ereignisse, wie er dem Tacitus bekannt war.

Nur gegen Eine Völkerschaft kannten die Römer keine milde Nachsicht. Die Vergeltung mancher Unbill, mehr aber wol noch der gebotene Anlass auf solche Weise am rechten Rheinufer über ein bedeutendes Gebiet zu verfügen, gab eine bis zur Vernichtung harte Politik gegen die Sigambrer an die Hand.

Nach Drusus Tode begab sich Augustus im Jahr 8 v. Chr. selbst wieder nach Gallien, von wo er den Tiberius nach Germanien sandte. Einzelne Völkerschaften baten um Frieden: es waren zweifelsohne solche, die den Sigambrern nahe standen, etwa Tencterer und Usipeter, und die daher stets leicht, selbst nach Unterwerfung, zum Abfall hinneigten. Der Friede ohne die Sigambrer wurde verweigert, und als diese dann endlich auch Gesandte schickten, liess Augustus dieselben, mit rücksichtsloser Verachtung des dem Feinde schuldigen Rechtes, gefangen setzen. Die Sigambrer galten eben jetzt, wie auch noch lange Zeit später, als die allerbittersten Feinde Roms, gegen die keine Milde zulässig sei [1]).

Indessen war Tiberius unausgesetzt in Germanien thätig. Es geschieht freilich mit der Uebertreibung eines Schmeichlers, aber sicher nicht ohne Wahrheit, wenn über ihn berichtet wird: er durchzog ganz Germanien, und bewältigte dasselbe, ohne dass sein Heer irgend einen Verlust erlitt, so sehr, dass er das Land fast in das Verhältniss einer steuerpflichtigen Provinz brachte [2]).

Tiberius hat dann auch endlich die That vollbracht, welche von den Zeitgenossen als das nächste Ziel des germanischen Krieges angesehen werden mochte, und die in der That für alle Folge von der schwerwiegendsten Bedeutung war.

---

1) Dio LV, 6 sagt von ihnen, nachdem er ihre Umsiedelung berichtet hat: κἀκ τούτου χρόνον μὲν τινὰ ἡσύχασαν, ἔπειτα ἐπὶ πολλῷ τὸ πάθημα σφῶν τοῖς Ῥωμαίοις ἀνταπέδοσαν. Die Dichter der augustischen Periode nennen Sigambrer und Parther, wenn sie die bittersten und gefährlichsten Feinde Roms bezeichnen wollen.   2) Vell. Pater. a. a. O.

Er nahm die Unterwerfung der Sigambrer an [1]) und verfügte über deren Zukunft.

Damals wird es geschehen sein, dass jener Melo, unter
dessen Führung der Krieg gegen die Römer begonnen sein
soll, sich diesen Todfeinden seines Volkes übergab. Er mag
bis dahin bei letzterem in hohem Ansehn gestanden haben:
er wird ein König der Sigambrer genannt [2]). Vielleicht hat
sein Geschick hier den Anfang des Endes bezeichnet.

Die Sigambrer mussten sich auf Gnade oder Ungnade
ergeben. Ueber ihre Person und ihr Eigen nahmen die Römer eine unbeschränkte Gewalt in Anspruch. Es geschah
das wol nicht nur aus Feindschaft gegen das Volk, oder um
die Niederlage des Lollius zu rächen, sondern hauptsächlich
auch, um durch die freie Verfügung über ein grosses acker-
fähiges Gebiet hier im Lande der Barbaren die Herrschaft
leichter zu befestigen. Tiberius liess, wie es die Römer gerade
in dieser Zeit häufiger gethan [3]), den bei weitem grössten Theil
der Sigambrer, die ohnehin in den mehrjährigen Kriegen
stark zusammengeschmolzen [4]), aus ihrer Heimath fortführen,
um sie anderswo wieder anzusiedeln. Dieses geschah zum
Theil wol in der nächsten Nachbarschaft, noch auf dem rechten
Rheinufer. In jüngeren Jahrhunderten finden wir wenigstens
Sigambrer auf jenem altkeltischen Boden nordwärts vom Rhein,
an der Issel: und auch ein Zeitgenosse der Uebersiedlung des
Volkes scheint, indem er von dem alten Besitz der Menapier
an beiden Seiten des Flusses spricht, hier schon Sigambrer
zu kennen [5]). Das Land, wo während der Römerzeit über-

---

1) Tac. Ann. II, 26: Sugambros in deditionem acceptos.   2) Res
divi Augusti cap. 32.   3) Die Ansiedlung der Ubier auf dem linken
Rheinufer wurde oben erwähnt. So erhalten die Bojen von Caesar Sitze
im Gebiet der Äduer (Caes. 1, 28). Unter Neros Regierung führt der
Statthalter von Mösien 100000 Transdanuvianer auf das rechte Donauufer
und siedelt sie auf römischem Gebiet an, wie eine ausführliche Inschrift
(Orelli 750) uns belehrt.   4) Tac. Ann. XII, 39: ut quondam Sugambri
excisi aut in Gallias trajecti forent, ita Silurum nomen penitus extin-
guendum.   5) Strabo IV, 3, 4: Κατὰ τούτους δ'ἵδρυνται Σούγαμβροι
Γερμανοί. Wie sich Strabo die Sache, ob er nicht gar an die alten Sitze
der Sigambrer gedacht, ist keineswegs klar.

haupt keine Völkerschaft fest geschlossen vorkommt, mochte
zur Verfügung sein, um es in dieser Weise zu verwerthen.
Aber nur ein geringer Theil des einst mächtigen Volkes wird
da, so nahe bei der Heimath, neue Sitze erhalten haben. Der
grössere wurde „nach Gallien hinübergeführt und unmittelbar
am Rhein" angesiedelt [1]). So berichten die Alten, und geben
damit an, dass das neue Sigambrerland lag, wo der Grenzfluss
noch mächtig wogend dem Meere zufloss, und nicht da, wo er,
indem er weit aus dem Bette hinaustrat und Inseln, die freilich
auch noch zu Gallien gerechnet wurden, verschiedener Grösse
bildete, seine Kraft zersplitterte [2]). Wo dieses Land lag, wird
uns aber nicht berichtet. Unwillkürlich werden, da wir
hierüber nachsinnen, die Worte Caesars ins Gedächtniss gerufen: „In Gallien seien keine herrenlose Aecker". Wie nun
aber die Ubier unweit der Gegend, auf welche sich diese
Worte zunächst bezogen, und vermuthlich auch die Bataver
trotz derselben von den Römern angesiedelt wurden, so treffen
wir daselbst alsbald auch noch eine andere germanische Völkerschaft zwischen jenen beiden an. Auch sie sass also im alten
Menapier-, mehr wol noch, wie die Ubier, im Eburonenland.
Als Gugernen werden diese Germanen bezeichnet. Seit langer
Zeit wird vermuthet [3]), in ihnen hätten die übersiedelten Si-

---

1) Suet. Aug. 21: Sigambros dedentes se traduxit in Galliam atque
in proximis Rheno agris conlocavit; damit ist zu verbinden Tib. 9: Bello
germanico quadraginta milia deditiorum trajecit in Galliam juxtaque
ripam Rheni aedibus adsignatis conlocavit; (vgl. Eutrop. VIII, 9 und
Oros. VI, 21). Aurel. Victor epit. de Caes. 1: (Augustus) Sicambros in
Galliam transtulit. Dio LV, 6.   2) So erledigen sich die Bedenken
Watterichs, Germanen am Rhein S. 216 ff. Er übersieht, dass die Alten
diesen nördlichsten Ausfluss des Rheins freilich als Grenzfluss zu betrachten
pflegten, allein dann nicht von Gallien, sondern von den Rheininseln
sprechen; so besonders Plin. IV, 16 und 17, und fast noch deutlicher,
durch den Gegensatz zu Gallien und Germanien, Mela III, 50. Auf diese
beiden stützt sich aber Watterich; vgl. auch Tac. Germ. 28 und unten.
Auf die Sitze an der Issel allein ist übrigens die Nachricht nicht zu beziehen, da das rechte Ufer derselben, wo doch wol ein Haupttheil zu sitzen
kam, nicht zu Gallien, selbst in jenem ganz allgemeinen Sinne, gehörte.
3) Zuerst wol Cluver, dann Zeuss, Grimm, Ukert, Moritz u. a.

gambrer fortgelebt, und mancherlei Gründe, auch aus der
jüngeren Entwicklung, lassen sich dafür anführen.

Das Alterthum hat auch eine Zahl überliefert für diesen
auf die linke Seite des Rheins angesiedelten Theil der Sigambrer. Ihrer sollen 40000 gewesen sein. Die Zahl erscheint
gering, und daher wird ein bedeutend jüngerer Historiker sie
um das Zehnfache, auf 400,000, erhöht haben [1]. Doch giebt
die Zahl auch wol nur die der streitbaren Männer an: und
da darf sie denn allerdings, zumal hier nicht die ganze Völkerschaft angesiedelt wurde, keineswegs als niedrig gelten.

Wie Tiberius über das bisherige Gebiet der Sigambrer
verfügt hat, ist uns nicht überliefert. Doch wissen wir, dass
ein freilich nicht grosser Theil derselben in der alten Heimath
belassen wurde [2]. Diese erscheinen aber nicht mehr mit dem
alten Namen des Stammes, denn der, an den sich die Erinnerung einer schimpflichen Niederlage ihrer Waffen knüpfte,
wurde von den Römern unterdrückt [3]. Der grösste Theil des
Sigambrerlandes wird benachbarten Völkerschaften gegeben
sein, die damit in das Interesse der Römer, insbesondere, wenn
es sich etwa um den Versuch der früheren Bevölkerung handeln sollte zurückzukehren, gezogen wurden. So wird der
nördliche Theil des Landes wol Bructerern, ein südlicher
Tencterern überlassen sein. Die Römer scheinen aber auch
diese Gelegenheit benutzt zu haben, um ihre Stellung westlich
von der Lippe, die wiederholt als Operationsbasis gegen die
Germanen diente, zu befestigen. In diesem Zusammenhang
mag es geschehen sein, dass von hier, vermuthlich vom alten
Menapierland, die Usipeter verdrängt wurden. Auch sie erhielten alsdann im früheren Lande der Sigambrer, wo sie hinfort erscheinen, Entschädigung in neuen Sitzen angewiesen.

Mit der Unterwerfung der Sigambrer und der Fortführung
derselben aus ihrem Lande galt den Römern der Krieg, zu
dem jene den äussern Anlass gegeben, zunächst als beendet.
Dem Tiberius wurden grosse Ehren zutheil. Er ist für das

---

1) Eutrop. a. a. O.   2) Strabo VII, 1, 3: λοιποί δ'εἰσὶν ὀλίγοι καὶ
τῶν Σουγάμβρων μέρος. — Dazu Ptolem.   3) Tac. s. oben S. 93 N. 4.

folgende Jahr zum zweiten Mal zum Consul ernannt; er erhielt den Imperatortitel; ihm wurde der grosse Triumphzug decretirt. Man glaubte aber in Rom auch einen Erfolg von unermesslicher Tragweite erreicht zu haben. Sicher berechtigt durch den nur geringen Widerstand, den Drusus bei den Völkerschaften bis zur Elbe hin gefunden, wurde das Land bis dahin für unterworfen erachtet. Dem entsprechend ist auch, gewiss nicht ohne Stolz und hohe Siegesfreude, in die Geschichtsbücher [1] zum Jahr 8 v. Chr. das wichtige Ereigniss eingetragen: „Unter den Consuln C. Asinius und C. Marcius ergaben sich alle Germanen zwischen Elbe und Rhein dem Tiberius Nero".

Eine neue Provinz war erworben. Wol war zu erwarten, dass sich noch oft Aufstände daselbst gegen die römische Herrschaft erheben würden. Doch brauchten solche in Rom nicht gefürchtet zu werden. Noch nie war eine Provinz aufgegeben, welche mit den Waffen erhalten werden sollte.

Augustus aber sah diese Erweiterung des Reiches, die unter seinen Auspicien, unter seiner Oberleitung, durch seine Stiefsöhne vollbracht, als eines der wichtigsten und wesentlichsten Ereignisse seiner Regierung an. Den geringen Rest zweifelhaften Besitzes, der nach unglückschwangeren Zeiten den Römern noch in Germanien geblieben, zählte er noch in seinem Todesjahre an der Spitze der von ihm bewirkten Erweiterungen der Grenzen des Reiches auf [2]. Und da, nach altgeheiligtem Herkommen, nur der befugt war, das Pomoerium der Stadt weiter hinauszurücken, der ein Gleiches für die Grenzen des Reiches vollbracht [3], so erachtete sich Augustus jetzt, wo eine so wichtige Provinz erworben, berechtigt, auch das Gebiet der Stadt Rom zu erweitern [4].

---

1) Cassiodor. Sen. Chronic., doch wol nach Aufid. Bassus, ed. Mommsen p. 530: His conss. inter Albim et Rhenum Germani omnes Tiberio Neroni dediti. 2) Res divi Aug. cap. 16: Omnium provinciarum, quibus finitimae fuerunt gentes, quae nondum parerent imperio nostro, fines auxi. Gallias et Hispanias provincias ab ea parte, qua eas adluit oceanus, a Gadibus ad ostium Albis fluminis pacavi. Aus der Wichtigkeit, die hier dieser Sache gegeben wird, ist gewiss anzunehmen, dass auf den Abschluss in Germanien im Jahr 8 v. Chr. das Recht zur Erweiterung des Pomoeriums zurückzuführen ist. 3) Vgl. Tac. Ann. XII, 23. 4) Dio LV, 6.

VI.

Nicht nur das Vordringen der Römer über ·den Rhein, sondern auch das Festsetzen derselben in den Donaulandschaften ist von nachhaltigem Einfluss auf die Welt der Germanen gewesen.

Gewiss wurde ein einheitlicher Plan befolgt, wenn die Römer den Angriff auf die Germanen mit der Unterwerfung Rätiens und Noricums begannen[1]). Freilich war die Bevölkerung dieser Lande nach Sprache und Abstammung und Lebensart gründlich von ihren blauäugigen Nachbarn im Norden verschieden. Auch erscheint sie gegen dieselben, wie auch gegen Helvetier und Bojen, feindlich[2]). Eine Unterstützung der Germanen durch diese Alpenvölker war also sicher nicht zu erwarten. Doch geboten politische wie strategische Gründe deren Unterwerfung.

Die Zahl der Germanen in den Donaulandschaften war übrigens sicher auch noch eine sehr geringe. Am dichtesten sassen sie wol noch im äussersten Westen, wo Caesar bereits Germanen als nächste Nachbarn der Rauraken und Helvetier im Knie des Rheins angetroffen. Dann kam das unwirthliche Hercynien: dessen· spärliche Bevölkerung zweifelsohne schon in dieser Zeit den Germanen, die aber mehr einzeln, nicht in geschlossenen Völkerschaften gelebt haben werden, angehörte. Besser angebaut war sicher im Osten das Land der keltischen Bojen, sowol in der bergumkränzten Heimath derselben, als auch im Westen, zwischen Donau und Böhmerwald. Nur nach vager Vermuthung ist wenigstens das letztere, doch auch wol ein Theil des heutigen Böhmens, vielleicht gar vereinzelte Striche an den Südufern der Donau, zur Zeit der Unterwerfung der Noriker und Räten bereits im Besitz von Germanen gewesen.

Als nun die Römer vorgerückt und die Donau hier zur Grenze ihres Reichs gemacht, konnte allein schon die Nähe der Germanen, und zwar besonders deshalb nicht ohne Bedeutung für sie sein, weil sie „den grössten und kräftigsten Theil der jungen Mannschaft der unterworfenen Völkerschaften

---

1) Vgl. oben S. 76.   2) Strabo IV, 6, 8.

aus dem Lande führten und nur so viele zurückliessen, als zur Bebauung desselben erforderlich waren" [1]). Für die benachbarten Germanen musste hierin ein Trieb liegen, ihrerseits weiter vorzudringen, um ein fruchtbares und zum Ackerbau bereits hergerichtetes Land zu occupiren. Ob und inwieweit das aber geschehen, lässt sich nicht sagen. Es sei hier genug daran zu erinnern, dass schon in der freilich erst letzten römischen Zeit nicht wenig Germanen in den Provinzen Noricum und Rätien Sitze hatten.

Jedenfalls konnten die Germanen, wie am Rhein, so auch an der Donau seit Aufrichtung der Herrschaft der Römer daselbst, nur mit deren Willen sich weiter ausdehnen. Das aber musste von grossem Einfluss auf die gesammte germanische Welt, insbesondere aber auf die Sueben sein. Der Ackerbau derselben war noch ein sehr wenig intensiver, war stets darauf berechnet, durch die Ausnutzung neu umgebrochenen Bodens mit geringer und nicht nachhaltiger Arbeit einen raschen und völlig ausreichenden Ertrag zu erzielen. Aber schon seit langer Zeit scheint der Acker des Suebenlandes diesen Ansprüchen nicht mehr genügt zu haben. Und es waren darin, dann freilich auch in der volksthümlichen Entwicklung, die sich durch solche Züge gebildet, der oft wiederholte Angriff auf die Nichtsueben, und die Wanderung des unsteten Volkes zunächst in das Gebiet der Trevirer, dann auch vereinzelt nach Hercynien, insbesondere aber an den Oberrhein begründet, wo, auf solchen Zuzug gestützt, die Schaaren des Ariovist weite Gefilde occupirten.

Die Macht der Römer setzte aber derartigen Zügen über Rhein und Donau unübersteigbare Schranken. Dadurch hat, wie die Folge lehrt, nun endlich das unwirthliche Hercynien eine grössere Bedeutung für die Germanen, dann für die gesammte europäische Menschheit erhalten.

Es hängt mit der geringen Bevölkerung in dem Lande zwischen dem deutschen Mittelgebirge und der Donau zusammen, dass die Römer hier bei ihrem Vordringen bis an, vielleicht auch über den Fluss, mit Germanen nicht, wie doch

---

1) Dio LIV, 22.

am Rhein, feindlich zusammen stiessen. Ja es ist sogar wahrscheinlich, dass sich daselbst, vielleicht durch die gemeinsame Feindschaft gegen die Alpenvölker, friedliche und gute Beziehungen zwischen den beiden Völkern entwickelt, die von Norden und Süden vordringend hier auf einander trafen. So viel wenigstens ist gewiss: bis zum Ausgang des 2. Jahrhunderts unserer Zeitrechnung finden keine irgendwie nennenswerthe Anfeindungen zwischen Germanen und Römern an der Donau statt: vielmehr weist die politische Geschichte wiederholt die Richtigkeit der auch ausdrücklich überlieferten [1] Thatsache nach, dass hier gute Beziehungen geherrscht. Es war nur vorübergehend, wenn dieselben, zur Zeit als die Römer im Norden kämpften, durch Marobod und sein Volk der Markomannen bedroht wurden.

Caesar erwähnt im Heere des Ariovist Markomannen. Dieser Volksname ist einer der wenigen, die sich mit Gewissheit nach ihrer ursprünglichen Bedeutung erkennen lassen. Noch im 12. Jahrhundert wird, in voller Uebereinstimmung mit den Ergebnissen unserer Sprachforschung, bezeugt, dass Markomannen die Grenzmannen, also diejenigen sind, welche an der Grenze ihren Sitz, und daher auch naturgemäss zunächst die Vertheidigung derselben haben [2]. Die von Caesar erwähnten Markomannen werden daher Angehörige von Germanen gewesen sein, die an den Grenzen ihres ganzen Volksstamms Sitze hatten. Da sie aber ferner zweifelsohne Sueben waren, so können sie nur nach Hercynien zu, oder in diesem Lande selbst gesessen haben. Bildeten nun diese Markomannen in der Heimath eine bestimmte Völkerschaft? Aus Caesars Worten ist es nur mit Wahrscheinlichkeit zu entnehmen. Allein die jüngere Geschichte erwähnt so häufig, und zwar in Gegenden, welche derzeit gar nicht, oder doch nur zum Theil Grenzgebiete waren, Markomannen als abgeschlossene Völkerschaft, dass unbedingt angenommen werden muss, durch besondere Verhältnisse sei unter jenem Namen ein Theil der Sueben allmählich zu einer besonderen Volksthümlichheit gelangt.

---

1) Tac. Germ. 41.   2) Vgl. Helm. chron. Slavor. I, 66 u. 67 ed. Lappenberg u. Weiland.

7 *

Einst sassen die Markomannen im Westen. Da Hercynien
überwiegend unbewohnt, können sie nur, doch wol mit loser,
nicht geschlossener Ausdehnung weiter gen Süden, etwa am
Main, die Grenzwacht der Sueben gehabt haben. Ein feindlicher Zusammenstoss mit den Römern wäre von hier aus durch
Ueberschreitung des Rheins oder durch Angriff auf das alte
Ubierland, von dem die Markomannen aber vermuthlich durch
Chatten getrennt waren, möglich gewesen. Doch wird das
Volk schwerlich ein sehr kriegerisches gewesen sein: nach
keiner Seite hin hat es feindlich gesinnte Nachbarn gehabt,
und nur im Kriege oder gewiss durch gerechte Abwehr entsteht Lust am Kriege. Wirklich bestanden wol gute Beziehungen zu Rom. Wir hören, dass ein markomannischer Jüngling von edlem Geschlecht [1]) nach Rom gegangen. Vielleicht
trat Marobod da ein in jene germanische Reiterschaar, die nach
den suebischen Batavern genannt. Er erregte die Aufmerksamkeit des Augustus, der, so wird berichtet, ihn begünstigte [2]).
Er lernte auch, die Folge sollte es zeigen, neben einem geordneten Kriegswesen, hier kluge Erwägung politischer Verhältnisse kennen. Endlich kehrte er zu seinem Volke zurück.

Das nun wird um die Zeit gewesen sein, als Drusus,
wahrscheinlich bei seinem letzten Zug gegen germanische Völkerschaften, auf die Markomannen stiess. Er habe gesiegt, so
wird uns berichtet, und zum Zeichen dessen mit der gemachten
Beute eine Trophäe errichtet [3]). Dann ging er wieder zurück,
oder zog gen Norden.

Die Markomannen werden vielleicht nie Feinde in ihrem
Lande gesehen haben. Sie bebauten wol, indem sie die überzählige Mannschaft nach dem Süden entsandten, seit unvordenklichen Zeiten den Acker der Väter. Jetzt wird derselbe
verwüstet, die erwartete Erndte vernichtet sein. Die Wirthschaft des Volkes musste dadurch schweren Prüfungen ent-
gegengeführt werden. Das Klima giebt in diesen Gegenden
durch keine zweite Frucht Ersatz, wenn die erste, und damit
der Vorrath des Winters zerstört.

---

1) Vell. II, 108.   2) Vgl. Strabo VII, 1; 3.   3) Flor. IV, 12.

Da nun, in der Noth, mag der in der Fremde zur Entwicklung gekommene Blick des Marobod, den Stammesgenossen einen Ausgang aus dem Uebel gewiesen haben. Gewiss nicht ohne erfüllt zu sein mit ehrgeizigem Streben nach Macht und Ansehn und Herrschaft, wusste er sich die Führerschaft seines Volkes zu verschaffen. Es lag darin wol schon, denn sonst litten diese Germanen die Herrschaft eines Einzelnen nicht, der bestimmte Wille, sich kriegerisch zu erheben, gewiss auch: sich, allenfalls mit Waffengewalt, anderswo neue Sitze zu erwerben. Das aber sollte, auf gewiss gern gehörtes Anrathen des Marobod, weit weg von den Römern geschehen, damit, wir brauchen es nicht zu bezweifeln, durch deren ungerechten Anfall nicht abermals die von dem Boden der Väter gespendete Frucht von Mühe und Arbeit durch Feuer und Schwert vernichtet würde. Dem Volke war aber nur Hercynien offen: ein Land, das in ihrer Nähe für besonders unwirthlich gehalten zu sein scheint [1]. Auch aus dem Grunde wird dann beschlossen sein, weiter gen Osten zu ziehen. Da lagen „Fluren in dem Hercynischen Wald" [2]. Sie waren einst von den keltischen Bojen bebaut gewesen; und auch jetzt hatte wol noch ein schwacher Rest derselben [3] sie in Besitz. Sie lagen in dem von Bergen umkrönten alten Lande der Bojen, das noch bis heute deren Namen trägt; und auch südlich von Böhmen, bis zur Donau hin werden sich die Markomannen niedergelassen haben.

So brachen nun die Markomannen unter Marobods Führung auf. Manche andere, vielleicht aus fast allen suebischen Stämmen haben sich angeschlossen [4]. Dürfen wir nämlich aus jüngeren Verbindungen des merkwürdigen Mannes auf

---

1) Sonst hätte hier später nicht eine Bevölkerung sein können, von der Tac. Germ. 29 mit so augenscheinlicher Missachtung sprach. 2) Vell. II, 108: incinctos in Hercynia silva campos. 3) Tac. Germ. 42: ipsa etiam sedes, pulsis olim Bojis, virtute parta. Ein schwacher Theil kann es nur noch gewesen sein: sonst müssten wir uns für frühere Zeiten, da seit lange eine starke Auswanderung stattgefunden, eine übergrosse Volkszahl denken. Auch ist nicht anzunehmen, dass zahlreiche Bojen durch die Markomannen vertrieben, ohne dass uns überliefert, wohin sie sich gewandt. 4) Strabo VII, 1, 3.

frühere Zeiten schliessen, so liegt die Vermuthung nahe, dass der Zug, wie vielleicht einst schon der des Ariovist, als eine Angelegenheit des gesammten suebischen Stammes aufgefasst wurde.

Das neue Land wird vermuthlich ohne langjährige Kämpfe occupiert sein. Der Rest der Bojen musste sich wol bald unterwerfen, oder sie erlitten nun auch das Schicksal ihres Stammes: zersplittert und aufgerieben trugen auch sie wol dessen Namen nach allen Seiten hin, ohne irgendwo die erkennbaren Elemente neuer Bildungen zu werden. Sie fanden wol grösstentheils in den römischen Provinzen der Nachbarschaft, die gerade von Einwohnern sehr entblösst waren, eine vielleicht nicht ganz ungern gewährte Aufnahme.

Die Markomannen haben sich alsdann aber in ihren neuen Sitzen nicht nur dem friedlichen Ackerbau hingegeben. Es machte sich auch hier, wie so oft, geltend, dass ein Volk, wenn es sich einmal kriegerisch erhoben, und gar rasche, glänzende Erfolge erreicht hat, die Waffen nicht leicht und schnell wieder aus der Hand legt. Solches wäre auch gegen das Interesse Marobods gewesen: eben weil seine Germanen nur im Kriegszustand die Herrschaft eines Einzelnen litten. Doch auch die äussere Lage musste dazu auffordern, gerüstet zu bleiben. Noch war das benachbarte Pannonien keineswegs beruhigt: für die bedrängten Einwohner konnte der Gedanke nahe liegen, ihrerseits nach Bojohemum überzusiedeln. Dann aber waren insbesondere auch die Waffen der Römer, denen die Markomannen sich entziehen wollten, auch ihren neuen Sitzen nahe. Für die Heere, welche über den Rhein bis zur Elbe vordrangen, mussten Donau und Waldgebirge leicht überwindbare Hemmnisse sein. Auch lässt ein gerade hier besonders kundiger Zeitgenosse die römischen Provinzen Noricum und Pannonien unmittelbar an das Gebiet des Marobod stossen [1]). Auch ist es endlich mit Gewissheit anzunehmen, dass die germanischen Stämme, welche in der Nähe des alten Keltenlandes sassen, und nicht zu den Sueben gehörten, die Occupation des Landes ungern gesehen haben werden, sich vielleicht anschickten, bei

---

1) Vell. II, 109.

erster Gelegenheit das für sie so günstig gelegene Gebiet sich zu erwerben.

Gründe genug, um zu erklären, was uns berichtet wird. „Marobod brachte sein Heer auf 70,000 Mann zu Fuss und 4000 Reiter", erzählt jener Zeitgenosse. Die Nachricht wird beglaubigt durch die überwiegende Stärke der Infanterie: sie entspricht suebischer Art. Doch würde es freilich verkehrt sein, wenn wir uns dieses Heer, obwol ihm eine „fast römische Mannszucht" nachgerühmt wird, als ein nach Art der Legionen fest geschlossenes denken wollten. Die wirthschaftlichen Verhältnisse liessen solches nicht zu. Sie gestatteten nur die kräftige Mannschaft des Volkes fleissig in den Waffen zu üben: und ihre Zahl wird dann auch in der angegebenen Heeresstärke zu erkennen sein. Nur eine Leibwache, die Marobod gehalten haben soll, mochte immer verwendbar sein. Bei der Theilung des Landes erhielt der geschickte Führer gewiss ein mehr als gewönliches Ackermass: das gab ihm die Mittel jene erlesene Kriegerschaar um sich zu sammeln und zu erhalten. Sie musste sein Ansehn erhöhen, seine Stellung erleichtern.

Die politische Geschichte beglaubigt, wenn weiter von Marobod erzählt wird, er habe eine vorsichtige Politik gehandhabt. Die Römer habe er nicht zum Kriege gereizt: aber sie, besonders in dem Verkehr der Gesandten auch merken lassen, dass er sich seiner Macht bewusst sei. Nur dadurch gebraucht er diese selbst gegen Rom: und er verstärkt sie in dieser Hinsicht, indem er seine Herrschaft über weitere Sueben ausdehnte.

Das ist, so wird uns weiter berichtet, zum Theil durch Krieg, zum Theil aber unter Bedingungen geschehen, die doch auf Verhandlungen friedlicher Art hinleiten mussten. Es ist glaublich, dass letztere entschieden überwogen haben. Die Ereignisse aus der politischen Geschichte, welche uns bekannt[1]), weisen aus, dass suebische Völkerschaften zu Marobods Reich gehörten, die weit von Böhmen entfernt, sogar hoch oben im Norden sassen, und denen zum Theil, wie den Semnonen und Langobarden, ganz besondere Tüchtigkeit nachgerühmt wird.

1) Tac. II, 45 ff.; vgl. Strabo a. a. O.

Da ist nun aber gewiss anzunehmen, dass sie sich freiwillig
dem ausserordentlichen Manne angeschlossen: Marobod hätte,
zumal wenig Jahre nach der Occupation des Bojenlandes, sicher
nicht daran denken können, seines Schwertes Schneide in weit
entfernte Gegenden zu tragen, um Stammesgenossen, vor denen
selbst die Römer umkehrten, zu unterwerfen. Eine alte Verbindung der Sueben, die auch sonst noch in einzelnen Momenten hervortritt, und die in anderem Zusammenhang zu
betrachten ist [1]), hat zweifelsohne bewirkt, dass sogar die
mächtigsten Völkerschaften derselben sich dem Marobod, vielleicht gar schon als er mit seinen Markomannen aufbrach,
anschlossen, und ihm einen gewissen Einfluss auf die Leitung
von Angelegenheiten einräumten, durch welche sie mit betroffen wurden.

Gestützt dann auf solche Verbindungen, mag Marobod darauf
mehrere Völkerschaften in seiner Nähe, die zu den Germanen,
nicht aber zu den Sueben gehörten, zur Unterwerfung gezwungen haben.

Es ist eine Folge von dem nur geringen Vordringen der
Römer in das Land der Sueben, und von der Sorge, die ihnen
einst die Herrschaft Marobods machte, dass wir über das Wesen
des letzteren nichts, über Entstehung und Umfang einiges erfahren. Von der grössten Bedeutung würde es sein, wenn
uns über ersteres mehr überliefert wäre. Denn viele dunkele
Ereignisse von unermesslicher weltgeschichtlicher Tragweite
würden vermuthlich in ein helles Licht gestellt werden, wenn
wir bestimmt wüssten, welcher Art des Marobod Gewalt über
die wichtigsten und grössten Suebenstämme gewesen.

Der Historiker kann sich nie der Muthmassungen enthalten, um spärliche Nachrichten in einen erklärenden Zusammenhang zu bringen. Die Wichtigkeit der Sache erfor-
dert, von ihnen an dieser Stelle einen besonders ausgiebigen
Gebrauch zu machen. Doch bleibt des Menschen Sinnen, da
er sich in ferne Zeiten zu versetzen hat, immer schwankend,
unsicher, mit Zweifeln behaftet.

---

1) S. unten.

VII.

Durch die Ereignisse des Jahres 8 v. Chr. schien Germanien den Römern so weit unterworfen zu sein, dass sie an die Einrichtung der neuen Provinz denken konnten. Sie werden jetzt vermuthlich über ihre eigne, unnöthige Sorge vor den Germanen triumphiert haben: während selbst der göttliche Julius Caesar Gallien erst nach langjährigen, harten Kämpfen besiegt, war Germanien nach wenigen, fast unblutigen Zügen, und doch auch wol mit Entfaltung einer verhältnissmässig nur geringen Truppenmacht, zur Unterwerfung gebracht.

Freilich wird man sich in Rom auch bereits gesagt haben, dass der Staat sich nicht mit den gewonnenen Grenzen begnügen könne. Wenn schon Kunde über die beginnende Herrschaft des Marbod an den Tiber gelangt, musste die Zerstörung derselben, und also auch wol die Ausdehnung des römischen Reiches über die zahlreichen suebischen Völkerschaften, als ein Ziel erscheinen, dessen Erreichung durch die Macht der Verhältnisse geboten sei. Und ebenso musste jeder Besonnene sich sagen: Aufstände, Versuche, das ungewohnte Joch wieder abzuschütteln, würden, wie in andern Provinzen, auch in Germanien nicht ausbleiben. Aber es werden sich derartige Befürchtungen von Jahr zu Jahr vermindert haben.

Schon im Jahr 7 v. Chr. wurde allerdings Tiberius durch Unruhen wiederum nach der neuen Provinz gerufen. Allein es war für ihn wenig zu thun, denn „es fiel eben doch nichts vor, das bemerkt zu werden verdiente" [1]). Dann zog sich dieser bedeutende Mann für mehrere Jahre ganz von den — Staatsgeschäften zurück. Auch das wäre wol kaum geschehen, wenn zu erwarten gewesen, dass der neue Besitz zwischen Rhein und Elbe bedroht werden und die Anwesenheit des tüchtigsten Feldherrn der Römer erfordern könnte. Jetzt erfahren wir nicht einmal, wer anstatt des Tiberius am Rhein *den* Oberbefehl übernommen.

Indessen hat sich die Herrschaft Marobods mehr und mehr *befestigt*: und es mag kein Zweifel sein, dass sie jetzt bereits

---

1) Dio LV, 8.

von dem römischen Donauufer aus genau beobachtet und über-
wacht wurde. Das aber war auch wol um so mehr erforderlich, weil hier der Grenzstrom noch einer planmässigen und
umfassenden Befestigung entbehrte, wie der Rhein sie doch
durch Drusus bereits erhalten. Allerdings sassen ja aber
auch in dem anstossenden Hercynien keine so festgeschlossenen
Stämme, wie am Rheinufer. Die Römer hatten hier nicht so
leicht Störungen ihrer neuen Provinz vom andern Ufer her
zu befürchten. Allein es war nun auch ihr nicht geringes
Interesse, diesen Zustand entweder aufrecht zu erhalten, oder ihn
nur mit ihrem Wissen und Wollen sich verändern zu lassen.

An Bewegungen bei den nördlich wohnenden Sueben hat es
gewiss auch in dieser Zeit nicht gefehlt. Das Aufgeben weiter
Sitze, wie durch den Fortzug der Markomannen geschehen,
konnte nicht ohne Einfluss auf die benachbarten Stämme sein.
Auch sie werden gesucht haben, sich weiter auszudehnen, oder,
den Markomannen gleich, neue Sitze zu erwerben. Und das
scheint der Grund eines Zusammenstosses mit den Römern
gewesen zu sein.

Kurz vor Christi Geburt befehligte L. Domitius Ahenobarbus an der Donau. Da hören wir nun, er habe den Hermunduren, die ihre Heimath verlassen, um sich anderswo anzusiedeln, einen Theil des verlassenen Markomannenlandes überwiesen. Wir dürfen daraus folgern, dass die Römer das letztere,
die untern Maingegenden, bereits für sich in Anspruch nahmen:
wie es freilich ja auch geboten war, wenn sie zur Behauptung
ihrer Nordprovinzen eine nächste, kurze Verbindung zwischen
Rätien und Germanien aufrecht erhalten wollten. Doch be-
anspruchten die Römer damit auch einen Theil des alten
Suebenlandes: vielleicht war es der erste Versuch, um sich
nun auch dieses zu unterwerfen. Stand ein Feldzug des Domitius mit der gleichen Absicht im Zusammenhang? Er sei, so
wird erzählt, weiter in Germanien eingedrungen, als irgend ein
anderer römischer Feldherr; die Elbe habe er überschritten und
mit dortigen Völkerschaften Freundschaftsverträge geschlossen.
Ihm wurden hierfür die Ehren des Triumphes zu theil [1]).

---

1) Tac. Ann. IV, 44. Dio LV, 10ᵃ, ed. Bekker p. 87. Sueton, Nero 4.

Die Nachrichten sind dunkel und unklar. Die Alten haben augenscheinlich auf sie nicht viel Werth gelegt. Vielleicht war das eine Folge von den geringen nachhaltigen Erfolgen, *die* durch des Domitius Züge erzielt. Von Dauer war wol nur die Occupation jenes Maingebietes, das aber nur aus militärischen Gründen Bedeutung für das Reich hatte.

Es ist wiederum nur Vermuthung, wenn ich annehme, dass Domitius, nachdem er den Oberbefehl an der Donau aufgegeben, den am Rhein, in der neuen Provinz Germanien, übernommen. Er hätte ohne diese Stellung wol nicht versuchen können, Cherusker, die aus ihrem Lande vertrieben, dorthin wieder zurückzuführen. Das sei ihm, so wird berichtet, aber missglückt. Er wurde dadurch vielleicht veranlasst, die Vertriebenen, die wol römischer gesinnt waren als die Römer selbst, anderswo, etwa *am* Rhein, unterzubringen [1]. Mit diesem Versuch, auf die innern Verhältnisse der Cherusker einzuwirken, hängt wol die *Anlage* von leichten, brückenartigen Verkehrsstrassen in einem sumpfigen Theil Westgermaniens zusammen, die auf den L. Domitius zurückgeführt wird [2].

Unsere lückenhafte Ueberlieferung erzählt weiter, dass, etwa im ersten Jahre unserer Zeitrechnung, der M. Vinicius, der uns schon einmal am Rhein begegnet ist, in Germanien befehligt habe. Ein „ungeheurer Krieg", der ausgebrochen, sei von ihm mit abwechselndem Glück in verschiedenen Gegenden geführt worden [3]. Vermuthlich galt es unruhige Bewegungen niederzuwerfen, die hier und da durch Widerstand gegen Massregeln der Römer hervorgerufen wurden. Auch mögen *sich* einzelne kleine Völkerschaften, deren Unterwerfung jetzt wol erst erstrebt, mit unerwartetem Nachdruck zur Wehre *gesetzt,* und dadurch gemahnt haben, dass der Besitz der neuen Provinz doch noch nicht so gesichert, als es nach den bis*hisherigen* Ereignissen scheinen mochte.

Diese Unruhen, die unbequeme Herrschaft des Marobod, gewiss auch der geringe Widerstand, den Domitius Ahenobarbus im Lande der Sueben gefunden, und nicht zum wenigsten die erfolgte Aussöhnung des Tiberius mit seinem Stief-

---

1) Dio a. a. O.   2) Tac. Ann. I, 63.   3) Vell. II, 104.

vater werden zusammen die Wiederaufnahme der alten Plane
bewirkt haben. Zweifelsohne waren, um Germanien zwischen
Rhein und Elbe vollens zur Provinz zu machen, noch mehrere
Völkerschaften daselbst in eine festere Abhängigkeit zu bringen: einzelne mussten überhaupt wol erst noch unterworfen
werden. Die Sache erforderte wol mehr Klugheit und Umsicht als grosse militärische Kraftentfaltung. Allein eine solche
musste doch auch von Anfang an zur Verfügung stehen, wenn
die Römer, — wie es kaum bezweifelt werden kann, — im
Anschluss an diese Unternehmungen nunmehr auch die Sueben
unterwarfen, vor allen Dingen das Reich des Marobod mit
Krieg überziehen wollten. Das nun war wol der Grund, wesshalb Tiberius, der zunächst um „Germanien zu beruhigen"
über den Rhein gesandt wurde [1]), im Jahr 4 n. Chr. mit einer
wol gar nicht geringen Kriegsmacht gegen die Germanen vorrückte. Unter ihm befehligte der Sentius Saturninus, der als
Statthalter der neuen Provinz [2]), wol Nachfolger des M. Vinicius, anzusehen ist. Er wird als ein Mann gerühmt, der grosse
Umsicht und Energie mit alter Einfachheit und Rechtschaffen-
heit verbunden.

Wir besitzen den Bericht eines Augenzeugen über die
damaligen Thaten des Tiberius: doch ist aus ihm leider wenig
zu entnehmen, da er mehr die Lobpreisung des Feldherrn als
die Darstellung der Begebenheiten bezweckte. Wir dürfen
daher auch sein Wort nicht pressen. So viel ergiebt sich:
Tiberius begann seinen Zug wiederum von der Insel der Bataver aus, drang dann zuerst nördlich, darauf gen Osten, vermuthlich bis an die Grenze zwischen Cheruskern und Sueben
vor. Als Völkerschaften, die er unterworfen, werden Canninc-
faten und Attuarier sowie Bructerer genannt. Die beiden
ersteren müssen wir den Batavern zuzählen: und so bleibt kaum
eine andere Annahme, als dass der Feldherr unruhige Bewegungen, die bei ihnen vielleicht durch Aushebung hervorgerufen,
unterdrückt hat. Auch in Betreff der Bructerer sind Zweifel

---

1) Suet. Tib. 16: delegatur pacandae Germaniae status.   2) In
Verbindung mit Vell. II, 105, vgl. 109, darf das wol aus Dio LV, 28:
Γάϊος Σέντιος τῆς Γερμανίας ἄρχων, geschlossen werden.

nicht abzuweisen. Tiberius kann das Volk in den alten Sitzen
an der Ems bis zur Lippe hin aufgesucht haben: vielleicht
waren durch ihn aber auch neue Uebergriffe derselben in
einem Theil des alten Sigambrerlandes, der ihnen überlassen,
abzuweisen. Dann erreichte Tiberius die Cherusker und nahm
sie wiederum in Treue an. Er drang in ihrem Lande bis
über die Weser vor, führte dann aber das Heer zurück und
liess es an der obern Lippe, während er selbst nach Rom eilte,
Winterquartiere beziehen [1]).
    Dieser Feldzug des Jahres 4 n. Chr. sollte wol nur den
des folgenden Jahres vorbereiten, in dem dann das nächste
Ziel der Eroberungen in diesem Theil Germaniens, die Vor-
schiebung der römischen Grenzen bis zur Elbe, zu erreichen
war. Allerdings hatte Drusus ja bereits den fernen Fluss erreicht: und jene Angabe römischer Annalen [2]) besagt auch,
dass alle Germanen zwischen Rhein und Elbe sich dem Tiberius unterworfen. Allein nicht nur die entfernte Lage des
Landes, sondern auch dessen politische Verhältnisse erklären,
wesshalb sich daselbst die Herrschaft der Römer schwieriger
als bei den andern Völkerschaften des bezeichneten Landstriches festsetzen konnte. Daher dürfen jene Worte auch
nicht zu genau genommen werden: sie entsprechen, wie die
Folge zeigt, dem nicht, was bisher erreicht wurde.
    Zweierlei Rücksichten sind zu erkennen, die Augustus
bewogen, den Eroberungskrieg in Germanien nicht sofort nach
der Unterwerfung der Sigambrer mit aller Macht fortsetzen
zu lassen. Zunächst wurde ihm, durch das Zerwürfniss mit
dem Tiberius der tüchtigste Feldherr entzogen. Dann aber
hatten die Römer, was sie wol erst in Germanien einsahen,
ihre Herrschaft durch die Unterwerfung der Cherusker bis
zu den Grenzen der Volksthümlichkeit vorgerückt, die sie am
Rhein zuerst angegriffen, und alsdann in jahrelangen Feldzügen
vorzugsweise heimgesucht. Nach den letzten Erfolgen des
Drusus sass von den Völkerstämmen, die sich den Römern

---

1) Vell. II, 105; Dio LV, 13 u. 28, wo aber augenscheinlich die
beiden Feldzüge irrthümlich zu einem verschmolzen sind.   2) S. oben
S. 96 Nr. 1.

unterworfen, nur noch ein Theil der Friesen ausserhalb ihres
Machtbereichs. Mit ihrer Bezwingung konnte man zögern:
sie können schon damals in nur noch loser Verbindung mit
ihren westlichen Stammesgenossen gestanden haben. Neben
der Entfremdung des Tiberius kam somit für Augustus gewiss
auch dieser ethnographische Grund in Betracht, um mit den
Unternehmungen einstweilen halt zu machen.

Als dann Tiberius aber von Rhodus nach Rom zurück-
kam, lag die Sache ganz wesentlich anders. Das Reich des
Marobod hatte sich gebildet: und es ist gewiss schon für diese
Zeit anzunehmen, dass zu demselben die suebischen Völkerschaften bis hoch im Norden, bis in unmittelbarer Nähe der
den Römern unterworfenen ·Cherusker gehörten. Lag darin
nun aber für den Besitz der neuen Provinz eine grosse Gefahr,
so steigerte sich die noch durch eine gewisse Verbindung
zwischen Sueben und Nichtsueben, die wenig Jahre darauf
zu Tage tritt, und doch schon früher angeknüpft sein muss.
Beide Volksstämme werden in der ältesten Geschichte fast
nur als Feinde genannt: allein nach der Besiegung des Varus
treten Beziehungen hervor, die deutlich erkennen lassen, dass
ein Bewusstsein der Gemeinsamkeit der Interessen Rom gegenüber erwacht war. Aber selbst wenn auch diese Verbindung
im Jahr 4 n. Chr. noch nicht angeknüpft gewesen: sie war
zu natürlich, um in der Politik des Augustus übersehen zu
werden. Er musste, wenn die Provinz zwischen Rhein und
Elbe behauptet werden sollte, das Reich des Marobod zerstören.

Nicht ohne Einfluss auf die politischen Erwägungen wird
aber auch der Zug des Domitius Ahenobarbus gewesen sein.
Man hatte sich den Germanen überhaupt mit grosser Vorsicht
genähert, und war erst sehr allmählich in das unbekannte Land
weiter vorgerückt. Dabei waren denn die Germanen viel
weniger gefährlich befunden als bisher, noch immer unter
der Nachwirkung des Cimbernschreckens, angenommen. Doch
hatten die Römer die Sueben, welche schon nach Caesar die
wildesten und mächtigsten von allen Germanen waren, bis
dahin nur selten, und dann auch ohne nachhaltigen Plan angegriffen. Aus jenem Zusammenstoss des Drusus mit den
Markomannen, aus gelegentlichen Berührungen mit den Chatten,

die sich überdies schon von den andern Sueben mehr getrennt, vielleicht auch im Norden mit Langobarden, konnten die Römer das weit ausgedehnte, mächtige Volk nicht genügend kennen lernen, um seine Kriegstüchtigkeit zu erproben. Da nun aber war Domitius bis tief in das Suebenland eingedrungen, ohne wesentlichen Widerstand zu finden. Es durfte, nach dieser Erfahrung, angenommen werden, dass auch die Unterwerfung der Sueben nicht mehr Schwierigkeit als die der andern machen würde. Und das wird den Beginn des Krieges gegen sie, dessen Hauptschwierigkeit sodann die Besiegung des Marobod sein musste, beschleunigt haben.

Doch ist die Vorsicht, welche Augustus in den Unternehmungen gegen die Germanen walten liess, auch jetzt nicht ausser Acht gesetzt. Die Alten haben stets, und hatten gewiss zu jener Zeit nur ganz dunkele und unklare Vorstellungen über Völker und Länder östlich von der Elbe. Sicher war es darin begründet, dass Augustus seinem Feldherrn bestimmt untersagte, diesen Fluss zu überschreiten[1]). Eine vorsichtige und kluge Politik liess augenscheinlich den Entschluss fassen, erst nach der Besiegung des Marobod zu versuchen, ob die römischen Grenzen noch weiter als bis zur Elbe vorgeschoben werden könnten.

Der Feldzug des Jahrs 4 n. Chr. hat augenscheinlich den Zweck gehabt, die römische Herrschaft bei den früher schon unterworfenen Völkerschaften zwischen Rhein und Elbe zu befestigen. Der des folgenden Jahres, für welchen grosse Zurüstungen gemacht, sollte, wenn unsere Auffassung nicht irre geht, die neue Provinz sichern, indem sie bis zur Elbe ausgedehnt wurde.

Frühzeitig traf Tiberius wieder bei dem Heere ein. Er führte alsdann dasselbe, zweifelsohne an dem rechten Weserufer entlang, gen Norden. Es galt hier zunächst die Unterwerfung des grossen friesischen Stammes der Chauken zu vollenden, und dadurch die römische Herrschaft auch an den Gestaden zwischen Weser und Elbe fest zu begründen. Der

---

1) Strabo VII, 1, 4. Bestätigt durch den Feldzug des Tiberius im Jahr 5 n. Chr.

Angriff, den wol bereits eine ansehnliche Flotte unterstützte, wurde durch Sümpfe und Wälder erschwert, mit denen das Land bedeckt war. Auch scheint sich die junge streitbare Mannschaft des Volkes zur Wehr gesetzt zu haben. Doch wurde sie leicht, wol nur durch geschickte Märsche überwunden und alsdann das ganze Land, und damit der Rest des chaukischen Stammes der Friesen zur Unterwerfung gebracht.

Von verschiedenen Seiten war nun das Gebiet der Longobarden zugängig. Sie gehörten zu dem grossen suebischen Stamm, und vermuthlich schon damals, eben durch den Zusammenhang der Sueben unter einander, zu dem Reiche des Marobod. Doch mochte, weil dieser nur locker gefügt sein konnte, ein Angriff auf die Longobarden von den Germanen noch nicht als eine offene, entschiedene Feindschaft gegen den markomannischen König aufgefasst werden. Die Römer aber werden die Sache anders angesehen, und schon in Verbindung mit den Planen gebracht haben, die sie im folgenden Jahre enthüllten.

Auch die Langobarden wurden, sie aber, wie es scheint, nicht ohne ernsten Kampf, von dem Tiberius bezwungen. Er erreichte damit die Elbe: das von Augustus für diese Unternehmungen gesteckte Ziel.

Der siegreiche Feldherr ist dann aber nicht, wie es einst sein Bruder gethan, nach kurzem Aufenthalt wieder umgekehrt, vielmehr ist anzunehmen, dass er hier im hohen Norden Germaniens inmitten seines Heeres einige Zeit verbracht hat. Alle Kunde über die nordeuropäischen Völker ist den Römern durch Krieg geworden [1]): und so wird denn auch Tiberius den Feldzug dieses Jahres, wenn er ihn auch nicht in das Land jenseits des Flusses führte, benutzt haben, um sich und seinem Volke für künftige Unternehmungen Nachrichten über dasselbe zu verschaffen.

Gerade dieserhalb, nicht nur um den Angriff auf die Chauken und allenfalls auch den auf die Langobarden zu unterstützen, wird auch die römische Flotte ausgelaufen sein. Sie schiffte

---

[1]) Cic. de prov. cons. 12, 13; in L. Pison. 33; Tac. Germ. 1; Dio XLIV, 42 u. a.

die Elbe hinauf und stiess hier zu dem Landheer des Tiberius, dessen Befehlen auch sie unterstellt war. Noch niemals war eine Flotte so weit in den germanischen Ocean gen Osten vorgedrungen [1]).

Dem Erscheinen und der Wirksamkeit der Seemacht hatten die Römer es wol zu danken, dass sie jetzt doch, obwol ihre Landmacht an der Elbe halt machte, hier im Norden grosse Erfolge aufweisen konnten. Auf die Völkerschaften an der rechten Seite des Flusses hat es vielleicht gerade einen besonders tiefen Eindruck gemacht, dass das Heer des mächtigen, ausserordentlichen Volkes, über welches sicher auch zu ihnen Kunde gedrungen, nicht zu ihnen, wie es doch mit Hülfe der Flotte leicht hätte geschehen können, hinüber gedrungen. Es ist gar nicht unglaublich, was ein Augenzeuge erzählt, dass vom jenseitigen Ufer ein Häuptling über den Fluss gesetzt und den Tiberius ehrfurchtsvoll als Gottheit begrüsst habe. Die Völkerschaften wollten sich, denn ihre Schaaren standen gewaffnet am rechten Elbufer, sicher dem Flussübergang entgegensetzen: allein anstatt dessen sandten sie, gewiss den Krieg der Mächtigen scheuend, friedliche Gesandtschaften und baten um die Freundschaft des römischen Volkes.

In dem letzten Jahre seines Lebens hat Augustus einen kurzen Bericht über die wichtigsten Ereignisse seiner Regierung in Erz graben lassen. Manch' siegreicher Kampf, von dem wir sonst noch Kunde haben, ist darin übergangen: aber jene Gesandtschaften sind, zum ewigen Wahrzeichen der Wichtigkeit, die ihnen von den Römern beigelegt wurde, in dem Bericht erwähnt. Auch einige der Völkerschaften werden genannt: die Semnonen, wenn auch nicht die mächtigsten, so doch die angesehensten der Sueben; die Charyden und vor allem die einst so gefürchteten Cimbern. Gerade das Land dieser wurde wol, indem sie nordwärts der Küste entlang segelte [2]), von der Flotte erreicht. Den Römern hätte es ver-

---

1) Vell. Paterc. II, 106: classis ... ab inaudito atque incognito ante mari flumine Albi subvecta. Cf. Res gest. divi Aug. 5; Plin. hist. nat. II, 67.
2) Res gest. d. A. (ed. Mommsen p. 72): Classi (qui praeerat meo jussu) ab ostio Rheni usque ad....m navigavit, quo neque terra neque mari

muthlich auch doppelt nahe liegen müssen, gerade die Cimbern mit Krieg heimzusuchen: galt es doch nicht allein Rache zu nehmen für die schwersten Niederlagen, welche Rom bis dahin von Barbaren erlitten, auch die Zugehörigkeit der Cimbern zu dem Stamm der Friesen, die, den Nachrichten der Alten zufolge, schwer abzuweisen sein wird [1]), musste ein Anlass sein, das Volk anzugreifen, wo möglich zu unterwerfen. Das wird auch schwerlich den Cimbern selbst entgangen sein. Wir hören, dass sie dem Augustus einen ihrer heiligsten Kessel als Ehrengeschenk gesandt und, neben Freundschaft, auch um Vergessen des Geschehenen gebeten [2]). Wol möglich, dass die Römer in die Botschaft der Barbaren mehr legten, als diese selbst beabsichtigten: denn nur eine dunkele unverstandene Kunde wird zu diesen Gestaden über die Thaten derselben gedrungen sein und sich erhalten haben, die vor vielen Menschenaltern durch die Feindschaft der Meeresfluthen aus der Heimath, gen Süden getrieben. Aber für Rom war es sicher ein grosser Triumph, dass nun die Furcht vor seinen Waffen bis zu diesen äussersten Feinden vorgedrungen und ihnen, deren Name einst die ewige Stadt bedroht, ehrfurchtsvolle Botschaft und Freundschaftsgesuch abgenöthigt. Vielleicht sah man darin, und derzeit nicht ohne gerechte Ursache, eine günstige Vorbedeutung für die demnächstige Unterwerfung aller Germanen.

In dem Einziehen von Nachrichten über die Sueben und in dem Empfang jener ehrenden Gesandtschaften ist wol der Haupterfolg von Tiberius' damaligem Zug gesetzt worden, wenn

---

quisquam Romanus ante id tempus adit, Cimbrique et Charydes et Semnones et ejusdem tractus alii Germanorum popu[li] per legatos amicitiam meam et populi Romani petierunt. Plin. hist. nat. II, 67: septentrionalis oceanus majore ex parte navigatus est auspiciis divi Augusti, Germaniam classe circumvecta ad Cimbrum promuntorium et inde immenso mari prospecto aut fama cognito Scythiam ad plagam et humore nimio rigentia. Letztere Stelle ergänzt die Lücke der Inschrift, wenn auch nicht dasselbe Wort dort gestanden haben kann; vgl. Mommsen a. a. O. 1) S. unten die Abschnitte über Cimbern und Friesen.   2) Strabo VII, 2. 1.

auch daneben wenigstens die Unterwerfung der Chauken zwischen Weser und Elbe von Dauer war. Die Bezwingung der wilden Langobarden erschien zwar als ehrenvoll: allein die Römer müssen eingesehen haben, dass an eine dauernde Abhängigkeit derselben, zumal ihre Sitze sich höchstwahrscheinlich bis auf das rechte Elbufer erstreckten, nicht vor einem mit Erfolg gekrönten Feldzug gegen die Sueben im allgemeinen, insbesondere vor einer Zerstörung des Reiches von Marobod gedacht werden könne. Daher werden sie auch schwerlich Anstalten getroffen haben, um schon jetzt ihre Herrschaft bei diesem suebischen Volksstamm zu befestigen: woraus sich erklärt, dass die Langobarden dem jüngern Aufstand gegen die Römer fern standen und dann auch nicht mit feindseliger Vergeltung von denen überzogen wurden.

Insbesondere dieser Schwierigkeit gegenüber, die sich bei der Unterwerfung der Langobarden zeigte, hatte Vellejus Paterculus gar nicht so unrecht, wenn er die Erzählung des Kriegszuges, dessen Augenzeuge er gewesen, und über den auch er sonst vielleicht wie andere denken mochte [1]): es sei nichts von nachhaltiger Bedeutung ausgerichtet, mit den überschwenglichen Worten abschloss: „Nichts war mehr in Germanien, was besiegt werden konnte, mit Ausnahme des Volkes der Markomannen, welches einst unter der Führung des Marobod aus seinen alten Sitzen ausgezogen war und nun tief in Hercynien wohnte". Es ist eben, wenn Vellejus' Worte dafür auch nicht ausreichen, zu berücksichtigen, dass ein Angriff auf die Markomannen jetzt nicht weniger bedeutete als ein Krieg mit allen Völkerschaften, die an beiden Seiten der Elbe wohnten, und sich gen Osten zu in Gegenden erstreckten, deren Namen, Bodengestaltung und Ausdehnung noch völlig unbekannt waren. Ob Vellejus, der nach seiner Schrift als ein geistreicher, formgewandter Mann, aber wahrlich nicht als ein mit Scharfblick ausgestatteter Beobachter erscheint, obiges erkannt, muss billig bezweifelt werden. Tiberius aber, mit seltener Klarheit in der Auffassung der militärischen und politischen Verhältnisse begabt, hat sehr wol die Grösse und Gefahr des Unter-

---

1) Dio LV, 28.

nehmens erkannt, das nun, seitdem es sorgsam vorbereitet, ins Werk gesetzt werden sollte, um Germanien völlig zu unterjochen. Es war eben ein Krieg „gegen die Sueben und Marobod" [1]). Es galt, indem gleichzeitig eine grosse Eroberung zu bewerkstelligen war, eine Macht zu zerstören, über die der vorsichtige und wortkarge Mann noch in spätern Jahren sagte: „Den Athenern ist nicht der Philippus, den Römern weder Pyrrus noch Antiochus so furchtbar gewesen als es der Maroboduus war" [2]).

Die Zurüstungen zum Kriege bestätigen das Urtheil.

Die Feldzüge der beiden Vorjahre sollten sicher dienen, um den Römern den Rücken bei der Ausführung des gefährlichen Unternehmens zu decken. Dieser Zweck schien dann aber so glücklich erreicht zu sein, dass man glaubte, den gewiss ansehnlichsten Theil der Truppen, die im Lande der westlichen Germanen standen, daselbst entbehren und sie mit andern gegen den Marobod verwenden zu können. Sie sollten durch Sentius Saturninus, also den Mann geführt werden, der mit den Verhältnissen jener Germanen wol am meisten vertraut war, und gewiss am wenigsten zu entbehren gewesen wäre, wenn Unruhen daselbst ausgebrochen. Sentius erhielt den Auftrag seine Legionen durch das Gebiet der Chatten, die sich schon damals von den andern Sueben stark abgezweigt, gen Böhmen zu führen. Es war vorauszusehen, dass er sich an manchen Stellen selbst erst einen Weg durch die Waldungen ebnen müsse: doch werden diese Arbeiten gleich mit der Rücksicht unternommen sein, dass durch ihr Ergebniss künftighin das neu unterworfene Land leichter in Abhängigkeit erhalten werden könne. Während nun so der Sentius von Norden vorrückte, sammelte sich unter der eignen Führung des Tiberius auch im Süden ein beträchtliches Heer. Es wurde hauptsächlich durch die Truppen gebildet, welche bis dahin in Dalmatien und Pannonien standen: Valerius Messalinus, der Statthalter dieser Lande, führte sie selbst heran [3]). Tiberius gedachte mit diesem Theil des Heeres von Carnuntum an

---

1) Tac. Ann. II, 26.   2) Tac. Ann. II, 63 nach einer ihm vorliegenden Rede des Tiberius.   3) Dio LV, 29; vgl. Vell. II, 110.

der Donau aus augenscheinlich zunächst die March aufwärts,
dann gegen Nordwesten zu marschieren, um so, nach Ver-
einigung mit Sentius, die Macht Marobods, die sich in Böhmen,
wo ihr Hauptsitz war, und das als natürliche Bergfeste am
meisten Schutz bot, durch einen starken Schlag zu erdrücken.
Für alle Fälle waren jedoch auch schon Winterquartiere an
der Donau vorbereitet: der Krieg konnte sich aber, trotz der
grossen Vorbereitungen, sehr in die Länge ziehen.

Im Frühling des Jahrs 6 n. Chr. standen zwölf Legionen[1])
gegen den Marobod im Felde. Es war, mit den erforderlichen
Hülfstruppen, eine Macht von nahe an anderthalbhunderttausend
Mann. Es war ein Heer fast viermal so stark als dasjenige,
mit dem Caesar die Unterwerfung Galliens begonnen. Es war
ein grösseres Heer, als, nach geschichtlicher Ueberlieferung,
zu irgend einem andern Angriffskrieg von den Römern aufgebracht wurde.

Der Feldzug wird durch Sentius begonnen sein. Er war
bereits bis auf fünf Tagemärsche von dem Feinde vorgerückt,
und eine gleiche Entfernung trennte auch nur noch die Truppen
des Tiberius von demselben: als, indem sich somit binnen
wenig Tagen die entscheidende Verbindung der beiden Heere
vollziehen sollte, die Schreckenskunde erscholl: ganz Pannonien
und Dalmatien seien in hellem Aufstand gegen die römische
Herrschaft. Mit einem Schlage war die Sachlage durchaus
verändert. Der neuen, so nahen Gefahr gegenüber durfte,
zumal die Verbindung mit Italien bedroht war, nicht ein Krieg
begonnen werden, für den in tiefster Friedenszeit schon umfassendere Rüstungen geboten erschienen als je für einen früheren. Da musste dann, um mit Vellejus Paterculus zu sprechen, das Glorreiche dem Nothwendigen hintangesetzt werden,
und die Römer mochten, um nur die Verbindung des gefürchteten Suebenkönigs mit ihren aufständigen Unterthanen
zu verhüten, noch froh sein, dass sie mit ihm, der gern
zu Verhandlungen bereit sein mochte[2]), „unter billigen Be-

---

1) Tac. II, 46 beglaubigt die unbestimmten Angaben von Vellejus.
2) Darauf geht wol Tac. Ann. II, 45: et mox per dona et legationes
petivisse foedus.

dingungen"[1]) einen Frieden schliessen konnten, der ihnen gestattete anderswo einen freien Gebrauch von ihren Legionen zu machen.

Roms Politik war jetzt bereits eine weit umfassende: sie hatte mit den Verhältnissen von Ländern, Völkern und Gebieten zu rechnen, die bis dahin kaum dem Namen nach bekannt waren. Aber ebenso wirkten nun auch durch die Beziehungen zu den Römern diese Völker und Länder selbst auf einander ein. So erheischte es ein den unterworfenen Barbaren unbewusster, aber in der Natur der Dinge begründeter Zusammenhang der Verhältnisse.

Die Sueben hatten es den Dalmatiern und Pannoniern zu danken, dass ihnen ein Krieg erspart blieb, der nicht nur ihre Gefilde verwüstet, das Glück des Volkes für lange Zeit gestört, der vielmehr auch ihre nationale Selbständigkeit, und damit die aller Germanen mit der Vernichtung bedroht hätte, welche an die Stelle der Eigenthümlichkeiten der Völker des Alterthums die Gleichheit römischer Anschauung, Sprache und Sitte stellte. Und mehr noch: der Aufstand der fernen, unbekannten Bergvölker gestattete auch den Germanen zwischen Rhein und Elbe, das römische Joch, das bereits fest auf ihrem Nacken sass, in ruhmreichem Kampfe abzuschütteln.

VIII.

Politische Verhältnisse führten die Römer zur Eroberung fremder Länder. Ihrem Staat wurden dadurch unermessliche Vortheile, ihrer Politik aber auch schwierige Aufgaben zugewiesen. Beides war unzertrennlich mit einander verknüpft. Die finanzielle Ausnutzung, die bald in den Vordergrund trat, ja als Zweck des Besitzes erscheint und selbst wol die Bezeichnung „Provinzen" aufbrachte, konnte nur durch die gleichen Massregeln geordnet und gesichert werden, welche für die dauernde Abhängigkeit erforderlich waren. So wurde denn die gesammte Verwaltung und Rechtspflege auf den engsten Anschluss an Rom gerichtet. Dessen Institutionen, dessen Rechte,

---

1) Tac. II, 46.

dessen Sitte wurde Eingang in die Provinzen verschafft: und Heer und Verfassung, Gericht, Abgaben, oft auch directe Ansiedlungen mussten dienen, um die vorgefundene Volksthümlichkeit zu Gunsten der römischen zu vernichten oder zu verdrängen.

Zunächst freilich galt es stets das neu erworbene Land zugängig zu machen und zu erhalten. Daher der Jahrhunderte lang sorgsam gepflegte Strassenbau. Nicht commercielle, nicht volkswirthschaftliche Rücksichten sind für ihn entscheidend gewesen: es wurden eben „Militärstrassen" gebaut. So war es überall: so war es besonders in Germanien, das den Römern gewiss nicht nur der Wälder und Sümpfe wegen, sondern auch weil der ausschliessliche Betrieb der Landwirthschft bisher keine grössere Strassen erforderte, mit Recht für besonders unwegsam galt. Schon Drusus hatte Wasser- und Landstrassen angelegt: ja die Unterwerfung Germaniens war von ihm damit begonnen. Andere sind seinem Beispiel gefolgt: von Domitius Ahenobarbus wird es bestimmt überliefert. Die rasche Reise des Tiberius zu dem erkrankten Bruder ist wol nur durch Benutzung einer von den Römern schon damals angelegten Strasse zu erklären. In dem Maasse dachte sich sogar ein Zeitgenosse die Anlage directer Wege zwischen Rhein und Elbe während der römischen Herrschaft vorgeschritten, dass er die Benutzung von Umwegen, wie sie bereits wieder erforderlich war, als eine Folge der Niederlagen ansah, welche zur Aufgabe des Landes genöthigt [1]).

Nur durch den systematischen Strassenbau, durch den einzelne Castelle erst einen höheren Werth erhielten, konnten die Römer hoffen, Germanien für die nächste Folge in Unterwerfung zu halten. Allmählich sollte dann zweifelsohne auch hier die eingetretene Romanisirung die Abhängigkeit erleichtern. Auf sie waren stets alle administrativen Massregeln gerichtet: soweit die finanzielle Ausnutzung nicht andere Rücksichten gebot. Die letztere bezeichnete recht eigentlich die vollendete Unterwerfung. Haben die Römer aber zu ihr bereits in der neuen Provinz Germanien vorschreiten können?

---

[1] So ist offenbar der Schlusssatz von Strabo VII, 1, 4 aufzufassen. —

Directe Gelderhebungen, wie anderwärts, waren den Römern schon verwehrt, weil die Germanen kein Geld hatten,
und, bei ihrer gesammten Wirthschaft, auch dessen Werth nicht
zu beurtheilen vermochten. Nur in Naturalien hätte hier, wie
es auch in andern Provinzen geschah, ein Tribut von den
Unterworfenen erhoben werden können. Doch wäre solches
bei den Germanen mit besonderen Schwierigkeiten verbunden
gewesen: eine jede Abgabe von dem Acker liess den Eigen-
thümer als Unfreien nach der Auffassung des Volkes erscheinen,
und so wäre die Auferlegung eines den Fremden zu zahlenden
Tributs gewiss von den Freien Germaniens als der ärgste Angriff auf ihre persönliche Ehre, ihren Stand, ihre Freiheit, als
eine Minderung, ja in gewissem Sinn als eine Vernichtung
ihres persönlichen Werthes erschienen.

Den Römern ist dieses keineswegs entgangen. Sie haben
daher, obwol bei denen ihre Sitte und Anschauungsweise nicht
ohne Einfluss geblieben, selbst den Batavern und Mattiaken
keine Steuern auferlegt; und auch in Betreff der Ubier und
der andern germanischen Völkerschaften, die Jahrhunderte lang
unter der Herrschaft der Römer blieben, darf ein Geiches angenommen werden [1]). Uns ist überhaupt nur von den Friesen
überliefert, dass sie den Römern gesteuert. „Drusus legte
ihnen einen, ihrer beschränkten Lage angemessenen nur geringen Tribut auf: sie sollten zum Bedarf der Soldaten Rinds-
felle liefern" [2]). Ob dieses ein erster Versuch war, Germanen
an Zahlung von Tribut zu gewöhnen, oder ob die besonderen
wirthschaftlichen und socialen Verhältnisse der Friesen eine
solche Auflage gestatteten, muss dahingestellt bleiben: sicher
aber darf angenommen werden, dass die Römer die kurze Zeit
ihrer Herrschaft über die andern nichtsuebischen Völkerschaften
zwischen Rhein und Elbe nicht benutzt haben, um dieselben
tributpflichtig zu machen. Solches müsste in unserer geschichtlichen Ueberlieferung bestimmter hervortreten, da dieselbe
augenscheinlich nach Gründen sucht, um die Unzufriedenheit
und den wilden Hass der Germanen gegen die Römer zu er-

---

1) Vgl. unten Abschn. XV.   2) Tac. Ann IV, 72.

klären: wobei es aber undenkbar ist, dass der nächstliegende
Anlass übergangen sein sollte [1]), wenn derselbe so allgemein
verständlicher und greifbarer Natur gewesen, wie es die Erlegung eines Tributs ist. Daneben hätte die Auferlegung eines
solchen auch der Politik der Römer nicht entsprochen. Mit
der Ausschreibung von Steuern pflegten sie überhaupt in neuen
Provinzen nicht sogleich, vielmehr, wie im benachbarten Gallien, erst nach einiger Zeit vorzugehen: wie aber ist es denkbar, dass sie den Germanen gegenüber, bei denen auch wirthschaftliche Verhältnisse und sociale Auffassungen solchen Staats-
lasten entgegenstanden, von solch' bewährtem, vorsichtigem
Brauch abgegangen?

Wie bei den Mattiaken und den Germanen am linken
Rheinufer wird auch bei denen zwischen Rhein und Elbe das
Ziel der Ausnutzung zu Gunsten der Römer zunächst auf
Stellung von Hülfsschaaren, Auxilien, gerichtet gewesen sein.
Und dieses ist auch erreicht worden. Mit kluger Vorsicht mag
wol noch gestrebt sein, den Eintritt in den römischen Kriegsdienst als einen freiwilligen erscheinen zu lassen: aber die
bestimmteste Kunde besagt uns, dass selbst edle Germanen
aus jenem Lande dem römischen Heere einverleibt wurden [2]). --
Ja das alte, einheimische Aufgebot der Völkerschaften selbst
hat den Römern zur Verfügung gestanden [3]). Vielleicht machten
Kriege gegen benachbarte Sueben, mit denen jene in beständiger Feindschaft standen, es den Römern möglich, den Zuzug
der Eingebornen der neuen Provinz zu gewinnen, ohne dass
die darin sogleich eine drückende Abhängigkeit sahen.

Wenn sich die Römer nun aber zunächst auch mit dem
Kriegsdienst der unterworfenen Germanen begnügen mussten, um ihre Herrschaft, die noch grösserer Befestigung ent-

---

1) Erwähnt werden Auflagen nur Tac. Ann. I, 59 in der Rede des
Arminius: nescia tributa; und Dio LVI, 18: χρήματα ὡς καὶ παρ' ὑπηκόων).
Es ist aber wol zu beachten, dass die Schriftsteller an beiden Stellen
den Text frei gestaltet haben. Hier muss Vellejus entscheidend sein.
2) Tac. Ann. II, 9. 11; XI, 18; XIII, 55. Vell. Paterc. II, 118 u. f.
3) Tac. Ann. II, 10: (Arminius) latino sermone interjaciebat, ut qui ro-
manis in castris ductor popularium; vgl. Vell. II, 118.

behrte, auszunutzen, so war doch zu berücksichtigen, dass hierdurch eines der wesenlichsten Mittel zur Anwendung kam, um das wilde, bis dahin so viel gefürchtete Volk für ihre Volksthümlichkeit zu gewinnen. Dadurch konnten sie hier eher zur wirksamen Romanisirung als zur finanziellen Ausnutzung vorschreiten. Selbst von dem Mann, dessen innerstes Wesen den Römern abgeneigt war, wird uns erzählt, dass er, als Führer des heimischen Aufgebotes, in dem Verkehr mit jenen sich die lateinische Sprache angeeignet habe. Ein Gleiches darf für viele angenommen werden, zumal unter den Edlen der Cherusker, wie die politische Geschichte lehrt, eine gar nicht geringe römische Partei bestand. Sie wird nicht ohne Plan und Absicht herangebildet sein. Wie anderswo wurde auch hier zu diesem Zweck zweifelsohne die wol massenhafte Fortführung von Geiseln [1]), doch auch die Verleihung römischer Ehren und Aemter [2]) benutzt. Mehr freilich wirkte gewiss noch die stete Anwesenheit der Römer in dem unterworfenen Lande. Durch Anschluss an sie, oder Fernhaltung von ihren Lagern wird nach allen Seiten eine den Römern nützliche Zwietracht genährt, vielleicht auch hie oder da durch directe Unterstützung mit römischen Waffen [3]) bis zu innern Fehden und Kriegen, die noch lange Zeit die beste Kraft der Cherusker verzehrten, gesteigert sein.

Wer kann wissen, was erreicht wäre, wenn sich die Römer mit diesen Mitteln zunächst begnügt hätten, um das Land zu romanisiren! Allein man ging weiter. Die stete Anwesenheit römischer Truppen musste schon dahin führen, für deren Verpflegung die Mittel in dem besetzten Gebiete selbst zu gewinnen. Da wurden dann, so wird uns erzählt [4]), Märkte eröffnet und ein friedlicher Verkehr unterhalten, der, wenn er auch zunächst nur auf Tausch beruhen konnte, mit der Zeit die Germanen doch in den Geldverkehr hätte ziehen und so dann auch die Möglichkeit schaffen müssen, hier Steuern aufzuerlegen. Aber ein solcher Verkehr bleibt, zumal wenn er getragen wird von ganz verschiedenen wirthschaftlichen Be-

---

1) Strabo VII, 1.   2) Tac. Ann. I, 58.   3) Dio LVI, 19.
4) Dio LVI, 18.

dürfnissen und Anschauungen, selten ohne Hervorrufung von Misshelligkeiten aller Art. Bald sind Streitigkeiten zu schlichten oder, und zwar nach einem Rechte, das vielleicht von der einen Seite nicht einmal verstanden wird, gerichtlich zu entscheiden. Da nun tritt in den übereinstimmenden Berichten gleichzeitiger und jüngerer Historiker die Verkennung der Verhältnisse hervor, deren sich der römische Befehlshaber schuldig gemacht hat.

Durch das römische Recht, so sagt der kundige Zeitgenosse Vellejus Paterculus, habe Varus Quintilius die Germanen beugen wollen; so sei denn von ihm, als handele es sich um einen Zustand des Friedens, vom Tribunal herab Recht gesprochen, und vor ihm sei ordnungsmässig verhandelt worden. Eingesessene haben solches gefördert: sie brachten, so wird uns erzählt, selbst ihre Streitigkeiten vor den römischen Statthalter, und wol erscheint das glaublich, wenn wir an die Stellung einzelner in den Parteispaltungen denken, die bald bei den mächtigsten der mit Romanisirung bedrohten Stämme hervortraten. Ebenso deutet die Ertheilung des römischen Bürgerrechtes auf die Wirksamkeit römischer Gerichte inmitten der barbarischen Welt hin. Die Natur der Sache erforderte dann, was freilich auch noch ausdrücklich überliefert wird [1]), dass Varus auch bereits Gerichtsversammlungen (conventus), wie das römische Processverfahren sie voraussetzte, zusammenberief. Sie konnten ohne römische Sachwalter nicht stattfinden: und wirklich auch sie werden erwähnt; sie sollen den Barbaren besonders verhasst gewesen sein.

Ohnehin ist anzunehmen, dass die Römer bereits in dem grössten Theil des besetzten Landes die Aufrechthaltung der öffentlichen Ordnung als ein ihnen zustehendes Recht in Anspruch nahmen [2]). Es konnte solches um so eher geschehen, da die Ankunft der ganz anders gesitteten Fremden manche Zwistigkeit im Gefolge haben musste, die dem bisherigen

---

1) Florus l. c. 2) So ist wol Dio LVI, 19 zu erklären: (Οὔαρος) .. ἀπ' αὐτῶν (sc. στρατευμάτων) συχνοὺς αἰτοῦσι τοῖς ἀδυνάτοις ὡς καὶ ἐπὶ φυλακῇ χωρίων τινῶν ἢ καὶ λῃστῶν συλλήψεσι παραπομπαῖς τέ τισι τῶν ἐπιτηδείων διέδωκεν.

öffentlichen Recht, namentlich der wenig entwickelten Polizei, unbekannt war. Da nun hat Varus, obigen Nachrichten zufolge darf es nicht bezweifelt werden, ein Weiteres versucht. Ob das Edict in aller Form verkündet ist, mag sehr zweifelhaft sein: aber der römische Statthalter glaubt bereits die Zeit gekommen, um durch Einführung und Handhabung des Processverfahrens seines Volkes in den gerichtlichen Streitigkeiten die Einwohner unter einander den wesenlichsten und wichtigsten Schritt zu thun, um, mit Vernichtung der vorgefundenen Volksthümlichkeit, auch in Germanien römische Sitte, Sprache, Anschauung, Recht bald zur Herrschaft zu bringen. Es ist wol nicht zu viel gewagt, wenn wir annehmen, dass Varus sogar den Zusammentritt des germanischen Gerichts, das den Römern als eine wilde, zügellose Volksversammlung erscheinen mochte, nur noch gestatten wollte [1]), wenn er es selbst zusammenberief, oder auf andere Weise Fürsorge getroffen, dass in ihm nach römischem Brauch verhandelt und geurtheilt werde.

Nach den Römern hat der Statthalter alles Unglück verschuldet.

Quintilius Varus, ein entfernter Verwandter des kaiserlichen Hauses, scheint dem Sentius Saturninus an der Spitze der neuen Provinz gefolgt zu sein. Er hatte, anders als jener, keinen kaiserlichen Prinzen neben sich: und so lag in seiner Hand die gesammte Vertretung des römischen Staates und der Interessen desselben. Varus handhabte aber nicht nur, wie doch bisher ausschliesslich geschehen, eine militärische, sondern auch die administrative Gewalt. Es konnte das nicht ohne Einwilligung des Augustus, auch nicht geschehen, ohne dass der Statthalter mit einem reich gegliederten Behördenorganismus umgeben: und daher ist die Annahme sicher gerechtfertigt, dass Varus den Auftrag hatte, Germanien, so weit es unterworfen, als Provinz einzurichten. Sein Fehler war wol, dass er die Verhältnisse zu günstig für die Ausführung seines Auftrages ansah. Er wird den Irrthum mit vielen getheilt haben; die Römer

---

1) Die bestimmten Aussagen des Vell. können eigentlich nur so aufgefasst werden, wesshalb ich auch das „ad tribunal citaret" bei Flor. nicht bezweifle.

hatten einen hartnäckigen Widerstand erwartet und anstatt
dessen das Land leicht unterwerfen können: Grund genug,
sich jetzt ein anderes, ein gerade entgegengesetztes Bild von
den Germanen zu machen.

Mit der grössten Vorsicht hatte Drusus einst seine Angriffe auf Germanien begonnen; und selbst als er siegreich vorgedrungen, und schon manches anders gefunden haben mochte
als er erwartet, wurde eifrig an einer weitern Ausbildung und
Befestigung der Operationsbasis, die auf römischem Gebiet lag,
gearbeitet. In gleicher Weise war auch in der Folge verfahren worden. Die Ausdehnung der Expeditionen war nach
räumlichen und ethnographischen Verhältnissen beschränkt.
Erst nach langen Jahren und nachdem bereits das Land nach
allen Richtungen durchzogen, schlugen die Römer Winterquartiere in der neuen Provinz auf. Auch müssen die unterworfenen Germanen, mit Ausnahme der Sigambrer, stets mit
grosser Schonung und Milde behandelt sein. Dafür sprechen,
mehr als ein bekanntes Wort, das dem Tiberius in den Mund
gelegt wird, die Gründe, welche in der Ueberlieferung für den
Abfall angegeben sind. Sie sind in der That nichtssagend;
sie beweisen eigentlich nur, dass die Römer sich keiner un-
würdigen und übertriebenen, vor allem aber keiner unsinnigen
oder gar grausamen Ausnutzung ihres Sieges bewusst waren.

Wie ganz anders verfuhr doch Caesar gegen die Gallier!
Ohne grosse Vorbereitung griff er rasch ein; verblieb sofort
im Lande; verzettelte in kleinen Abtheilungen sein Heer, dem
von Anfang an eine räumlich nur durch das Gebiet der Germanen begrenzte Aufgabe gestellt war; und mit herrischer
Gewalt, ohne Schonung, oft mit Härte, nicht selten mit Grau-
samkeit sucht der Imperator in kürzester Zeit hier die römische Herrschaft zur Geltung zu bringen, ja sofort das Land
materiell für dieselbe auszunutzen.

Den entgegengesetzten Weg, den Weg der Milde und
Schonung wird auch Varus in Germanien nicht verlassen
haben [1]). Aber nach allen Berichten verfuhr er übereilt und

---

1) Dagegen zeugt auch nicht Vell. II, 119: ab eo hoste ad internecionem trucidatus est, quem ita semper more pecudum trucidaverat, ut

unvorsichtig [1]). Er hielt das Heer nicht zusammen; er verzettelte vielmehr Soldaten in kleinen Abtheilungen zur Aufrechthaltung der öffentlichen Ordnung [2]), als wenn hier ein regelmässiger Zustand des Friedens wäre. Und derselben Verkennung folgend, ging er von dem altbewährten Brauch ab, wonach der Statthalter in der Provinz die Zeit des Sommers zu kriegerischen Unternehmungen, die des Winters zur Rechtspflege zu verwenden hatte. Es wird ausdrücklich berichtet, Varus habe, was also gegen das Herkommen war, die Zeit des Sommers zur Rechtspflege verwandt [3]). Darin wird wol die unrichtige und übereilte Auffassung des Statthalters, nach der er glaubte, dass die Zeit gekommen sei, um römisches Processverfahren nachdrücklich in Germanien zur Geltung zu bringen, am deutlichsten und offensten zu Tage getreten sein, während die Aufstellung der ihm untergebenen Truppen, die gewiss auch nach jener Erfassung der Dinge geschah, sich wol erst als zweckwidrig ergab, da sie dem Verderben erlegen.

Dem Varus waren fünf Legionen anvertraut. Die Macht war keine geringe: mit den Auxilien, die ausdrücklich erwähnt werden [4]), belief sie sich auf gegen 60,000 Mann. Varus aber, zweifelsohne wiederum im Vertrauen auf die Friedfertigkeit der Germanen, hat dieses Heer getheilt. Unter dem Befehl von L. Aspernatus standen zwei der Legionen mehr westlich, wol im alten Sigambrerlande, während die drei übrigen unter des Statthalters eigner Führung im Lande der Cherusker aufgestellt waren. Diese hielten die Römer für die zuverlässigsten, und schenkten ihnen am meisten Vertrauen [5]). Daher wird das römische Heer auch nicht um sie zu bewachen, sondern um sie noch rascher mit römischem Wesen zu durchdringen, in ihren Grenzen gelassen sein. Doch sollte vermuthlich von hier aus auch ein Feldzug, vielleicht gegen die benachbarten Chatten, die alten Gegner der Cherusker, oder die noch keineswegs bezwungenen Langobarden unternommen

---

vitam aut mortem ejus nunc ira nunc venia temperaret: offenbar nur ein oratorischer Erguss, der aber auch nicht den Feldherrn, sondern den römischen Soldaten anschuldigt.   1) Vgl. Sueton. Tiber. 18.   2) Dio LVI, 19.   3) Vell. II, 117.   4) Sueton. Aug. 23.   5) Dio LVI, 18.

werden. Varus wird dieserhalb wol die streitbare Mannschaft der Cherusker und der ihnen nahe stehenden Völkerschaften aufgeboten haben. Denn diese müssen bereits kriegerisch versammelt gewesen sein, als sie sich plötzlich auf das wolgeordnete römische Heer von mehr als 30,000 Mann warfen, – um es zu vernichten.

Der Verlauf im Einzelnen ist oft besprochen, und ebenso oft wurde dann gezeigt, dass unsere Nachrichten unzureichend sind, um uns das grosse Ereigniss zu erklären.

Der römische Feldherr blieb bis zuletzt in seiner Verblendung. Geschickt wurde das von den Germanen benutzt, die letzten Vorbereitungen, zumal die massenhafte Zusammenziehung und zweckmässige Aufstellung ihrer Streitkräfte zu vollenden. Ueberhaupt zeigt sich, mehr noch als in Worten von den Alten hervorgehoben wird, planvolle Führung, die in gleicher Weise die Schwierigkeit des Terrains und den wilden, ungeordneten Kampfmuth der Germanen in Rechnung zog. Arminius bewährte, dass er nicht ohne Nutzen mit römischer Kriegsleitung und politischer Erwägung bekannt geworden. Doch erstanden den Germanen inmitten des Kampfes auch kräftige Verbündete. Eine unholde Witterung entsandte auf die arg bedrängten Fremdlinge ihr regenschwer Geschoss: sie mahnte daran, dass hier selbst der Himmel den Fremden feindlich gesinnt sei. Und bald kehrte dann auch, nachdem die verhängnissvolle Verblendung endlich gewichen, als kalte Ueberlegung am meisten noth that, die alte Germanenfurcht mit voller und ganzer Stärke in die Herzen der Römer zurück. Kopf- und führerlos verliessen sie einander und ergaben sich und verfielen unmännlicher Verzweiflung, die das Grauenvolle ihres Schicksals vollendete.

Die Folgen der Niederlage des Varus sind von unermesslicher Bedeutung gewesen. Die Römer sahen sich selbst in dem alten Ubier- und Sigambrerlande bedroht. Doch überschätzten sie da die politische Erwägung der Gegner. Die zeigten sich zufrieden gestellt mit der Abwehr der Fremden von dem Lande nördlich der Lippe. Aber der nationale Aufschwung, der in der grossen That selbst lag, schlug weit hin seine mächtigen Wellen, sie zur gewaltig abwehrenden Fluth vereinigend. Jener Jüngling, der das Wolleben auf römischem Boden verliess, um frei in die heimischen Wälder zurückzukehren, bekundet, dass der mehr geschlossene und überlegte Widerstand, welchen die Römer bald zwischen Rhein und Weser vorfanden, auf ein bewusstes Erkennen der gemeinsamen Gefahr, auf eine nicht unbewusste Liebe zum Vaterland, auf ein Verständniss des Werthes politischer Selbständigkeit zurückzuführen ist.

Und selbst über die Grenzen dieses nordwestlichen Landes hinaus zeigt sich ein Bewusstsein der Zusammengehörigkeit. Dem Marobod wurde das vom Rumpfe gelöste Haupt des Varus als triumphierendes Siegeszeichen, doch auch als Erinnerung an die den Sueben und Nichtsueben gemeinsamen Interessen übersandt. Das war wol eine Annäherung zwischen den beiden grossen Stämmen des Westens, wie sie der germanischen Geschichte bisher fremd. Sie mag, wenn auch die staatskluge Selbstsucht des Markomannenkönigs sich abweisend verhielt, nich ohne Einfluss auf die ferneren Erwägungen der Römer geblieben sein, die bald wiederum in der Zwietracht der Germanen unter einander den wesendlichsten Schutz für sich selbst, für ihren Staat, für ihre Cultur sahen.

IX.

Oft ist im Leben der Völker auch die leere Furcht eine starke Macht. Sie tritt da, obwol sinnlich nicht wahrnehmbar, mit der ganzen Schwere einer unberechenbaren Kraft auf. So war es auch mit der Furcht vor den Germanen, als die Schaaren des Arminius über Varus' Legionen hergestürzt und sie im erbitterten Kampfe vernichtet.

Zunächst ergriff, noch inmitten der starken Bedrängung, die streitenden Römer verzweifelnde Furcht. Sie stumpfte den Widerstand ab, vollendete die grauenhafte Niederlage. Dann liess Schrecken und Furcht an dem Tiber selbst einen Augustus die Folgen weit überschätzen: den rohen Germanen wurden politische Erwägungen zugetraut, für welche ihnen Kenntniss der Verhältnisse und eine zu rascher Bewegung erforderliche

Leichtigkeit abging. Man sah die Herrschaft über Gallien, man sah Italien, man sah schon Rom bedroht; eine Verbindung mit den aufständigen Pannoniern, deren Namen selbst den Nichtsueben kaum bekannt sein mochte, wurde als unzweifelhaft bevorstehend angesehen. Von den Göttern wurde die Errettung der Stadt erfleht.

Nach kurzer Sammlung rafften die Römer sich sodann aber zu grosser Anstrengung empor, um der Gefahr muthig entgegen zu treten. Da zeigte sich denn freilich bald, dass die Furcht die politische Erwägung des Gegners überschätzen liess. Auf Abwehr vom heimischen Heerd haben die Germanen gedacht: aber fern lag es ihnen zum Angriff überzugehen, um durch weitere Ausdehnung ihres Besitzes sich gegen neue Versuche, sie zu unterwerfen, zu sichern.

Der Aufstand gegen die Römer scheint sich rasch zwischen Weser und Lippe verbreitet, dort aber auch seine Grenze erreicht zu haben. Wie überhaupt weit überwiegend in dem langen Lauf ihrer Geschichte, so hielten sich auch jetzt die friesischen Stämme von der Bewegung und den politischen Zielen ihrer südlichen Volksgenossen fern. Sie blieben in losem Abhängigkeitsverhältniss. Rom gebot auch jetzt noch über die Nordseegestade bis zur Elbe hin, und Augustus hat nicht ermangelt solches rühmend, in Erz gegraben der Nachwelt zu überliefern. Römische Besatzungen blieben im Lande, und an der Ems war auch ferner ein Castell, Amisia wie der *Fluss* genannt, in der Römer Gewalt [1]).

Auf dem rechten Weserufer haben gewiss noch die dort wohnenden Cherusker und kleine Völkerschaften, die, wie die Foser, zu ihnen in nahen Beziehungen standen, an dem Aufstande theil genommen. Ob aber auch die suebischen Langobarden, mag mehr als zweifelhaft sein. Die Römer hatten sie wol besiegt, doch nicht bezwungen. Freilich standen sie später mit den Cheruskern, und selbst noch mit Arminius im Bunde: doch geschah das auch nach Abfall von dem Marobod [2]), der nichts mit der Vernichtung des Varus gemein hatte, und

1) Tac. Ann. II, 8.   2) Tac. Ann. II, 45.

die Römer würden bei der Ausmalung der Schrecken, bei der
sie wahrlich die Farben nicht gespart, sicher nicht ermangelt
haben, ein Volk zu erwähnen, das der berichtende Zeitgenosse
„wilder als die germanische Wildheit selbst" nennt [1]), wenn
es sich an dem grossen Ereigniss betheiligt hätte. Noch
weniger ist von den Chatten anzunehmen, dass sie sich ihren
alten Feinden, den Cheruskern angeschlossen, um denen das
Joch der Fremdherrschaft, von dem sie selbst nicht bedrückt
wurden, abzunehmen. Auch der Theil der Chatten, welcher
von den Römern Land empfangen, wird sich zunächst nur
ruhig verhalten haben: in Betreff der Bataver darf es als ge-
gewiss angesehen werden, und durch den Theil des alten
Ubierlandes, welchen die Römer den bald Mattiaken genannten
Chatten überlassen, sind vielleicht Züge nach dem Castell
Aliso an der Lippe, das noch behauptet wurde, ungestört gegangen.

Wie aber haben sich dem Aufstande gegenüber die Germanen zwischen Lippe und Rhein verhalten? Einst war hier
der Sitz des hartnäckigsten Widerstandes gegen die Römer.
Doch hatten diese der Sigambrer Macht vor einem halben
Menschenalter gebrochen und die Ueberreste des Volkes,
sowie früher schon die Ubier, auf dem gallischen Rheinufer
angesiedelt. Dadurch müssen in dem ganzen Landstrich
vom Taunus bis zur Mündung der Lippe die Besitzverhältnisse gründlich geändert sein [2]). Es scheinen sich, neben den
schon erwähnten Mattiaken, und einem kleinen Rest der Sigambrer, der zurückblieb, daselbst Bructerer, Tencterer und
Usipeter mit Zustimmung der Römer angesiedelt zu haben.
Aus diesem Grunde allein ist bereits die Annahme, dass der
Kampf auch im Süden der Lippe sofort entbrannt, wenig glaublich. Hier wohnte eine Bevölkerung, die auf ihren Grundbesitz
grösstentheils noch kein von den Vätern ererbtes Recht hatte,
und ihn daher auch schwer gegen Ansprüche hätte vertheidigen

---

1) Vell. II, 106. — Auch wohnten die Langobarden sicher zu entfernt: ihre Annährung hätte den Plan verrathen, und sie hätten überwiegend auf Unkosten der andern Stämme leben müssen, die doch die
Hauptarbeit hatten. 2) Vgl. oben S. 95.

können, die zweifelsohne sofort erhoben wären, wenn jetzt schon, wo noch keine Generation herangewachsen, der die früheren Zustände fremd, die Macht der Römer daselbst vernichtet, und dadurch den neuen Verhältnissen, die sie geschaffen, ihr Schutz entzogen wäre. Der eigne Vortheil erheischte hier, sich ruhig zu verhalten: noch weniger aber konnten die Germanen nordwärts von der Lippe es wagen, eine Bevölkerung, die ganz im Machtbereich der Römer lag und von ihnen ihr Land gutentheils empfangen hatte, mit in die Ausführung des Unternehmens zu ziehen, da sie es planmässig vorbereiteten.

Erst die schwerwiegende Thatsache des geglückten Aufstandes konnte in dieser Sachlage Wandel schaffen.

Fleisch und Leben gewinnen solche Erwägungen des Historikers durch einige dürftige Nachrichten, welche sich in unserer ohnehin so lückenhaften Tradition finden und die an wichtigen Stellen unserm Auge die schwachen Spuren der geschichtlichen Entwicklung erkennbar halten.

Der Niederlage des Varus sind nur wenige streitbare Mannen entronnen. Die meisten von ihnen retteten sich nach dem Castell Aliso an der Lippe, das bald, besonders auch mit einem Tross mancherlei Art, überfüllt war. Indessen wandten sich die siegreichen Germanen der Bedrängung der befestigten Plätze zu, welche die Römer in ihrem Lande besassen. Es wird erzählt, dieselben seien sämmtlich erobert worden: wobei aber zu berücksichtigen, dass sich diese Nachricht, wie angedeutet, nicht auf das Gebiet der friesischen Stämme bezieht. Nur Aliso widerstand, obwol es von den Germanen eingeschlossen wurde. Diesen kam in der Hungersnoth, die in der Feste ausbrach, ein neuer Verbündeter zu Hülfe.

Dass sich gar bald Mangel an Lebensmitteln einstellen würde, mussten sich die Römer sagen, sowie Aliso mit Flüchtlingen angefüllt wurde. Warum eilten sie nicht sofort weiter, da das Land südlich der Lippe doch nicht mit im Aufstande begriffen war? Die Einschliessung mag der Niederlage rasch gefolgt sein. Es ist aber auch möglich, dass hier schon die Befürchtung der Römer, der Aufstand werde sich bis zum und

über den Rhein ausdehnen [1]) von Einfluss war. Obwol es
ohne Gefahr hätte geschehen können, hinderte vielleicht die
Furcht eine ununterbrochene Fortsetzung der Flucht bis zum
Rhein.

Durch die Rücksicht auf jene, doch mögliche Ausdehnung
des Aufstandes erklärt sich insbesondere auch das Verhalten
des Legaten Asprenatus. Wo derselbe zur Zeit der Varusschlacht mit seinen beiden Legionen, gegen 24,000 M., stand,
wissen wir nicht. Doch muss es westlich von Varus gewesen
sein: und so liegt die Annahme nahe, dass er in dem alten
Sigambrerlande lagerte, welches den Römern weit mehr unter-
than war, also auch weit mehr Mittel darbot als irgend ein
anderes Gebiet am rechten Rheinufer, selbst wol das alte,
noch stärker aufgetheilte Ubierland nicht ausgenommen. Aus
dieser Aufstellung erklärt sich auch wol, dass der Legat, wie
der kundige Zeitgenosse berichtet, alsbald südwärts rücken,
und am Rhein, besonders auch an der linken Seite, die unterworfenen Stämme in Treue erhalten konnte [2]). Doch zog er
mit seinem unversehrten Heere nach kurzer Zeit auch wieder
nordwärts.

Nachdem der erste Schrecken überwunden, sahen die
Römer, dass der Aufstand sich nicht, wie sie befürchtet [3]), bis
zum Rhein ausdehne. Es müssen also auch die Völkerschaften,
welche den Rhein berührten, beispielsweise die Usipeter [4]),
dem Aufstand fern geblieben sein. Dann erscheint solches
aber auch, in Anbetracht des schmalen Landstriches, um den
es sich handelt, und den früher entwickelten Verhältnissen
gegenüber, überhaupt als glaublich für die Völkerchen inmitten
der römischen Befestigungen, welche das Land zwischen Rhein
und Lippe bedeckten. Die Aufständigen werden letzteren Fluss,
etwa von Streifzügen abgesehen, wol nur überschritten haben,
um Aliso einzuschliessen.

Diesen Platz vertheidigten die Römer mit Anstrengung
und Aufbietung ihrer ganzen geistigen Ueberlegenheit. Die

---

1) Dio LVI, 24; vgl. Vell. II, 120.　2) Vell. a. a. O.　3) Dio
a. a. O.　4) Dass diese sich sogleich dem Aufstand angeschlossen,
könnte sonst aus Strabo VII, 1 p. 7 geschlossen werden; s. unten.

sichere Erwartung, dass Asprenatus zum Ersatz heranziehen werde, musste die Ausdauer der Belagerten stärken. Allein der Legat war, aus angegebenem Grunde, zuerst nach dem Rhein geeilt. Begreiflich genug, dass sich dann in dem rasch cernierten und nicht versorgten Platze alsbald Mangel an Lebensmitteln einstellte. Er wurde schliesslich so unerträglich, dass eine günstige Gelegenheit benutzt wurde, um sich einen Weg durch die Feinde zu bahnen. Da zeigte sich noch einmal, trotz grosser Gefahr, die Ueberlegenheit woldisciplinierter Truppen [1]). Doch kam Asprenatus den Ausgezogenen auch entgegen [2]) und sicherte dadurch vollens ihren Rückzug.

Ob Aliso damals ganz von den Römern aufgegeben, überhaupt ob diese Feste in die Hand der Germanen gefallen, wissen wir nicht [3]). Die Alten erwähnen weder den Verlust noch die Wiederbesetzung des wichtigen Platzes: obwol Aliso schon nach sechs Jahren wiederum als Stützpunkt für die gesammte Machtstellung der Römer an der Lippe erscheint. Jedenfalls muss das Castell, wenn es von den Römern aufgegeben und von den Germanen zerstört wurde, gar bald von ersteren wiederhergestellt sein: ja es erscheint, jenes vorausgesetzt, wol glaublich, dass Asprenatus sich sogleich dieser Aufgabe zugewandt hat.

Als der Legat jetzt ganz nahe der Lippe stand, war der Rhein und die Ruhe der dortigen Völkerschaften gesichert. Die Gefahr für den Besitzstand der Römer in Gallien war vorüber. Da ist es denn doch gewiss anzunehmen. dass der Feldherr sich beeilt haben wird, durch einen weitern, kurzen Vormarsch nicht nur die römische Machtstellung hier im Norden noch mehr zu sichern, sondern vor allen Dingen auch das mit so viel Blut und nach so starkem Ringen erst erworbene alte Sigambrergebiet wiederum, soweit es entblösst war, militärisch zu besetzen. Wenn hier die Politik, welche seit Lollius' Niederlage für diese Gegenden von den Römern befolgt war, und

---

1) Vell. II, 120. 2) Dio LVI, 22. 3) Vgl. Essellen S. 228 ff. und Burkhard a. a. O. S. 31 ff. — Zonaras X, 37 ist hier unklar, sonst müsste aus ihm, dem Wortlaut nach, gefolgert werden, dass Aliso nicht in die Hände der Germanen fiel.

die schliesslich zu einer Occupation führte, welche, da sie, mit
Wegführung der altangesessenen Bevölkerung verbunden, gar
nicht gewaltsamer sein konnte, wenn diese Politik massgebend
gewesen ist für Asprenatus, so hat er damals, nachdem der
Rücken gesichert, an der Lippe Stellung nehmen müssen. So
erforderte es die strategische und politische Wichtigkeit dieses
römischen Vorlandes. Sie tritt von nun an, da der Versuch,
sie noch weiter vorzuschieben, missglückt war, deutlicher, auch
in der geschichtlichen Ueberlieferung hervor. Und sie wurde
dann auch von grossem Einfluss auf neue ethnographische
Bildungen.

Einem schon im Feldkrieg befolgten Brauch entsprechend,
sicherten die Römer leicht bedrohte Reichsgrenzen regelmässig
durch fortificatorische Anlagen. Drusus liess sich daher — wir
sahen es — mit grossem Eifer bereits die Befestigung der
Rheingrenze angelegen sein. Doch hatte dieselbe mehr einen
offensiven als defensiven Charakter. Nach dem Plan, die
Germanen zu unterwerfen, diente die Befestigung mehr als
Operationsbasis, wesshalb sie auch weiter vorgeschoben werden
musste, je weiter sich die römische Herrschaft ausdehnte. Dieses
geschah nun, wie wir wissen, auf eine höchst eigenthümliche
Weise. Zuerst fassten die Römer festen Fuss zwischen Lippe
und Weser: brachten dann aber das Land zwischen Lippe
und Rhein in eine weit vollständigere und unbedingte Abhängigkeit. Diese war von Anfang an beabsichtigt, war das
eigentliche Ziel des ganzen Unternehmens.

Nun hören wir von einem römischen Grenzwall am rechten
Rheinufer, der zur Zeit der Niederlage des Varus schon bestand [1]). Wo derselbe gelegen, lässt sich nicht nachweisen:
aber es ist als gewiss anzunehmen, dass das von Drusus an-
gelegte Castell Aliso dem System des Grenzwalles von je her
angehörte, woraus dann wieder zu folgern ist, dass die Lippe
hier eine Strecke für den fortificatorischen Zweck verwandt
wurde. Wenn dieses aber von Anfang an der Fall war, so
hat die Befestigung, dem langen Widerstand der Sigambrer
gegenüber, zuerst ihre Front gen Süden, dem Rhein zu, haben

---

1) Vell. II, 121.

müssen. Anders wurde es jedoch als jene gefährlichen Feinde
der Römer unterworfen und gefangen fortgeführt waren. Ueber
ihr Land verfügten die Sieger zunächst wie über eine grosse
Domaine, an deren nördliche Grenze nun die weitere Operationsbasis, die also vom Rhein fortgeschoben wurde, zu verlegen war. Die Front richtete sich nun gen Norden. Die
Befestigungslinie aber musste suchen auf möglichst kurzem
Wege die Issel zu erreichen, an welche sich weiter im Westen
die römischen Werke anlehnten. Dieselbe wird daher die Lippe
vermuthlich an ihrem mittlern Lauf verlassen und· sich nordwestlich hingezogen haben. Daher mag es sich erklären, dass
wir im Jahr 16 n. Chr. von einem römischen Grenzwall hören,
der aller Wahrscheinlichkeit nach sich in der Umgegend von
Coesfeld hinzog [1]). Es wird berichtet, Tiberius habe den Bau
dieses Limes begonnen. Selbst ohne ausdrückliche Bezeugung
würde solches glaublich erscheinen. Dem Besieger der Sigambrer lag es ob, sein Werk zu krönen, indem er die neue
Eroberung nach seines Volkes Art militärisch sicherte. Er
wird aber auch mehr gethan haben. Auf ihn ist zweifelsohne
die Anlage von Grenzwällen und Dämmen zurück zu führen,
mit denen das ganze Land zwischen dem wichtigen Aliso und
dem Rhein durchzogen war.

Die Gesammtheit dieser Befestigungen ist zweifelsohne,
mit dem militärischen Oberbefehl, dem Q. Varus anvertraut
gewesen. Es ist glaublich, dass er in der Bewachung und
Erhaltung derselben sich die gleiche Sorglosigkeit zu Schulden
kommen liess, die ihm auch sonst zum Vorwurf gemacht wird.
Zum mindesten scheinen die Befestigungen zwischen Aliso und
dem Rhein bald nach der Niederlage des Varus in nicht ausreichend gutem Zustande gewesen zu sein [2]). War dieses der
Fall, so musste für den Asprenatus auch darin ein starker
Anlass liegen, mit seiner nicht unbedeutenden Macht die
Lippelinie und die sich daran lehnenden Befestigungen zu be-
setzen.

Schon nahten auch weitere Hülfskräfte, um hier die mit

---

1) Tac. Ann. I, 50.   2) Tac. Ann. II, 7: cauta inter castellum
Alisonem et Rhenum novis limitibus aggeribusque munita.

schweren Opfern erkämpfte Stellung gegen etwaige neue oder weitere Angriffe der Germanen zu vertheidigen.

Der pannonische und dalmatische Krieg war eben beendet, als den grossen Feldherrn der Römer, den Tiberius, die Kunde von der Niederlage des Varus erreichte. Er eilte sofort nach Rom. Hier organisierte Augustus, nachdem der erste Schrecken überwunden war, sofort mit grossem Eifer und allen nur irgend verfügbaren Mitteln neue Streitkräfte, um einer etwaigen Ausdehnung des Aufstandes Schranken zu setzen. Die Lage erschien zu ernst, um von Abwehr zu einem selbständigen Angriff überzugehen [1]). So hatte sich denn auch Tiberius auf erstere zu beschränken, da er schleunigst nach Gallien gesandt wurde, um von neuem den Oberbefehl gegen die Germanen zu übernehmen. Auch er sicherte zunächst die Ruhe Galliens. Dann zog er am Rhein ein Heer zusammen, und setzte, indem er die strengste Mannszucht einschärfte, und selbst dieserhalb die feldmässige Ausrüstung scharf überwachte, vermuthlich von Vetera Castra (Xanten) aus über den Fluss. Er rückte weiter vor, bis zu dem Grenzwall, den er gleichsam öffnete, indem er ihn überschritt, und nun das Land von Germanen betrat, die sich an des Arminius Unternehmung betheiligt. Es mögen die Grossen Bructerer gewesen sein.

Der Zug bezweckte nicht, die früher kaum befestigte, und jetzt wieder verlorene Herrschaft von neuem aufzurichten. Es wäre das gegen den Auftrag gewesen, den Tiberius erhalten, und ebenso wird ein neuer Eroberungskrieg, gegen den er sich auch später, da er herrschte, erklärte, der Einsicht des Feldherrn selbst widerstrebt haben. Zweifelsohne wurde der Angriff unternommen, um durch ihn der Abwehr grössern Nachdruck zu verleihen. Auch war ein Rachezug beabsichtigt: die römische Waffenehre mochte einen solchen erfordern, und die Verwüstung des Landes der gefürchteten Feinde war wol das beste Mittel, um dem römischen Heere ein verlorenes Selbstvertrauen wieder zu geben. So begnügte sich denn Tiberius jenseits des Grenzwalles mit Verheerung der Aecker

---

1) Vell. Paterc. II, 121: (Tiberius) Arma infert, quae arcuisse pater et patria contenti erant. Vgl. Suet. Tib. 19.

und Verbrennung der Häuser. Wenn es überhaupt zu einem kriegerischen Zusammenstoss mit den feindlichen Germanen kam[1]), so hatte der sicher wenig zu bedeuten. Tiberius feierte daher, als er im Jahr 12 zurückgekehrt, auch keinen Triumph wegen dieser Erfolge über die gefährlichsten Feinde Roms.

In ähnlicher Weise ist der Krieg gegen die Germanen auch in den folgenden Jahren fortgeführt worden. Der alte Plan, Germanien zu unterwerfen, war aufgegeben. Der Krieg wurde noch fortgesetzt: „aber es geschah mehr um den Flecken, welchen die Niederlage des Varus auf die römische Waffenehre geworfen, wiederum abzuwaschen, als zu dem Zweck, die Grenzen des Reichs hier weiter auszudehnen oder um irgend eines andern, eines grossen Krieges würdigen Preises willen" [2]).

Dieser Krieg war nicht mehr der Ausfluss einer auf grosse Ziele gerichteten Politik. Er mag mehr die Rathlosigkeit des Augustus bezeichnen. Einst hatte der, gleichsam als ein Erbe Caesars[3]), es unternommen, Germanien zu unterwerfen. Aber wie wenig war jetzt, da die Tage des Kaisers sich ihrem Ende zuneigten, erreicht! Drusus hatte die Markomannen aufgeschreckt: sie hatten sich südwärts gewandt und da einen Staat begründet, zu dessen Vernichtung ein stärkeres Römerheer aufgeboten wurde, als je sonst gebildet war. Und doch hatte eine verhängnissvolle Verknüpfung verschiedenartiger Ereignisse die Zerstörung von Marobods Reich verhindert. Noch stand es in seiner Machtfülle da: freilich, was den Römern jetzt sicher bekannt, durch innere Uneinigkeit und durch sein ganzes Wesen geschwächt, auch wenig geeignet, der Ausgang einer grossartigen Entwicklung zu sein. Marobod hatte wol den zum Handeln günstigen Moment, falls er ihn überhaupt ergreifen wollte, ungenützt zur Zeit des germanischen Aufstandes verstreichen lassen. Und als er nach der Niederlage des Varus wiedergekehrt, hinderte eine Uneinigkeit, die vermuthlich auf uraltem Stammesgegensatz beruhte, den Suebenkönig, sich mit Arminius, dem, wie ihm selbst, römische

---

1) Selbst aus Vell. II, 121 ist solches kaum zu folgern; vgl. Dio LVI, 25 u. Suet. Tib. 18—20.   2) Tac. Ann. I, 3.   3) S. oben S. 75.

Politik nicht fremd, gegen Rom zu verbinden. Von da an mag der Glaube der Römer datieren, dass ihr bester Schutz gegen die Germanen die Uneinigkeit derselben unter einander sei.

Die Römer beabsichtigten, nachdem Germanien von Rhein bis Elbe unterworfen schien, durch den Feldzug des Jahres 6 n. Chr. die Sueben zu unterwerfen. Dadurch wäre ganz von selbst das alte Hercynien, das vom Neckar, zum Theil auch vom Main durchflossene Land, in dem früher auch die Marko-mannen ihren Sitz gehabt, dem Weltreich anheim gefallen. Jetzt aber, nachdem jener Plan missglückt, lag hier die Grenze des Reichs frei und offen: die Römer hatten zu fürchten, dass auch in diesem Landstrich sich Germanen ansiedeln und ihrer Macht gefährlich werden würden. Es ist uns nicht überliefert, ob Augustus bereits bedacht war, hier die Grenze zu sichern, indem er sie vorschob, bis zu Gegenden mit sesshaften suebi-schen Völkerschaften.

Auch weiter nördlich, im alten Ubierland, schon unweit des Rheins, war die Grenze keineswegs gesichert. Hier fehlte es sowol an einem ethnographischen als an einem terrestri-schen Abschluss. Ein Theil des alten Ubierlandes war Chatten eingeräumt: allein dieselben zeigten sich, beständig durch die unmittelbare Nachbarschaft ihres Hauptstammes gestärkt, keines-wegs den Römern treu ergeben, wie es damals ihre fernen Blutsvettern, die Bataver, schon gewesen zu sein scheinen. Hatte doch Drusus bereits gegen diese angesiedelten Chatten kämpfen müssen [1]. Sie wären vielleicht den Römern schon zu Augustus' Zeiten noch lästiger gewesen, hätten sie nicht zu den westlichen Germanen, die auch dem Reiche einverleibt, in altererbtem Gegensatz gestanden. Aber der Gegensatz musste sich mildern, je mehr der Druck der gemeinsamen Fremdherr-schaft sich hier verbindend geltend machte. Eine grössere Trennung der angesiedelten Chatten von denen in der Heimath konnte solches nur beschleunigen. Darin hat auch hier — die

---

1) Dio LIV, 36: Τὰ δὲ δὴ τῶν Κελτῶν τῶν τε ἄλλων καὶ τῶν Χάττων (πρὸς γὰρ τοὺς Συγάμβρους μετέστησαν, καὶ τῆς χώρας αὐτῶν ἣν οἰκεῖν παρὰ τῶν Ῥωμαίων εἰλήφεσαν, ἐξανέστησαν) ὁ Δροῦσος τὰ μὲν ἐκάκωσε τὰ δὲ ἐχειρώσατο.

Folge wird es zeigen — die grosse politische Bedeutung der festen Ausbildung der römischen Grenze bestanden. Kein Fluss und kein Höhenzug bot hier eine ausreichende natürliche Grenzlinie dar. Auch scheint die Anlage des Grenzwalles vernachlässigt zu sein, denn ein Castell, das Drusus früher auf der Höhe des Taunus angelegt, bestand nicht mehr. Vermuthlich machte sich auch in der Sicherung dieser Gegend lange Zeit das Missglücken des Zuges gegen Marobod, und damit das Vereiteln der Unterwerfung Germaniens geltend.

Westlich schloss sich sodann das Land an, aus dem die Ubier und Sigambrer von den Römern fortgeführt. Es war den letztern weit mehr als irgend ein anderes unterworfen. Daher hatten sie es auch militärisch stark befestigt und gen Norden durch jenen Grenzwall, dessen Front anfangs vielleicht gen Süden gekehrt war, abgeschlossen und geschützt. Ebenso wird das Land bereits in Verbindung mit dem schmalen Landstrich der Römer an der Nordsee gebracht sein, indem die Befestigungslinie bis zur Issel ausgedehnt war.

Zwischen diesem Grenzwall, der sich im Osten zweifelsohne an die Lippe lehnte, und dem Rhein wohnten viele Germanen, ja mehrere geschlossene kleine Völkerschaften, über deren damaliges Verhältniss zu Rom uns alle bestimmten Nachrichten fehlen. Doch ist anzunehmen, dass dasselbe ein gleiches war wie das der nördlichen Stämme vor dem Aufstande; *die* Römer werden Hülfsmannschaften zu Zügen in der Nachbarschaft ausgehoben und, besonders durch Einführung ihres *Prozessverfahrens*, versucht haben, die Bevölkerung für ihre Nationalität und ihren Staat zu gewinnen. Da das Land ganz in ihrer Gewalt war, musste mit Recht, auch selbst nach der Varusschlacht, erwartet werden können, dass hier die so oft mit Glück angewandten Mittel zum Ziele führen würden. Trotzdem scheint aber die Romanisierung in diesem Landstrich schon früh aufgegeben zu sein. Vermuthlich waren die Schwierigkeiten, welche sich darboten, und die besonders in unverschiebbaren wirthschaftlichen Verhältnissen begründet waren, zu gross, um leicht überwunden zu werden. Auch ist zu berücksichtigen, dass die Römer hier, da die Germanen kein Geld hatten, ihre Herrschaft nicht in üblicher Weise ausnutzen konnten: während, wie sich später zeigen wird, die socialen Zustände der Germanen jenen gestatteten, die junge Mannschaft derselben doch für ihr Heer auszuheben, wenn sie auch nicht in dem Lande herrschten. Solche Rücksichten werden die Römer, werden insbesondere schon den Augustus bewogen haben, sich nach der Niederlage des Varus mit der Rheingrenze zu begnügen, und das Gebiet, welches im Norden derselben noch behauptet wurde, rein als militärisches Vorland der Provinz Gallien anzusehen. Daher erklärt sich auch wol, dass die acht Legionen, welche hier seit Augustus' Zeiten die Reichsgrenze vertheidigten, ihre Standquartiere am linken Rheinufer, und nicht weiter gen Norden, etwa an der Lippe, hatten. Mehrere Brücken sicherten ihre rasche Verwendung, falls sie am andern Ufer erforderlich.

Weit lockerer noch als über die Germanen zwischen Rhein und Lippe war die Herrschaft der Römer über die friesischen Stämme, welche im langgestreckten Küstenstrich bis zur Elbmündung hin wohnten. Dieselben hatten sich den Römern früher und leichter angeschlossen als andere germanische Völkerschaften, und sind auch länger unter deren Herrschaft geblieben, obwol wenig Machtmittel aufgewandt wurden, um sie dabei zu erhalten. Die Treue der Friesen wurde wol nur durch die Flotte und einzelne Castelle geschützt, die in ihrem Lande erbaut waren. Die Herrschaft selbst hatte hier für die Römer augenscheinlich nur einen sehr geringen Werth: sie hatten dieselbe an sich gebracht, um das Land als Operationsbasis gegen die Völkerschaften im Innern Germaniens zu benutzen, und gaben daher später auch, nachdem die Unterwerfung der letzteren misslungen, diese ganze Stellung ohne zwingenden Grund freiwillig wieder auf. Hier einen kostspieligen Grenzwall aufzuwerfen, würde weit über den politischen Werth gegangen sein, den die Herrschaft im Friesenlande für die Römer hatte.

Augustus muss selbst den Ertrag seiner, ein halbes Menschenalter fortgesetzten Bemühungen gegen die Germanen erwogen haben, als er, da seine Tage sich dem Ende zuneigten, einen Thatenbericht zum Abschluss brachte, um ihn in Erz graben zu lassen. Wie sehr mag da der Schmerz wegen der

Niederlage des Varus erneuert sein! Es war eine Folge derselben, dass, anstatt der Unterwerfung der gefürchteten Germanen, welche der Chronist bereits voreilig in sein Werk
eingetragen, nur eine Ausdehnung der Provinz Gallien erwähnt
werden konnte, die, thatsächlichen Verhältnissen gegenüber,
fast bedeutungslos erschien. „Ich habe“, sagt Augustus, „die
Grenzen aller Provinzen des römischen Volkes, welche an
Völkerschaften grenzten, die unserer Herrschaft noch nicht
gehorchten, erweitert. In den gallischen und hispanischen
Provinzen habe ich, soweit der Ocean sie bespült, von Cadix
bis zur Mündung der Elbe, Ruhe und Frieden geschaffen.“

Das also war der Ertrag dieser langen Regierung in Bezug
auf Germanien! Die stolzen Worte beruhten nur insofern auf
Wahrheit, als an die lockere, fast bedeutungslose Abhängigkeit
der Friesen von Rom gedacht werden konnte.

X.

Am 16. August des Jahres 14 n. Chr. starb Augustus.

Gallien und den Oberbefehl über die acht am Rhein auf-
gestellten Legionen hatte er einige Monate vorher dem Sohn
des Drusus, dem Germanicus, anvertraut, der auch bereits
unter Tiberius an den letzten Einfällen in das Gebiet der freien
Germanen theilgenommen.

Kaum war die Nachricht vom Ableben des Augustus über
die Alpen gedrungen, als sich die vier Legionen des Untern
Germaniens wild tumultuierend empörten. Abtheilungen derselben, die im Lande der Chauken standen, schlossen sich an.
Von einigen hohen Offizieren unterstützt, wusste Germanicus,
der rasch aus Gallien herbeigeeilt, den Aufstand durch Zuge-
ständnisse mancherlei Art, durch Klugheit oder auch mit Gewalt zu unterdrücken. Die Folge war, obwol das Jahr sich
schon dem Ende zuneigte, ein Kriegszug gegen die Germanen.

Mit den Legionen des Untern Germaniens (I. V. XX. XXI.)
rückte Germanicus über den Rhein. Er erreichte den cäsischen
Wald, überschritt dann jenen von Tiberius aufgeworfenen
Grenzwall: nun stand er im Lande der Feinde, denen sein

Anmarsch unbekannt geblieben. Vorsichtig rückte das Heer vor und kam so zu dem Gebiet der Marsen, die fast nur in diesen Kriegszügen genannt werden. Sie müssen im Osnabrückschen ihre Sitze gehabt haben. Mit Feuer und Schwert wurde die Niederlage des Varus, an der das Völkchen betheiligt gewesen, gerächt. Dann trat das römische Heer seinen Rückzug an.

Da nun zeigte sich, falls unser Bericht hier Zuverlässiges überliefert [1]), eine Bewegung germanischer Völkerschaften, die Unheil verkündend für die Folge sein musste.

Die Völkerschaften der Bructerer, der Tubanten und der Usipeter, so wird uns erzählt, erhoben sich im Rücken des Heeres und bedrohten, indem sie ein Waldgebirge besetzten, den Rückzug desselben. Die Usipeter wohnten im Machtbereich der Römer, auf dem rechten Rheinufer. Auch ein Theil der Bructerer war in demselben Verhältniss: doch brauchten jene zu diesen freilich nicht zu gehören. Aber auch Tubanten erscheinen in jüngerer Zeit einigermassen abhängig von den Römern.

Ist jene Nachricht zuverlässig, so haben wir in ihr das erste Anzeichen, dass auch die germanischen Völkerschaften im römischen Germanien, innerhalb des Grenzwalles am rechten Rheinufer, das römische Joch unwillig ertrugen und auf Verderben ihrer Beherrscher sannen. Die Geschichte weiss jedoch nichts von den Folgen dieses Beginnens zu erzählen. Sollten die Römer die Stämme, die selbst in Friedenszeit in ihrem Machtbereich waren, ungestraft gelassen haben? Und hätte die Bewegung der Völkerschaften sie bei den ferneren Zügen in diesen Gegenden nicht zwingen müssen, schon am

---

1) Mehrere der geographischen Angaben in dem genauen Bericht des Tacitus sind vollkommen unverständlich: sollte er nicht aus seiner eigenen Kenntniss des Landes, wie er sie durch Studium, nicht durch eigne Anschauung gewonnen, einen vorliegenden Bericht ergänzt und dadurch, weil er sich irrte, unverständlich gemacht haben? Ich bin geneigt, solches auch für Ann. I, 51 anzunehmen. Tacitus wusste, dass südlich von der betreffenden Gegend Bructerer, Tubanten und Usipeter wohnten, daher wird er diese genannt haben, während ihm vielleicht gar keine Namen, oder nur die der erstern beiden vorlagen.

Rhein, anstatt, wie geschah, weiter landeinwärts, ohne Zweifel erst am Grenzwall ihre Kriege zu beginnen?

Germanicus überwand den Widerstand. Er führte dann die Legionen in ihre Winterquartiere am rechten Rheinufer zurück.

Der Zug war völlig gleicher Art wie früher der des Tiberius. Plünderung und Verheerung und Stärkung des kriegerischen Bewusstseins der römischen Truppen erschienen als Zweck. Ganz anders aber die folgenden Züge des Germanicus.

Früher als erwartet wurde, begann der Feldherr im Jahr 15 Krieg gegen die Germanen. Geschah es vielleicht, um einem verbietenden Entschluss des Tiberius zuvorzukommen?

Es wurde ein Angriff auf die Cherusker geplant. Bei ihnen waren jene Parteiungen, die schon früher hervorgetreten, durch die Beendigung der römischen Herrschaft nicht beseitigt, vielmehr, so scheint es, nur noch ärger geworden. Arminius verfolgte den Segestes, der noch in letzter Stunde, ein Verräther an seinem Volke, den Anschlag gegen Varus zu vereiteln suchte. Und nicht ohne Anhang ist Segestes gewesen: mochte auch der glänzende Erfolg die römische Partei bei den Cheruskern gesprengt haben: lange genug waren doch die civilisierten Südländer in ihrer Mitte gewesen, um für sich und ihr Wolleben zu werben, und ihren Anhängern wenigstens den Muth einzuflössen, sich für die Zurückführung ihrer Herrschaft zu erheben, falls römische Heere sie unterstützen würden. Germanicus konnte auf eine römisch gesinnte Partei zählen.

Der Plan war, auf dem kürzesten Wege die vier zuverlässigen Legionen des Obern Germaniens [1]) nach dem Cheruskerlande vorrücken zu lassen. Sie sollten, etwa von Mainz aus, gleich nördlich, also einen Weg ziehen, den auch Drusus, freilich erst nach einigem Schwanken, eingeschlagen hatte. Germanicus selbst führte dieses Heer, das durch 10,000 Mann Hülfstruppen und zahlreiche andere Schaaren verstärkt war.

---

1) Es darf sicher angenommen werden, dass Caecina, wie auch sonst, die vier Legionen des Untern Germaniens führte.

Gleichzeitig sollte der Legat Caecina mit den vier Legionen des Untern Germaniens, 5000 M. Hülfstruppen und dem Zuzug der linksrheinischen Germanen auf dem gewöhnlichen Wege vorrücken: seine Aufgabe war es, die Marsen von einer Unterstützung der Cherusker, ihrer alten Verbündeten, abzuhalten.

Germanicus vermochte anfangs ohne grosse Schwierigkeit vorzurücken. Es wird das in dem Lande der von den Römern angesiedelten Chatten gewesen sein. Der Feldherr erbaute hier, augenscheinlich als Stützpunkt für weitere Operationen, ein Castell auf der Höhe des Taunus wieder, das früher bereits von seinem Vater errichtet war. Vorsichtig zog dann das Heer weiter. Ein hoher Offizier wurde beauftragt, die rückwärtigen Verbindungen zu sichern. Als Germanicus nun aber weiter vorgerückt, stellten sich ihm bald die gleichen Schwierigkeiten entgegen, auf die früher schon Drusus gestossen: der Feldherr musste durch das Land der eigentlichen Chatten ziehen. Diese waren allerdings alte Feinde der Cherusker: allein es lag ihnen gewiss ferne, dieserhalb ein Bündniss mit einer Macht zu schliessen, deren Heer sie doch sicher als Feinde ansahen, sobald es ihren Boden betreten. Die Römer scheinen auch gar nicht einmal den Versuch gemacht zu haben, die Chatten als Bundesgenossen zu gewinnen. Nach unserm Bericht betraten sie gleich als Feinde deren Land. Wol glaublich ist es, was weiter erzählt wird, dass die Chatten nichts gegen die Römer ausgerichtet, dass diese vielmehr als Sieger in ihrem Gebiete gehaust. Aber der Erfolg war denn doch kein günstiger für die römischen Waffen: Germanicus musste, ohne das Cheruskerland, wo seine Freunde hart bedrängt wurden, erreicht zu haben, wieder nach dem Rhein umkehren.

Indessen kriegte Caecina in gewohnter Weise gegen die Marsen. Sie sollen sich ihm zu einem Treffen gestellt haben, aber, wie zu erwarten war, geschlagen sein.

Noch hatte jedoch Germanicus das rechte Rheinufer nicht verlassen, als er durch eine Botschaft des Segestes veranlasst wurde, abermals seine Feldzeichen gen Norden zu kehren. Der Römling und sein Anhang wurden von ihren Gegnern im Cheruskerlande, die gewiss durch die Annäherung der Römer besonders aufgebracht waren, mit den Waffen in der Hand bedrängt, so dass sie flehten, aus schwieriger Lage befreit zu werden. Ob nun aber Germanicus weit genug vorgerückt ist, um den Segestes seinen Feinden zu entreissen, erscheint als zweifelhaft. Ein kurzes mehrdeutiges Wort unsers Berichtes [1]) — beseitigt die unglaubliche Thatsache nicht, dass der römische Feldherr, falls er jetzt den Widerstand, vor dem er soeben zurückgewichen, überwunden, und im Cheruskerlande erschienen wäre, alsbald umgekehrt sein müsste: um eiligst, mit Aufbietung seiner ganzen Macht, auf einem weiten, gefahrvollen Umwege wiederum in dieselbe Gegend zu ziehen. Gewiss aber ist es, dass Segestes mit den Seinen sich zu den Römern begab und mit ihnen über den Rhein zog.

So hatte denn das Haupt der römischen Partei das Cheruskerland verlassen. Andere Anhänger der Fremden, wie der Inguiomerus, traten zu der Partei des Arminius über. Wol glaublich, dass dieser jetzt, durch persönliches Leid und stolze Hoffnung emporgehoben, sich zornerfüllt gegen alle Römlinge erging und den Krieg gegen Rom selbst zu schüren suchte. Doch nicht zum Angriff geschaffen war der Cherusker Macht. Wol aber wird Germanicus gern die Kunde von der unverwelkten Feindschaft des rasenden Mannes gehört haben: ihn erfüllte zweifelsohne der Gedanke, die Herrschaft seines Volkes wiederum zwischen Rhein und Elbe aufzurichten [2]); und mit Freuden wird er, da der einsichtige Tiberius solch weitgehenden Planen widerstrebte [3]), das Verhalten des Arminius als Vorwand für das Unternehmen begrüsst haben, das schon vorbereitet gewesen sein muss, und das den jungen Feldherrn dann mit reichen Lorbeern schmücken sollte.

Die Legionen des Obern Germaniens (II. XIII. XIV. XVI.) können eben erst von dem zu Segestes' Gunsten unternommenen

---

1) Tac. Ann. I, 57: Germanico pretium fuit convertere agmen, pugnatumque in obsidentes et ereptus Segestes. Zu beachten ist, dass Tacitus dem Segestes in der Rede, die er ihm in den Mund legt, nicht für seine Befreiung danken lässt. Auch widerspricht Strabo VII, 1, 4 der Annahme, dass Segestes durch die Römer befreit sei. 2) Tac. Ann. II, 8: Drusum ut se eadem ausum libens placatusque — juvaret; vgl. oben S. 89. 3) Tac. Ann. I, 62; 69; II, 5; 26. Suet. Tib. 52. Dio LVII, 6.

Zuge wieder an den Rhein zurückgekehrt sein, als sie strom-
abwärts geschifft wurden, um noch in dem gleichen Sommer
einen zweiten, grösseren Feldzug gegen die Germanen auszu-
führen. Germanicus scheint sich auch jetzt die persönliche
Führung dieser Legionen, die dem Aufruhr fremd geblieben,
vorbehalten zu haben [1]). Er brachte sie zu Schiff über die
Seen, die später die Zuydersee bildeten, und über das offene
Meer an die Ems, wohin er auch die Reiterei, die an der
Küste, durch das Gebiet der Friesen zog, dirigiert hatte.

Caecina blieb, wie früher, so auch jetzt, an der Spitze der
Legionen des Untern Germaniens (I. V. XX. XXI.), und
hatte die auf dem Landwege, im Norden des Grenzwalles,
vielleicht, wenn er hier, etwa der leichtern Verpflegung wegen [2]),
noch stand, vom Lande der Marsen aus, durch das Land der
Bructerer gleichfalls zur Ems zu führen.

Beträchtliche Theile der acht Legionen und der Auxilien,
werden allerdings zum Schutz, auch zur Bewachung Galliens [3]),
am Rhein zurückgeblieben sein: trotzdem werden sich aber an
der Ems unter des Germanicus Führung mindestens 80,000 M.
vereinigt haben. Ihnen schloss sich freiwillig das Aufgebot
der Chauken an, die ja in loser Abhängigkeit von Rom lebten.

Nachdem nun die Legionen, die Reiterei und die Flotte
an der untern Ems [4]) sich vereinigt, begann von da aus der
Feldzug mit einem Angriff auf die Bructerer, die auch an
der Niederlage des Varus betheiligt gewesen. Caecina wird sie
schon heimgesucht haben: jetzt verheerten sie, augenscheinlich
um ihre junge Saat den Römern zu entziehen, ihre eignen
Aecker. Die Römer thaten das Gleiche: und drangen dann,
alles Land zwischen Lippe und Ems verwüstend, bis zu den
äussersten Grenzen der Bructerer vor.

---

1) Ihr Befehlshaber, C. Silius, blieb vielleicht zum Schutz des Rheinufers zurück, denn sonst würde er wol, und nicht T. Vitellius, in Germanicus' Abwesenheit die II. und XIV. Legion geführt haben. Ihm „ob
res cum Germanico gestas" die Triumphalinsignien zu verleihen, s. Ann.
I, 72, wird doch noch genug Anlass gewesen sein. 2) Vgl. Dio LVII, 6.
3) Vgl. Tac. Ann. IV, 5. 4) Das ergiebt sich aus der Erwähnung der
Flotte: pedes eques classis apud amnem convenere. Natürlich muss an
seetüchtige Schiffe gedacht werden.

So weit sind die Nachrichten, welche uns der grösste Geschichtsschreiber der Römer über diesen Zug hinterlassen hat, klar und mit den geographischen Verhältnissen der Gegend vereinbar. Die Erzählung des ferneren Verlaufes des Feldzugs ist aber zwar reich an ergreifenden Schilderungen, doch in sich unzusammenhängend und selbst nicht ohne Widersprüche. Hier ist der Hypothese ein weiter und auch viel benutzter Spielraum vergönnt.

Den Nachrichten zufolge, welche uns sonst über die Kriege der Römer gegen die Völkerschaften in diesem Theil Germaniens vorliegen, musste Germanicus, indem er von dem Bructererlande weiter gen Osten vorrückte, auf die Marsen stossen. Auch ihr Gebiet lag zwischen Lippe und Ems, so dass es, obwol Caecina schon darin gehaust, durch den Verwüstungszug mit heimgesucht sein kann. Doch ist es auch möglich, dass dieses Ländchen von Caecina besetzt gehalten, und dann von dem römischen Heere nordwärts umgangen wurde. Denn der eigentliche Zug galt den Cheruskern, und es scheint so, als ob Germanicus diese von Norden, wie einst Drusus und Tiberius die Sigambrer, umfasst hat [1]) und so bändigen wollte. Den Angegriffenen wäre dann, da der Westen durch das römische Germanien und das besetzte Marsenland, der Süden durch die Chatten, der Norden durch das römische Heer versperrt, nur der Ausweg nach Osten geblieben, wo aber auch die Langobarden und Semnonen schwerlich gute Aufnahme gewährt hätten. Wirklich hören wir, dass die Cherusker später nach dieser Seite hin dem römischen Stoss ausweichen wollten [2]). Auch würde jener Plan die Richtung der Kriegszüge erklären. Anfangs war versucht vom Süden durch

---

1) Bei genauem Anschluss an Tacitus' Text spricht dagegen nur, dass der Teutoburger Wald aufgesucht wird in unmittelbarem Anschluss an die Verwüstung des Landes zwischen Ems und Lippe. Dahingegen lässt sich die Reihenfolge, in der die Lagerplätze des Varus betreten wurden, für den Vormarsch vom Norden aus, etwa an der Weser herunter, anführen. Die dargelegten politischen und strategischen Verhältnisse und besonders auch die frühere Bekriegung der Sigambrer in ganz ähnlicher Weise unterstützen ferner meine Annahme. 2) Tac. Ann. II, 19.

die Chatten und gleichzeitig vom Westen durch die Marsen vorzudringen. Dieser Angriff war aber an dem Widerstande der ersteren, die augenscheinlich, so wenig befreundet sie auch den Cheruskern waren, den Durchzug verwehrt, gescheitert. Nun bot sich allerdings ein Vormarsch nur von Westen dar: hier hatten die Römer an ihrem Grenzwall und dem dahinter liegenden Gebiet eine treffliche Operationsbasis, die dem Rhein nahe lag und leicht zu erreichen war. Allein ein Vorstoss von hier hätte die Cherusker zum Zurückweichen nach Norden, auf die den Römern befreundeten Chauken gebracht, und ihre Unterwerfung auf solche Weise erschwert. Auch wären, bei einem Vormarsch von der obern Lippe aus, die westlichen Völkerschaften, die Verbündeten der Cherusker, nicht mit betroffen worden, was doch, falls das Land wieder unterworfen werden sollte, geschehen musste. Ein concentrischer Vormarsch vom Westen aus vereinigte vielfache militärische und politische Vortheile: durch ihn mussten alle Völkerschaften betroffen werden, die früher am Aufstande theilgenommen; die Chauken wurden auf solche Weise beschützt und in der Treue befestigt; die rückwärtigen und beide Seiten-Verbindungen waren durch diesen Zug von Westen gedeckt, wodurch die Verpflegung erleichtert war; die Cherusker wurden von allen Verbündeten abgedrängt und von drei Seiten aus umfasst; und endlich: eine solche Richtung des Zuges gestattete, die Flotte als Operationsmittel zu verwerthen, wodurch, des Gepäckes und der Verpflegung wegen, die Schwierigkeit der Märsche ganz bedeutend erleichtert und, zumal da es an Transportmitteln fehlte [1]), die Möglichkeit rascheren Vordringens gegeben wurde. Dieser letztere Vortheil war so gross, dass er nach Tacitus allein schon entscheidend für den Angriffsplan gewesen sein soll [2]).

Die Römer werden also vom Norden, oder vielmehr, da sie ihre Flanke decken und eher zum Angriff kommen mussten, als sich ihre ganze Linie entwickelt, von Nordwesten aus gegen die Cherusker vorgedrungen sein.

Die Cherusker, unter Arminius' Führung, zogen ihr Aufgebot zusammen. Die Römer werden dasselbe vor sich her-

---

1) — fessas Gallias ministrandis equis.   2) Tac. Ann. II, 5.

geschoben und vergebens eine Schlacht erstrebt haben, um
das ihnen sehr wol bekannte Uebergewicht ihrer Waffen [1])
geltend zu machen. So kam Germanicus bis in das Cheruskerland, bis in die Gegend, wo die drei Legionen des Varus vernichtet.

Germanicus brauchte die Unglücksstätte nicht aufzusuchen [2]):
Tiberius hat es ihm verdacht, dáss er es gethan. Aber das
Gemüth des jungen Feldherrn wurde von einem wehmüthigen
Verlangen ergriffen, den Erschlagenen die letzte Ehre zu er-
weisen. Er gab dem nach. Caecina wurde vorangeschickt,
Germanicus selbst folgte mit der Masse des Heeres. Da trafen
die Römer, augenscheinlich weil sie vom Norden her schon in
das Cheruskerland eingedrungen, zuerst auf das Lager, wo
die noch fest geschlossenen Legionen des Varus den ersten
Angriff zu erleiden hatten. Weiter vorschreitend, stiess das
Heer auf die Stätten, wo noch Widerstand versucht; wo
dieser endlich aufgegeben; wo die Legionen vernichtet waren [3]).
Germanicus zog also, augenscheinlich mit Abänderung seiner
Marschroute — wodurch sich auch der Unwille des Tiberius
erklärt — von Osten gen Westen, bis in die Nähe von Aliso [4]),
um die Unglücksstätten aufzusuchen. Er wird umgekehrt sein
müssen, um die Verfolgung des Arminius wieder aufzunehmen.
Endlich erreichte er ihn, und es kam zu einem Treffen, dessen
Ausgang zweifelhaft war [5]). Bald darauf wurde, gewiss unter
Berücksichtigung des herannahenden Winters, der Rückmarsch
angetreten.

Das Heer wurde zu diesem Zweck getheilt. Ein hoher
Reiteroffizier, der L. Stertinius, war vorgesandt, um einen

---

1) Tac. Ann. II, 5.   2) „Igitur cupido Caesarem invasit" und „in
quo dicebantur" durfte sicher nicht gesagt werden, wenn auf dem vorge-
zeichneten Wege die Gegend erreicht wurde.   3) Es ist eitel Wort-
klauberei oder Entstellung des Sinns, wenn behauptet wird, Tacitus' Bericht stehe der Annahme, dass Germanicus von Westen nach Osten gerückt
sei und somit das letzte Lager zuerst erreicht habe, nicht entgegen.
4) Vgl. Ann. II, 7.   5) Nach Dio LVII, 18 fand ein Treffen, das aber
für die Germanen günstig gewesen, vor dem Besuch des Unglücks-
feldes statt.

Bruder des Segestes, den Segimer, mit Blutsfreunden aufzunehmen. Er führte dieselben, und damit einen weiteren, wol
den letzten Theil der römischen Partei im Cheruskerlande,
über den Rhein. Es ist anzunehmen, dass dem Stertinius,
um sie zurückzuschaffen und zur Abwehr etwaiger Angriffe,
nicht unerhebliche Streitkräfte und jene Reiterei [1]) mitgegeben
wurden.

Wichtiger war der Rückzug der geschlossenen Legionen.
Für ihn mussten verschiedenartige Rücksichten massgebend sein.

Der Rhein war von Truppen entblösst: alle acht Legionen
standen in Feindesland. Da nun ein rasches Vorbrechen der
Cherusker, sogar ein, mit Umgehung der Rückzugslinie be-
wirktes Zuvorkommen am Rhein [2]) für möglich gehalten wurde,
so musste der Rückmarsch des Heeres zugleich auf die Deckung
der Provinz Bedacht nehmen. Diese Aufgabe fiel Caecina mit
seinen vier Legionen des Untern Germaniens zu. Er sollte
vermuthlich in ziemlich gerader Linie, etwa über Aliso, seinen
Marsch auf den Rhein zu richten [3]). Germanicus machte ihn
darauf aufmerksam, er möge rechtzeitig die von L. Ahenobarbus
angelegten s. g. Langen Brücken, zweifelsohne brückenartige
Dämme, zu erreichen suchen, um sie für seinen Zweck zu
benutzen. Wo dieselben gelegen, wird nicht gesagt, und alle
neueren Untersuchungen haben sich nutzlos abgemüht es zu
erweisen. Da aber Ahenobarbus diese Verkehrsstrassen, welche

---

1) Dadurch mag sich auch erklären, dass Caecina, wie doch aus dem
letzten Satz von Ann. I, 67 angenommen werden muss, keine Reiterei
hatte, während „pars equitum" am Ocean hin marschierte. Nach I, 60 und
der ganzen Erzählung ist anzunehmen, dass keine Reiterei eingeschifft
wurde. 2) Vgl. Ann. I, 63 u. 69. 3) Dass Caecina sich erst an der,
doch gewiss untern Ems vom Germanicus getrennt, braucht, selbst bei
strenger Festhaltung des Wortlautes, nicht aus Ann. I, 63 gefolgert zu
werden, zumal in diesem Falle die Rückzugslinie, deren Bedrohung gefürchtet wurde, lange Zeit ganz ungedeckt gewesen wäre. Auch ist es
kaum glaublich, dass Arminius mit seinen Schaaren dem römischen Heere
durch ein ganz ausgesogenes Feindesland gefolgt sein sollte. — Dass
unter „exercitus" die Legionen des Germanicus zu verstehen, ergiebt sich
aus dem Gegensatz zu Caecina, qui suum militem ducebat, und der daher
auch besondere Verhaltungsmassregeln bekam: „monitus".

leicht gebaut, und daher jetzt nach etwa fünfzehn Jahren bereits ganz verfallen waren, vermuthlich errichtet hatte, als er versuchte auf die inneren Verhältnisse der Cherusker einzuwirken, so ist anzunehmen, dass dieselben weit nach Osten, etwa zwischen den Anfängen der Lippe und Ems, vorgeschoben waren [1]).

Ausser dieser Deckung des Rheins, musste Germanicus, indem er seinen Rückzug begann, sicher auch bedacht sein, einzelne Truppentheile wieder aufzunehmen, durch welche seine rückwärtigen Verbindungen gedeckt waren. Aus diesem Grunde und aus Rücksicht auf die Verpflegung, werden die vier Legionen des Obern Germaniens mit der nach Stertinius' Abzuge noch verfügbaren Reiterei auf dem Wege, den sie gekommen, zurückgegangen und so wiederum zur untern Ems gekommen sein [2]). Die Reiterei sandte Germanicus alsdann der Küste des Meeres entlang, wie auf dem Hinmarsch, nach dem Rhein zurück. Von den Legionen wurden zwei, die XIII. und XVI., eingeschifft und ebenfalls auf dem früheren Wege, also mit Benutzung der Landseen in der Nähe der Küste, zurückgebracht. Germanicus scheint sich diesem Heerestheil angeschlossen zu haben. Es wird uns erzählt, die beiden andern Legionen, II. und XIV., seien, wie die Reiterei, unter dem Befehl von P. Vitellius, um die Flotte zu erleichtern, ebenfalls am Meere hin gen Westen gezogen [3]). Eine andere Angabe desselben Berichtes besagt aber, diese Legionen seien gen Osten marschiert. Sie sollen, nach Ueberwindung grosser Gefahren, an der Weser [4]) die Flotte erreicht haben. Die

---

1) In Betreff der Bodenbeschaffenheit vgl. Clostermeier, Wo Hermann den Varus schlug, S. 76 ff.   2) Die durch den Zusammenhang der Ereignisse so unverständliche Stelle lautet Ann. I, 63: mox reducto ad Amisiam exercitu, legiones classe, ut advexerat, reportat.   3) Nach dieser Auffassung ist anzunehmen, dass Ann. I, 70: quas navibus vexerat, auf den Hinzug zu beziehen ist; doch steht sie alsdann mit der obigen Stelle in einem noch stärkeren Widerspruch, als es so schon der Fall. — Die Richtung nach Westen ergiebt sich aus der Rechtfertigung des Landweges, Erleichterung der Flotte.   4) Der Med. hat deutlich: ad amnem uisurgin. Demnach halte ich es für sehr bedenklich mit Ritter und Orelli

Richtung dieses Marsches würde durch die Nothwendigkeit, den Chauken Schutz zu gewähren, erklärlich sein. Die beiden Nachrichten sind völlig unvereinbar, und vermehren so den Verdacht gegen eine Erzählung, deren erstes Wort ohnehin gleich mit der spätern Darlegung in offenem Widerspruch steht[1]). Genug: Germanicus brachte, ohne von Arminius verfolgt zu werden, die Reiterei und die vier Legionen des Obern Germaniens mit Benutzung des Seewegs zurück, wobei die II. und XIV. Legion, bevor sie eingeschifft, durch eine Springflut in Gefahren kamen, denen sie nur nach schweren Verlusten entrannen. Seine Schilderungsgabe hat aber Tacitus verführt, auch hier stark zu übertreiben.

Den kürzeren, aber wegen der Nähe der Feinde gefahrvolleren Weg zum Rhein hatte Caecina. An seine Fersen hing sich Arminius, dem zweifelsohne, da der Feind noch in ihrem Lande stand, das gesammte Aufgebot seiner und der benachbarten Völkerschaften zur Verfügung stand. Die Ueberzahl, die er hierdurch erlangt, wird der Cheruskerfürst benutzt haben, als er den römischen Legaten beim Ueberschreiten und Repariren der Langen Brücken angriff. Unter schwerem

---

anzunehmen, es müsse eigentlich Amisiam stehen. Es passt alsdann wiederum die Begründung: quo levior classis vadoso mari innaret vel reciproco sideret, nicht. Viel annehmbarer erscheint mir der Vorschlag von Nipperdey, Visurgin als Randglosse eines der Gegend Unkundigen anzusehen, so dass also der Fluss, der gemeint, nicht genannt sei. Dieser müsse aber, wie schon oft gesagt ist, die Hunte sein. Gegen diese Ansicht möchte aber sprechen, dass die Wirkung des Sturms auf die Flotte, die ihn doch auch zu ertragen hatte, nicht erwähnt wird, und dass die Legionen jetzt doch noch auf der Flotte aufgenommen werden konnten. — Da Tacitus in der Germania von den Flüssen im Innern des Landes nur die Elbe erwähnt, und auch noch hervorhebt, dass nur der Name gehört werde, muss man, zumal wenn die Erzählung so manche Unklarheiten wie hier darbietet, mit seinen Flussnachrichten sehr vorsichtig sein.
1) Um diesen zu beseitigen hat Nipperdey vorgeschlagen legiones — reportat, s. oben S. 151 N. 2, zu tilgen. Allein der Gegensatz zu: pars equitum litore Oceani petere Rhenum jussa, fordert: classe, ut advexerat. Will man den Bericht einigermassen glaublich machen, so sind aber noch die Conjecturen von Nipperdey zu C. 63 u. 70 am annehmbarsten.

Verlust bewirkten die Römer ihren Rückzug und die Errichtung des schützenden Lagers. Als die Germanen aber auf dieses einen Sturm versuchten, wurden sie, obwol Caecina empfindlich den Mangel an Reiterei verspürte, zurückgeschlagen und erlitten nun ihrerseits eine nicht unerhebliche Niederlage. Bald darauf wird Caecina den Grenzwall erreicht und überschritten haben. Dann gelangte er ohne weitere Gefahr an den Rhein, wo man seinetwegen schon in Sorge war.

Ein Feldzug war beendet, der mit grossen Mitteln unternommen. Germanicus wird, auch wenn die Legionen nicht vollzählig waren, an der Spitze von mehr als 80,000 M. bis zu den Cheruskern vorgedrungen sein. Entsprach aber der Erfolg solchen Anstrengungen? Die Römer konnten sich keiner bedeutenden Kriegsthat rühmen. Auch scheinen sie in dem noch unabhängigen Lande zwischen Lippe und Weser keinen festen Fuss gefasst zu haben, wenn vielleicht auch die Bructerer und andere Völkerschaften nahe am Grenzwall und östlich von der Ems Unterwerfung versprochen. Der Feldzug des folgenden Jahres mag dadurch erleichtert sein: aber so wenig war erreicht, dass derselbe im allgemeinen genau in der Gegend beginnen musste, wie im Vorjahr.

Begreiflich genug, dass Tiberius mit diesem Verfahren wenig zufrieden war. Früher hatten, mit Ausnahme der Sigambrer, die nichtsuebischen Völkerschaften zwischen Rhein und Elbe ihm und seinem Bruder keinen Widerstand entgegengesetzt, und dadurch die Hoffnung geweckt, wie die Erwerbung so werde auch die Behauptung der Herrschaft leicht sein. Aber die Niederlage des Varus hatte alles geändert und die Germanenfurcht in ganzer Stärke wieder aufleben lassen. Wie berechtigt sie war, zeigten die Feldzüge des Germanicus, der, trotz seiner grossen Machtmittel, gegen den rasch organisierten Widerstand der Feinde nicht mehr auszurichten wusste als eine Züchtigung, die der eignen erheblichen Verluste wegen nur einen sehr zweifelhaften Werth hatte.

Indessen liess sich Germanicus, nachdem er, zunächst nur um die aufrührerischen Legionen zu beschäftigen, den Krieg wieder aufgenommen, durch die Schwierigkeiten und bisherigen Misserfolge nicht abschrecken. Der Feldzug des folgenden

Jahres erscheint so recht eigentlich als sein Werk, das Tiberius, trotz steten Tadels, aus Rücksicht auf die eigne Stellung geschehen lassen musste. Daher wäre Germanicus auch fast in verhängnissvoller Stunde der schweren Verantwortung erlegen, die er auf sich genommen [1]). Einstweilen aber sann er auf neue und grössere Mittel, um zu dem ersehnten Ziele zu kommen.

Die Gefahren, welche Caecina zu überwinden hatte, auch Rücksichten auf die Verpflegung und eine rasche Verwendbarkeit der Truppen, bewogen den Feldherrn, die Flotte noch mehr als bisher mit in den Bereich seiner Operationen zu ziehen.

In dem Winter von 15 auf 16 n. Chr. wurden grosse Zubereitungen gemacht. Die bedeutende Rheinflotte stand zur Verfügung. Ausserdem wurden aber noch viele neue Schiffe, zum Theil von eigenthümlicher Beschaffenheit, gebaut, um in dem bevorstehenden Kriege, sei es zur Fortschaffung der Truppen, sei es für den Proviant und das Kriegsgeräth verwandt zu werden. Tausend Schiffe schienen jedoch zu genügen. Die Inseln der Bataver wurden als Sammelplatz verkündet.

Möglichst früh sollte der Feldzug beginnen. Es scheint jedoch, dass die Germanen durch einen Angriff auf ein römisches Castell an der Lippe, zweifelsohne Aliso, das Auslaufen der Flotte verzögert haben. Germanicus war, während die Schiffe schon zusammengebracht wurden, und während mindestens schon zwei Legionen des Obern Germaniens am untern Rhein eingetroffen, genöthigt zum Ersatz herbeizueilen. Das geschah mit sechs Legionen: wobei es aber zweifelhaft sein mag, ob nicht etwa zwei derselben ohnehin bis zur Lippe vorrücken sollten, um von da den Marsch zu beginnen. Gleichzeitig musste der Legat Silius mit leichten Truppen einen neuen Einfall in das Land der Chatten machen. Derselbe hatte einen andern Charakter als die früheren ähnlichen Züge: es kann sich nicht um den Versuch gehandelt haben, von hier aus zu den Cheruskern vorzudringen. Vermuthlich war ein Doppeltes bezweckt: einmal sollten wol die Belagerer Alisos in der linken Flanke bedroht und dadurch zum Rückzuge

---

1) Ann. II, 24: — cum se tanti exitii reum clamitaret.

gebracht werden, dann aber galt der Zug auch wol einer stärkern Deckung des linken Rheinufers, dem nur hier in den
Chatten unbezwungene Germanen nahe standen. Eine Sicherung gegen sie war um so mehr geboten, als der Grenzfluss
fast von Truppen entblösst, um sie im Innern Germaniens zu
verwenden. Silius sollte vermuthlich die früher genommene
Stellung auf dem Taunus noch mehr befestigen und die Chatten,
indem er ihr Land verheerte, zurückdrängen. Letzteres konnte
hier, als Folge einer Besitzstörung eher erwartet werden als
anderswo, wenn die Chatten noch nach altsuebischer Weise,
die keinen festen Grundbesitz zur Voraussetzung hatte, Ackerbau trieben.

Grosser Thaten konnte sich, infolge dieses Frühlingsfeld-
zuges, weder der Germanicus, noch der Silius rühmen. Dieser
musste sich mit gewöhnlichem, und nicht einmal ergiebigem
Beutemachen begnügen: das doch eigentlich unwürdig für die
woldisciplinierten römischen Truppen war. Das grosse Heer
aber des Germanicus hatte zweifelsohne zunächst, obwol es
sich auf römischem Gebiet bewegte, grosse Schwierigkeiten
zu überwinden, weil die Wege, vielleicht auch durch Regen
aufgeweicht, gründlich schlecht waren. Als es dann endlich
an der Lippe erschien, hatten die Feinde, die sich nicht durch
grosse Proviantzüge versorgen konnten, die Belagerung längst
aufgegeben. Germanicus blieb, wenn er seine Schiffe benutzen
wollte, nichts übrig, als sein Heer, oder mindestens den grössten
Theil desselben, wieder zurückzuführen. Doch liess er damals
„das ganze Land zwischen dem Castell Aliso und dem Rhein
durch neue Grenzwälle und Dämme befestigen". Es geschah
das augenscheinlich um den Zugang zu dem so eben bedroht
gewesenen Punkt zu erleichtern, und um die Vertheidigungs-
fähigkeit des Landes, dessen Schutz jetzt nicht, wie das vorige
Mal, entscheidend für Aufstellung und Verwendung der Hälfte
des Heeres sein sollte, auf zweckmässige Weise zu erleichtern.

Jetzt endlich, nachdem sicher schon ein Theil der günstigen
Jahreszeit verflossen, konnte der eigentliche Feldzug beginnen.
Die Flotte war vereinigt, die zahlreichen Schaaren der Bundesgenossen hatten sich eingefunden. Durch den Drususcanal
und die Seen fuhr Germanicus in den Ocean, dann, der Küste

entlang, bis zur Ems. Hier wurden, und zwar am linken
Ufer, die Truppen ausgeschifft und dann über Brücken, welche
auch wol der Sicherung des Rückzuges und der leichteren
Proviantzufuhr wegen erforderlich waren, über den Fluss geführt. Das Aufgebot der Chauken schloss sich wiederum an.
Das Heer wird sodann, wol auf noch vom Vorjahre bekannten
Strassen, nach Südosten vorgedrungen sein. Falls, wie doch
glaublich ist, einige Legionen vom Grenzwall aus den Feldzug begonnen haben [1]), werden sich dieselben im Lande der
Bructerer dem Hauptheer angeschlossen haben. Der Feldzugs-
plan wird, wie früher, auf eine Bedrängung der Cherusker von
zwei Seiten her gerichtet gewesen sein. Dabei waltete aber
wol die Absicht vor, die hartneckigen Feinde entweder ganz
zu vernichten [2]), oder nach Osten zu, über die Elbe zu
drängen [3]).

Die Bructerer, die Marsen und andere Völkerschaften
scheinen keinen Widerstand versucht zu haben. Ja auch der
westliche Theil der Angrivarier [4]), die nächsten Nachbarn und

---

1) Vgl. Wietersheim in Abhandlungen der Sächs. Gesellsch. der
Wissensch. II, 441. Insbesondere ist auch zu beachten, dass einige Legionen auf dem Landwege zurückgesandt und dass trotzdem die 1000 Schiffe
gebraucht wurden.   2) Ann. II, 21: orabat, insisterent caedibus, nil opus
captivis, solam internecionem gentis finem bello fore. Das erinnert an die
Sigambri excisi (XII, 39): und wenn hier irgend ein Plan vorlag, so konnte
es eigentlich nur der eines ähnlichen Verfahrens wie gegen die Sigambrer
sein. Zurückdrängen über die Elbe wäre aber so ziemlich dasselbe gewesen, wie Vernichtung oder Fortführung. Vgl. auch II, 13: sumpturum
militem Germanorum agros.   3) Ann. II, 19: qui modo abire sedibus,
trans Albim concedere parabant. — Diese Worte können doch nach der
Auffassung der Römer nur heissen: welche so eben noch den Preis des
Sieges uns überlassen wollten; vgl. vorige Note.   4) Hier Ampsivarii
zu setzen, wie u. a. Nipperdey vorschlägt, halte ich für völlig unmöglich.
Im Angesicht der Feinde sollte Germanicus seinen doch wol besten
Reiteroffizier mit beträchtlicher Mannschaft weit über den Ausgangspunkt
seines Marsches hinausgesandt haben: und dieser Offizier sollte doch
noch wieder zur rechten Zeit zum Heere zurückgekehrt sein, um einen
Hauptantheil an der Schlacht zu nehmen? Auch hätte Germanicus dem
Abfall des weit entfernten Völkchens sicher einen viel zu hohen Werth
beigelegt, wenn er dieserhalb den Vormarsch seines gesammten Heeres

Stammesgenossen der Cherusker hat sich den Römern, vielleicht ohne Schwertstreich, unterworfen. Vermuthlich konnte dadurch das Land der Cherusker auch vom Süden her umspannt werden, und ihnen wird, indem sich die Römer hier festsetzten, ein Theil ihres eignen Gebietes mit seinen Hülfsquellen entzogen sein. Dieser Vortheil wurde für das römische Heer freilich dadurch etwas gemindert, dass die Deckung des Rückens im Angesicht der nahen Feinde zugleich schwieriger und wichtiger geworden. Sie verspürten es sofort: kaum wird Germanicus wiederum vorgerückt sein, als ihm, da er gerade, wol zum ersten Mal nach der Unterwerfung der Angrivarier, für die Truppen das Lager absteckte, schon der Abfall jener gemeldet wurde. Er sandte den Stertinius aus, um sie mit Feuer und Schwert zu strafen. Es war wol eine Gunst des Geschickes, dass das Heer noch so nahe stand: sonst wäre dasselbe wahrscheinlich gerade zu dem Zeitpunkt durch Absendung einer Truppenmacht, deren Grösse doch dem hohen Range des Führers entsprechen musste, geschwächt worden, als es galt, alle Kräfte gegen die nahen Cherusker zusammen zu halten. Denn damals scheint die Weser, vermuthlich gerade im Lande der Angrivarier, erreicht zu sein: und sie trennte das Heer des Germanicus von dem des Arminius.

Nach leichten Plänkeleien wurde der Fluss überschritten. Die Germanen wichen zurück, erwählten dann aber ein günstiges Terrain, um sich in offener Feldschlacht mit den Römern zu messen. Die Ebene wird „Idistaviso" genannt [1]). Sie lag vermuthlich zwischen Weser und Leine, etwa nördlich von

---

gegen die Cherusker aufgehalten. Und vor allen Dingen: die uns bekannten ethnographischen Verhältnissen nöthigen in keiner Weise, von der unzweifelhaften handschriftlichen Ueberlieferung abzugehen. Nur muss man annehmen, dass mit „metanti castra Caesari nuntiatur" ein Ereigniss in der Nähe der Weser und nicht der Ems erwähnt wird, wogegen sich aus dem Zusammenhange gar nichts sagen lässt, weil die Nachricht ganz vereinzelt dasteht. Ich würde sie auch zum folgenden Capitel ziehen. — Vgl. auch unten.   1) So die Handschrift. Grimm erklärte zuerst: Schimmerwiese, dann, nachdem in den Merseburger Gedichten sein romantischer Zug einen Anhalt gefunden: Elfenwiese, wozu aber die Lesart in Idisiaviso geänderrt werden musste.

Minden. Da kam es zur Schlacht, in der die Ueberlegenheit der römischen Waffen einen vollständigen Sieg errang. Arminius selbst, so erzählte man sich, wäre gefangen worden, wenn die Chauken, denen wol mehr germanische Vaterlandsliebe zugetraut wurde als sie hatten, ihn nicht hätten entwischen lassen.

Endlich konnte sich Germanicus, anstatt unwesentlicher Beutezüge, eines glänzenden Erfolges rühmen. In offener Feldschlacht hatte er Varus und seine Legionen gerächt. Mit Nichten war dadurch aber der frühere Zustand wieder hergestellt: und doch musste sich der Feldherr sagen, dass ohne Erreichung dieses Zieles seine kostspieligen und gefahrvollen Kriegszüge sich eigentlich nur als eine neue Schwächung infolge der varianischen Niederlage darstellten. Zunächst aber benutzte Germanicus den Sieg, um dem militärischen Selbstbewusstsein genüge zu thun. Er liess, zum Zeichen der gewonnenen Hauptschlacht, den Tiberius auf der Wahlstätte als Imperator ausrufen, und ein mit den Namen der geschlagenen Völkerschaften geziertes Siegeszeichen aufrichten. Hierdurch wurden, so wird, vielleicht nach dem prunkenden Bericht des Feldherrn selbst, erzählt, die geschlagenen Germanen in äusserste Erregung gesetzt, die von Tacitus mit wenigen kräftigen Worten geschildert wird. Sollte aber der Grund des heftigen Widerstandes, zu dem die Cherusker sich noch plötzlich aufschwangen, von den civilisierten Römern nicht in ganz andern als in den wirklich massgebenden Dingen gesucht sein? Die Römer haben zweifelsohne in der Aufrichtung des Siegeszeichens eine Schmach für die geschlagenen Völkerschaften gesehen: doch kann billig bezweifelt werden, ob den Germanen diese Bedeutung nicht gerade so fremd gewesen wie die Buchstaben und Worte, welche dem Denkmal von den Römern angeheftet. Sie werden sich vielleicht gefreut haben, dass die Feinde die ihnen abgenommenen Waffen auf jenen Hügel zusammengetragen, der binnen ganz kurzer Zeit, wie der im Vorjahr den Legionen des Varus errichtete Grabhügel, ihrer Zerstörung wiederum anheim fallen musste.

Ein anderer Grund als die Verletzung des nationalen Ehrgefühls durch die Errichtung des Siegeszeichens wird vorge-

legen haben, um Alt und Jung, Vornehm und Gering ver-
zweiflungsvoll zu den Waffen greifen zu lassen. Nach der
verlornen Schlacht werden die Cherusker, wie ohnehin anzunehmen ist, aber auch aus der Ueberlieferung geschlossen
werden muss [1]), nach der Elbe zu zurückgewichen sein. Von
Norden und Westen rückten wol 100,000 Feinde gegen sie an:
im Süden aber war das Land der feindlichen Chatten und
der Angrivarier, die sich den Römern angeschlossen. Aber
auch nach Osten zu wird dem geängstigten Volke der Weg
verlegt sein: denn die Sueben, die hier wohnten (zunächst
Langobarden und Hermunduren), werden wenig Neigung gezeigt haben, den Ertrag ihres Ackerbaues, der nicht auf Er-
zielung eines Ueberschusses gerichtet sein konnte, mit einer
ganzen, nicht verwandten, wenn auch vielleicht schon befreundeten Völkerschaft zu theilen. Aus diesem Grunde wird sich
an den äussersten Grenzen des Cheruskerlandes jener er-
bitterte Kampf entwickelt haben. Es galt, da die Römer keinen Pardon gaben, mit der letzten Scholle des heimathlichen
Bodens das nackte Leben zu vertheidigen. Und so kam es
denn auch, vermuthlich an der untern Aller oder einem Neben-
flüsschen derselben, zu einer zweiten Schlacht.

Bei der Bestimmung der Stätte, wo der letzte Widerstand
versucht werden sollte, hat es den Cheruskern vielleicht, ausser
der Rücksicht auf ihre Kampfesweise, auch nicht an politischen Erwägungen gefehlt. Die Angrivarier waren freilich
von den Römern unterworfen: allein sie hatten sich auch bereits
unzuverlässig gezeigt. Jetzt stellten die Cherusker auf einem
von jenen als Grenzscheide gegen sie aufgeworfenen Damm
ihre Hauptmacht auf. Das kann kaum ohne Willen der Angrivarier geschehen sein: denn wenn diese wirklich treue Verbündete der Römer gewesen, so hätten sie eine solche Aufstellung auf ihrem Gebiet nicht dulden dürfen. Die Cherusker
aber knüpften von neuem die verwandte Völkerschaft an ihr
Interesse, indem sie ihrer Thatenlosigkeit die Deckung ihres
Rückens anvertrauten.

Heiss wurde sodann um den Wall der Angrivarier ge-

---

1) — trans Albim concedere parabant.

stritten. Ja, die Schlacht scheint wesentlich auf deren Gebiet geschlagen zu sein. Sie ging, trotz grosser Tapferkeit, trotz heftigen Ungestüms, wie die frühere, für die Cherusker verloren.

Nun aber war Germanicus auch an der östlichsten Grenze des Cheruskerlandes angekommen. Sollte er noch weiter vorrücken und etwa die wilden Langobarden angreifen, die auch früher von den Römern schwerlich unterworfen? Wäre nicht dadurch vielleicht gar ein Zusammenstoss mit Marobod zu befürchten gewesen? Germanicus begnügte sich mit den erzielten Erfolgen. Durch die Errichtung eines zweiten Siegesdenkmals wurde dem römischen Stolz, der die hohe Bedeutung eines solchen Werkes sich und der Welt vor kurzem erst erklärt hatte, ein neues Opfer gebracht. Eine Inschrift verkündet, dass das Heer des Tiberius Caesar, nachdem es die Völker zwischen Rhein und Elbe [1]) besiegt, dieses Denkmal dem Mars, dem Jupiter und dem Augustus gewidmet habe.

Die Inschrift bekundete, in Uebereinstimmung mit den Zusagen, die den wegen der Zwecklosigkeit des Krieges wol nicht ohne Grund missmuthigen Soldaten gegeben waren [2]), dass der Feldzug nun beendet sei. Es galt nur noch die Angrivarier für ihre Treulosigkeit zu züchtigen. Wie früher wurde auch jetzt Stertinius dieserhalb abgesandt. Er hatte aber leichte Arbeit: die Angrivarier unterwarfen sich alsbald von neuem, was, da die Römer den Rückzug antreten wollten, hoch erwünscht gewesen sein wird. Sie scheinen auch bekannt zu haben, durch welche Künste sie zu ihrem zweifelhaften Benehmen in den letzten Kämpfen der Cherusker gebracht, und da erhielten sie, so wird, und der Sachlage gegenüber ist nicht daran zu zweifeln, uns erzählt, von Germanicus volle Verzeihung [3]).

Das Heer wurde auf gleiche Weise zurückgezogen als im Jahr 15. Einige Legionen schlugen den Weg nach dem

---

1) Der Ausdruck „inter Rhenum Albimque" muss hier, wie auch sonst, auf die dort wohnenden nichtsuebischen Völkerschaften bezogen werden.
2) Ann. II, 14.   3) So wird auch dieser Zug sehr einfach mit dem Gang des Krieges verflochten.

Grenzwall ein und werden die neu ausgebesserten Wege südlich von demselben benutzt haben, um an den Rhein zu ziehen.
Nachdem die Cherusker nun wiederholt so schwere Niederlagen erlitten, ist durch sie sicher nicht, wie im Vorjahre, der
Rückmarsch bedroht. Den andern, grössern Theil des Heeres
führte Germanicus auch jetzt zur Ems zurück, um ihn von
neuem einzuschiffen. Die Flotte hatte sodann, vermuthlich
als sie soeben den Occan erreicht, einen sehr heftigen Sturm
zu erleiden. Viele Schiffe scheiterten oder wurden an unbekannte Küsten getrieben, so dass das Heer durch diese Ungunst
der Witterung wol grössern Schaden erlitt als früher durch
das Schwert der Feinde. Die Trireme des Germanicus wurde,
indem sie wol ostwärts trieb, an das Gestade der Chauken
geworfen. Erst nach und nach wird der Feldherr seine stark
gelichteten Heerestheile [1]) an den Mündungen des Rheins
wiederum gesammelt haben, um sie stromaufwärts zu führen.

Die Truppen sollten noch in demselben Herbst zu neuen
Unternehmungen verwandt werden, für welche Tacitus Gründe
angiebt [2]), die wol nur zeigen, dass auch er schon sich dieselben nicht recht zu erklären vermochte.

Die vier Legionen des Obern Germanicus werden wol
eiligst wieder in ihre Standquartiere geführt sein, um sie bald-
möglichst durch C. Silius den Chatten entgegen zu werfen.
Diese haben vielleicht die Abwesenheit der Truppen benutzt,
um die römische Stellung auf dem Taunus anzugreifen. Der
Legat wird sie dafür mit den 30,000 Legionssoldaten und
3000 Reitern, die er in ihr Land führte, gezüchtigt und auf
solche Weise den Erfolg früherer Feldzüge von neuem gesichert haben.

Schwieriger lässt sich ermessen, wesshalb Germanicus selbst

---

1) Dass Tacitus auch hier die Verluste stark übertrieben hat, ergiebt
sich allein schon aus den Zahlen, die er für die gegen die Marsen und
Chatten geführten Heere angiebt.   2) Sed fama classis amissae ut
Germanos ad spem belli, ita Caesarem ad coercendum erexit — offenbar
nur eine Redewendung, um zu den letzten Unternehmungen des Jahres 16
überzugehen.

mit einem noch grösseren Heere gleichzeitig einen Einfall in das Land der oft heimgesuchten Marsen machte, denn es ist doch kaum glaublich, dass es nur geschah, um einen Adler einer varianischen Legion, dessen Versteck verrathen sein soll, wieder in Besitz zu nehmen. Vielleicht hatten die Marsen eine Entblössung des Grenzwalles zu einem Einfall in das römische Gebiet zwischen Lippe und Rhein benutzt, und wurden nun mit Feuer und Schwert dafür bestraft. Auch mag die Stärkung einer römischen Partei, die bei dem Völkchen vorhanden war, und die eben das Versteck des Adlers verrieth, von Germanicus beabsichtigt gewesen sein. Keinenfalls hatte der Zug eine grosse oder nachhaltige Bedeutung.

Nun lag wiederum ein Kriegsjahr in Germanien hinter dem jugendlichen Feldherrn und seinem tapfern Heere. Es war wie die früheren reich an Opfern und Gefahren, doch auch nicht baar grosser Siege und blutiger Erfolge. Dem Feinde waren schwere Niederlagen beigebracht, und so hatte Germanicus Blut mit Blut, vielleicht noch reichlicher als die römische Waffenehre erforderte, gesühnt. Viel eher als im Vorjahre konnte jetzt von der Fortsetzung des Kriegs abgesehen werden. Dringender noch als früher wurde nun solches auch von Tiberius verlangt.

Und gewiss verfolgte der grosse Staatsmann auch hier eine einsichtige Politik, die den thatsächlichen Verhältnissen Rechnung trug. Kein Römer konnte sich grösserer Erfolge in Germanien rühmen. Tiberius selbst war es, der einst die Provinz, welche Germanicus jetzt wiedererobern wollte, dem römischen Staat erworben. Kein anderer durfte daher hier ein so competentes Urtheil für sich in Anspruch nehmen als der Kaiser selbst. Und dieses Urtheil fiel gegen die Verfolgung des unternommenen Versuches aus. Wol mag heute noch eine sentimentale Wiedergabe der überlieferten Worte dem staatsklugen, aber nicht liebenswürdigen Mann eine halb neidische, halb eigennützige Auffassung zum Vorwurf machen: aber die beglaubigte Geschichte erhärtet die Richtigkeit seines Urtheils, wenn er, wie uns erzählt wird, über die Thaten seines jugendlichen Neffen in Germanien geringschätzig sprach, ja sie als überflüssig, und selbst die siegreichsten Schlachten als verderblich für den römischen Staat bezeichnete [1]). Dem entsprechend verlangte Tiberius im Herbst 16 nun also auch bestimmt, und dringender als früher, dass der Angriffskrieg nicht wieder aufgenommen werde, vielmehr solle Germanicus zurückkommen, um nach dem Orient gesandt zu werden. Er hielt ihm vor, dass er selbst früher ohne grosse kriegerische Erfolge mehr erreicht habe, als jetzt gewonnen sei. Germanien sei verloren [2]); der römischen Waffenehre sei genüge geleistet; bei ihrer innern Zwietracht seien die Germanen den Römern nicht mehr gefährlich.

Gewiss war es ein hartes und schweres Ansinnen, das an den Germanicus gestellt wurde. Er sollte gerade jetzt, wo er sich einiger Erfolge rühmen konnte, die von nicht geringer Bedeutung scheinen mochten, den Schauplatz seiner Ehren verlassen. Durch sein wiederholtes Eindringen in ihr Gebiet muss die Abhängigkeit der friesischen Stämme, besonders der Chauken, eine stärkere geworden sein. Und wie hierdurch im Norden, so war auch in dem Lande zwischen Rhein und Lippe durch die stete Anwesenheit beträchtlicher römischer Heere, durch neue Befestigungen und Militärstrassen die römische Herrschaft neu, man mochte meinen: für immer befestigt. Dasselbe durfte auch wol für den Taunus angenommen werden, wodurch auch hier eine zum Angriff und für Vertheidigung feste Stellung gewonnen war. Gestützt aber auf diese jetzt weit günstigeren militärisch-politischen Verhältnisse — so konnte Germanicus argumentieren — werde sich hinfort die durch Varus' Niederlage verlorene Provinz leichter behaupten lassen: sobald sie nur erst einmal vollständig und ganz unterworfen. Dazu aber sei gerade jetzt gute Aussicht. Die Niederlage der Cherusker sei so schwer und blutig gewesen, dass mit ihnen vermuthlich baldigst verfahren werden könne, wie einst mit den Sigambrern. Andere Völkerschaften, Brueterer, Marsen, seien nicht weniger heimgesucht; es sei

---

1) Suet. Tib. c. 52. Augenscheinlich sind die Erfolge in Germanien gemeint. 2) So ist zweifelsohne aufzufassen: posse et Cheruscos ceterasque rebellium gentes — internis discordiis reliqui. Dazu die allgemeine Sachlage.

zu erwarten, dass sie sich hinfort das römische Joch gefallen lassen würden; wie es jetzt schon mit den nächsten Nachbarn der Cherusker, den Angrivariern der Fall. Wiederholt sei freilich von diesen, mit gewohnter germanischer Treulosigkeit, das feierlichst geleistete Treuversprechen gebrochen: allein ihr jüngstes Verhalten [1]) berechtige zu der Annahme, sie würden sich hinfort zuverlässiger bezeigen.

Germanicus wird durch solche aus der Sachlage geschöpfte Gründe seinen Wunsch motiviert haben, noch länger den Oberbefehl am Rhein behalten zu dürfen. Wir hören, dass er nur noch um ein Jahr gebeten, damit er vollende, was er begonnen [2]). Ihm wird die Stimme des Volks, das ihm mit ganzer Gunst zugethan war, unterstützt haben. Trotzdem blieb Tiberius jedoch unerbittlich. Er wurde wol durch seine genaue Kenntniss der Verhältnisse zu der gewiss richtigen Erwägung gebracht: wenn auch die Wiedererwerbung der Provinz jetzt nur geringe Opfer erheische, so werde doch die Schwierigkeit der Behauptung gar nicht dem Vortheil entsprechen, welchen sie dem Staate darzubieten vermöge.

Die letzten Verhandlungen zwischen Kaiser und Feldherrn sind in den ersten Monaten des Jahrs 17 geführt. Sie hatten zur Folge, dass Germanicus endlich den liebgewonnenen Schauplatz seiner Thaten verliess. Er begab sich nach Rom, um die ihm längst zuerkannte Ehre des Triumphes zu geniessen. Durch diesen sollte gleichzeitig den letzten Feldzügen eine Bedeutung beigelegt werden, welche sie, ihre Erfolglosigkeit verdeckend, als glänzende Sühne für die Niederlage des Varus erscheinen liess.

Am 26. Mai 17 n. Chr. bewegte sich der glänzende Triumph-

---

1) Die Auslieferung von Schiffbrüchigen durch die Angrivarier, Ann. II, 24, wird allerdings erst in eine etwas jüngere Zeit fallen als die Verhandlungen zwischen Tiberius und Germanicus, doch muss sich die Ergebenheit des Volkes, die sich in der Auslieferung aussprach, schon früher gezeigt haben. 2) Aus dieser Bitte ergiebt sich doch unzweifelhaft, was freilich auch durch den ganzen Gang der Ereignisse beglaubigt wird, dass Germanicus wiederum an die Aufrichtung der römischen Herrschaft in der verlorenen Provinz dachte.

zug des Germanicus nach dem Capitol. Neben Abbildungen
der Berge und Flüsse, die in Germanien siegend überschritten
waren, und der Schlachten, in denen die wilden Gegner geschlagen, wurde eine ausgesucht reiche Beute mit aufgeführt,
um den Römern die Grösse der errungenen Erfolge zu ver-
anschaulichen. Auch wurden, wie ein Zeitgenosse sagt,
die angesehensten der Feinde, Männer und Weiber in eigener
Person mit aufgeführt [1]). Er nennt sie. Und verwundert bemerken wir, indem wir weiter lesen, dass Germanicus auch
durch die Kinder des Segestes und des Segimerus, die sich
nach Tacitus' Bericht mit ihrer Sippe freiwillig den Römern
angeschlossen, seinen Triumphzug verherrlicht hat. Es wird
auch das geschehen sein, um die gegen die Cherusker er-
fochtenen Erfolge grösser erscheinen zu lassen. Wenn aber
daneben ein edler Sigambrer mit aufziehen musste, so liegt
der Gedanke nahe, dass auch er sich nicht sonderlich durch
Feindschaft gegen die Römer hervorgethan: eine vorübergehende Auflehnung genügte vielleicht, um ihn wie die andern
mit zur Verherrlichung des Zuges zu verwenden. Einen gleichen Grund hatte es ferner wol, wenn unter den angesehenen
Kriegsgefangenen des Zuges auch Völkerschaften vertreten
waren, bei denen Germanicus, weil sie, wie die Reste der
Sigambrer, im Machtbereich der Römer sassen, nur Aufstände
niedergeworfen; Ampsivarier, Usipeter, Chattuarier, Tubanten,
vielleicht auch Chauken müssen dahin gezählt werden. Ihnen
reihten Bructerer sich an. Die Hauptmasse der Gefangenen
ist aber durch Cherusker, Chatten und Angrivarier gebildet: —
also jedenfalls, wie es die Sache erforderte, durch Angehörige
der Stämme, die auch am meisten kriegerisch heimgesucht [2]).

---

1) Strabo VII, 1, 4, p. 6.   2) Tac. Ann. II, 41. Die Erklärung
der Namen bei Strabo l. c. ist die gewöhnliche. Doch bin ich sehr in
Zweifel, ob unter Καθύλκοι Chauken zu verstehen. Dass sie durchweg
als Freunde der Römer genannt werden, würde nach dem im Text angedeuteten Verfahren nicht hindern. Die Λαῖδοι weiss ich nicht unterzubringen. Willkürlich erscheint es mir, wenn Cluver u. a. an Marsen
denken. Näher liegt es anzunehmen, dass mit einigen gefangenen Langobarden geprahlt wurde; vgl. Müllenhoff, Zeitschr. für deutsch. Alterth.
IX, 235, der sie nur zu tief in den Krieg verwickelt sein lässt.

XI.

„Er möge doch die Germanen nunmehr ihren innern Streitigkeiten überlassen", hat, nach Tacitus' Bericht, der vorsichtige Tiberius dem Germanicus angerathen. Vielleicht entnahm aber der Historiker diesen weitern Grund für die Abberufung des sieggekrönten · Feldherrn nur der politischen Geschichte, welche in den folgenden Capiteln zu erzählen war. Denn jener Gesichtspunkt war für den Römer entscheidend bei seiner Darstellung der Kämpfe des Marobod. Die aber ist nicht ohne Widersprüche.

Die Cherusker sollen von dem Germanicus fast bis zur Vernichtung schwer heimgesucht sein. Sie haben auch thatsächlich nicht, wie früher, den Rückzug des Feldherrn zu hemmen gesucht. Und doch sei, so wird uns berichtet, schon im folgenden Jahr von dem Marobod, gegen den einst Tiberius zwölf Legionen aufgeboten, die Hülfe der Römer gegen die Cherusker begehrt worden, die ihm vornehmlich sein Verhältniss zu Rom verdacht. Warum wandten sich denn die Cherusker nicht zuerst gegen die Angrivarier, die um jene Zeit die den Römern zugesagte Freundschaft noch bewahrt, und in der durch sie bewirkten Loskaufung von Gefangenen bewährten?

Nicht jenes kann der Grund der Kämpfe des Marobod gewesen sein. Wahrscheinlicher ist, dass seine Herrschaft über die andern Suebenstämme, die niemals eine sehr feste gewesen sein kann, jetzt ganz ins Wanken kam. Vielleicht verdachten es ihm die Langobarden, dass er ihnen nicht zu Hülfe gezogen, da der Caesar ihrem Lande nahe: dasselbe möglicherweise hier oder dort schon betreten hatte. Sie, diese wildesten der Germanen, und gleichzeitig auch die nahe wohnenden Semnonen fielen von dem Suebenkönige ab. Der hat sie, so scheint es, mit Gewalt wiederum unterwerfen wollen: und nun wandten sich wol beide Theile an die Cherusker um Hülfe.

Da nun treten wiederum die innern Gegensätze im Volke der Cherusker hervor. Parteiungen, wie sie schon Domitius Ahenobarbus Anlass zum Einmischen gegeben, wie sie dann auch Germanicus vorgefunden, und die noch weiter zu berühren sind, brachten es nun dahin, dass ein Theil der Cherusker mit dem Inguiomerus an der Spitze sich dem Marobod zuwandte, während Arminius mit einem andern Theil sich den Langobarden und Semnonen verband.

Nun kam es zum Kriege. In heisser Schlacht, in der beide Gegner römische Kriegskunst bewährt, sei dann, so wird uns erzählt, mit zweifelhaftem Erfolge gestritten worden: doch habe der Suebenkönig sich zuletzt zurückgezogen. Er bat nun die Römer um Hülfe. Sie wurde ihm abgeschlagen, und der Drusus, der Bruder des Germanicus, ist sogar nach Illyrien gesandt, um den Sturz des Königs zu beschleunigen. Ein Angriff freilich der Römer hätte wol gerade das Gegentheil bewirkt. Drusus wird demnach auch gesucht haben, die Zwietracht durch geschickte Vermittlung zu schüren. Das ist ihm gelungen. Wenige Jahre darauf wurde Marobod durch einen Aufstand, an dessen Spitze der Gothe Catualda stand, gestürzt. Flüchtig fand er Aufnahme im römischen Reich. Der grosse Suebenstaat wird damit wol auseinandergefallen sein. Die im Norden, auf altheimischem Boden angesessenen Stämme scheinen sich wiederum von den südlichen, welche in das Land der Kelten vorgedrungen, getrennt zu haben. Schwerlich war dazu, wegen der nur ganz losen politischen Verbindung, ein bestimmter Act erforderlich. Bei denjenigen Sueben, über welche Marobod unmittelbarer geherrscht, folgten jetzt rasch weitere Umwälzungen. Durch Hermunduren wurde der Gothe Catualda wieder gestürzt. Auch er fand Aufnahme bei den Römern. Den Begleitern aber der beiden vornehmen Germanen, die zu ihnen geflohen, haben die Römer Sitze an dem linken Donauufer, zwischen March und Waag [1]), in einer Gegend verschafft, die, ähnlich wie in den benachbarten westlichen Landen, als Marobod dahin seine Markomannen führte, wol von keltischen Volksresten nur schwach besetzt gehalten wurden. Vielleicht fassten durch diese Ansiedlung die Germanen zuerst südlich von den Karpathen festen Fuss. Unter römi-

---

1) Tac. Ann. II, 63: inter flumina Marum et Cusum. Letzteren Namen, der nur von Tacitus genannt wird, ist Zeuss S. 16 geneigt, auf die Waag zu beziehen.

schem Einfluss erlangte ein Quade, der Vannius, daselbst eine Königsherrschaft, die aber dann auch nicht von langer Dauer war.

Aber nicht an den Ufern der Donau, am Rhein sahen die Römer, besonders seit Marobods Herrschaft gesunken, ihr Reich durch die Germanen bedroht. Dort genügte politischer Einfluss, um Gefahr durch die gefürchteten Völkerschaften abzuwenden: nur zu Zeiten, so als der Vannius vertrieben wurde, erschien es nothwendig, an der Donau, die hier genau als Grenze inne gehalten wurde, stärkere Truppenmassen aufzustellen. Nicht so am Rhein. Acht Legionen waren beständig bereit, etwaige Angriffe abzuwehren. Und hier genügte auch der Fluss nicht als Grenze. Auch an der rechten Seite desselben behielten die Römer festen Fuss. Sie wussten für noch lange Zeit bei den Völkerschaften, die zwischen Taunus und Lippe, also innerhalb des Gebietes sassen, das durch ihre Einwirkung seine Bewohner gewechselt, sich einen Einfluss zu bewahren, der sicher als Herrschaft bezeichnet wäre, wenn nicht Steuerzahlung oder regelmässige Recrutierung die vornehmsten Kennzeichen solcher gewesen wäre. Ausserdem aber behielten die Römer auch einen Theil des letzten Menapierlandes am rechten Rheinufer in ihrer Gewalt: es diente militärischen Zwecken.

Im äussersten Westen, am Meere entlang etwa bis zur Ems, konnten die Römer ausserdem, auch nach dem herkömmlichen Begriff, noch längere Zeit von ihrer Herrschaft sprechen. Hier wohnten friesische und nahe verwandte chaukische Stämme, welche willig Tributzahlung duldeten. Erst als eine solche Forderung unvorsichtiger Weise mit grösserer Härte geltend gemacht wurde, suchten auch sie das römische Joch abzuschütteln. Sie verweigerten die Erlegung des Tributes, und zeigten sich feindselig gegen die zu dessen Erhebung ausgesandten römischen Soldaten. Darauf belagerten sie im Jahr 28 n. Chr. das Castell Flevum, welches in ihrem Lande an der heutigen Zuidersee errichtet war. Eiligst rückte der Propraetor des Untern Germaniens zum Entsatz mit auserlesener, doch nicht grosser Schaar heran. Nun wichen die Friesen zurück: als der Feind ihnen aber folgte und angriff, wussten sie eine unvorsichtige Bewegung desselben zu benutzen, um ihm eine

Niederlage beizubringen. Grössere Streitkräfte wären hier nun zu entfalten gewesen, um das frühere Abhängigkeitsverhältniss wieder herzustellen. Das aber scheute Tiberius [1]): die Sache war offenbar zu unbedeutend, um den Staat ihretwegen von neuem in die Gefahr eines germanischen Krieges zu stürzen.

Die Friesen blieben von nun an unabhängig, oder in einer mehr als zweifelhaften Abhängigkeit: es fehlte wol nur noch die ausdrückliche Kundgebung, um die Herrschaft über sie als aufgegeben erscheinen zu lassen. Auch die Chauken, einst treue Verbündete der Römer gegen die innern Stämme, werden dadurch frei von der Herrschaft der Römer geworden sein. Es lohnte sich gewiss nicht, ihretwegen an verschiedenen Stellen der Küste bis zur Weser oder gar Elbe hin mit erheblichen Unkosten und grossen Gefahren Besatzungen zu unterhalten. Daher war auch zweifelsohne das Unternehmen des Caligula gegen die Germanen am Meere, nordwärts von den Rheinmündungen, nicht nur thöricht in der Ausführung, sondern auch unweise seinem Ziele nach. Erst unter Claudius machten neue Ereignisse es wünschenswerth, wiederum in die Küstenstriche, wo früher schon Beile und Ruthenbündel gezeigt, vorzudringen. Unter der Führung eines Abenteurers, der früher im römischen Heere gedient, wurden durch chaukische Schaaren die Gestade Galliens heimgesucht. Diesem Unwesen suchte Corbulo, ein Befehlshaber im Untern Germanien, ein Ende zu machen. Er drang wiederum über den Rhein und besonders über die seichten nördlichen Abflüsse desselben mit Streitkräften vor, und erreichte so, vermuthlich im Jahr 47 n. Chr., die vor neunzehn Jahren verlorenen Gebiete der Friesen von neuem. Diese unterwarfen sich wiederum. Corbulo suchte sie jetzt fester an Rom zu ketten. Er gab ihnen eine bestimmte staatliche Organisation und wies ihnen Aecker zu Wohnsitzen an: d. h. wol, er gestattete ihnen, sich noch etwas weiter südlich auszudehnen. Als Corbulo nun aber Anstalt machte, auch bei den Chauken, denen das ganze Unternehmen ja eigentlich gegolten, die Macht des römischen Staates von neuem zur Geltung zu bringen, belebte sich sofort die alte Germanen-

---

1) Tac. Ann. IV, 72—74.

furcht. Es scheint geglaubt zu sein, ein neuer grosser Krieg, dessen Ausgang unberechenbar sei, werde sich aus einem weitern Vordringen entwickeln [1]). Und wenn der Feldherr in ihm dann glücklicher als einst Germanicus sei, so werde sich der mattherzige Claudius gegen sein Ansehen nicht behaupten können: sollten aber auch jetzt die Waffen der Römer keine dauernden Erfolge erringen, vielmehr von neuem kaum verschmerztes Ungemach erdulden müssen, „so habe der Staat das Unglück, das man schon voll und ganz heranziehen sah, zu ertragen". Darum musste Corbulo hören: „Warum er den Feind reize?" Und Claudius befahl, während der Feldherr gerade in das Gebiet der Chauken einrücken wollte, mit solchem Nachdruck die Einstellung der neuen Gewaltthätigkeiten gegen Germanien, dass sogar die Besatzungen auf das linke Rheinufer zurückgezogen werden mussten. Corbulo blieb nichts übrig, als diesem gemessenen Befehl Folge zu leisten. Er that es schweren Herzens und mit dem verletzten Gefühl eines tapfern Kriegers: es mag aber genug andere gegeben haben, welche zwar mit Corbulo empfanden, dass diese Politik nicht wie früher zu Ehre und Ruhm des römischen Namens führe, dass sie aber doch verständig und durch die Lage des Reichs angezeigt sei.

Vermuthlich wird damals hier am Niederrhein der Zustand hergestellt sein, wie er kurz vorher bestand. Denn es scheint doch so, als ob das Castell Flevum bereits früher von den Römern geräumt wurde. Hinfort war auch hier im Nordwesten der Rhein die Grenze des Reichs. Aber dessen Wogen zogen schon damals nicht in stolzem Strombett, sondern zertheilt in verschiedenen Armen dem Meere zu. Welcher dieser Abflüsse als Grenze galt, kann zweifelhaft sein. Als unterworfene Provinz freilich wird nur das Land südlich von der Maas anzusehen sein: allein die römische Herrschaft erstreckte sich weiter. Jahrhunderte lang mögen jener Canal, der des Drusus Namen trug, und die Issel in dieser Gegend als Grenze, jedoch wiederum in der Beschränkung gegolten haben, dass

---

1) Tac. Ann. XI, 19; „apud quosdam" bezeichnet hier wol die allgemeine, oder doch die Stimmung in den massgebenden Kreisen.

das Land nordwärts von dem rechten Rhein in noch loserer Verbindung mit den Römern stand als die Inseln der Bataver.

Um dieselbe Zeit als die Römer alle Versuche einstellten, ihre Herrschaft nordwärts von den Rheinmündungen auszudehnen, gewannen die Gebiete am Taunus ein erneutes Interesse für sie.

Im Lande der Mattiaken, jener Chatten, die durch die Römer, indem sie ihnen einen Theil des alten Ubierlandes gaben, in ein zweifelhaftes Abhängigkeitsverhältniss gebracht, wurden Silberadern entdeckt. Ihr Ertrag zeigte sich freilich bald als ein nicht erheblicher: allein es wurden hier nun grosse Erdarbeiten ausgeführt, um das edle Metall zu gewinnen, und dadurch setzten sich die Römer von neuem in diesem rechtsrheinischen Lande fest. In nicht geringerm Maass als am andern Ufer des Flusses erblühte daselbst bald römische Sitte und Cultur.

Doch beruhte der Werth dieses Besitzes am Taunus zweifelsohne nicht in dem materiellen Gewinn, den er abwarf, sondern in der militärischen Bedeutung, welche die Behauptung dieses Landes haben musste. Nach Südosten zu musste dadurch die gewiss schon beabsichtigte Occupation des alten Hercyniens, und nach Norden, zumal da der Rheinübergang hier keine Schwierigkeit mehr machen konnte, die Bewachung der Germanen erleichtert werden. Hauptsächlich aber wird es in Verbindung mit der Stellung am Niederrhein, erst durch diese Festsetzung am Taunus möglich geworden sein, die germanischen Völkerschaften westlich von demselben, die zum Theil auf altem Ubier- oder Sigambrer-Gebiet sassen, in der losen Abhängigkeit zu erhalten, in der sie von Rom standen.

Gar manche Kämpfe sind allerdings zu bestehen gewesen, um die Hoheit des Reiches daselbst zu behaupten. Gewiss haben wir nur von den wenigsten Nachricht.

Im Jahr 41 n. Chr. hatte P. Gabinius Secundus, vermuthlich der Legat des Untern Germaniens, Krieg gegen die Marsen [1]) zu führen. Es wird uns erzählt, damals sei es

---

1) Dio LX, 8: τούτῳ τῷ ἔτει ὅ τε Γάλβας ὁ Σουλπίκιος Χάττους ἐκράτησε, καὶ Πούπλιος Γαβίνιος Μαυρουσίους νικήσας τά τε ἄλλα εὐδοκίμησε

gelungen, den letzten der Legionsadler, die von Varus' Niederlage her in den Händen der Germanen gewesen, zurückzu-
erobern [1]).

Vermuthlich stand dieser Marsenkrieg mit einem gleichzeitigen Unternehmen des Sulpitius Galba, Legat des Obern
Germaniens, zu dem auch das Gebiet am Taunus gehörte,
gegen die Chatten in Verbindung [2]). Ob unter letztern Mattiaken zu verstehen, die sich dann also aufgelehnt hätten, muss
zweifelhaft bleiben. Wahrscheinlicher ist es, dass ein Einfall
benachbarter, freier Chatten abzuwehren war. Gewiss aber
ist solches anzunehmen für einen Beutezug, den im Jahr 51
Chatten im römischen Gebiet am rechten Rheinufer [3]) machten.
Der Legat L. Pomponius sandte gegen sie, während er selbst
den Taunus besetzt hielt, das Aufgebot der Vangionen und
Nemeten. Sie jagten den eingedrungenen Chatten die Beute
wieder ab und brachten ihnen eine Niederlage bei. Bald war
der Friede wieder hergestellt: die Furcht vor den Cheruskern
zwang die Chatten, wie so häufig, sich an die Römer anzu-
lehnen.

Wie hier der Legat der obern, so hatte kurze Zeit auch
der der untern Provinz Germanen abzuwehren. Ein feindlicher
Einfall freilich, wie dort, war hier nicht zu befürchten: der
Rhein, auch die Beziehungen der Völkerschaften bis zur Lippe
hin zu Rom boten genügenden Schutz dar. Doch mussten
hier die Aecker behauptet werden, welche einst den Menapiern,
als letzter Rest keltischen Besitzes am rechten Rheinufer, eigen
gewesen und die nun für militärische Zwecke benutzt wurden.
Die Hauptsache war wol, dass die Römer sich hier, durch
die Behauptung jener Aecker, den etwaigen Rheinübergang
erleichtern wollten. Denn dieselben lagen westlich von der

καὶ ἀετὸν στρατιωτικὸν ὃς μόνος ἔτι παρ' αὐτοῖς ἐκ τῆς τοῦ Οὐάρου συμφορᾶς
ἦν ἐκομίσατο. Man hat unter den Maurusii hier offenbar die Marsen zu
verstehen (vgl. schon Mascou I, 106 Ann. 4).   1) Tac. Ann. II, 25
erwähnt, dass bei den Marsen einer der erbeuteten Legionsadler sich
befand. S. oben S. 162.   2) Dio a. a. O. Die Nebeneinanderstel-
lung beider Unternehmungen möchte darauf hindeuten.   3) Tac. Ann.
XII, 27. 28.

Mündung der Lippe, der Insel der Bataver gegenüber: also gerade in der Gegend, von wo die römischen Heere so oft in Germanien eingedrungen [1]).

Die Germanen in der Nachbarschaft haben es gewiss stets unwillig ertragen, dass jene fruchtbaren Aecker, wenn auch nicht unbebaut, so doch unbewohnt waren. Man entsann sich der Schicksale derselben. Einst hätten sie den Chamaven, dann den Tubanten gehört [2]), denen die Usipeter nachgefolgt. Es wird da an die Zeit gedacht sein, als letztere den rechtsrheinischen Acker der Menapier occupierten und ihn dann bis zur Besiegung durch die Römer behaupteten. Aber dieser rasche, noch in dem Gedächtniss der Umwohnenden fortlebende Wechsel musste diese Aecker den Nachbarn vollens herrenlos und begehrungswerth erscheinen lassen, zumal wenn etwa deren Ländereien nicht mehr ausreichten, um, bei der altherkömmlichen Landwirthschaft, die Lebensbedürfnisse zu decken.

Da versuchten denn zuerst Friesen [3]) sich in dem bezeichneten Gebiete festzusetzen. Der Legat des Untern Germaniens zwang sie, dasselbe wiederum zu räumen. Eine Gesandtschaft nach Rom blieb vergebens. Doch brauchte allerdings nur wenig Reiterei gegen diese Friesen aufgeboten zu werden.

Bald darauf haben Ampsivarier den gleichen Versuch gemacht. Ihnen gegenüber war für die Römer grössere Vorsicht geboten. Die Friesen waren durch ihre lang am Meere hingestreckten Sitze wenig geeignet, mit kriegerischer Macht neue Erwerbungen einzelner ihrer Völkerschaften zu schützen. Auch konnte in dieser Beziehung kein wirthschaftliches Interesse für sie in Betracht kommen. Ganz anders aber der Stamm der Germanen, zu dem jene Ampsivarier gehörten. In dessen Eigenthum war das Land im Norden und Osten von dem umworbenen Gebiet, so dass die Occupation des letzteren den

---

1) S. oben S. 81. 155.   2) S. unten.   3) Nach Tac. Ann. XIII, 54 (s. besonders: juventutem und inbellem aetatem) musste darunter das ganze Volk der Friesen verstanden werden: woran aber natürlich nicht zu denken.

stammverwandten Nachbarn die Möglichkeit geben musste, auch ihrerseits den bestellten Acker weiter auszudehnen. Noch mehr aber mussten diese benachbarten Nichtsueben dabei interessiert sein, dass die Ampsivarier den neuen Besitz behaupteten, da letztere, wie uns erzählt wird, durch die Chauken aus ihrem früheren Lande vertrieben. Sie hätten, wie es später auch zum Theil geschah, den Stammesgenossen zur Last fallen müssen, wenn sie nicht neue Sitze erworben.

Der Legat versuchte zuerst durch friedliche Verhandlung die eingedrungenen Ampsivarier zu bewegen, das Land wieder zu räumen. Doch geschah das ohne Erfolg. Nun begann ein vorsichtig geführter Krieg. Es wurde, besonders wol, weil die verwandten Völkerschaften der Nachbarschaft sich der Ampsivarier angenommen, für erforderlich gehalten, die Eindringlinge, wie früher Sigambrer und Cherusker, im Rücken anzugreifen. Daher sollte, obwol dann, um die Ampsivarier zu erreichen, die Lippe überschritten werden musste, der Rheinübergang weiter südlich, im Lande der Tencterer stattfinden. Curtilius Mancia, Legat des Obern Germaniens, wurde ersucht, letztere im Rücken zu bedrohen und dadurch die Ausführung des Plans zu begünstigen. Avitus selbst, der Legat des Untern Germaniens, rückte sodann mit geschlossenen Legionen in das Land der Tencterer, darauf auch gegen die (kleinen) Bructerer vor. Da nun sahen die Ampsivarier ein, dass sie sich nicht behaupten könnten. Sie zogen sich zurück. Zweifelsohne werden sie so viel wie möglich Aufnahme auf benachbartem Gebiet, das seit länger ihrer Völkerschaft gehörte, gefunden haben. Aber ein Theil scheint auch ganz verdrängt zu sein: vergebens suchten sie Aufnahme bei den nächsten Stämmen, den Usipetern und Tubanten [1]).

Die Zurückweisung der Ampsivarier zeigt deutlich, dass

---

1) Nach der Darstellung bei Tac. Ann. XIII, 55, 56 sind die Ampsivarier damals vernichtet: allein sie erscheinen in ganz derselben Gegend Jahrhunderte lang. Der Fehler beruht hier wol darauf, dass Tacitus, wie gerade vorher in Betreff der Friesen, von dem ganzen Volke erzählt, während doch wol nur einzelne, mit Rückhalt an der Gesammtheit, eingedrungen waren und sich behaupten wollten.

die Römer am Rhein ihre Stellung nach beiden Seiten hin behaupten wollten. Obgleich sie Legionen in das Land der Tencterer und gegen die Bructerer vorgesandt, setzten sich die Römer hier im Norden des Flusses doch nicht fest: aber sie litten auch keine Occupation des Landstriches, den sie noch am rechten Rheinufer inne hatten.

Da nun wurde die römische Herrschaft am Rhein, kaum zehn Jahre später, durch den Aufstand des Claudius Civilis stärker als je in ihrer Gesammtheit bedroht. Die Nachrichten lassen uns erkennen, wie hier die Beziehungen zwischen Römern und Germanen waren.

Keine andere germanische Völkerschaft hat den Römern so zahlreiche Auxilien gestellt als die Bataver. Dadurch wurden sie auch stärker als andere mit römischem Wesen erfüllt. Freilich hinderte die Erhaltung der ältern volksthümlichen Verhältnisse, sowie eine gewisse militärische Abgeschlossenheit, die sich namentlich auch in der Führung durch Volksgenossen kund gab, eine Romanisierung wie bei den Kelten: aber bei einer so häufigen Verwendung der batavischen Truppen im Kriege und im Palast der Kaiser konnte es nicht ausbleiben, dass sie dem Interesse des römischen Staates selbst nahe traten, und ihm rückhaltslos dienten. Die Ersten des Volkes haben sich vielleicht mehr als römische Offiziere denn als Bataver gefühlt. Sie tragen wenigstens, die einzigen von allen Germanen, römische Namen. Auch mischten sie sich nach dem Tode des Nero in den Streit um den Principat: und daraus entwickelte sich der Kampf, der durch die Nothwendigkeit, alle Kräfte hinein zu ziehen, die gewonnen werden konnten, im weitern Verlauf zu einem ernsten Ringen um die Herrschaft der Römer über die Germanen am Rhein wurde.

Die nächsten Nachbarn der Bataver, und ihnen, so lautet die Ueberlieferung, stammverwandt, waren die Canninefaten. Nach Tacitus' Bericht haben sie, durch Civilis aufgefordert, zuerst die Fahne der Empörung erhoben. Sie verbanden sich sofort mit benachbarten Friesen: zweifelsohne denselben, welche früher das römische Joch abgeschüttelt, und dann auch durch Corbulo, weil Claudius ihn gehindert, nicht wieder unterworfen waren. Den Friesen und Canninefaten schlossen sich darauf, unter Civilis' Führung, die Bataver an. Ihnen folgte, als es zum Kampfe mit den schwachen römischen Truppen kam, die hier im äussersten Norden noch die Grenze des Reiches zu vertheidigen hatten, die Cohorte der Tungrer. Geschlagen mussten die Römer die Insel der Bataver räumen.

Die Gefahr des Aufstandes war aber doch, trotz dieses ersten Missgeschickes, für Rom noch eine geringe. Die Stämme können nur lose, mehr nur durch ein vorübergehendes Interesse verbunden gewesen sein. Die Tungrer gehörten zu dem belgischen Keltenstamme: sie waren die Nachkommen jener Völkerschaft, welche den Namen Germanen auf rechtsrheinischem Boden geführt und ihn dann hier auf die Angehörigen des Volkes vererbt, das sie von dort verdrängt. Bataver, Canninefaten und Friesen waren freilich (deutsche) Germanen: doch von verschiedenen Stämmen. Alle drei standen ausserdem noch in ethnographischem Gegensatz zu den benachbarten Germanen. Die engen Beziehungen der Bataver zu den Römern erklären sich wol gerade daraus, dass sie als Sueben hier inmitten nichtsuebischer Völkerschaften Sitze erhalten [1]). Den Batavern sollen freilich die Canninefaten stammverwandt gewesen sein: allein die Friesen standen, als weit gen Westen vorgeschobene Spitze eines dritten germanischen Hauptzweiges, — an den freilich, in den Chauken, Anschluss nicht fehlte — wie jenen, so auch den nächsten Nichtsueben gegenüber: den Ampsivariern, Tubanten, Bructerern, Usipiern, Teneterern auf dem rechten, den Ubiern und Gugernen auf dem linken Rheinufer.

Nicht ohne Grund haben augenscheinlich die Römer auf diese ethnographischen Gegensätze bei ihrer Bekämpfung des Aufstandes gerechnet.

Zuerst wurden die Hülfstruppen der Ubier und der halb germanisierten keltischen Trevirer, in deren Abhängigkeit vor Zeiten die Tungrer gestanden, gegen die Aufständigen gesandt. Sie wurden geschlagen. Von neuem gingen batavische und canninefatische Hülfsschaaren zu Civilis über. Dieser zeigte

---

1) S. oben S. 64.

auch jetzt noch seine römische Gesinnung. An der Spitze seiner Streitkräfte forderte er auf, den Vespasian als Princeps anzuerkennen. Die römischen Legionen, die dem Vitellius Treue geschworen, verweigerten das aber: und so war eine Fortsetzung des Kriegs erforderlich. Die Vitellianer hielten Vetera castra besetzt. Mit Sorge sahen sie einer Belagerung entgegen, da es an Lebensmitteln mangelte. Freilich: so lange als das gegenüber am rechten Rheinufer liegende Militärgebiet *in der Gewalt* der Legionen war, hatte der Mangel, zumal da es Sommer war, gewiss nicht viel zu bedeuten. Aber Civilis wird sich, sobald er fest entschlossen Vetera anzugreifen, bestrebt haben, das fragliche Gebiet aus dem Machtbereich der Besatzung zu ziehen. Der Aufstand hat dadurch gerade wol eine grössere Ausdehnung erhalten.

Um Vetera anzugreifen, musste Civilis das Gebiet der Gugerner betreten und in ihm das feste Lager von der Südseite angreifen. Daran konnte er aber gewiss kaum denken, wenn die Bevölkerung, auf deren Boden er stand, ihm feindlich gesinnt. Daher ist wol anzunehmen, dass die Gugerner *jetzt schon* [1]) zu ihm übergetreten. Den Nachkommen der Sigambrer wird es vermuthlich leicht genug geworden sein, *sich gegen* römische Obrigkeit zu erheben.

Vielleicht schon etwas früher verbanden sich auch rechtsrheinische Germanen mit Civilis. Es ist kaum anders denkbar: sie werden jetzt ganz besonders lüstern nach den fetten Gefilden des Militärgebiets hingesehen haben. Da nun Civilis dessen Hülfsquellen der Besatzung von Vetera entziehen musste, so blieb ihm wol kaum ein anderes übrig als, unter Ueberlassung des Militärgebietes, sich mit den germanischen Völkerschaften in der Nähe desselben zu verbinden. Das ist denn auch geschehen. Ausdrücklich wird berichtet, dass sich die Bructerer und Tencterer dem Civilis anschlossen. Es ist aber anzunehmen, dass ein Gleiches auch von den kleinen Völkerschaften der Gegend geschehen ist: nicht nur, weil sie *zwischen* den Batavern, Bructerern und Tencterern wohnten, sondern auch, weil vor kurzem noch, da die Ampsivarier den

---

1) Hist. IV, 26 werden sie zuerst genannt.

Versuch machten, das Militärgebiet zu occupieren, alle diese Völkerschaften gemeinsam handelten. Auch erscheinen die Usipeter wenigstens bald in den Reihen der Feinde der Römer.

Durch diese Verbindungen des Civilis erhielt dessen ganzes Unternehmen einen andern Charakter. Bei den Gugernern, die innerhalb des römischen Rheinufers wohnten, konnte noch die Rede davon sein, dass sie für den Vespasian kämpfen wollten. Allein von den rechtsrheinischen Germanen durfte solches sicher nicht gesagt werden. Freilich pflegte junge Mannschaft derselben regelmässig dem römischen Heere eingereiht zu werden: allein sie galten doch für so wenig römisch gesinnt, dass die Legionen in Vetera ihren Offizieren zum Vorwurf machen konnten, sie wollten die Germanen, unter denen doch sicher jene zu verstehen, herbeirufen [1]).

Durch den Anschluss der Germanen zwischen Rhein und Lippe war aber für Civilis auch die Verbindung mit den Stammesgenossen in der Heimath, mit den suebischen Chatten, vor allem mit den Mattiaken gewonnen, die in ähnlichen Beziehungen als die Bataver zu den Römern standen. Erhielt nun hierdurch das suebische Element in dem Aufstand eine Verstärkung, so wurde ihm auch in jenen andern Völkerschaften ein ganz neues hinzugefügt. Die Bructerer, Usipeter und Tencterer, sowie auch die kleinen Völkerschaften, deren Anschluss erfolgt sein wird, gehörten dem nichtsuebischen Stamme an. Zweifelsohne darf dasselbe von den Gugernern gesagt werden. So hielten hier also von allen Germanen nur noch die nichtsuebischen Ubier zu den Römern.

Gleichzeitig wird vermuthlich auch der friesische Stamm, der jetzt frei von römischer Oberherrlichkeit war, zu stärkerer Betheiligung herangezogen sein, denn neben den schon erwähnten Friesen erscheinen bald auch Stammesgenossen derselben, Chauken, in dem Heere des Civilis.

Es lässt sich nicht näher feststellen, wann die vorgenannten germanischen Völkerschaften sich den Batavern angeschlossen. Doch wird es bei den meisten wol schon vor der Belagerung von Vetera geschehen sein, denn es ist ausdrücklich überliefert,

---

1) Hist. IV, 24.

dass dabei beide Rheinufer, also auch das gegenüber liegende Militärgebiet, von Germanen besetzt gehalten sei.

Um Vetera drehte sich jetzt die Entscheidung. Der Ort wurde von den Legionen tapfer vertheidigt und von den Germanen hartnäckig bedrängt. Entsatzversuche führten ausserdem zu lebhaften Kämpfen. Da Mainz infolge derselben von Truppen entblösst wurde, machten rechtsrheinische Germanen — Chatten, Mattiaken, Usipeter werden genannt — den Versuch, den wichtigen Waffenplatz einzunehmen. Auch an Beutezügen hat es nicht gefehlt.

Die Ubier, welche ihrerseits das rechtsrheinische, also wol das Land der Tencterer heimsuchten, hatten auf Befehl des Civilis Plünderungen zu erleiden. Besonders aber wurden die benachbarten Keltenstämme, die Trevirer, wie auch die Ubier eifrige Vitellianer, und die verschiedenen belgischen Völkerschaften, vermuthlich um sie auf solche Weise zum Anschluss zu zwingen, durch die Bataver und deren Bundesgenossen angegriffen.

Von den Kelten hatte sich überhaupt dem Civilis nur erst ein Theil der Tungrer angeschlossen [1]). Von ihrem Gebiet aus werden die Trevirer heimgesucht sein. Vom Lande der Bataver selbst aber liess Civilis, nach Ueberschreitung der Maas, Einfälle in die Gebiete der Menapier und Moriner machen.

Die aufständige Bewegung war somit auf einen nur kleinen, und keineswegs sehr wichtigen Theil Galliens beschränkt, als der Streit um den Principat seine Erledigung fand. Die Vitellianer wurden in der Schlacht bei Cremona geschlagen. Jetzt wäre eigentlich für Civilis der Grund weggefallen, die Römer in Vetera zu bedrängen. Auch ist ihm das vorgestellt, und er hat doch nicht ablehnend darauf antworten können. Allein der Bataver konnte nun, wo er mit den rechtsrheinischen Germanen eine so enge Verbindung eingegangen, schwerlich mehr zurück. Er gab daher eine ausweichende Antwort und beharrte bei seiner kriegerischen Action.

---

1) Dass sich schon früh pleraeque civitates Gallorum dem Civilis angeschlossen, Hist. IV, 25, wird durch die weitere Erzählung von Tacitus selbst widerlegt.

Bald kam die Nachricht vom Tode des Vitellius. Dem Vespasian wurde jetzt allgemein, doch widerwillig, hier und da nicht ohne offene Auflehnung, Treue geschworen. Civilis verblieb bei seiner Bekämpfung der Römer: er erlangte gerade jetzt einige Erfolge, wenn auch Vetera noch immer widerstand, sogar von neuem mit Mundvorrath versehen wurde.

Nun aber hat das ganze Unternehmen einen völlig andern Charakter und vor allem einen viel grössern Beitritt gewonnen. Die benachbarten Keltenstämme schlossen sich an.

Im Gegensatz zunächst zu Galba hatten sich von Anfang an im Eifer für den Vitellius die Ubier (Agrippinenser), die benachbarten halbgermanisierten Trevirer und die ganz keltischen Lingonen hervorgethan. Auch in dem Kriege zeichneten sich Hülfsschaaren der Trevirer, und neben ihnen Tungrer, besonders in den Reihen des Vitellius aus. Nach dem Tode dieses werden sich jene Völkerschaften nicht für den Vespasianus erklärt haben, und gewiss ist, dass der hervorragendste Führer der Trevirer, der Julius Classicus, sich dem neuen Caesar nicht zuwandte. Dieser Classicus aber, wie auch die andern Führer der keltischen Hülfsschaaren, haben zweifelsohne zu dem altkeltischen Adel gehört, welcher früher in den einzelnen gallischen Staaten die Herrschaft hatte und auch jetzt noch keineswegs vernichtet war. Da ist nun von diesen, in ihrem Volk hervorragenden Männern versucht worden, die Gunst der Zeit zu benutzen, um die alte Unabhängigkeit ihrer Völkerschaften wiederherzustellen. Ihnen wäre dadurch zweifelsohne auch die Herrschaft wiederum zugefallen, welche einst ihre Väter hatten.

Eine Verbindung mit Civilis, die Classicus bereits durch Boten angeknüpft, sollte zum Ziele führen. Dann kamen die Häupter der Verschwörung heimlich in der Stadt der Ubier, in Colonia Agrippinensis, zusammen. Neben Julius Classicus erschien auch ein anderer vornehmer Trevirer und höherer römischer Offizier, der Julius Tutor, wie denn überhaupt mehrere angesehene Trevirer sich eingefunden. Ebenso waren einige Tungrer anwesend, die besonders geeignet sein mochten, zwischen Civilis, zu dem ein Theil ihrer Völkerschaft schon im Anfang übergetreten, und den andern Kelten zu vermitteln.

Auch Lingonen, mit dem Julius Sabinus an der Spitze, sowie
einzelne vornehme Ubier nahmen an der Besprechung theil.
Es wurde beschlossen, auch jetzt den Vespasianus nicht anzuerkennen, vielmehr Gallien seine Selbständigkeit wiederum zu
erringen.

Offen ist sodann die Fahne des Aufruhrs erhoben. Römische Legionen traten über und gelobten eidlich, Gallien zu
dienen. Tutor brachte die Agrippinenser zum Anschluss und
zu demselben Schwur. Und als dann endlich die Besatzung
von Vetera zur Uebergabe bereit war und dieserhalb mit
Civilis unterhandelte, brachte der auch diese tapfern Soldaten
dazu, Gallien Treue zu schwören. So war denn also ein
fester Bund zwischen Civilis und den aufständigen Galliern
errichtet: ein Bund freilich, der nur durch das nächste Ziel,
Vernichtung der römischen Herrschaft, zusammen gehalten
wurde.

Die Schwäche des ganzen Unternehmens bestand von
Anfang an in der übergrossen Verschiedenheit der einzelnen
Elemente, die zu demselben vereinigt waren. Gezwungen sollten
ihm die römischen Legionen dienen, soweit sie nicht, beim
Abzuge von Vetera, durch Hinterlist der Truppen des Civilis
umgekommen. Die Lingonen waren eine rein keltische Völkerschaft, deren Gebiet aber weit ab lag, von dem der Trevirer
durch das der Mediomatriker getrennt war: diese aber hielten
treu zu den Römern. Die Trevirer waren Halbgermanen.
Durch sie wurden die Triboken und Vangionen, vermuthlich
auch die Nemeten dem Aufstande gewonnen: germanische
Stämme suebischer Abkunft, die aber die Heimath verlassen,
bevor sich die Römer eingemischt, und zweifelsohne lieber
diese als die Gallier zu Herren hatten, da sie im Kampf mit
letztern ihre neuen Aecker erworben. Auch die Ubier oder
Agrippinenser, wie die Römer sagten, waren durch die Ansiedlung auf gallischem Boden der germanischen Sitte und
Anschauung stark entfremdet. Während sie sich sagen mussten,
dass ein Sieg der Gallier sie in ihrem Besitz gefährden würde,
trugen sie gewiss auch kein Verlangen in die wenig gesicherten
Zustände zurückzukehren, wie sie am andern Rheinufer bestanden. Als sie daher durch Gesandte der ihnen zweifelsohne

naho verwandten Tenctercr aufgefordert wurden, sich ihnen
noch fester anzuschliessen, die zwischen ihnen wohnenden Römer zu tödten und die Mauern ihrer Stadt niederzubrechen:
gaben sie eine ausweichende Antwort. Schwerlich waren sie,
bereits an eine bessere Staatsordnung gewöhnt, sehr entzückt
davon, dass in alter Weise hier das Grundeigenthum am Rhein
wiederum ein wenig festes sein sollte. Sind wir recht unterrichtet, so wurde ihnen gar zugemuthet, den Besitz der Römer
in ihrem Lande mit den Ueberrheinischen zu theilen. Fester
haben sich dem Aufstande die Gugerner angeschlossen: dahingegen wird selbst jetzt noch von den Belgen nur ein Theil
der Tungrer mit dem Classicus und Civilis verbunden gewesen
sein. Sogar bei den Batavern gab es eine, wenn auch nur
kleine römische Partei, an deren Spitze ein Gegner des Civilis,
der Claudius Labeo stand. Weit bedenklicher war es freilich
sicher für die ganze Sache, dass die Bataver hier so isoliert
standen. Sie konnten sich wol nur auf die Canninefaten verlassen. Die Friesen und Chauken, welche sich freilich dem Civilis zugewandt, haben gewiss damals ebenso wenig als sonst
engere Gemeinschaft mit den Germanen zwischen Lippe und
Rhein gehabt, mit denen Civilis sich jetzt noch fester verbunden. Ein edles Weib aus dem Volke der Brueterer, die
hellsehende Veleda, erscheint neben dem Bataverfürsten als
ein Haupt der Germanen. Gewiss setzte das eine enge Bundesgenossenschaft voraus: die freilich wol mehr durch die Person
des Civilis zusammen gehalten wurde, denn die Bataver erscheinen noch Jahrhunderte lang in nur sehr geringen Beziehungen zu jenen benachbarten, aber nicht zu ihrem Stamm
gehörenden Germanen. Die Mattiaken sassen zu weit ab, als
dass sie den Batavern zur Stütze hätten dienen können. Alle
diese rechtsrheinischen Germanen standen dann den Römern,
deren Legionen gewonnen waren, und den schon stark romani-
sierten Kelten gewiss viel zu fremd gegenüber, als dass der
Bund derselben unter einander erspriessliches hätte leisten
können.

Einstweilen aber machte der Aufstand Fortschritte.

Mit Unterstützung der Ubier brachte Civilis zunächst die
Sunicer, vermuthlich den Tungrern eng verwandt, und neben

den Trevirern wohnend, zum Anschluss. Weiter vorrückend stellte sich ihm an der Maas sein Widerpart Claudius Labeo, der sogar schon Angriffe auf die Canninefaten und Marsacen gemacht, mit Nerviern, Tungrern und den räthselhaften Batasiern entgegen. Civilis wusste aber diese Schaar, bevor es noch zum eigentlichen Treffen kam, für sich zu gewinnen. Labeo musste fliehen: die ganze Völkerschaft der Tungrer verband sich nun endlich mit den Aufständigen, und auch die Nervier und Batasier haben sich angeschlossen. Jetzt war die römische Herrschaft sowol in dem Obern als auch in dem Untern Germanien, in einem nicht unerheblichen Theile von den beiden Belgien, und in dem Gebiet der Lingonen, das zu dem lugdunesischen Gallien gehörte, vernichtet. Zweifelhaft mochte auch schon die Treue anderer Keltenstämme sein.

Aber der Erfolg war doch nur ein kurzer und hatte keineswegs in sich die Bedingungen grösserer Dauer.

Als ein römisches Heer unter Petilius Cerealis über die Alpen vorrückte, beeiferten sich die übrigen keltischen Völkerschaften ihre Unterwürfigkeit zu bezeugen. Sie mahnten auch die Trevirer sich wiederum zu fügen. Die rüsteten freilich zum Widerstand: allein die abgefallenen Legionen vereinigten sich mit dem vordringenden römischen Heer. Ein Kampf der Trevirer, an deren Seite auch Belgen fochten, war glücklich für die römischen Waffen. Gar bald waren alsdann Lingonen und Trevirer wieder unter die römische Herrschaft gebracht, obwol ihre Schaaren noch bei dem Heere der Aufständigen waren. Indessen verfolgte Civilis den Labeo: bis er sich mit Classicus und Tutor vereinigte, um dem unter Cerealis herranrückenden Heere die Spitze zu bieten. Sie rückten ihm von dem Belgenlande aus in das Gebiet der Trevirer entgegen. Ubier, Lingonen, Bataver, Bructerer und Tencterer werden genannt. Wiederum fiel der Zusammenstoss günstig für die Römer aus. Nun war es aber auch vorbei mit der Bundesgenossenschaft.

Die Ubier schlossen sich den Römern wieder an. Sie tödteten Germanen, die in ihrem Gebiete waren: ja sie vernichteten sogar eine ganze Cohorte Friesen und Chauken, die Civilis in ihrem Gebiet aufgestellt hatte. Dann gingen auch, indem Cerealis weiter vorrückte, die Nervier und Tungrer wieder zu den Römern über.

Nun war bereits der Aufstand auf Gallischem Boden auf die Gugerner, Bataver und Canninefaten beschränkt, wenn daneben auch noch Schaaren der Trevirer und Lingonen bei dem Civilis ausharrten. Dieser zog sich nach Vetera Castra zurück und verstärkte hier sein Heer wieder durch Zuzug aus Germanien. Darunter werden wol vorzugsweise Bructerer gewesen sein, denn solche sind in unserem Bericht noch ausdrücklich genannt und das Ansehn der Veleda war auch ferner noch ein grosses. Bald darauf stiessen auch wiederum Chauken zu dem Civilis.

Es ist dann noch wiederholt zu lebhaften Kämpfen gekommen: aber die Sache des Aufstandes war, trotz vorübergehender Erfolge, rettungslos verloren. Cerealis unterwarf zunächst das linke Rheinufer wieder: dann erlitt die Insel der Bataver selbst das nämliche Schicksal, und darauf betraten die Römer auch das rechte Ufer, das eigentliche Germanien, um hier ihre Gegner zu verfolgen. Civilis trat in directe, persönliche Verhandlung mit dem römischen Feldherrn. Nur der Beginn derselben ist uns überliefert: doch lässt sich aus den Worten, die Tacitus dem tapfern Bataver in den Mund legt, wol folgern, dass dieser sich unter bestimmten Bedingungen unterworfen.

Vermuthlich wurde jetzt am Rhein der Zustand wiederhergestellt, wie er vor der Erhebung bestanden. Canninefaten und vor allen Bataver haben von neuem Kriegsdienst leisten müssen: sie standen auch hinfort fast nicht minder unter römischer Herrschaft als die andern Germanen·am linken Ufer. Dahingegen blieben von den Ueberrheinischen auch jetzt die Friesen und Chauken in Unabhängigkeit, während bei den ostwärts zwischen Lippe und Rhein wohnenden Nichtsueben auch ferner Aushebungen für das römische Heer stattfanden. Cerealis hat vermuthlich hier, besonders im alten Sigambrer- und Ubierland, mit Waffengewalt die Ansprüche des Rheins wieder zur Geltung gebracht. Jedenfalls gerieth die hochgefeierte Veleda, deren Thurm im Lande der Bructerer, an der Lippe, wahrscheinlich am südlichen Ufer des Flusses gestanden haben wird, in römische Gefangenschaft. Noch Jahrhunderte lang haben die Römer durch regelmässige Aushebung bei jenen Völkerschaften bestimmte Heerestheile bilden können.

Nicht mehr genannt wird das Militärgebiet, Vetera gegenüber. Es möchte glaublich sein, dass in der endgiltigen Ueberlassung desselben an die benachbarten Ampsivarier und Chamanen die wesentlichste Concession bestand, die von den Römern gemacht wurde, um die Germanen zu beruhigen.

Im fernen Osten kehrten auch die Mattiaken, die Stammesverwandten der Bataver, unter eine, und zwar festere Herrschaft der Römer zurück als jene Nichtsueben. Die warmen Quellen in ihrem Lande gaben dann einen besondern Reiz für die Italiener. Wichtiger freilich wurde bald die Behauptung dieses Gebietes durch Errichtung des römischen Pfahlgrabens, dessen gewundene Linie den Taunus mit umfasste und dadurch in dem Mattiakenland noch mehr ein Vorwerk der römischen Macht in Germanien ausbildete.

Jetzt war eben die Zeit gekommen, wo die Römer, weil eine Erneuerung der Angriffe auf die freien Germanen vollkommen aufgegeben, darauf bedacht waren, durch starke Schutzwehren ihren Besitz zu bezeichnen und zu sichern. Und auch die Zeit war von den Römern erreicht, wo ihre Kunde über das starke, weit ausgedehnte Volk nicht mehr auf dem bisherigen Wege erweitert werden konnte. Denn Krieg in deren eignem Lande hat hinfort keinen erheblichen Anlass gegeben, die gefürchteten Germanen und die Gebiete derselben näher kennen zu lernen.

Das Werk des Tacitus ist gewissermassen ein Abschluss der bisherigen Bestrebungen und ein Referat über das wissenschaftliche Ergebniss derselben.

Einzelne Ausführungen.

I. Der Hercynische Wald.

Von der gewaltigen Massenerhebung, welche die Mitte unseres Erdtheiles durchzieht, findet gen Norden eine reich gegliederte und an terrestrischen Erscheinungen sehr mannigfache Abstufung statt. Sie erhebt sich in den Zügen der europäischen Gebirgsdiagonale noch einmal und scheidet dadurch das Hochland Europas bestimmt von dessen Tieflande. Mitten durch das heutige Deutschland hindurch läuft dieser für die Bodenfiguration so wichtige Höhenzug.

Am Schwarzen Meere, wo die Donau freilich im Laufe vieler Jahrtausende ein Vorland geschaffen, ihren Zug beginnend, erreicht die Gebirgsdiagonale bald in der hohen Tatra der Karpathen ihre grösste Erhebung; die Sudeten und das Erzgebirge reihen sich an, worauf der Thüringer Wald und der vorgeschobene Harz, der aber nach Westen sich in den sanften Abfällen der Wesergebirge verläuft, die Kette beschliessen.

In ein tiefes Dunkel, in das bisher keine sichere wissenschaftliche Forschung Licht zu bringen vermochte, sind die Verhältnisse der ältesten Bewohner, sowol der Alpen selbst als auch des nordwärts gelegenen Vorlandes gehüllt. In historischer Zeit aber wurde der grösste Theil der mittleren Alpen, die heutige Ostschweiz und das daran stossende Tirol, von den Raetern bewohnt, deren frühere Wildheit in jüngerer Zeit doch nicht verhinderte, dass sie zuerst mit keltischen Elementen vermischt[2]), dann mit den Kelten romanisiert wurden.

---

1) Das häufige Vorkommen gleicher Orts- und Flussnamen (solche z. B. Contzen, Gesch. Baierns 121) weist darauf hin, dass Naturbeschaffenheit der Lage ihnen zu Grunde liegt.   2) Das zeigen doch die Sagen deutlich; s. Dieffenbach, Origines p. 107 ff.; vgl. Mommsen, Röm. Gesch. II, 166.

So drangen hier also Kelten in die Alpen ein. Es geschah das zweifelsohne im engen Zusammenhang mit einer Bewegung des grossen Volkes gen Osten und Süden, von der selbst noch die durch die Römer vermittelte Stammsage zu berichten weiss.

Einst, so wird uns erzählt, war im Lande der eigentlichen Kelten in Gallien, eine grosse Uebervölkerung eingetreten. Da wurden zwei Schwestersöhne des Königs auserwählt, um Theile des überzähligen Volkes nach Landen zu führen, die von den Göttern durch das Loos angewiesen würden. Dem einen wurde Italien, dem andern wurden die Hercynischen Wälder zu theil, und nun führten sie in diese Gegenden jene zur Auswanderung bestimmten Kelten [1]).

Insofern bestätigen auch andere Nachrichten den Kern dieser Sage, als auch sie von einer keltischen Einwanderung ins Land zu berichten wissen, das in jüngerer Zeit von Germanen bewohnt und durch sie Kelten abgewonnen war. Doch mag es immerhin als zweifelhaft gelten, ob einzelne locale Ereignisse nicht zu sehr verallgemeinert und besonders, ob nicht geographische und ethnographische Verhältnisse, die man sich nicht zu erklären wusste, auf bestimmte geschichtliche Vorgänge anstatt auf Zustände zurückgeführt wurden, die einfach in dem geringen Anbau des Landes nordwärts von den Alpen, sowie in der niedrigen Culturstufe damaliger Zeit begründet waren. Glaubhafter als eine Occupation des Vorlandes der Alpen durch gallische Kelten, ist wol, dass einzelne Landstriche daselbst in jüngerer Zeit in Besitz genommen, während das Gebiet im allgemeinen schon keltisch war. Auch ist die Bewegung gen Süden, die, besonders in die Gebirge Noricums, unzweifelhaft stattgefunden [2]), vielleicht mit der Bewegung gen Osten verwechselt.

Als gewiss darf es gelten, dass einst das gesammte Land zwischen den Alpen und der Gebirgsdiagonale keltisch war, während nordwärts Germanen wohnten [3]). Doch scheint das

---

1) So die Sage bei Liv. V, 34; vgl. Mommsen I, 300. — Ein hohes Alter verbürgen die sororis filii.   2) Oben S. 76.   3) Dass auch hier das Land einst keltisch war, wird zuweilen aus den Fluss- und Ortsnamen zu erweisen gesucht: obwol uns doch die altkeltische Sprache fast unbe-

nun zu einer Zeit der Fall gewesen zu sein, wo noch keine Staaten sich entwickelt hatten. Nur in der böhmischen Berg-feste wird es anders gewesen sein. Daher bezeichnete man auch das ganze Land und seine einzelnen Theile bis zu der Zeit, wo hier römische Provinzen organisiert waren, nur nach der natürlichen Beschaffenheit des Bodens. Hier lag der grosse Hercynische Wald: oder vielmehr das waldige Land wurde im ganzen und einzelnen so bezeichnet.

Die Unkenntniss der Alten [1]) über die terrestrischen Ver-hältnisse nördlich von den Alpen, mehr noch nördlich von der Donau spiegelt sich deutlich in ihren Nachrichten über den Hercynischen Wald ab. Wenn nicht eine vorliegende Quelle einfach ausgeschrieben wurde, gab jeder Schriftsteller einen andern Aufschluss über ein Gebirge, dessen Vorhanden-sein in die geographischen Anschauungen eingereiht werden musste, ohne dass man sich eine klare Vorstellung über das-selbe machen konnte.

Selten, und dann nur unklar wird unter dem Hercynischen Wald oder Gebirge ein einzelner Höhenzug, wie der Schwarz-wald oder die Sudeten, verstanden. Häufiger schon findet sich die Bezeichnung für das gesammte Waldgebirge im Norden der Donau, dessen weite Ausdehnung im Alterthum keineswegs unbekannt war. Dasselbe bildet keinen zusammenhängenden Höhenzug: die Erhebungen sind ungleich; sie werden durch-brochen durch breite Flussgebiete und Thäler, durch grössere und kleinere Hochebenen. Desshalb passt auch, besonders im Vergleich mit der festgeschlossenen Alpenkette des Südens, die Eine Bezeichnung für diese ungleiche Bodenbildung nicht: und die Alten, sowol Griechen als Römer [2]), sprachen daher auch oft von verschiedenen Wäldern, die als Hercynische be-zeichnet werden. Doch dachten sie sich dieselben stets zu-sammenhängend. Die Gesammtheit dieser Wälder bedeckte ein grosses Gebiet, dessen Grenze durch die Ausdehnung

---

kannt ist. Historische Zeugnisse, selbst Sagen lassen sich für die Sache nicht vorbringen; vgl. Duncker, Orig. Germ. p. 74 seqq. 1) Die Stellen sind oft gesammelt und besprochen, so z. B. bei Ukert, Germanien S. 111 ff. 2) Aristot., Plut., Suidas, Liv., Flor.

derselben bestimmt und das selbst oft nach ihnen benannt wurde.

Den Hercynischen Wald dachten sich die Alten früh schon als von Kelten bewohnt [1]). Diese sandten auch nach dorthin, jener Sage zufolge, ihre überzähligen Volksmassen. Eingeschlossen von hercynischen Wäldern war das Land der Bojen, das heutige Böhmen, und anderer Kelten, wie Tacitus [2]) hervorhebt, da er von dem frühern Zustand Germaniens spricht: „zwischen dem Hercynischen Wald und den Flüssen Rhein und Main wohnten einst die Helvetier, weiterhin die Bojen, beides keltische Völkerschaften". Erst in jüngerer Zeit erscheinen dann, wie besonders im alten Bojenlande, Germanen in den hercynischen Wäldern. Aber selbst da noch finden sich, ausser in der bestimmt überlieferten Kunde, Anklänge an die Zeit, wo dieselben noch nordwärts, nur bis zu dem Waldgebirge wohnten. Plutarch hat von dichten Waldungen gehört, welche von dem äussersten Meer bis zu den hercynischen Wäldern reichten und die von den Cimbern bewohnt gewesen [3]). Es ist da genau das alte Gebiet der Germanen bis zu der Gebirgsdiagonale gemeint. Germanien erstreckte sich, nach Dionysius von Halikarnass, bis zu dem hercynischen Waldgebirge. Die Völkerschaft, deren Sitze an dieses grenzten, nannten die Germanen selbst „Grenzmannen". Und ebenso beschränkt sich die Germania des Tacitus, obwol sie von andern Grenzbestimmungen ausgeht, doch bei der Schilderung der einzelnen Völkerschaften, auf diejenigen, welche in den alten Sitzen, bis zu dem europäischen Hochlande verharrt. Bis dahin reichten auch noch in seiner Zeit die festgeschlossenen germanischen Völkerschaften [4]), wie die Chatten, denen der grosse Römer gleich nordwärts von dem Hercynischen Waldgebirge Sitze anweist [5]).

Das Gebiet des vielgestaltigen Bergwaldes wird zuweilen, besonders von Griechen, „Hercynien" genannt. War der Name

---

1) Schol. Apoll. Rhod. IV, 640: Ἑρκύνιον ὄρος Κελτῶν ἢ δρυμόϛ. 2) Germ. cap. 28. 3) Vita Mar. cap. 11. 4) Nur die Hermunduren erwähnt von diesen Tacitus weiter südlich, bis zur Donau hin. 5) Germ. cap. 30; vgl. Vell. Pat. II, 108.

dem Lande eigenthümlich und sind nach ihm die Höhenzüge, deren Existenz für lange Zeit das einzige war, was die südlichen Völker von dem Gebiet wussten, bezeichnet worden? oder war es umgekehrt? Darauf ist bis heute noch keine genügende Antwort ertheilt worden. Das bezeichnende Eigenwort deutet freilich auf ein keltisches „erheben" oder „erhöhen" hin [1]): doch ist es schwer zu erklären, weshalb diese Vorberge der Alpen, von denen selbst, die doch so viel mehr die Aufmerksamkeit auf sich ziehen mussten, gerade durch eine solche Bezeichnung geschieden wurden. Möglich wäre es, dass eine ursprünglich mehr lokale Benennung durch den vielfach ähnlichen Charakter der betreffenden Gegenden verallgemeinert wäre. Doch bleibt es immer räthselhaft, weshalb sowol Römer als Griechen das Waldgebirge zur Hälfte in ihrer eignen Sprache bezeichneten, während sie doch ein keltisches „erhöht" auch leicht darin hätten wiedergeben können. Vermuthlich war aber die Bedeutung beider Worte ursprünglich eine gleiche, so dass der keltische Eigenname durch den griechischen oder lateinischen Zusatz nur erklärt und näher bestimmt wurde. Wie den Kelten „Alpen" das hohe, steil abfallende, unzugängige Gebirgsland bezeichnet zu haben scheint, so wol „Arkynien" oder „Hercynien" waldiges Bergland, dann Wald überhaupt [2]). So viel ist wenigstens gewiss, dass für den gesammten Höhenzug, der später dann mehr in seinen einzelnen Theilen hervortritt, eine Bezeichnung blieb, die dem uns bekannten griechischen oder lateinischen Zusatz entsprach, so dass der alte keltische Eigenname vergessen wäre, wenn er nicht, wie der Zusatz, in dem neuen deutschen Namen fortgelebt.

Es zeigt für den, freilich auch ohnehin zweifellos engen Gesichtskreis der Germanen, dass bei ihnen für das Berg-

---

1) So nach Zeuss p. 3: das Wort erhält sich noch im kymr. erchynu erheben, erchyniod Erhöhung.   2) Das möchte auch der Ansicht von Zeuss a. a. O. entsprechen; zu vgl. ist, dass auch von τά Ἄλπεια ὄρη, Strabo, Diod. Sic., Ptol., sowie von Alpium montes, wie andererseits auch von Hercynia, wo doch an das Bergland gedacht wird, Erat. bei Caes., Diod. Sic., Mela u. a., die Rede ist.

land, welches ihre Sitze gen Süden begrenzte, kein zusammenfassender Name üblich war. Wäre dieses der Fall gewesen, hätte er sich sicher, wie der der Flüsse und einzelner Bodenerhebungen, Taunus, Ardennen, Melibocus u. a., erhalten. Gemeinsam für das gesammte Bergland, seine Anfänge und einzelnen Theile, muss den Germanen von je her, wie noch heute, nur die Bezeichnung „Wald" gewesen sein, worunter sie mit Baumwachs bedeckte Landstrecken, die aber sonst unangebaut waren, verstanden.

Nur weit im Osten haben sich Namen erhalten, deren Ursprung noch auf die Keltenzeit zurückgehen wird. Dahin ist der Karpathen Name, aber fast er auch allein zu zählen, denn Sudeten für den weiter westlichen Gebirgszug, ist uns wol aus dem Alterthum überliefert, findet auch heute eine häufige Anwendung: doch ist der Name dem Volke unbekannt und wird auch mit kaum fixiertem Begriff gebraucht. Unsicher sind ebenfalls die Namen von Höhenzügen, welche sich als Ausläufer oder Fortsetzungen der Sudeten darstellen. Der Ursprung derselben ist in bedeutend jüngerer Zeit zu suchen, wie schon die Zusammensetzung der Worte mit „Gebirge" anstatt „Wald" ausweist. Es macht sich da geltend, dass die ethnographischen Verhältnisse der Gegend erst seit einigen Jahrhunderten feste geworden sind.

Die Berge, welche Böhmen einschliessen[1]), hiessen lange Zeit ohne weitere Unterscheidungen bei den Deutschen „Böhmer Wald". Slavische Bezeichnungen mögen für einzelne Theile daneben gebräuchlich gewesen sein. So wird der Bergrücken im Nordwesten „Miriquidui"[2]) genannt, was vielleicht dem altdeutschen Fergunna oder Virgundia, d. i. Waldgebirge[3]), entsprach. Aus ganz junger Zeit ist erst der Name Erzgebirge.

Weiter im Westen werden dann die Berge erreicht, welche in historischer Zeit stets, sowol vor als nach der Völkerwanderung, im Bereich der Germanen lagen. Bei den Namen aller

---

1) Für diese hielt sich noch am längsten: Hercynischer Wald, s. Einh. Annal. zu 805 u. selbst Aeneas Sylv. De statu Europ. cap. 26, wo es freilich Gelehrsamkeit sein kann.   2) Thietm. VI, 8.   3) Zeuss p. 8 u. 10. Grimm, Mythol. p. 157; 235.

— überwiegt die Bildung mit Wald oder dem altdeutschen Hart
von gleicher Bedeutung. Der Thüringer-Wald hiess zu Zeiten
auch der Wald der Slaven, die tief in ihn eingedrungen; ein
eigner Name, Loiba, wurde ihm wol von diesen gegeben [1]).
Franken-Wald, der südlich sich in den Bairischen-Wald wan-
delt, schliesst sich an. Dazwischen der Fichtelberg, als
einsame gelegene Höhe. In diesen Gebirgen werden dann
wiederum einzelne Theile mit Wald oder Hart bezeichnet:
Passauer-Wald; Mannhartsberg; Weil-Hart; Hart bei Mün-
chen; Schwein-Hart in Franken. Wieder weiter im Westen
sodann verschiedene Harte in Thüringen; darauf Fuldaer-Hart;
Spess-Hart; Oden-Wald; Schwarz-Wald; auch Hart bei Hom-
burg und Marburg; sowie der Weser-Wald [2]), und dann der
Harz: dieser weit vorgeschobene stattliche Theil der Gebirgsdiagonale, der im Norden am längsten den wilden unbebauten
Charakter behielt, und daher als Eigennamen erhielt, was sonst
sein Verhältniss zu den Menschen bezeichnet.

II. Frühere Ausbreitung der Kelten
nach Osten und Norden.

1.

In altersgrauer Zeit reichte das Land der Kelten auch am
Niederrhein zweifelsohne weit über den Fluss hinaus. Darauf
bezieht sich selbst noch die älteste Kunde, die auf uns über
die Bewohner dieser Gegenden gekommen ist [3]).

Sicherer sind die Nachrichten über die Räumung des
Landes. Caesar wurde erzählt, dass die ersten der kriegerischen
Belgen vom rechten Rheinufer hinübergekommen, und sich auf
dem linken neue Sitze occupiert [4]). Auch wird uns berichtet,

---

1) So behauptet wenigstens die Fund. Brunv. cap. 17, SS. XI, 404;
vgl. Zeuss p. 8, wo Ann. Quedlinb. nachzutragen sind.   2) Teutoburger Wald ist ganz neu und nur bei Gelehrten.   3) S. unten 2.
4) Caes. II, 4.

von diesen Belgenstämmen sei der der „Germanen" der erste
gewesen, der den Rhein überschritten [1]), und wenn die zweifellos
keltischen Nervier sich germanischer Abkunft rühmten [2]), so
ist auch dieses auf Sitze ihrer Vorfahren am rechten Rheinufer, in Germanien zurückzuführen. Vorstehende Thatsachen,
welche durch den letzten Besitz der Kelten am rechten Rheinufer Bestätigung erhalten, werden uns von den beiden bedeutendsten Historikern der Römer ohne Andeutung irgend
welcher Zweifel überliefert, und dürfen dadurch wiederum der
alten Druidensage als Stütze dienen, wonach gleichfalls ein
Theil der Kelten die rechtsrheinischen Sitze in uralter Vorzeit
aufgegeben hat und auf das linke Ufer übergesiedelt ist [3]).

Wie weit nun aber das nördliche Land einst im Besitz
der Kelten war, wird uns von den Alten nicht gesagt. Doch
scheinen dunkele Sagen und Berichte, welche zu den Griechen
gekommen, sich auf eine Zeit zu beziehen, in der noch die
ganze Nordseeküste als eine keltische Landschaft galt: aber
die Kunde ist unsicher und zeugt schon in sich von keiner
klaren Anschauung.

Jüngere Verhältnisse erläutern jedoch nach einigen Richtungen hin die Veränderungen, welche hier vorgekommen.

Als Caesar am Rhein erschien, hatten die belgischen Menapier noch einen schmalen Uferstrich am rechten Rheinufer,
rechts von der Lippemündung, im Besitz [4]). Derselbe kann,
da er gegen die Germanen nicht einmal vorübergehend vertheidigt ward, nur ein Ueberrest eines einst grösseren Gebietes
gewesen sein. Ferner vermochten die Römer, als sie hier ihre
Herrschaft aufgerichtet, über das Land bis zum Flevus hin
zu verfügen: ohne dass sie es Ansässigen entzogen. Wir
finden bis dahin, also in der Isselgegend, die Besitzverhältnisse überhaupt schwankend, obwol die benachbarten germanischen Völkerschaften, jetzt durch die Römer gehindert, nach
Erweiterung ihres Besitzes strebten. . Auch daraus ist zu
schliessen, dass hier der Boden nicht lange Zeit vor dem Erscheinen der Römer seine Herren gewechselt: was aber, da

---

[1] Tac. Germ. cap. 2.   [2] Tac. Germ. cap. 28.   [3] Timogenes
bei Amm. Marcell. XV, 9.   [4] Caes. IV, 4.

bereits im Norden, Osten und Westen Germanen sassen, nur
möglich war, wenn Kelten die Gegend verliessen, um sich mit
dem mehr südlich gelegenen Besitz zu begnügen.

Doch müssen sich einst die Besitzungen der Kelten am
rechten Rheinufer weit mehr gen Norden, über das Isselgebiet
und den Flevus hinaus erstreckt haben. Diese engen Grenzen
würden die Vorfahren der Belgen, die über den Rhein vorgedrungen, nicht haben fassen können, zumal anzunehmen ist,
dass eine frühere, wenn auch geringere Volkszahl doch einen
grösseren Landbesitz haben musste, weil die Wirthschaft gewiss weniger intensiv war.

Suchen wir nun nach weiteren Spuren des einstigen keltischen Besitzes am rechten Rheinufer, so denken wir zunächst
an keltische Ortsbezeichnungen daselbst. Allein diese sind
trüglich: die ältesten Namensformen können in unserer Ueberlieferung unter keltischen Einflüssen entstanden sein, und wir
wissen überhaupt zu wenig von den Lautverhältnissen der
beiden verwandten Sprachen in der unhistorischen Vorzeit,
um die ursprüngliche Form von Namen, selbst wenn eine Re-
construction aus einem Zeitraume von mehr denn tausend Jahren
glücken sollte, mit Sicherheit der einen oder der andern, der
keltischen oder deutschen Sprache zuzuweisen.

Wichtiger aber als örtliche Bezeichnungen, sind die ethnographischen Namen.

Wir hören, dass die Angehörigen des Stammes, der zuerst über den Rhein vordrang, Germanen hiessen. Der Name,
der auch sonst in der keltischen Welt vorkommt[1]), blieb dem
Volke noch eine Zeit lang auch in den neuen linksrheinischen
Sitzen, bis er endlich durch andere keltische Bezeichnungen
verdrängt wurde, die vermuthlich hier schon seit längerer Zeit
eine locale Bedeutung hatten[2]).

Dahingegen erhielt sich der Name nicht nur für Bewohner
des rechtsrheinischen Landes, sondern es wurde ihm hier auch
noch eine weit allgemeinere Anwendung gegeben. Mag auch
die Deutung, welche Tacitus dieser Thatsache giebt, es sei

---

1) Vgl. die Nachweise bei Diefenbach Orig. Europ. p. 133.   2) Vgl.
oben S. 14 ff.

geschehen, um den Galliern Furcht zu erregen, nicht richtig sein: gewiss ist, dass die Kelten, doch wol schon zur Zeit Caesars, mit dem Namen Germanen einen geographischen Sinn verbanden, der sich weit über die Gegend hinaus erstreckte, welche einst von ihrem eigenen so benannten Volke bewohnt wurde. Rhein und Donau galten als Grenzflüsse: und da wurden alle Bewohner des Landes, östlich und nördlich von den Flüssen, bei den Kelten „Germanen" genannt. Eine ethnographische Bedeutung lag hier zunächst noch nicht vor [1]), wenn sie freilich auch dadurch, weil jene Bewohner überwiegend alle einem und demselben grossen, gefürchteten Volksstamm angehörten, nach nicht langer Zeit aufkommen musste.

Aus der räumlichen Verbreitung des Germanennamens lässt sich demnach kein Schluss auf die einstige Ausdehnung der Kelten am rechten Rheinufer ziehen.

Gerade umgekehrt ist es mit dem Namen der Belgen. Für ihn findet sich am rechten Rheinufer überhaupt kein nennenswerther Anhalt, um eine Localisierung, die weitere Schlüsse zulassen würde, daraus zu folgern. Doch ist auch aus andern Gründen die Annahme gerechtfertigt, dass der Name erst am linken Rheinufer von einer localen zu einer allgemeineren Bedeutung übergegangen.

Sehen wir uns nun die Namen der (deutsch-)germanischen Stämme, die in historischer Zeit am rechten Rheinufer sassen, darauf hin an, ob sie der Vermuthung Raum geben, dass sie, obwol ursprünglich keltischer Bedeutung, durch die Occupation der Gegend, an der sie hafteten, auf die neue Bevölkerung übergegangen.

Am Rhein werden zunächst die Ubier genannt. Der Name mag deutsch erklärt werden können: allein er kommt in der germanischen Ueberlieferung überhaupt nicht vor, und wenn wir ihn trotzdem aus einer deutschen Wurzel herleiten wollen, so muss unsere erheblich jüngere Kenntniss der Sprache den zweifelhaften Ausschlag geben. Ganz anders ist es, wenn wir annehmen, der Name sei keltischen Ursprungs [2]). Er kommt

---

1) S. meine Bemerkungen in Forschungen z. deutsch. Gesch. XI, 613.
2) Ueber ähnliche keltische Namen s. Cuno im Rheinisch. Mus. XXVIII, 196.

selbst davon abgesehen, dass unsere Ueberlieferung keltisch-lateinisch ist, auch sonst zur Zeit seiner realen ethnographischen Existenz in der keltischen Welt vor. Der Flussname Dan-Ubius kann bereits zur Vergleichung herangezogen werden [1]), namentlich da doch wol nach ihm die Obier genannt sind, die zur Zeit des Markomannenkrieges an der Donau kämpften [2]). Im nördlichen Gallien haben, nach Caesar [3]), die keltischen Esubier, im südlichen die Onubier, unweit der Rhone die Mandubier, in den Alpen die Uberi gesessen [4]); in Aquitanien werden die Bituriges einen ähnlich klingenden Beinamen gehabt haben [5]).

Die Obier gehörten vielleicht der germanischen Welt an. Doch würde trotzdem, schon nach der angedeuteten Ableitung, ihr Name wol keltische Wurzel haben. Die übrigen Namen sind durchaus, selbst nach ihrer ethnographischen Bedeutung, keltisch.

Demnach liegt der Gedanke, auch der Name der deutschen Ubier sei keltisch, fast unabweisbar nahe. Allein er kann alsdann auf doppelte Art entstanden sein.

Möglich ist es, dass mit ihrem Lande auch hier der Name einer keltischen Völkerschaft auf eine germanische übergegangen ist. Alsdann würden jene Kelten sich von dem rechten auf das linke Rheinufer zurückgezogen haben. Der Ortsname Gelduba in dem jüngern linksrheinischen Ubierlande könnte hier durch die ehemalige Sesshaftigkeit dieses uns ganz unbekannten Keltenvolkes der Ubier entstanden sein. Doch ist die Spur, die dazu noch mannigfach anderer Deutung fähig ist, viel zu gering, um aus ihr in eine noch entlegenere Zeit Rückschlüsse zu machen.

---

1) Vgl. über ihn Zeuss S. 12.　　2) Petr. Patric. excerp. legat. ed. Bonn p. 124. Diese Obier, die nur hier, und in keineswegs unzweideutigem Zusammenhang erwähnt werden, ohne weiteres für die Avioner in Holstein zu erklären, wie Zeuss S. 471 und Müllenhoff, Nordalb. Studien I, 119, thun, halte ich doch für sehr bedenklich.　　3) Caes ed. Krauer II, 34; III, 7 und V, 24.　　4) Plin. III, 35; 135; 137.　　5) Plin. IV, 108: Bituriges, cognomine Ubisci — doch steht freilich diese Lesart nicht fest. Dahingegen IV, 109: Bituriges liberi, qui Cubi appellantur.

Mehr Wahrscheinlichkeit hat es wol, dass die germanische Völkerschaft der Ubier, die nur durch den Rhein von den Kelten getrennt war, mit einem keltischen Namen bezeichnet wurde, der ihnen selbst vielleicht so fremd war, wie uns der Name „Njemetz“, der bei den Slaven für Deutsche üblich ist.

Als die Ubier in die Geschichte eintreten, ist ihr Staat bereits sehr entwickelt. Sie sind auch bereits zu einem hervorragend intensiven Ackerbau übergegangen. Daraus, sowie aus dem Umstande, dass sie, wie auch die benachbarten Usipeter und Tencterer, fast eingekeilt waren zwischen germanischen Stämmen, ergiebt sich aber, dass sie ihr Land bereits seit unvordenklichen Zeiten besessen. Hier schwankte der Besitz nicht mehr wie weiter im Westen. Wenn daher diese Gegend einst keltisch war, so muss sie schon in viel früherer Zeit geräumt sein als jene andere. Auch war sie dann wol nicht im Besitz des Stammes, zu dem die Belgen gehörten, sondern der Trevirer, die in historischer Zeit die gegenüber liegenden Gestade bewohnten. Bei diesen zeigen sich aber Spuren für eine besondere Benennung einzelner Volkstheile. Nach all diesen Erwägungen ist wol anzunehmen, dass jenes rechtsrheinische Land bereits früher ubisch geworden, als ein besonderer keltischer Stamm ihn zu seinem Gebiet ausbilden und dadurch auf ihn seinen Namen übertragen konnte.

Aus dem Namen der Ubier dürfen wir also keine Rückschlüsse auf die einstige Ausdehnung der Kelten am rechten Rheinufer machen. Wie aber steht es bei den Volksnamen, die uns westlich von jenen begegnen?

Zunächst schliessen sich an die Ubier die Sigambrer an, auf welche die, in wenig jüngerer Zeit genannten Chamaven und Ampsivarier folgen. Letztere werden anfangs, bei Strabo, Kampsianier genannt [1]). Auch muss man dieser Gegend die Gamabrivier zuweisen.

---

1) Strabo VII, 1, 3: Καῦχοί τε καὶ Καοῦχοι καὶ Καμψιανοὶ καὶ ἄλλοι πλείους. Müllenhoff a. a. O. 237 meint ganz willkürlich: „in Καμψιανοί ist der Anlaut der voraufgehenden Conjunction fehlerhaft wiederholt“. Umgekehrt erklären die Herausgeber, besonders Corais, in §. 4: Καθύλκων

Es leuchtet ein, dass diese Namen eine gemeinsame Wurzel haben: Gamb oder Kamp; denn dass bei den Chamaven der auslautende, wie in jüngerer Zeit bei den Ampsivariern der anlautende Consonant weggefallen, ist in Hinblick auf die sonstige ganz genaue Uebereinstimmung von keiner erheblichen Bedeutung. Die Namen gehörten drei verschiedenen germanischen Völkerschaften an, die geschichtlich vollauf beglaubigt sind. Nicht so bei den Gamabriviern. Nach der Meinung Strabos [1]), der sie namhaft macht, waren sie eine andere Völkerschaft als die Sigambrer und Kampsianier, die er, wie vermuthlich auch die Chamaven [2]), gekannt und neben ihnen nennt. Sonst wird der Name der Gambrivier, weil er „wahr und alt" sei [3]), allein von Tacitus und zwar zwischen Namen überliefert, die mehr eine allgemeine Bedeutung hatten, wie Sueben und Vandalier, denen sich Marsen anreihen. Hieraus, sowie aus dem Umstand, dass Strabo, indem er sich die sonst genannten Völkerschaften am Ocean wohnend dachte, zwischen diesen, den Cheruskern, Chatten und Chattuariern, nur die Gamabrivier kennt, darf wol mit einigem Recht gefolgert werden, dass dieser Name wirklich in der Gegend zwischen Rhein und Ems eine allgemeine, umfassende Bedeutung hatte.

Treten wir nun an die Erklärung des Namens heran, so stossen wir wiederum auf einige Anklänge aus der jüngern Tradition unserer deutschen Sprache. Als Eigen- oder gar als Volksname liefert die aber kein nennenswerthes Analogon. Doch muss es in der That schon nach einfacher sachlicher Erwägung zweifelhaft sein, ob der Name deutschen Ursprungs, zumal kein Beweis darin liegen kann, dass Chamaven und Ampsivarier auch in der (deutsch-)germanischen Welt so genannt wurden.

So weit die beglaubigte Geschichte Auskunft giebt, ist das Bedürfniss der Namensgebung für die Völkerschaften in der Regel nicht von diesen selbst, sondern von ihren Nachbarn ausgegangen. Hier nun stehen wir an der Grenzscheide

καὶ Ἀμψάνων, Βρουκτέρων, etc., das wenig passende καὶ durch ein verstümmeltes Καμψανῶν.   1) Strabo VII, 1.   2) Vgl. Müllenhoff, in Zeitschr. für deutsch. Alterth. IX, 230.   3) Tac. Germ. cap. 2.

der (deutsch-)germanischen und der keltischen Welt: sollten
da die Völkerschaften der ersteren nicht ihren Namen durch
die letzteren erhalten haben? Und die Kelten haben doch selbst-
verständlich nur ihre Sprache für die Namensgebung angewandt. Gewiss ist es demnach berechtigt, zu forschen, ob
derselbe Name sich in der keltischen Welt vorfindet.

Da stossen wir denn gleich südlich vom Rhein auf die
Stadt Camaracum [1]), heute Cambray. Die Stadt lag im Gebiet
der Nervier, und man gab ihr in jüngerer Zeit den Namen:
Cambresis. Die Nervier rühmten sich germanischer Abkunft [2]):
hiessen sie vielleicht am rechten Ufer des Rheins Cambern?
Und hat darnach dann die bald bedeutendste Stadt ihres neuen
Gebietes ihren Namen erhalten? — Weiter im innern Gallien
treffen wir Cambiovicenses und Cambolectri an.

Auf diese und ähnliche Namen ist weniger Werth gegenüber der Thatsache zu legen, dass der Name Cambren, der
mit Cymri, Cymbry und Cumbri identisch ist [3]), überhaupt in
der keltischen Welt eine grosse Bedeutung hat. Einst diente
er vermuthlich, wenn nicht zur Bezeichnung des gesammten,
so doch eines Hauptzweiges des Keltenvolkes [4]): und gewiss
ist, dass die Kelten in England, während sonst andere Namen
für sie gebräuchlich sind, sich noch heute Kimren oder Cambern nennen. Sie müssen den Namen, obwol kein altes Zeugniss davon zu erzählen weiss, aus ihrer festländischen Heimath
nach der Insel mitgebracht haben. Wo aber war diese Heimath?

Die Alten betrachteten einen Theil der Bewohner Bri-
tanniens als Autochthonen. Der andere aber stammt nach
Caesar von den Belgen ab [5]). Diese aber waren, — wir sahen
es —, nach gallischer Tradition selbst grösstentheils über den
Rhein gekommen: ihre eigentlichen Stammsitze waren am
rechten, nicht am linken Ufer des Flusses. Dahin muss man

---

1) So in den Itinerarien s. dieselben bei Walckenaer.   2) Tac.
Germ. c. 28.   3) Vgl. Zeuss S. 574 ff.; Diefenbach Celtica II, 125 ff.
4) Dafür verweise ich auf Diefenbachs Untersuchungen. Zu berücksichtigen ist sonst besonders auch noch der Mercurius Cimbrianus oder
Gambrianus; s. Jahrbücher des Vereins im Rheinlande L, 167 u. die
daselbst angeführte Literatur.   5) Caes. V, 12.

nun auch die Heimath der belgischen Briten verlegen. Sie nennen sich heute noch Kimren oder Cambern: und da mag, zumal der Belgenname anders zu erklären, und da der Name des Hauptortes der einst germanischen Nervier die Vermuthung bestätigt, kaum bezweifelt werden können, dass für die Kelten, die in altersgrauer Vorzeit am rechten Rheinufer sassen, ebenfalls der Kimren- oder Kimbern- oder Cambrenname gebräuchlich war [1]).

Zur Bestätigung dienen auch die Namen der (deutsch-) germanischen Völkerschaften in den ehemaligen Sitzen der Kelten am rechten Rheinufer: wobei freilich zu berücksichtigen ist, dass sie selbst erst durch den dargelegten Zusammenhang ihre Erklärung finden.

Die gleichlautende Wurzel in den Namen der Ampsivarier oder Kampsianier, der Chamaven und Sigambrer wird darauf zurückzuführen sein, dass diese Völkerschaften im alten Cambrenlande sassen. Und sicherer ist dieses wol noch für den Namen Gambrivier anzunehmen, der in der gleichen Gegend vorkomnt, und sich doch mit keiner der Völkerschaften, vielleicht aber mit allen deckte.

Wüssten wir nun, wie weit sich die Sigambrer nach Osten erstreckt [2]), so würde darin ein gewisser Anhalt für die einstige Ausdehnung der Kelten in diesem Theile des rechtsrheinischen Landes gegeben sein. Doch ist anzunehmen, dass sie südlich von der Lippe und nördlich vom Rhein etwa bis zur Haar und zum Ebbe-Gebirge auf altkeltischem Boden sassen. Denn so gering auch diese Bodenerhebungen sind, so ist doch anzunehmen, dass sie einst, wie oft der Fall, Völkerscheiden waren.

Gleich der Isselgegend, bis wohin die Ampsivarier und Chamaven reichten, scheint auch im Gebiet der Sigambrer in historischer Zeit der Besitz noch kein ganz fester gewesen zu sein. Denn nur dadurch ist es wol zu erklären, dass das Volk aufgescheuchte und herumschweifende Usipeter und Tencterer

---

1) Vgl. Duncker, Orig. german. p. 96 ff.   2) Dass sie bis in die Gegend der Sieg gereicht, wird nur aus der ersten Silbe ihres Namens gefolgert.

bei sich aufnehmen konnte. Der ganze occupierte Raum war vielleicht von den Sigambrern noch nicht ausgefüllt. Und sollte etwa einst auch noch weiter im Norden Keltenland gewesen sein?

An die Sigambrer schlossen sich nordwärts die Bructerer. — Es bleibe dahingestellt, ob die scharfsinnige Vermuthung eines sehr bedeutenden Kenners des keltischen Alterthums, wonach in dem Namen eine gleiche Wurzel mit Britannen, Bretannen, stecken kann, eine richtige ist[1]). Jedenfalls ist die Andeutung nicht begründet genug, um weitere Folgerungen für die einstige Ausdehnung der Kelten daraus zu ziehen.

Dahingegen wird seit dem 9. Jahrhundert zwischen Ems und Weser, in einem Lande, das doch früher auch wol von Bructerern bewohnt war, eine Landschaft Ammeri oder Ambria erwähnt[2]), mit der, so scheint es, kein fester territorialer, und noch weniger ein bestimmter ethnographischer Begriff verbunden war[3]). Gerade seiner Unbestimmtheit wegen ist anzunehmen, dass der Name sehr alt ist, und wol noch in eine Zeit hinein reicht, in der in der betreffenden Gegend noch andere ethnographische Verhältnisse vorhanden waren.

Der Name „Ambria" erinnert zunächst an die Ambronen, die, in Gemeinschaft mit den Teutonen, die römische Welt bedrohten. Gar viel scheint dafür zu sprechen, jene für Kelten zu halten: aber gerade bei der Richtigkeit einer solchen Annahme würde kaum ein ausreichender Grund vorhanden sein, ihre Heimath in Ambria zu suchen. Sie hätten hier wol schon abgeschnitten von den Stammesgenossen, inmitten einer germanischen Welt gesessen: was doch schwer glaublich ist.

Auch hier liegt wol nur ein gleicher Namensanklang vor, der vielleicht wiederum auf den keltischen Volksnamen der Cambren zurückgeht. Das anlautende K kann auch hier, wie bei Ampsivariern und wie bei zahllosen andern keltischen Volks-

---

1) Diefenbach, Celtica II, 59.   2) Vgl. die Zusammenstellung bei Hodenberg, Diöcese Bremen S. 55 ff.   3) Vgl. Ledebur, Fünf Münstersche Gaue u. s. w. S. 91, der durch Hodenberg mit nichten widerlegt ist.

namen [1]), aus lautlichen Gründen, die sich unserer Kenntniss entziehen, fortgefallen sein. Alsdann braucht aber der Name der Ambronen gar nicht auf die Bewohner jener Gegend beschränkt gewesen zu sein: es ist vielmehr möglich, dass er schon im Alterthum eine ganz allgemeine Bedeutung für das nördliche Deutschland hatte, wie er ihm mit grösserer Sicherheit für eine jüngere Zeit zuzuweisen ist [2]). Nur würde es uns an Gründen fehlen, die beschränkte Localisirung in diesem Fall zu erklären.

Die Spur, die hier angedeutet, ist weit weniger sicher als es die früher dargelegten sind. Aber der Vermuthung mindestens, dass Cambern bis in diese nördliche Gegend gereicht, dürfen wir, auf sie gestützt, Raum geben. Denn andere, zunächst freilich wenig stärkere Fäden, lassen sich noch anknüpfen.

Wohnten einst in einer Zeit, da Staat und Volk bei Kelten und Germanen zur Entwicklung von Individuen schritten, zwischen Lippe und Ems Kelten, so wird die Ausdehnung der Sitze derselben wiederum durch Bodenerhebungen bestimmt sein. Sie werden bis zu jenem Höhenzug gereicht haben, für den die Alten in grosser Ausdehnung den Namen Teutoburger Wald kannten. Der Name erinnert ohne jede weitere Ueberlegung an eine umfassendere Benennung unseres Volkes: und wenn die hier nun verwandt wurde, um einen Höhenzug, der sich lang hin erstreckt, zu bezeichnen, so kann das eigentlich nur geschehen sein im Gegensatz zu einer fremden Volksthümlichkeit. Dem entspricht es auch, dass unserer nationalen Ueberlieferung der viel berühmte Name fremd, ihr erst durch gelehrte Forschung erschlossen ist.

Ausserhalb des Teutoburger Waldes sassen nordwestlich die räthselhaften Marsen: östlich die Angrivarier, mit unzweifelhaft deutschen Namen, dann die Cherusker. Diese hatten den Harz, der doch damals schon, wie nach tausend Jahren unserer Zeitrechnung, fast unbewohnt gewesen sein wird, im Rücken. Sie besassen also ein Gebiet ausserhalb der hier vorspringenden

---

1) Ambarri; Ambiani; Ambilatri; Ambiliates; Ambisuntes; Ambitui; Ambivariten u. a.   2) Nennius: Ambrones id est Altsaxones.

Bodenerhebung: und da liegt der Gedanke nahe, dass auch sie altkeltisches Land occupiert. Doch würden einer solchen Annahme alle weiteren Beweismomente ermangeln. Allerdings ist uns der Name des hochberühmten Volkes durch die keltisch-römische Welt überliefert, und wir wissen nicht einmal, ob er bei den Germanen bekannt war: geschweige ob das Volk sich selbst „Cherusker" nannte. Allein daraus ist noch nicht zu folgern, dass der Name von einstigen keltischen Nordnachbarn übertragen, oder mit altkeltischem Besitz auf die germanische Völkerschaft übergegangen. Ganz anders wie bei jenen Gambriviern, und selbst Ubiern, lässt sich für den Cheruskernamen kein Analogon aus der keltischen Welt anführen, so unübersehbar viele Namen aus ihr uns auch überliefert sind [1]). Und da nun andere Anhaltspunkte für eine Vermuthung hier gänzlich fehlen, so sind wir nicht berechtigt anzunehmen, dass sich die Sitze der Kelten einst auch über das Cheruskerland erstreckt.

Noch weniger ist bei dem Lande der Langobarden daran zu denken, dass es einst im festen Besitz von Kelten gewesen. In abgeschlossenen Grenzen erhielt sich der Name, der von dem Volke selbst gebraucht wurde, inmitten der germanischen Welt, in der er auch entstanden sein muss.

Mit dem Gebiet der Langobarden ist die Elbe erreicht. Aber die ganze Betrachtung ging von dem Gedanken aus, dass die letzten Ausläufer des mitteldeutschen Gebirges hier einst ethnographische Bedeutung gehabt. Der Meeresstrand blieb noch unberücksichtigt.

Die Römer trafen nördlich vom Rhein am Meere Friesen an, zweifellos Germanen. Einst müssen aber diese Gestade keltisch gewesen sein: gerade auf sie beziehen sich augenscheinlich zunächst und vorzugsweise jene alten keltischen Sagen von Landverlust am rechten Rheinufer durch die Fluthen des Meeres. Auch waren die Ansiedlungen der Friesen noch lange Zeit wenig fest; der Staat entbehrte geschlossener Ausbildung. Doch wie

---

1) Vermuthlich liegt hier ein eigentlicher Volksname vor, der in einer ganz andern Gegend entstanden sein kann, und hier dann in jüngerer Zeit durch lokale Bezeichnungen, wie es bei den Fosen der Fall, ersetzt wurde.

das Volk selbst, so ist auch der Name desselben unzweifelhaft der (deutsch-)germanischen Welt zuzuweisen. Er muss aus einer weiter östlich gelegenen Heimath mit in die neuen Sitze gebracht sein.

Um so auffallender ist der Name der Ostnachbarn jener Friesen, der Chauken. Auch bei ihnen ist nicht nur die germanische, sondern auch die friesische Volksthümlichkeit eine ganz unzweifelhafte. Aber warum reichte für die Alten der Friesenname nur etwa bis zur Ems: während er doch in jüngerer Zeit, ältere Kunde bestätigend, sich über das gesammte Chaukengebiet bis zur Elbe, und selbst noch darüber hinaus erstreckte? Die Sache ist um so räthselhafter, da die Chauken bereits im Alterthum keinen einheitlichen Staat bildeten, sondern nach Friesenart, wie auch in jüngerer Zeit, in eine Reihe kleiner Völkerschaften zerfielen. Die jüngere Zeit kannte für diese als Gesammtnamen nur den der Friesen [1]): wie kam es, dass uns von keltisch-römischer Seite ein anderer überliefert, und dabei sogar noch eigens bezeugt wird [2]), er habe eine grosse territoriale Bedeutung? Das Land hat seine Bevölkerung nicht gewechselt: ist es da anzunehmen, dass der Name der letzteren, sofern er von dem Volke selbst und dessen germanischen, gleichfalls sesshaft gebliebenen Nachbarn gebraucht wurde, ganz in Vergessenheit gerathen sein sollte?

Diese Fragen können fast nur durch die Erklärung des Namens beantwortet werden.

Dass derselbe deutschen Ursprungs sei, ist bisher noch nicht erwiesen. Häufig wurde es aber ohne weitere Begründung angenommen: und dann fehlte es der vielseitigen und scharfsinnigen Erforschung unserer Sprache auch nicht an einer sinnigen Erklärung. Aber den lautlichen Anklängen mussten alsdann die vielfach ungleichen und wechselnden Verhältnisse des von den Chauken bewohnten Landes, oder auch die nationalen oder politischen Eigenschaften, welche die Alten an dem Volke zu bemerken glaubten, einen schwachen Halt für die gewagte Vermuthung geben.

---

1) Umgekehrt dehnt die Tab. Peuting. die Chaci bis zur Rheinmündung aus.   2) Tac. Germ. cap. 35.

Verzichten wir doch aber auch diesem alten Volksnamen
gegenüber einstweilen auf eine sprachliche Erklärung, und
begnügen uns mit der auch für sie unumgänglich erforderlichen
Ermittelung, ob der Name keltisch oder germanisch. Die Untersuchung hat gleich ein Weiteres darzuthun: wohnten hier im
Norden einst Kelten?

Das Alterthum bietet eine Reihe von Namensanklängen
dar. Strabo nennt, als am Meere wohnend, zwischen Kaukern
und Kampsianern „Kaulker"; an einer andern Stelle bezeichnet
er vielleicht mit „Kathylker" dasselbe Volk [1]). Auch an der
Rheinmündung kommen Chauken vor [2]).

Ohne Zweifel sind an all diesen Stellen Germanen gemeint.
Aber damit ist noch nicht gesagt, dass die Namen deutsch
sind. Sie kommen nur in der Gegend vor, die vermuthlich
einst keltisch war: und da muss mit zwingender Nothwendigkeit angenommen werden, dass auch diese Namen keltisch
sind, wenn es der der Chauken ist. Das aber wird dadurch
wiederum wahrscheinlich, dass sich an ihm, ausser in den an-
geführten Fällen, kein lautlicher Anklang in unzweifelhaft
germanischen Volksnamen findet: während uns in der nahen
keltischen Welt auch hier die gleiche Volksbezeichnung begegnet.

Nach ihrer Stadt Kauca kommen in Spanien die keltischen
Kaucenser vor. Wichtiger ist, dass Kauken, als ein eignes
keltisches Volk, an der Küste Irlands wohnten. Und nicht
nur der Name ist es, der hier unsere Aufmerksamkeit erregen muss.

Caesar berichtet, da er von jenen Belgen erzählt, die nach
Britannien übergesiedelt, sie würden auch hier fast alle nach
den Gemeinwesen genannt, aus denen sie gekommen. Da
liegt gewiss die Annahme nahe, dass auch jene Kauken an

---

1) Ich bin nicht kühn genug in Chabilci und Καλούκωνες die Ka-
thylken oder gar die Kaulken wieder zu erkennen. Weil Kalukones auch
bei Ptolomaeus, am rechten Elbufer, vorkommen, wird der Name, z. B.
von Müllenhoff a. a. O. S. 236 deutsch erklärt. Warum nicht auch der
des raetischen Volkes mit ganz gleichem Namen? Plin. III, 3; Ptolem.
II, 11. 2) Plin. IV, 29.

der irischen Küste ihren Namen mit aus der Heimath gebracht. Sie haben wol einst die Gestade bewohnt, wo die Römer die deutschen Kauchen antrafen. Die Kelten wechselten dann nur das Land: am Meere wohnten sie, wie in der alten, so auch in der neuen Heimath; und auch der Name war hier wie dort der gleiche.

Aber noch ein weiteres, ein gewichtigeres Beweismoment unterstützt die Vermuthung.

Eng, fast zur Einheit verbunden waren die beiden keltischen Völkerschaften der Menapier und Moriner. Der Name der letztern lässt sich mit Sicherheit deuten: Meeranwohner. Die Moriner sassen in historischer Zeit am Meere südlich vom Rhein, doch nicht bis zur Grenze Galliens. Um so auffallender ist, dass sie die äussersten der Gallier[1]), ja sogar die äussersten der Menschen[2]) genannt werden: es ist selbst nicht unwahrscheinlich, dass sich die Redensart in der römischen Welt typisch bis zum 5. Jahrhundert n. Chr. erhalten hat[3]). Der Sinn dieser auffallenden Bezeichnung und die Bedeutung des Namens können aber — da auch sonst noch viele Keltenvölker am Meere wohnten — eigentlich nur Erklärung finden, wenn wir annehmen, dass die Moriner einst noch viel weiter gen Norden gewohnt haben. Sie müssen, wie es ohnehin jene alten Nachrichten erfordern[4]), die durch sie als „die äussersten der Menschen" von neuem bestätigt werden, in der Vorzeit weit über den Rhein hinaus, vielleicht bis zu den (keltischen) Chauken gereicht haben: wenn nicht gar die letzten ein Theil der Moriner waren. Auch ist es wol kaum anders gedenkbar: schon auf dem rechten Rheinufer werden die Menapier neben den Morinern gesessen, und dann also ebenfalls Nachbarn der Chauken gewesen sein. In historischer Zeit waren gerade sie, die Menapier, „die äussersten der Gallier[5])"; ihre Sitze reichten

---

1) Mela III, 2: ad ultimos Gallicarum gentium Morinos.   2) Plin. XIX, 2: ultimi hominum existumati Morini. — Vergl. Aeneis. VIII, 727: extremi hominum Morini.   3) Hieron. epist. nr. 123: Ambiani, Attrebatae extremique hominum Morini. Es ist möglich, dass die Worte Vergil entlehnt sind.   4) S. oben S. 193.   5) Mit Recht sagt daher Strabo, IV, 3, 4: τελευταῖοι δὲ Μενάπιοι etc.

nordwärts über die der Moriner bis ans Meer hinaus, und im Westen erstreckten sie sich, als die stärkste Erinnerung an das allmähliche Zurückdrängen der Kelten, gar noch bis auf das rechte Rheinufer [1]).

Diese lange Reihe von Schlüssen, die freilich ja auch andern Annahmen eine stärkende Stütze gewähren, macht es möglich von den Sitzen der irischen Chauken aus einen Lichtstrahl auf die uralten ethnographischen Verhältnisse des nördlichen Deutschlands fallen zu lassen.

Die irischen Chauken hatten Manapier, also Menapier, neben sich [2]). Von diesen ist es, da sich auch sonst Spuren cymerisch-belgischer Einwanderung in Irland finden [3]), wol unzweifelhaft, dass sie von den festländischen Menapiern abstammten. Dadurch wird nun aber auch für die Chauken belgischer Ursprung glaubhaft. An Abkunft von jener deutschen Völkerschaft ist sicher nicht zu denken [4]): wie sollten Angehörige derselben, für welche die Heimath doch augenscheinlich reichlich Raum darbot, dazu gekommen sein, sich an der fernen Küste, inmitten keltischer Bevölkerung niederzulassen? So wird denn wie für die Menapier, so auch für die irischen Chauken jenes Wort Caesars gelten. Und um so eher sind wir zu dieser Annahme berechtigt, da wir gerade von den belgischen Menapiern mit voller Bestimmtheit wissen, dass sie, als Rest grösseren Gebietes, Sitze am rechten Rheinufer, unweit des Chaukenlandes hatten.

So führt uns diese dunkle Fährte zu der Annahme, dass es einst im nördlichen Germanien keltische Chauken gab. Dann aber kann es nicht zweifelhaft sein, dass der gleiche Name in der gleichen Gegend auf (deutsche) Germanen mit

1) Caes. IV, 4; VI, 33.   2) Ptolem. II, 1: Παροικοῦσι δὲ καὶ ταύτην τὴν πλευρὰν — Fβλάνοι, εἶτα Καῦκοι, ὑφ' οὓς Μανάπιοι, εἶτα Κοριόνδοι.   3) S. Diefenbach Celtica II, 381 ff. u 413 ff. Orig. Europ. S. 131; 147.   4) Dieses ist aber doch mehrfach geschehen, selbst noch von Kemble, Die Sachsen in England I, 7. Auch die Menapier wurden sogar zuweilen für Deutsche erklärt; vgl. Diefenbach, Celtica a. a. O. Den keltischen Ursprung beider macht u. a. Müller, Marken des Vaterlandes S. 115, mit Entschiedenheit geltend.

dem Besitz des alten Keltenlandes übergegangen ist. Es erklärt sich dadurch auch wol, dass wir, ausser in dem eigentlichen Chaukenlande, auch noch in andern Gebieten zwischen Rhein und Weser Anklänge von dem Chaukennamen finden. Dieser wird, bei dem Zurückweichen der Kelten, hier und dort localisiert, und dann verschwunden sein. Doch tritt, ausser bei jener germanischen Völkerschaft im Norden, der Chaukenname sonst nirgends in der Geschichte als Bezeichnung einer eigenen deutschen Volksthümlichkeit hervor.

Das Gebiet der deutchen Chauken reichte, nach den Zeugnissen der Alten [1]), bis zur Elbe. Nach unserer jüngern und zuverlässigeren Kunde erregt diese Begrenzung einige Bedenken. Die Volksthümlichkeit, zu der die Chauken gehörten, erstreckte sich, in ganz gleicher politischer Organisation, und auch unter dem Namen, den sie in der germanischen Welt hatten, dem der Friesen, noch über die Elbe hinüber. Dass es im Alterthum anders gewesen, ist kaum anzunehmen. Dadurch liegt nun aber auch der Schluss nahe, dass man sich in der keltisch-römischen Welt, der unsere Nachrichten entnommen sind, die deutschen Chauken so weit gen Westen ausgedehnt dachte, als es früher die Kelten mit gleichem Namen waren. In diesen wird demnach der cimrische Stamm der Kelten bis zur Elbe gereicht haben.

In wessen Besitz waren aber die in der Nordsee, der Küste entlang gelegenen Inseln? Die Frage ist von grosser Wichtigkeit. Es ist kaum anzunehmen, dass die Inseln in altersgrauer Vorzeit eine andere Bevölkerung gehabt, als das nah benachbarte feste Land, da von ihnen aus dessen Verbindungen seewärts beherrscht wurden. Auch waren früher die Inseln nach Zahl und Umfang weit bedeutender und werthvoller als heute: konnten doch die Römer noch auf dreiundzwanzig von ihnen ihr Schwert zeigen [2]), und die Fluthen, welche ein Hauptanlass waren, um die alte Bevölkerung aus

---

1) Ptolem. II, 10. — Spartian. Dis. Julian. cap. 1. — Auch Tac. Germ. cap. 35 wird, verglichen mit cap. 37, so zu verstehen sein. 2) Plin. IV, 13.

diesem keltischen Norden zu vertreiben, muss den Inseln besonders verderblich gewesen sein.

Aus dieser grösseren Bedeutung der Inseln in früherer Zeit erklärt sich wol, dass die Tradition über die Räumung des rechtsrheinischen Landes, wie sie sich bei der keltischen Priesterkaste erhalten, auf sie besondere Rücksicht nahm. Von den „äussersten Inseln", so wussten die Druiden noch vor Christi Geburt zu berichten, und den überrheinischen Gebietsstrichen sei ein Theil der Kelten vertrieben und nach Gallien gedrängt [1]).

Hier also haben wir ein ausdrückliches Zeugniss für die einstige Ausdehnung der Kelten. Es würde vielleicht weniger ins Gewicht fallen, wenn nicht die zahlreichen Spuren älteren Keltenthums bis zur Elbe hin ihm beglaubigend und bestätigend zu Seite ständen. Hier deckt und stützt aber in der That das eine das andere. Wie ein sicheres Netz umfasst die alte Druidenkunde, was wissenschaftliche Forschung in einer um fast 2000 Jahren jüngeren Zeit zu ihrer Bestätigung selbständig vorzubringen weiss.

Wir aber sind vielleicht, indem wir bis zu jenen Inseln und bis zur Elbe vorgedrungen, gleichsam nur erst an einen Ruhepunkt angelangt. Der Blick wendet sich den rechtselbischen Stämmen, und dann der Frage zu, ob auch sie etwa Gebiete bewohnten, die einst im Besitz von Kelten waren?

In ein noch tiefes Dunkel des geheimnissvollen Werdens schreiten wir vor, indem wir uns der Beantwortung dieser Frage zuwenden.

Das mag kaum Zweifeln unterworfen sein: auch am rechten Elbufer wurden wol in früher Vorzeit keltische Laute gehört. Doch geschah solches vermuthlich, als sich in dieser Gegend unsers Erdtheiles die besonderen Völkerindividuen noch nicht entwickelt oder sonst geltend gemacht, also zu einer Zeit, die

---

1) Timagenes bei Amm. XV, 9. — An andere Inseln ist nicht zu denken, da sie entweder noch nicht im Besitz der Kelten waren, oder, wie die im Rhein, keinen Gegensatz bilden zu denen in tractibus transrhenanis. — Zu beachten ist auch noch, wie der vorsichtige Ammian die Glaubwürdigkeit des Timagenes hervorhebt.

14

ausserhalb der Grenzen liegt, in denen sich diese Untersuchung zu bewegen hat. Daher darf es erspart bleiben, auf sie hier unsern Blick zu richten [1]).

Schon auf der linken Seite der Elbe verloren wir in der Nähe des Flusses die Spur einstiger Keltenherrschaft. Die Langobarden bewohnten ein Gebiet, für das uns nur ihr, gewiss nicht keltischer Name überliefert ist. Ihnen zum Theil wol gegenüber wohnten Semnonen. Der Name erinnert an keltische Senonen [2]), die in Gallien und Italien vorkommen. Doch ist die Aehnlichkeit gewiss nicht darauf zurückzuführen, dass einst ein keltisches Volk die Sitze der germanischen Semnonen inne gehabt. Eher wäre schon daran zu denken, dass bei den Kelten für sie ein Name fortlebte, der ihnen einst gegeben, als die Elbe noch die beiden Völker schied. Er könnte damals sogar Gesammtname für die Sueben gewesen sein und erst in jüngerer Zeit eine Einzelbedeutung erhalten haben [3]). Erscheinen doch dann auch die Semnonen als das Hauptvolk innerhalb des grossen Suebenstammes. In dessen Gebiete aber zeigen sich überhaupt keine Spuren von einer früheren Ansässigkeit keltischer Völkerschaften. Und insbesondere hatten die weiter nordwärts wohnenden Germanen: Warinen; Angeln; Eudosen; Suardonen; Nuithonen; Reudigni u. a. Namen, die keine keltische Entstehung erkennen lassen.

---

1) Allerdings ist es sehr merkwürdig, dass bei Ptolem. in der Gegend von Hamburg ein Ort Τρίουα steht, und dass die Kymri in England für Hamburg den gleichen besondern Namen „Treva" haben. Derselbe wird nach ihrer Sprache: Wohnort, Stadt bedeuten (s. Diefenbach, Celtica I, 204; Sprachdocumente Nr. 227). Damit würde der Name Hamburg, wie er gemeiniglich ausgelegt wird: Lauenburg oder Waldburg, in nicht schlechter Uebereinstimmung sein, da es bei Caes. V, 21 heisst: oppidum Britanni vocant, cum silvas impeditas vallo atque fossa munierunt. Ist ein Treva unser Hamburg und etwa einst eine solche Sicherheitsstätte der Kelten am rechten Elbufer gewesen?   2) Vell. II, 106 hat sogar diese Form.   3) Es ist jedenfalls sehr auffallend, dass Tac. cap. 39 von den Semnonen dasselbe berichtet, was Caes. IV, 1; vgl. I, 37, von den Sueben sagt. Und wie ist es zu erklären, dass der Name in der germanischen Welt gar nicht hervortritt? Vgl. auch Grimm, G. d. d. S. S. 493.

Anders ist es bei den Cimbern. Ueber sie ist besonders —
zu handeln.

Sollte nun aber wirklich hier im Norden die Elbe einst
Grenze zwischen Germanen und Kelten gewesen sein? Es
widerspricht dem die oft hervorgehobene Erfahrung, dass
Flüsse, als bequeme Verkehrsstrassen, mehr verbinden als
trennen. Jedes Volk wird, wie die Germanen am Rhein, so
bald es erstarkt, suchen beide Flussufer in seine Gewalt zu
erhalten. So würde auch anzunehmen sein, dass die Elbe
dort nur ganz kurze Zeit Völkerscheide gewesen: wenn sie
nicht oberhalb der in ihr gelegenen Inseln in einer Breite und
Fülle dahin flösse, die jener Erfahrung entgegensteht. Ein
so mächtiger, meergleicher Fluss verbindet nicht mehr: er
trennt die beiden Ufer. Die eigne Geschichte der Gegenden
an der untern Elbe legt Zeugniss dafür ab.

Dazu kommt ein weiteres.

Wir nennen gern den Rhein einen deutschen Fluss. Doch
wird an seinem Ufer, mit Ausnahme der kurzen Strecke von
der Lippemündung bis zum Taunus, die deutsche Sprache erst
seit einer Zeit gesprochen, die innerhalb unserer geschichtlichen Kunde liegt. Einst werden an beiden Ufern Kelten
gewohnt haben. Auch der Name ist keltisch [1]): und gehört
daher, wie so mancher andere locale Name im Keltengebiet,
nicht nur dieser Gegend an. Im cisalpinischen Gallien kannte
bereits das Alterthum gleichfalls einen Rhenus, und heute noch
ist sein Name Reno erhalten [2]). Auch Neckar und Main sind
unzweifelhaft keltische Namen [3]). Bei dem Namen der Lippe,
in ältester Zeit Luppia, ist solches allerdings schon nicht sicher:
doch wird auch er schwerlich deutschen, und dann sicher keltischen Ursprungs sein [4]). Der Name der Ems erinnert an jenes
nahe Ammeri oder Ambria, an die Ambronen, die Ampsivarier
und die zahlreichen keltischen Volksnamen, welche in ähnlicher

---

1) S. Zeuss S. 13. Zweifel, wie sie Graff u. a. früher geltend gemacht, werden durch die anwohnenden Kelten widerlegt.   2) Vgl. Müller,
Marken S. 92, u. Diefenbach, Sprachdoc. Nr. 75.   3) Zeuss a. a. O.
4) Deutsch nach Zeuss; vgl. jedoch die Zusammenstellung in Förstemanns
Namensbuch.

Weise anklingen. Auch er wird keltisch sein. Dahingegen fehlt ein derartiger keltischer Anklang bei dem Namen der Weser, und es erhält dadurch die ohnehin erkennbare deutsche Wurzel eine um so grössere Beglaubigung. Bestimmt aber möchte sich die Deutschheit des Wortes „Elbe" behaupten lassen. Hier fehlt die Erinnerung an ähnliche keltische Fluss-namen, dahingegen kennt die altnordische Sprache „Elf" als allgemeinen Ausdruck für jeden Fluss. Hier scheint der Fall vorzuliegen, dass ein Appellativname, der von den übrigen Anwohnern gebraucht wurde, auf die Kelten überging, als sie, nach der festeren Ausbildung volksthümlicher Individuen, den Strom noch eine Strecke lang berührten.

Kein zwingender Beweis ist durch diese Andeutungen er-bracht: doch leiten auch sie, in Zusammenhang mit den übri-gen spärlichen Nachrichten, zu der Annahme hin, dass, während die Ufer der Elbe einst grösstentheils schon von Deutschen bewohnt wurden, anwohnende Kelten den bei jenen üblich ge-wordenen Namen des Flusses annahmen und auf ihre Welt übertrugen. Hätten die Kelten noch weiter, noch über die Elbe hinaus gereicht, so würde sich wol auch ein ihrer Sprache ent-lehnter Name des Flusses erhalten haben.

Bezeichnete aber ein Theil des Elbstroms hier im Norden die Grenze zwischen Kelten und Germanen: so müssen sich die Blicke der ersteren über den Fluss hinaus erstreckt haben, und es erhebt sich da die Frage: ob auch in der bei ihnen gebräuchlichen Bezeichnung des gegenüber wohnenden Volkes hervortritt, dass hier an der Elbe einst Kelten und Germanen zusammen sassen?

Die uns überlieferten Namen der Völkerschaften am rechten Elbufer sind, wie oben bemerkt, deutsch. Es ist aber kaum anzunehmen, dass die Kelten sich mit den vielen Einzelbe-zeichnungen begnügt. Sie müssen ein Bedürfniss gefühlt haben, für die ihnen gegenüber stehende, fremde Volksthümlichkeit einen Gesammtnamen zu gebrauchen. Und da dient es der vorstehend entwickelten Ansicht über die einstige Ausdeh-nung der Kelten bis zum Ausfluss der Elbe zu einer nicht geringen Bestätigung, dass in der beglaubigten Ueberlieferung wirklich daselbst Gesammtnamen localisiert erscheinen.

Bis zum Ende der keltischen Welt scheint Pytheas vorgedrungen zu sein. Unklar, fast fabelhaft sind bereits seine
Nachrichten über die Herkunft des Bernsteins: doch fest steht
ihm, dass dies edle Product an einer Insel gegenüber dem
Skythen- (d. i. dem Germanen-)lande vom Meere ausgeworfen
wird. Die Küste selbst wird er im Besitz der Teutonen gewusst haben: und sicher ist, dass er annahm, durch diese
werde der Handel mit Bernstein vermittelt. Demnach traf er
doch wol die Teutonen als die nächsten Nachbarn der Kelten
in dem Skythenlande an. Ja Pytheas wird, mit seinen Zeitgenossen, unter Teutonen alle Anwohner des unermesslich
weit gedachten Meerbusens im Skythenlande, kurzum die östlichen Nachbarn der Kelten, die Germanen verstanden haben.
Wir sahen, dass aus einer gleichen Anwendung des Namens
auch wol die Bezeichnung jener einstigen Grenzscheide, des
Teutoburger Waldes, zu erklären ist [1]). Dann freilich verwirrten sich in jüngerer Zeit die Begriffe. Mehr und mehr
Namen kamen für germanische Völkerschaften auf, und auch
der Teutonenname erhielt eine historische Einzelbedeutung.
Da suchte man nach dem Lande derselben. Und weil nun
die Sueben und ihr Name bereits voll in den Gesichtskreis
der Alten getreten, weil ferner für Völkerschaften am Rhein
und auf altkeltischem Boden nördlich von dem Fluss keltische
Namen gebräuchlich geworden: so blieb, mit Ausnahme jenes
alten Grenzwaldes, der Teutonenname an der alten nördlichsten Völkerscheide haftend. Hier, an der Elbe, muss Plinius
sich, da er sie zwischen Cimbern und Chauken nennt, die
Wohnsitze der Teutonen gedacht haben [2]). Und Ptolemäus
stellt unweit der gleichen Gegend Teutonoarier, also Abkömm- —
linge oder Nachkommen der Teutonen. Dass er diese selbst
weiter vorrückte in den unbekannten Osten, geschah wol aus
dem gleichen Grunde, aus dem Mela sie nach dem noch
weniger erforschten Norden verweist [3]): man suchte nach einer
besondern Völkerschaft der Teutonen und einer genauern Kenntniss, der aber die frühere allgemeine Bedeutung des Namens

---

1) S. oben S. 202.   2) Plin. IV, 28.   3) Mela III, 6.

entgegen, vermochte ihre Sitze dann doch nicht nachzuweisen. Allein darin stimmen diese Versuche mit der alten Nachricht bei Pytheas, die durch sie Bestätigung erhält, überein, dass beide sich die Teutonen östlich vom ehemaligen Keltenlande zwischen Rhein und Elbe wohnend dachten.

Merkwürdiger aber, und mehr noch bezeichnend für die alte entschwundene Völkergrenze, ist die Localisierung eines andern deutschen Volksnamens an der Elbe.

Seit dem dritten, besonders dem vierten Jahrhundert kennen die Ueberlieferungen aus dem römischen Reich den Namen der Sachsen. Man bezeichnete damit Deutsche. Doch war der Begriff lange Zeit ein vager und unbestimmter: bis unter Sachsen die Germanen nördlich vom Rhein mit Ausnahme der Franken verstanden wurden, die den Römern, weil sie einst Beziehungen zu ihnen gehabt, bekannter waren.

Bald darauf erscheint dann auch der Name in Brittannien. Da wurde der Sachsenname einfach für Germanen gebraucht, die freilich thatsächlich aus dem nördlichen Deutschland waren.

Die Träger dieses Namens haben sich, wie sich besonders aus den Ansiedlungen in England ergiebt, denselben nicht selbst beigelegt. Sie gebrauchten ihn auch lange Zeit noch nicht: erst im Gegensatz zu der kelto-romanischen Bevölkerung ist er auch bei ihnen in Gebrauch gekommen. Sogar im Beowulflied, wo wir den Namen der Sachsen am meisten und frühesten vermuthen sollten, erscheint derselbe noch nicht. Danach ist als gewiss anzunehmen, dass der Name der keltischen Welt seinen Ursprung verdankt und erst allmählich von ihr auf die Germanen selbst übergegangen ist.

Nun aber kennt Ptolemäus bereits Sachsen. Er stellt sie gleich an das rechte Ufer der Elbe, doch mit einer Ausdehnung nach dem Binnenlande zu, nicht der Küste entlang. Dahingegen sind ihm die Inseln an der westlichen Küste der Halbinsel gleichfalls im Besitz der Sachsen. Schwerlich werden diese Inseln je die Bevölkerung gewechselt haben. Dann aber waren sie, nach dem ethnographischen Begriff, den die jüngere Zeit mit dem Sachsennamen verband, niemals sächsisch, sondern friesisch: während es umgekehrt gegen alle Friesennatur wäre, wenn wir annehmen wollten, friesische Bevölkerung habe sich östlich der Elbe von der Küste abgewandt, um ein keilförmig vorgeschobenes Gebiet im Binnenlande zu behaupten. Die hier als Sachsen bezeichnet sind, müssen nach der Aufzählung bei Tacitus und andern Anzeichen Sueben gewesen sein. Demnach wurden östlich von jener alten Keltengrenze Germanen von zwei verschiedenen Stämmen, die aber beide nach dem jüngern ethnographischen Begriff nicht zu den Sachsen gehörten, zur Zeit des Ptolemäus, der sich gerade hier, wie seine Einzelangaben erweisen, gut unterrichtet zeigt, Sachsen genannt. Das aber ist dann wieder ganz genau dem Sprachgebrauch der Kelten in Brittannien entsprechend, die, wie bemerkt wurde, alle Germanen, ohne Unterschied der Stämme, „Sachsen" nannten. Ihre Väter werden Namen und Begriff mit aus Norddeutschland gebracht haben, als sie vor unvordenklichen Zeiten von dort fort nach Albion übersiedelten. Und so erklärt sich denn auch, weshalb hier, gleich östlich von der alten Keltengrenze, deren Vorhandensein dadurch eine neue und starke Bestätigung erhält, der Sachsenname localisiert erscheint [1]).

Noch ein dritter allgemeiner Name haftet nach Berichten der Alten an dem Lande östlich von der Elbe. Doch hat es mit ihm eine andere, eine eigenthümliche Bewandtniss.

Der Thatenbericht des Augustus und Tacitus stellen dorthin, zweifellos in nur geringer Entfernung von dem Fluss, die seeanwohnenden Cimbern. Jüngere Ueberlieferungen aber suchen die Sitze des berühmten Volkes an einer weiter nördlich gelegenen Küste. Dem gegenüber ist es um so auffallender, dass ein Zeitgenosse des Thatenberichtes, der zuverlässige und vorsichtige Strabo, der sich sogar am eingehendsten von all unsern Berichterstattern mit den Cimbern beschäftigt hat, die Wohnsitze derselben westlich von der Elbe, an der Küste angiebt [2]). Er dachte sie sich an den Gestaden, an denen, nach alten Berichten, tapfere Kelten die andringenden Wogen

---

1) Recht auffallend ist es, dass hier, wie an der südlichen Grenze Sachsens, auch von den Deutschen der Sachsenname localisiert wurde: „Das alte Sachsenland"; Sachsenband; Sachsenwald u. a.   2) Strabo VII, 2, 4, verglichen mit VII, 2, 1 u. VII, 1, 1.

mit den Waffen zu bekämpfen suchten. Es erinnert das an
eine Notiz bei Plinius, die freilich auf nicht ganz sicherer Lesart
beruhen mag [1]), die aber Cimbern am Rhein wohnen lässt,
nicht weit gegenüber von dem Ort, wo sie, nach Caesar [2]),
ihr überflüssiges Heergeräth mit Bewachung zurückliessen.
Auch andere sagen, die Cimbern seien über den Rhein vorgedrungen, und scheinen dadurch auf solche Sitze weiter im
Westen, doch immer noch am rechten Rheinufer, hinzudeuten.
Hiermit steht die weitere Nachricht, dass das gefürchtete Volk
aus „dem äussersten Gallien" hergekommen, in voller Uebereinstimmung, da sich Gallien einst, als das Land der Kelten,
über den Rhein hinüber bis zur Elbe erstreckt haben wird.

So viel aber ist gewiss: obgleich Strabo an zwei verschiedenen Stellen Cimbern zwischen Rhein und Elbe nennt,
so fanden die Römer dort sicher keine Völkerschaft dieses
Namens. Doch sind nicht minder auch die Berichte der Alten
über die Sitze der Cimbern im Norden unzuverlässig: sie
wissen dort eigentlich nur den Namen zu nennen; und allein
schon die geschichtliche Bedeutung des Volkes hätte doch
Aufforderung genug sein müssen, mehr über dasselbe zu sagen,
wenn es bekannt gewesen.

Lässt sich demnach, auf Grund der Berichte der Alten,
denen keine Ueberlieferung aus der germanischen Welt zur
Seite steht, nur das mit Bestimmtheit behaupten, dass die
Sitze der Cimbern ostwärts vom Rhein und an der Küste gedacht wurden, so werden wir gar sehr bezweifeln müssen, ob
mit dem Namen überhaupt, in seiner vorliegenden geschichtlichen Bedeutung, ein geographischer Begriff verbunden war?
Zunächst wird es darauf ankommen, ob der Name sich mit einer
besondern Volksthümlichkeit deckt. Aber auch da lassen uns
die Berichte der Alten in Stich. Lange Zeit wurden von ihnen
die Cimbern für Kelten gehalten; aber man schloss das mehr
aus der Gegend, von wo sie auszogen. Und als dann die
Römer selbst bis in den hohen Norden vorgedrungen, suchten
sie die Sitze am rechten Rheinufer, und zeigten dadurch deut-

---

1) Plin. IV, 28: proximi autem Rheno, quorum Cimbri.   2) Caes.
II, 29.

lich, dass sie die Cimbern für Germanen hielten. Andere Beweise fehlen: das einzige cimbrische Wort aber, welches uns überliefert (Morimarusa), ist entschieden keltisch [1]).

So schwankt unsere Kunde nach verschiedenen Seiten. Der Cimbernname ist östlich von der Elbe, und auch westlich bis zum Rhein hin localisiert. Und weder von dort noch von hier haben wir genaue Kunde aus eigner Anschauung: die gerade diesem Namen gegenüber doch am ehesten zu erwarten wäre. Ob die Cimbern Kelten oder Deutsche waren, lassen bereits die Alten unentschieden: und wir müssen erst recht in Zweifel darüber gerathen, wenn wir berücksichtigen, dass die Sitze derselben von dem einen Volk auf das andere übergingen.

Bei dieser Sachlage ist für die einstige Ausdehnung der Kelten in Norddeutschland kein Beweis aus dem Vorkommen des Cimbernnamens zu entnehmen. Doch reicht derselbe zweifelsohne in die Urzeiten zurück: und da entsteht für unsere Untersuchung die unabweisbare Frage: ob nicht der Name trotzdem, mag er nun in der Geschichte Kelten oder Deutschen beigelegt sein, mit der entschwundenen Keltenherrschaft zusammenhängt, deren schwache Spuren hier verfolgt wurden?

Der Name erinnert sofort an die Kelten in England, die sich noch heute, neben Cambren oder Cumbren, Cymren nennen. Sie müssen diesen Namen aus einer frühern Heimath mit nach Albion gebracht haben, denn derselbe ist sicher nicht erst für ihren Volkssplitter aufgekommen, sondern bezeichnete einst einen grossen Theil, wenn nicht das gesammte Keltenvolk [2]).

Sind nun diese Kelten in England, wie zu erweisen gesucht wurde, gutentheils aus dem Lande zwischen Rhein und Elbe nach dort gezogen, so haben sie demnach auch hier schon den Cimrennamen gehabt. Es würde sich daraus eine Localisierung der Cimbern erklären, wie wir sie bei Strabo finden. Und kein Gedanke kann nun näher liegen als: die keltischen Cimbern haben das Land zwischen Rhein und Elbe geräumt: ein Theil zog gen Albion, der andere verband sich

---

1) Pin. IV, 27; vgl. Duncker, Orig. Germ. p. 96, Diefenbach, Celtica I, 204 u. Sprachdocumente Nr. 114ᶜ.   2) Vgl. oben S. 199.

mit den Teutonen, und von diesem weiss die Geschichte zu erzählen, wie er Rom in Schrecken gesetzt.

Eine solche Annahme würde jedoch schon dem Beginn der Kritik unterliegen müssen. Sie würde die Thatsache nicht erklären, dass die Alten in jüngerer Zeit die Heimath der gefürchteten Cimbern in dem hohen unbekannten Norden suchten; und auch das widerstrebt ihr, dass die Römer, wie oft geschah, Cimberneinfälle den Kelten als ein nationales Unglück hinstellen konnten, vor dem sie durch die Abwehr der Germanen bewahrt würden.

Könnte nicht, allein schon durch zwei so nahe liegende Einwürfe, jene Annahme beseitigt werden, so würde in ihr ein neuer und starker Beweis für das einstige Keltenthum zwischen Rhein und Elbe liegen. Jetzt aber kann gar die Frage entstehen: ob nicht die schwachen Spuren des Cambrennamens, die nachgewiesen wurden, auf deutsche Cimbern zurückzuführen seien, die einst, anstatt der angenommenen Kelten dieses Namens, in dem Lande gewohnt? In ihnen wären dann die Vorfahren des gefürchteten Volkes zu erkennen. Allein dem widerstreitet bestimmt die Unsicherheit der Alten, denen gerade diese Gegenden genau bekannt, über die Sitze der Cimbern. Waren diese Deutsche, so ist es unvereinbar mit einander, dass sie ihre eigentliche Heimath zwischen Rhein und Elbe gehabt, und dort bereits den Namen getragen, an dem ihr Ruhm nun für alle Zeiten gefesselt.

So stossen wir auf Schwierigkeiten nach allen Richtungen hin. Sie sind nur im Zusammenhang mit weitern Erscheinungen zu beseitigen, die, wie sie selbst, einer jüngern Zeit angehören.

Zu ihr wendet sich jetzt die Darstellung. Ihre Aufgabe wird es sein, zu erklären, wie die Herrschaft der keltischen Cimren oder Cambren zwischen Rhein und Elbe, von der sie ausgeht, zusammenbrach und selbst dem Namen nach erlosch. Aber auch für das Fortleben des Cimbernnamens in den geographischen Vorstellungen der Alten wird die geschichtliche Forschung nach erklärenden Momenten zu suchen haben.

2.

Unter den wunderbaren Dingen, die man sich bei den Griechen von den Kelten, Barbaren im fernen Westen und Norden, erzählte, war auch: bei ihnen sei das Meer ganz gewaltig; es richte, weit auf das Land hinaus tretend, oft grosses Unheil an: zumal da es zuweilen so plötzlich geschehe, dass die Anwohner seiner Gewalt kaum zu entrinnen vermöchten. Doch gestatte solches freilich auch die wilde Tapferkeit derselben nicht: denn die bewirke sogar, dass die Männer sich den Wogen, als seien die ein besiegbarer Feind, in Wehr und Waffen entgegen würfen [1]), obwol doch der Tod die gewisseste Folge eines solchen Beginnens sei.

Schon am Anfang des vierten Jahrhunderts vor unserer Zeitrechnung waren derartige Erzählungen bei den Griechen verbreitet. Damals bereits schwerlich neu, haben sie sich dann auch noch lange Zeit erhalten; ein gewisser antiquarischer Werth blieb ihnen, wie andern ältern Nachrichten, sogar noch als das Vordringen der Römer den Alten bessere Kunde über die Kelten und deren Gestade verschaffte. Da nämlich entstand erst die Möglichkeit für das tollkühne Beginnen an eine bestimmte Gegend zu denken. Trotz der mächtigen Küstenentwickelung am Ocean ist doch die Gewalt des Wassers, sehen wir von dem höhern Norden ab, nur auf der kurzen Strecke zwischen Rhein und Elbe (Eider?) dem Lande verderblich geworden. Hier wurden von der Küste und davor gelegenen Inseln, die einst mit jener zusammenhingen, grosse Strecken abgerissen: ja ganze Inseln sind von den Wogen verschlungen worden. Selbst noch in der kurzen Spanne Zeit, über die uns genauere Kunde aufbewahrt, haben in jener Gegend, und nur hier, viele Tausende in den Fluthen Heimath und Leben verloren. Hier muss, so sagten sich die Alten mit Recht, wenn irgendwo jener Kampf mit dem feindlichen Element stattgefunden haben, und nur dieser Gegend können die Berichte über denselben entstammen. Doch hätte ein Umstand ihnen Bedenken erregen können: sie fanden zwischen Rhein

---

1) S. die verschiedenen Stellen, Aristoteles; Strabo; Nicol. Damasc.; Aelian; bei Müllenhoff I, 231.

und Elbe keine Kelten mehr vor, während jene Erzählung sich
doch auf dieses Volk, selbst noch als man die wilden Germanen schon kennen gelernt, bezog. Aber die Kelten selbst
mussten solch' Bedenken zerstreuen, denn die erzählten, ihre
Vorfahren seien durch mächtige Fluthen und Krieg aus dem
bezeichneten nördlichen Lande vertrieben. Auch ist es möglich, dass in einzelnen Formen der Ueberlieferung, anstatt
Kelten Cimbern genannt waren [1]): und die Alten werden alsdann, wol ohne nähere Prüfung, die Erzählung auf das gefürchtete Volk übertragen haben. Sie sahen schwerlich ein,
dass unter diesen Cimbern Kelten zu verstehen seien, die von
hier gerade durch Naturereignisse, über die Kunde zu ihnen
gedrungen, vertrieben. Und auch das musste es erleichtern,
als Gegend für jenes unsinnige Ringen ein Gestade in Germanien anzunehmen.

Die Nachricht von diesem mächtigen Anfluthen des Meeres,
und dem mannhaften, doch zwecklosen Widerstand, der ihm
entgegengestellt wurde, war wol für lange fast die einzige
Kunde, die die Alten über das Keltenland nördlich vom Rhein
hatten. Um die gleiche Zeit aber, als jenes zur Erläuterung
anderer Dinge niedergeschrieben, und uns auf solche Weise
bewahrt wurde, drang Pytheas von Massilien hoch gen Norden,
bis in diese Keltengegend vor. Sein Reisebericht hat den
Südländern zuerst eine genauere wissenschaftliche Kunde über
die Welt im Norden gebracht. Viel Fabelhaftes stand wol
darin: manches wurde auch mit Unrecht für Lüge und Er-
findung gehalten. Wir wissen das: wir kennen eben die Gegenden mit ihren ewig gleichen Naturerscheinungen besser als
Polybius oder Strabo und ihre Zeitgenossen. Doch sind freilich
unserer Kritik hier enge Schranken gesetzt. Die Worte des kühnen
Reisenden sind auf uns nur in unzusammenhängenden Bruch-
stücken, und da selbst oft nur in fremder Ueberlieferung, gekommen. Auch haben Zuthaten des Alterthums und herkömm-
liche Erklärungen der neuern Zeit den Bericht des **Pytheas**

---

1) So, wie es scheint, Ephorus nach Strabo, VII, 2, 1. Letzteren
hier mit Müllenhoff eines Irrthums zu zeihen, sehe ich keine Veranlassung.

noch unklarer gemacht und schwerer verständlich. Aber trotzdem lässt sich aus dem, was von den Erzählungen des Kaufmanns aus Massilia überliefert ist, noch eine Kunde aus der Zeit gewinnen, die das Land zwischen Rhein und Elbe im Besitz der Kelten wusste.

Pytheas erreichte Brittannien. Von dort, so dürfen wir annehmen, aus der fremden Oede, über die hinaus nur noch wenig Inseln bis zum Ende der Welt gedacht wurden, trieb es ihn nach den südöstlichen Gestaden. Wir hören, dass er über die Länder vom Rhein bis nach Skythien vorgedrungen [1]). Dieses aber begann östlich von Keltika [2]): und danach kann kein Zweifel sein, dass in jener alten Zeit unter dem viel gedeuteten Namen noch das Land der Germanen verstanden wurde [3]). Was nun ohnehin schon glaublich ist, dass der Massiliote nur so weit gereist sei, als die verbreitete, ihm bekannte keltische Zunge an sein Ohr schlug, ist hier noch ausdrücklich gesagt: und wir vernehmen auch gleichzeitig, dass Pytheas über den Rhein vordringen musste, um bis zum Gebiet der Germanen zu kommen. Es kann sich damals nicht um jenes kleine Gebiet der Menapier gehandelt haben: kaum würde das, zumal da es zweifelhaft, wo die Mündung des Rheins sei, von dem Ortsunkundigen beachtet sein. Aber wir wissen auch, dass Pytheas bis in eine Gegend vorgedrungen, in der er sichere Nachricht über den kostbaren Bernstein einziehen konnte.

Nach Plinius hat Pytheas von einem grossen Meerbusen erzählt, der sich 6000 Stadien lang an der Küste Skythiens hin erstreckte. Davor sei, eine Tagereise entfernt, eine Insel gelegen, die Abalus genannt werde. An anderer Stelle aber [4])

---

1) Strabo I, 4. 2: Καὶ τὰ πέραν τοῦ Ῥήνου τὰ μέχρι Σκυθῶν πάντα κατέψευσται τῶν τόπων; vgl. auch Cuno, Skythen I, 106 ff.   2) Ergiebt sich aus der vorigen Stelle, dazu Timaeus bei Diodor V, 23: τῆς Σκυθίας τῆς ὑπὲρ Γαλατίαν; vgl. Müllenhoff I, 480.   3) So besonders auch Müllenhoff a. a. O. — Vgl. Plin. IV, §. 81: Scytharum nomen usquequaque transit in Sarmatas atque Germanos, nec aliis prisca illa duravit appellatio quam qui extremi gentium harum ignoti prope ceteris mortalibus degunt. 4) Plin. IV, §. 95: Xenophon Lampsacenus a litore Scytharum tridua

wird auch berichtet, Pytheas nenne die Insel Basilia: und den gleichen Namen gab ihr Timäus. Doch auch noch ein dritter Name dieser Insel vor dem Gestade der Skythen ist uns bei demselben Schriftsteller, der hier von andrer Seite Bestätigung erhält [1]), überliefert: Xenophon Lampsacenus, so heisst es, nenne die Insel, die hiernach drei Tagereisen entfernt sein soll, Baltia.

An dieser Insel nun, so erzählt Pytheas bei Plinius weiter, werfen die Fluthen den Bernstein aus. Die Einwohner sammeln ihn: sie benutzen ihn als Brennmaterial und verkaufen ihn an die benachbarten Teutonen. Diese aber scheint Pytheas schon vorher als Anwohner jenes grossen Meerbusens und als ein Volk genannt zu haben, bis zu dessen Sitzen er vorgedrungen [2]).

So der Bericht. Er ist dunkel und vieldeutig. Aber er enthält das Zeugniss eines Mannes, der selbst noch, nachdem er den Rhein überschritten, im Lande der Kelten bis zu dessen Grenze weiter reiste. Grund genug für uns Deutsche, diese uralte Nachricht über die Geschichte unseres Landes immer von neuem zu untersuchen, zu betrachten, zu verwerthen.

Pytheas spricht von einem Meerbusen im Norden von einer unermesslichen Ausdehnung. Dass er ihn selbst gesehen, ist in unserm Bericht nicht überliefert [3]). An den Gestaden

---

navigatione insulam esse immensae magnitudinis Baltiam tradit; eandem Pytheas Basiliam nominat. 1) Plin. XXXVII, §. 61: Metrodorus Scepsius in eadem Germania Basilia insula nasci etc. 2) Plin. XXXVII, §. 35: Pytheas Gutonibus (Germaniae genti) adcoli aestuarium oceani Mentonomon nomine spacio stadiorum sex milium; ab hoc diei navigatione abesse insulam Abalum, illo per ver fluctibus advehi et esse concreti maris purgamentum; incolas pro ligno ad ignem uti, eo proximisque Teutonis vendere. Die Schwierigkeit der Stelle, die Zeuss, Ukert u. a. schon genug zu thun gemacht, hat Müllenhoff S. 479 sehr glücklich gelöst, indem er glaubhaft gemacht, dass Gutones aus einem verderbten Τεύτονες entstand; auch Gutschmid hat, Literar. Centralblatt 1871 S. 527, rückhaltlos zugestimmt. 3) Mit Recht ist schon oft auch das Wort: aestuarium, freilich bei Plinius, dagegen geltend gemacht; es passt nur auf die Ostsee, wenn man nicht weiss, dass daselbst keine Ebbe und Fluth ist; s. Festus ed. Mueller p. 382.

wohnten Germanen. Dieses passt nun, da an keine einzelne
Bucht, sondern nur an die Nord- oder die Ostsee zu denken
ist, allein auf letztere: denn Pytheas reiste bis an, nicht bis
tief in das Skythen- (d. i. Germanen-)land, und als Anwohner
der Nordsee, auch östlich vom Rhein, fand er noch Kelten vor.
Ebenso weisst die Längenausdehnung, die angegeben ist, auf
die Ostsee, auf eine Meeresküste hin, die, wie jedes unbekannte,
in andern, gemeiniglich in übernatürlichen Dimensionen erschien [1]). Dazu kommt nun, dass der Bernstein wirklich von
der Ostsee her in den Handel kam. Er wird auch an der
Nordsee gefunden: aber er ist da weniger schön, selten von
jener durchsichtigen Klarheit, die ihn den Alten werthvoll erscheinen liess, und insbesondere kommt er in der Nordsee in
nur so geringen Massen vor, dass Pytheas mit Recht ein Lügner
genannt werden müsste, wenn er auf Grund dieser spärlichen
Ausbeute berichtet hätte, die Seeanwohner benutzten den Bernstein zum Brennen, anstatt des Holzes. Bei der fernen,. weit-
ab gelegenen Küste der Ostsee ist es ganz anders. Von dort
kam, wenn es ihnen selbst auch lange Zeit nicht recht klar
war, die grosse Masse des gesuchten Handelsartikels zu den
Alten: und dort schätzten auch die Anwohner des Meeres den
Bernstein gering, liessen ihn in den Auswürfen des Meeres,
was einem Benutzen als Brennmaterial gleich kam, unbeachtet
liegen: bis eifrige Nachfrage sie den höhern Werth kennen
lehrte [2]).

Auch die Insel, die vor dem Gestade der Teutonen, andere
sagen, doch wol auch dem Pytheas folgend, der Skythen [3]),
gelegen war, deutet auf die Ostsee hin. Sie soll von „unermesslicher Grösse" gewesen sein [4]). Eine solche liegt aber,
da an Brittannien nicht zu denken ist, in der Nordsee nicht:
und daher haben die Alten auch die durch ihre Literatur berühmten Namen, als sie bessere Kunde über den Norden erhielten, niemals auf Inseln der Nordsee übertragen, obwol sie
eine Zeit lang glaubten, in derselben endlich die Heimath des

---

1) Ich verstehe es nicht, wie Müllenhoff denken kann, die Maasse
passten auf die Nordsee: und in keiner Weise auf die Ostsee.   2) Tac.
Germ. cap. 45.   3) Timaeus bei Diodor V, 23.   4) S. oben S. 221 N. 4.

Bernsteins entdeckt zu haben. In der Ostsee dahingegen gab
es eine solche Insel: denn im Alterthum wurde Scandinavia,
oder Scandia, wie auch wol gesagt wurde, stets für eine mächtige Insel gehalten. Sie lag auch nach Plinius und Ptolemäus
vor einem Meerbusen von übergrosser Ausdehnung. Und
ebenso passen auf Scandia die überlieferten Entfernungen: mag
nun anzunehmen sein, dass Pytheas von einer oder von drei
Tagereisen sprach. Für die Inseln der Nordsee würde keine
dieser Dimensionen richtig sein. An die Ostsee endlich erinnern selbst die verschiedenen Namen, die im Anschluss
an den Bericht des Pytheas überliefert sind: doch machten
sie wol das schon verstümmelt überkommene barbarische
Wort mundgerecht für die höhere Cultur der gebildeten Südländer.

Aber ein Einwurf bleibt bestehen: weniger noch als an
den Küsten der Nordsee wird an Scandinaviens Gestaden
Bernstein gefunden. Jedoch glaubten die Alten Jahrhunderte
lang, die edle Waare werde an Inseln ausgeworfen: es war
das wol die Folge einer unklaren Vorstellung von dem Zusammenhang des Products mit dem fabelhaften geronnenen Meere.
Pytheas wenigstens erklärte sich dadurch die Entstehung des
Bernsteins, und muss sich deshalb das Auswerfen auch an einer
nördlichen Küste gedacht haben. Diese Auffassung trug wol
dazu bei, Nachrichten, die über eine nach Norden gerichtete
Küste im fernen Barbarenlande einliefen, auf eine Insel desselben zu beziehen. Aus der Verwechselung ist sicher kein
Vorwurf zu machen. In völlig unverständlicher Sprache, die
ihnen erst übertragen werden musste, wurden ihnen bei kurzem
Aufenthalt Mittheilungen über Gegenden gemacht, die von den
Erzählern selbst schwerlich jemals gesehen waren. Und alt-
überkommene geographische Anschauungen werden daneben
eher geeignet gewesen sein, die Begriffe noch mehr zu ver-
wirren als ihnen einen festen Halt zu geben. Unmöglich
musste es sein, das vorhandene, zumal gelehrte, und doch
grundfalsche Wissen, mit den wirklichen terrestrischen Zuständen, auf die aber nur aus vagen Berichten ein spärliches
Licht fiel, in eine Uebereinstimmung zu bringen, die beiden
genügt.

Offenbar hat darunter auch Pytheas zu leiden gehabt. Er dachte sich die Ostsee als einen weit, weit ausgedehnten Meerbusen: vor dem die Insel gelegen, von der der Bernstein komme. Und von wem hatte er diese Nachricht? es scheint doch von den Teutonen, denn die wird er als Küstenanwohner erwähnen, und gewiss ist es, dass er auf sie die Vermittelung in dem Bernsteinhandel zurückführt. Aber: wo traf nun Pytheas die Teutonen?

Die Reise wird — wir sahen es — bis an die östliche Grenze von Keltika, oder mit andern Worten bis zu dem Zusammenstoss von Kelten und Germanen am rechten Rheinufer ausgedehnt sein. Nun wäre zunächst an jenes Land der Menapier am rechten Rheinufer zu denken, das selbst noch in etwa 300 Jahren jüngerer Zeit im Besitz der Kelten war. Doch würde solches schwerlich Anlass gegeben haben, das Ueberschreiten des Rheins zu erwähnen, zumal die verschiedenen Mündungen desselben es dem Fremden zweifelhaft erscheinen lassen konnten, ob der Fluss nun überschritten sei. Doch ergab sich auch eine ganze Reihe von Anzeichen für die einstige Ausdehnung der Kelten bis zur Elbe hin. Warum sollten sie nicht bis dahin auch noch zur Zeit des Pytheas gereicht haben? Dass dieses nun aber der Fall war, beweist gerade die Erwähnung der Teutonen.

Es ist allerdings wahrscheinlich, dass unter Teutonen einst die Germanen im Allgemeinen, nicht eine einzelne Völkerschaft derselben verstanden wurde. Auch bei Pytheas scheint es so gewesen zu sein: denn er nannte doch wol alle südlichen Anwohner des ungeheuren Meerbusens Teutonen [1]). Doch hat sich diese allgemeine Bedeutung des Namens gleichsam nicht weiter entwickelt. Er erhielt durch den Cimbern- und Teutonenzug eine specielle Bedeutung, die man nun auch geographisch nachzuweisen suchte. Da würden aber die Alten, wäre der Name früher im Südwesten, unweit jenes Restes des rechtsrheinischen Menapierlandes, vorzugsweise gehört worden [2]), ihm hier zweifelsohne auch seine Heimath angewiesen haben. Aeusserer Anlass dazu wäre allein schon in jenem Teutoburger

---

1) S. oben S. 213.   2) Das nimmt Müllenhoff an.

Wald gegeben gewesen. Aber der Name hatte augenscheinlich einst an der äussersten Spitze des alten Keltenlandes, da,
wo dieses durch die Elbe vom Lande der Germanen getrennt
wurde, seine älteste und wichtigste Bedeutung gehabt: und
dieser Erinnerung entspricht es, wenn ihn dort nun auch die
Berichte der Alten localisiert haben.

Auch Pytheas giebt eine Gewähr für diese Annahme. So
dunkel die Ueberlieferung ist: sein Bericht wird doch klar,
wenn wir denken, der Kaufmann aus Massilia sei bis zur Elbe
vorgedrungen. Hier traf Pytheas die Teutonen: dasselbe Volk,
welches an den Küsten des unermesslichen Meerbusens wohnte,
vor dem die Bernsteininsel gedacht wurde. Die Teutonen
vermittelten den Bernsteinhandel: ihnen werden die Kelten,
wird Pytheas die Handelswaare abgekauft haben [1]). Auf Be-
fragen aber, woher sie dieselbe hätten, mussten die Teutonen
an der Elbe, wenn sie der Wahrheit getreu sein wollten, schon
sagen: von Stammesgenossen, die weit entfernt an dem grossen
Meerbusen in ihrem Rücken wohnten. Schwerlich aber werden
die Elbanwohner, da der Bernstein erst durch langsamen
Tauschhandel in ihre Hände kam, gewusst haben, ob die mehr
denn hundert Stunden entfernten Stammesgenossen selbst am
Strande des Meeres dessen Erzeugniss einsammelten, oder ob
sie dasselbe von andern, etwa den Aestiern, kauften. Nur
eine dunkle Kunde war zu ihnen gedrungen, wonach der werthvolle Artikel dort hoch oben in grosser Masse vorkomme, und
deshalb kaum geachtet werde [2]). Den Bericht der Barbaren
wird nun aber der gelehrte Pytheas aus seinem Wissen ergänzt haben. Ueberzeugt, dass dieser Busen zu tief liege für
das geronnene Meer, und doch auch glaubend, dass der Bernstein ein Auswurf desselben sei, forschte er nach einer weiter
im Norden gelegenen Küste. Die musste dann schon als Insel

---

1) Ueber den Handel durch Gallien s. Müllenhoff S. 223 ff.   2) Dass
die Bernsteinküste nicht so ganz nahe, etwa, wie Müllenhoff meint, an
der westlichen Küste Schleswigs, ist auch hieraus zu folgern: der hohe
Werth des Bernsteins konnte nicht verborgen bleiben, wenn er, wie doch
von dort geschehen musste, direct in den Handel gebracht wurde. Kam
er von Preussen her, so verdunkelte der lange Zwischenhandel den Werth.

gedacht werden, weil sonst, da sie der Skythen- (Teutonen-) küste gegenüber lag, ihrer Nordseite das geronnene Meer [1]), welches als Abschluss der Welt erschien, den köstlichen Auswurf nicht zusenden konnte.

So etwa mag die wissenschaftliche Ueberzeugung die Erzählungen der Teutonen, die durch die Uebertragung der Kelten unklarer werden mussten, ergänzt und zu dem vorliegenden Bericht gestaltet haben. Wahre Volkserzählung wurde mit falscher Gelehrsamkeit gemischt, die hinzu kam, weil jene keinen Aufschluss über die den Barbaren gleichgültige Frage geben konnte: was der Bernstein sei, und wodurch er entstanden. Sieht man aber von dieser Zuthat, von der Bernsteininsel ab, so muss man doch sagen, dass erst Tacitus, nach mehr denn vier Jahrhunderten besseres und richtigeres als Pytheas über den Bernstein und seine Heimath zu sagen wusste. Und auch darin ist ein Zurückdrängen der Cultur im Norden zu erkennen. Die Kelten waren eben, nachdem sie den deutschen Norden geräumt, zu weit ab von der Bernsteinküste, und von jenen Völkerschaften, die das edle Fossil in den Handel brachten, als dass sie dem wissbegierigen Süden noch so sichere Kunde hätten geben können, wie einst Pytheas an ihrer Elbgrenze einzog.

Vielleicht war damals, es mag um das Jahr 340 vor unsererer Zeitrechnung gewesen sein [2]), bereits ein Rückgang der Kelten eingetreten.

Die am weitesten nach Westen, bis an die rechtsrheinischen Kelten vorgeschobenen (deutschen) Germanen, werden sich um jene Zeit bereits zu fester gegliederten Völkerschaften entwickelt haben. Am leichtesten pflegt solches, nach dem Process, wie er sich sonst im Werden der Völker kund giebt, durch Krieg zu geschehen. Und hier wird diese Wirkung als eine Folge des Ringens um das Dasein sich geltend gemacht haben.

Im Süden haben die (deutschen) Germanen den Rhein vielleicht bereits im Kampfe mit den Kelten erreicht. Es ist

---

1) Vgl. über dasselbe Müllenhoff S. 410 ff.   2) Vgl. Müllenhoff S. 234 ff.

möglich, dass die Ubier von dessen rechtem Ufer keltische Trevirer verdrängten [1]). Gewiss ist, dass es ihnen nicht gelungen, über den Fluss noch weiter gen Süden vorzudringen, obwol anzunehmen ist, dass sie solches, bevor sie zu einem ungewöhlich intensiven Ackerbau übergingen, versucht haben werden. In der Abwehr derartiger Versuche kann sogar der erste Anlass einer später oft hervortretenden Verbindung der Trevirer mit den Sueben [2]) gelegen haben, die auch am andern Ufer des Flusses Feinde der Ubier waren.

Auch nach Westen zu, gegen die cimbrischen Kelten, werden die Ubier sicher versucht haben sich auszudehnen. Aber auch das wird nicht, oder nur in geringem Masse gelungen sein: wiederum, weil sie sonst, im Besitz grösserer Gebietsstrecken, schwerlich zu einer so intensiven Wirthschaft übergegangen sein würden, wie die Römer, als sie in diese Gegend vordrangen, bei ihnen kennen lernten. Sie erreichten dadurch auch eine bessere politische Organisation, überhaupt eine höhere Stufe der Cultur. Hierdurch schieden sich dann aber die Ubier auch mehr und mehr von ihren nördlichen Stammesgenossen: die doch nach den Berichten der Alten, wenn ihr Ackerbau auch höher entwickelt war als der der Sueben, nicht so früh gezwungen wurden, dem Boden durch kunstfertige Behandlung einen grösseren Ertrag abzugewinnen. Endlich freilich wird auch für sie die Zeit gekommen sein, für die Beschaffung eines grössern Lebensbedarfs zu sorgen. Sie wurden ausserdem zweifelsohne schon damals durch die Sueben vom Osten her bedrängt. Da nun wird das eine, wie das andere, weil sie im Süden durch die Ubier beschränkt und eingeengt waren, sie zu dem Versuch gebracht haben, ihr Gebiet, und damit den Ertrag ihrer Aecker, auf Kosten ihrer keltischen Westnachbarn zu vergrössern.

Diese Bewegung wird, als Pytheas in Keltika war, vermuthlich bereits im Gange gewesen sein. Dreihundert Jahr später war sie schon so weit vollendet, dass die Kelten nur noch ein ganz schmales Gebiet am rechten Rheinufer innehatten, während die grosse Masse ihres früheren Landes daselbst

---

1) S. oben S. 197.   2) Vgl. oben S. 54. 59. 61 und nachher S. 235.

sich in so festem Besitz (deutscher) Germanen befand, dass ältere keltische Volksnamen bei den benachbarten Kelten selbst rückhaltlos für Theile dieser Germanen, die sich auf jenem Gebiet niedergelassen und fester geschlossene Völkerschaften entwickelt hatten, in Gebrauch waren. Und doch ist nicht anzunehmen, dass die viel höher cultivierten und staatlich besser organisierten Kelten dem feindlichen Andrang ohne längern und hartnäckigen Widerstand gewichen sind.

Durch häufige Kriege und grosse Meeresfluthen, so berichtet die Tradition der Druiden, sei der Theil ihres Volkes, welcher am rechten Rheinufer und auf den entfernten Inseln gewohnt, bewogen worden, das Land zu räumen [1]).

Vielleicht ist durch die beiden Worte, die hier, neben dem Eingreifen des entfesselten Elements, die Ursache einer der gewaltigsten Volksbewegungen angeben, ein Ringen bezeichnet, das Jahrhunderte ausfüllte. Vermuthlich handelte es sich um das Land der (keltischen) Germanen. Sie werden uns als die ersten von allen Kelten genannt, die über den Rhein gezogen seien [2]). Sie hatten zweifellos einen grossen Theil des rechten Flussufers und dahinter noch ein nicht unbeträchtliches Gebiet inne. Nur dadurch erklärt sich, dass gerade ihr Name auf die Gesammtheit der Bewohner am rechten Rheinufer übergehen konnte. Die Germanen werden südlich die (deutschen) Ubier neben sich gehabt haben. Dass dieselben zu so intensiver Wirthschaft gedrängt, und ziemlich isoliert inmitten der Stammesgenossen dastanden, deutet, wie bemerkt, darauf hin, dass sie seit langer Zeit, vermuthlich aber schon durch jene keltischen Germanen, verhindert wurden, ihr Gebiet zu erweitern. Und auch das mag, gerade ihrer Isoliertheit wegen, zweifelhaft sein, ob die Ubier an den letzten entscheidenden Kämpfen gegen die Germanen theil genommen. Daher wird auch ihr Gebiet schwerlich durch die Verdrängung jener vergrössert sein.

Die (keltischen) Germanen werden es, so dürfen wir wol vermuthen, nach langen Kämpfen müde geworden sein, ihren Besitz, auf dem die Erndte eine unsichere und stets gefährdete

---

1) Timagenes bei Amm. a. a. O.   2) Tac. Germ. cap. 2.

sein musste, noch länger mit den Waffen in der Hand zu vertheidigen. Auch lockte sie wol der gegenüber liegende fruchtbare Boden Galliens. Auf sie wird wol vorzugsweise das Wort Caesars zu beziehen sein, dass die Belgen, zu denen die Germanen doch auch gehörten, in alter Zeit über den Rhein gezogen, und sich hier „wegen der Fruchtbarkeit des Ortes" niedergelassen [1]). Auch durften die Germanen wol hoffen, auf keinen zu grossen Widerstand zu stossen. Ihnen gegenüber sassen die Trevirer, die einem andern keltischen Volksstamm als sie selbst angehörten. Das erleichterte schon den Uebergang, denn die Belgen wurden, wenigstens in etwas jüngerer Zeit, durch ein festeres Band zusammengehalten, das den Krieg der einzelnen Völkerschaften unter einander erschweren musste. Ohne Krieg aber waren hier zweifelsohne die neuen Sitze nicht zu occupieren, obwol sie schon damals, wie noch in erheblich jüngerer Zeit, nur schwach bevölkert sein mochten. Auch das wird die Hoffnung des Gelingens erhöht, und die erste Niederlassung erleichtert haben.

Nach der Bodengestaltung in diesem Theil Galliens ist die Annahme gerechtfertigt, dass sich das Gebiet der Trevirer von den Ufern, die dem Ubierlande gegenüber lagen, gen Westen bis zu dem Gebirgszuge erstreckte, der sich zwischen Rhein, Maas, Schelde und Sambre erhebt. Ein breites Land mit mächtigen Bergflächen, deren felsiger Boden sich wenig zum Ackerbau eignet; hie und da Erhebungen bis zu über 2000 Fuss. Die gen Osten gelegenen, und sich hier mehrenden Thäler sind fruchtbar.

Wir kennen heute für die einzelnen Theile des Gebirges verschiedene Namen. Das Alterthum bezeichnet sie allesammt als Arduennen-Wald [2]). Der ist nach Caesar der grösste in ganz Gallien, denn er erstrecke sich in unermesslicher Grösse, über 500 Millien lang, von dem Rhein und den Grenzen der Trevirer bis zu den Nerviern und Remern, doch auch mitten durch das Gebiet der Trevirer.

Deutlich ist hier gesagt, dass es wirklich so war, wie schon nach der Natur der Gegend anzunehmen ist: der Ardennen-

---

1) Caes. II, 4.   2) Caes. V, 3; VI, 29. 33. Tac. Ann. III, 42.

Wald bezeichnete die Westgrenze der Trevirer, doch gehörte seine breite Bodenfläche überwiegend auch noch zu deren Gebiet. Nach ihrer Lage ist dieses namentlich für die fruchtbaren Thäler der Ardennen zu folgern.

Lange Zeit mag vergangen sein, bis die Zunahme der in der Gegend ansässigen Bevölkerung es erforderlich machte, anfangs die innern Thäler, dann auch die zur Weide benutzbaren Bergflächen in Bewirthschaftung zu nehmen. Jedenfalls werden, ihrer grössern Fruchtbarkeit wegen, die Strecken am Rhein, östlich von den Ardennen, früher bebaut, und auch früher schon in festem Besitz der Trevirer gewesen sein.

Nach diesem Besitz werden die Germanen gestrebt haben, als sie sich entschlossen, die alte Heimath zu verlassen und über den Rhein zu ziehen. Es geschah wol, wie bei jenem Versuch der Helvetier, mit ihrer gesammten Mannschaft, ja der ganzen Volksmasse. Hätte doch am rechten Rheinufer ein Rest sicher dem wilden Andrang der Deutschen nicht widerstehen können, während auch der Angriff auf die Trevirer die Aufbietung aller Kräfte erforderte.

Die verlassenen Sitze werden alsdann sogleich in den Besitz der Ostnachbarn, die lange danach gestrebt, übergegangen sein. Wir treffen daselbst in jüngerer Zeit die Sigambrer an, deren keltischer Name noch Zeugniss von den früheren Bewohnern ihres Landes ablegt [1]). Vielleicht dehnte sich aber das alte Gebiet der (keltischen) Germanen auch noch weiter gen Westen, etwa bis in die Gegend aus, in der dann Chamaven und Ampsivarier anzutreffen.

Vielleicht ist die Occupation am rechten Rheinufer friedlicher als am linken verlaufen. Hier hatten die Eindringlinge einen ernsten Kampf zu bestehen, der aber zuletzt mit der Vertreibung der bisherigen Ansessigen endete [2]). Doch mögen

---

1) S. oben S. 197 ff.   2) So nach Tac. Germ. cap. 2, der seinerseits Caes. II, 4 benutzte; vgl. meinen Aufsatz in den Forschungen z. D. G. XI, 595. Ich irrte mich jedoch, wenn ich S. 614 unter den Galli die „ipsorum lingua Celtae, nostra Galli" Caes. I, 1, verstand: der Name bezeichnet vielmehr ganz einfach den geographischen Begriff, also die Bewohner von Gallien.

viele Jahre verflossen sein, bis dieses erreicht wurde: und dann selbst scheinen die Trevirer die Hoffnung nicht aufgegeben zu haben, ihr Land wieder zu erobern. Auf diese Zeit wird sich beziehen, was Tacitus erzählt: um den von ihnen Besiegten Furcht zu erwecken, hätten die Eindringlinge alle Bewohner am andern Rheinufer als Germanen, d. h. also als Ihresgleichen, auf deren Hülfe und Unterstützung sie rechnen könnten, bezeichnet. Es sollte sich das zunächst wol auf die andern Kelten am rechten Rheinufer vielleicht aber auch auf die Ubier mit beziehen, zu denen, wie gesagt, die Trevirer in keinen guten Beziehungen standen.

Doch scheint der Sieg der (keltischen) Germanen über die Trevirer nicht von Dauer gewesen zu sein. Wenn jene, sofern Tacitus richtiges erzählt und wir ihn richtig verstehen, mit mächtiger Hülfe prahlten: so scheinen diese sie wirklich erworben zu haben. Da nun ist ein Ereignis zu erwähnen, das nicht ganz allmählich, vermuthlich im Laufe von Jahrhunderten vollzogen, dann aber auch, fast ohne Beachtung in der geschichtlichen Ueberlieferung zu finden, die Grenzen des deutschen Volkes weit gen Westen vorgeschoben hat.

Obwol die Trevirer Kelten waren, berichtet der Fortsetzer Caesars doch schon, dass sie „nach Cultur und Wildheit wenig verschieden von den (deutschen) Germanen seien" [1]). Caesars Angaben bestätigen solches. Sie erscheinen bei ihm als den übrigen Galliern nur lose verbunden: fern stehend den sonst gemeinsam vertheidigten Nationalinteressen, wie sie auch noch in jüngerer Zeit sich gegen Galba erklärten, der von den meisten übrigen Galliern als Imperator begrüsst wurde [2]). Auch haben die Trevirer, als Caesar ihr Gebiet betrat, wol keine Städte gehabt, was sonst doch am deutlichsten die höher entwickelte Cultur der Kelten den Germanen gegenüber bezeichnet. Es kann sogar zweifelhaft sein, ob Augusta oder Colonia Trevirorum, die Hauptstadt des Volkes, schon in vorrömischer Zeit entstanden ist [3]): jedenfalls hatte sie lange weit geringere

---

1) Caes. VIII, 25. 2) S. oben S. 179. 3) Dafür liesse sich auch die erste Erwähnung Triers bei Mela III, 42 anführen: urbs opulentissima in Treveris, Augusta; vgl. jedoch Steininger, Gesch. der Treverer I, 34 ff.

Bedeutung als die entsprechenden Orte bei andern keltischen Völkerschaften. Und diese Andeutungen machen es nun auch einigermassen erklärlich, was Tacitus berichtet: die Trevirer machten einen ehrgeizigen Anspruch auf germanische Abstammung [1]).

Trotz all' dieser Nachrichten und Hinweisungen ist es doch eine unzweifelhafte Thatsache, dass die Alten die Trevirer für Kelten ansahen [2]). Ihre Sprache musste also doch eine keltische sein. Allein dann ist es, da gerade hier an eine Abstammung nur aus Germanien zu denken schon durch die Begründung bei Caesar, und dadurch, dass Tacitus das Volk nicht zu den Uebersiedelten zählt, ausgeschlossen ist, fast unerklärlich, wie diese hervorragenden Historiker von Deutschthum bei den Trevirern sprechen konnten. Und doch treten dieselben — während das Alterthum sie bis zuletzt, namentlich auch noch in den politischen Einrichtungen als Kelten behandelt, und während noch aus dem 5. Jahrhundert ihre keltische Sprache *eigens* bezeugt ist [3]): in die moderne Entwicklung als Deutsche ein. Wollte man diese Erscheinung ohne Zusammenhang mit den Angaben bei Caesar und Tacitus erklären, so könnte das nur geschehen durch Nichtberücksichtigung der ethnographischen Beständigkeit, von der die gesammte Grenze der keltisch-germanischen Welt ihr nahe an 2000jähriges Zeugniss ablegt. Hier ist, um die alten Nachrichten und die feststehenden Thatsachen aus neuerer Zeit zu vereinigen, kaum eine andere Annahme möglich, als dass die Trevirer allmählich, doch schon lange vor Caesars Zeit, mit Deutschen vermischt sind, und dass deren Volksthümlichkeit dann nach und nach die ursprüngliche, die keltische überwuchert, zersetzt und überwunden hat.

Der Process, so könnte man denken, sei begonnen, durch Vermischung mit Ubiern, als die noch am rechten Rheinufer *sassen*, und sie darauf durch deren Ansiedlung im Gebiete

---

1) Germ. c. 28. Der Ausdruck: Germanicae originis kehrt in Bezug auf die Ubier Hist. IV, 28 wieder, und hat hier also auch einen ethnographischen, nicht einen geographischen Sinn. 2) Vgl. Steininger a. a. O. S. 11 ff. 3) Hieron., prooem. lib. 2, ep. ad Galat. cap. 3.

der Trevirer beschleunigt worden. Allein auf solche Weise
darf der Hergang nicht erklärt werden: ihr widerstreiten die
sprachlichen Verhältnisse. Der Dialect im linksrheinischen
Ubierland zeigt, dass die Deutschen, welche die Römer hier
ansiedelten, wie auch sonst bekannt genug, verwandt mit denen
zwischen Rhein und Elbe waren. Die Mundart steht der der
Niederdeutschen und Holländer nahe: während im alten Lande
der Trevirer ein Dialect gesprochen wird, der die nächsten,
und nahe Beziehungen zu dem Hessischen hat. Gerade die
Nähe der Ubier lässt diesen Gegensatz grell hervortreten. Er
muss älter sein als die Ansiedlung derselben im Lande der
Trevirer, denn sonst würden sicher Nachbarschaft und *die*
gleiche politische Lage im Reiche der Römer dem ubischen
Dialect das Uebergewicht verschafft haben [1]).

Die hessische Mundart wird in einem Lande gesprochen,
das seine deutsche Bevölkerung seit den ältesten Zeiten nicht
gewechselt hat. Die Chatten aber gehörten zu den Sueben.
Somit werden wir auf deren Einfluss bei den Trevirern hingewiesen. Der nun aber tritt in der beglaubigten Geschichte
deutlich hervor.

Obwol mächtige Suebenschaaren sie noch soeben mit
Einbruch in ihr Land bedroht, nahmen die Trevirer keinen
Anstand, Sueben zu Hülfe gegen Caesar zu rufen. Sie wussten
auch für die Menapier deren Unterstützung zu gewinnen. Und
wiederholt, auch nach Caesar, wurden dann die Römer durch
Zuzug von Sueben zu den Trevirern geängstigt und bedroht [2]).

Berücksichtigen wir, dass ein solcher Zuzug, bei der geringen politischen Entwicklung der Sueben, nicht auf einem
berechnenden politischen Blick derselben, für welchen sicher
schon ein Organ gefehlt hatte, beruhen konnte, und dass ein
solcher nie von den näher benachbarten Nichtsueben erwähnt

---

1) Es ist in der That auch seit der römischen Zeit an keinen Zuzug
von Sueben mehr zu denken: die Römer hätten ihn sicher nicht gelitten,
oder vielmehr sie haben ihn nicht gelitten, wie besonders die Ereignisse
des Jahres 29 v. Chr. zeigen. Auch war, nach der Ueberführung der
Ubier in ihr Land, gewiss bei den Trevirern kein Gelüste vorhanden, noch
mehr von dem geschmälerten Besitz abzugeben. 2) Vgl. S. 228.

wird, so muss diese Verbindung von Kelten mit sonst doch so gefürchteten Germanen eine weit ältere sein. Ihre Anknüpfung wird in eine Zeit hinein reichen, in der die Kelten noch nicht befürchteten, dass „alle aus Gallien vertrieben und *alle* Germanen den Rhein überschreiten würden" [1]). Der Gegensatz gegen die beiden gleich nahen Nichtsueben mag die Verbindung zuerst geschaffen haben.

Vielleicht haben, um Ubier abzuwehren, die Trevirer zuerst Bedränger derselben vom andern Flussufer herbeigerufen. An Zahlung eines Soldes in Geld ist dabei aber, weil, zumal bei den Sueben, reinste Naturalwirthschaft war, nicht zu denken. Darbietung von Naturalien, besonders von Vieh, mag vorgekommen sein. Aber ganz gleich wie die von den Sequanern herbeigerufenen Schaaren des Ariovist werden dann auch jene Sueben feste Landanweisungen begehrt haben, die *indessen*, um Angriffe der Nachbarn stets mit Hülfe der Sueben abweisen zu können, auch für die Trevirer geboten erscheinen musste. Ohnehin gab es in deren Gebiet, selbst noch in viel jüngerer Zeit, Land genug, um noch in Bebauung genommen werden zu können: wurde doch hier die ganze Völkerschaft der Ubier angesiedelt.

Der Zuzug wird nun aber keineswegs in grossen Schaaren geschehen sein. Sie würden die Trevirer selbst bedroht haben. Wir haben ihn uns zu denken wie zur Zeit Cäsars, wo die Römer, was bei grossen Massen undenkbar, erst von ihm unterrichtet wurden, da er schon über den Rhein gekommen, den er dann auch ebenso geräuschlos und schnell wiederum überschreiten konnte. Gerade eine derartige Einwanderung *in* kleinen und kleinsten Schaaren, die dann inmitten der Trevirer angesiedelt wurden, macht es wol erklärlich, dass die *bildungsfähigen* Kelten mit der Volksthümlichkeit ihrer suebischen Freunde immer mehr bekannt und allmählich erfüllt wurden.

Ein Hauptanlass aber zu einer solchen Herbeirufung der Sueben, und das sind hier ja Chatten, wird zweifelsohne für die Trevirer vorgelegen haben, als jene (keltischen) Germanen

---

1) Caes. I, 81.

in ihr Gebiet eingebrochen. Vielleicht erfolgte da der Zuzug
gar in grössern Massen: denn sicher scheint es zu sein, dass
die Germanen, die doch anfangs, nach unsern Berichten, siegreich gewesen, aus einem Theil der occupierten Gebiete, dessen
Name freilich auch hinfort an ihren Besitz erinnerte ¹), verdrängt wurden. Ja sie geriethen jetzt sogar in Abhängigkeit
von den Trevirern.

Wir hören — schon mehrfach wurde es erwähnt —, dass
die Germanen, als sie über den Rhein gekommen, Gallier verdrängt und deren Sitze occupiert. In die Geschichte aber
treten dieselben in einem Abhängigkeitsverhältniss zu den Trevirern ein ²): und doch können unter jenen Galliern, weil die
Ardennen zweifellos alte Volksgrenze waren und weil im Westen
die den Germanen verwandten Belgen sassen, nur die Trevirer
verstanden sein. Hier muss ein Zwischenglied in unserer
Ueberlieferung fehlen. Nun wird aber auch die breite Fläche
des Ardennenwaldes zu dem Gebiet der Trevirer gerechnet ³):
und in ihm, nicht in den fruchtbaren Gefilden am Rhein, auf
denen doch wol die erste Niederlassung statthatte, finden wir,
die Abhängigkeit bestätigend, die Germanen in historischer
Zeit sesshaft. Sie werden hierher gedrängt, und ihnen alsdann
erst in diesen weiter südlich gelegenen Sitzen jenes Verhältniss aufgezwungen sein. Dass die Trevirer solches aber mit
den eignen Kräften vermocht, ist kaum anzunehmen. Gerade
da wird ihnen die Verbindung mit den Sueben zu statten
gekommen sein: und so ist es denn auch wol schwerlich ein
Irrthum, wenn wir weiter annehmen, dass wiederum in Folge

---

1) Dass die Germanen ihre alte Heimath nicht verlassen, um die
unwirthlichen Ardennen zu occupieren, ist doch wol gewiss. Wenn daher
bei Caes. V, 24, vgl. VI, 32, nur die Eburonen an den Rhein reichen,
so ist wol anzunehmen, dass die andern, als die Germanen von den Trevirern unterworfen, in die Ardennen gedrängt wurden. Der Name „Germania" wird dann vorzugsweise für das Eburonenland, doch auch in weit
grösserm Umfang gebraucht, als sich für dasselbe nachweisen lässt.
2) Caes. IV, 6; vgl. V, 24.   3) Caes. V, 3. So ist auch wol, in Verbindung mit VI, 29 zu erklären VI, 9. Ebenso Strabo IV, 3, 4.   Das
Gebiet der Trevirer reichte eben in dem der Germanen bis zu den Nerviern und Menapiern.

dieser Angriffe auf die eingedrungenen Germanen, eine zahlreiche Einwanderung von Sueben in das Land der Trevirer statt gefunden hat. Vielleicht sind damals bereits, zunächst nur zur Abwehr der Germanen, auf solche Weise Chatten am Niederrhein ansessig geworden, um dort dann in jüngerer Zeit, wie römisches Interesse es erforderte, Zuzug aus der Heimath zu erhalten. Denn dunkel, wenn auch gut beglaubigt, ist ja die früheste Ansiedlung der chattischen Barbaren.

Es ist wahrscheinlich, dass sich unsere Muthmassung auf Kämpfe bezieht, die eine lange, lange Zeit ausfüllten. Dieselben können nicht ohne Zusammenhang mit dem weitern Rückgang der Kelten aus dem Lande zwischen Rhein und Elbe gewesen sein. Schwerlich wird hier, nachdem die Germanen verdrängt, Ruhe eingetreten sein. Der Erfolg musste die Deutschen anreizen sich noch weiter gen Westen auszudehnen, zumal hier kein Gebirgszug ihnen eine natürliche Grenze entgegen stellte. Und gerade hierdurch muss den Kelten die Behauptung ihres Besitzes erschwert sein. Sie, die sicher schon an bessere staatliche Ordnung gewöhnt, sahen sich hier stets durch Völkerschaften bedroht, bei denen zweifellos eine straffere Organisation, die auch den willkürlichen Ueberschritten Einzelner ein Ziel hätte setzen können, noch so gut wie unbekannt war. Solche Verhältnisse lassen den Rückgang der Kelten erklärlich genug erscheinen. Er mag sich in manchen Gegenden nach und nach, vielleicht selbst ohne dass Krieg die nächste Veranlassung dazu gegeben, vollzogen haben.

Die Germanen waren nach Tacitus „die ersten, die den Rhein überschritten". Der Schriftsteller verwerthete hier eine Stelle aus Caesars Commentarien, die sich auf die Belgen im Allgemeinen bezieht, zu denen jene Germanen auch zu rechnen [1]. Caesar aber sagt, ihm sei erzählt, „die meisten der Belgen" seien in alter Zeit über den Rhein gekommen [2]. Demnach wohnte also schon früher ein Theil der Belgen am linken Rheinufer, und da Caesar dieselben überhaupt als einen nach Sprache, Sitten und Recht abgeschlossenen Theil der

---

1) S. Forschungen XI, 616.   2) Caes. II, 4: sic reperiebat: plerosque Belgas esse ortos ab Germanis Rhenumque antiquitus traductos.

Gallier kannte[1]), so ergiebt sich, dass es nur eine geographische Bedeutung haben kann, wenn er deren Herkunft von dem rechten Rheinufer als einen Ursprung von den Germanen bezeichnete. Germanen waren ihm „die jenseits des Rheins". Es ist kein Widerspruch, wenn der Autor an anderer Stelle berichtet; die Belgen stammten von „der äussersten Grenze Galliens" her: deutet er doch auch hier, obwol keine zwingende Veranlassung vorlag, an, dass sie nicht von je in denselben Gebieten gesessen[2]).

Caesar erfuhr also, dass die Belgen zum Theil von jeher am linken, zum Theil aber in früherer Zeit auch am rechten Rheinufer gesessen. Zahlreicher sind nach ihm die letzteren gewesen. Da nun stossen wir aber, während die Sitze der Belgen und anderweitige Nachrichten mannigfach die Sache beglaubigen, auf Zweifel. Die Südgrenze der Belgen war in Caesars Zeit eine so feste, und in den an ihr angesessenen Völkerschaften beruhte so sehr die Hauptkraft der Belgen, dass diese Gebiete nicht erst in jüngerer Zeit den andern Kelten entzogen sein können. Dieselben werden, seit der Ausbildung bestimmter Völkerschaften, stets im Besitz der Belgen gewesen sein. Soll man aber annehmen, durch mächtigen Zufluss von der andern Seite des Rheins habe das Belgenland am linken Flussufer plötzlich eine weit zahlreichere Bevölkerung denn zuvor erhalten? Dem würden wirthschaftliche Zustände widersprechen. Für einen so übergrossen Zuzug in das doch nur kleine Land würde der Acker daselbst nicht haben ausreichen können: und es ist doch, zumal weil zweifellos am rechten Rheinufer wegen der grossen Landflächen, die zur Verfügung standen, ein nur wenig intensiver Ackerbau getrieben wurde, undenkbar, dass die in Belgien zusammengedrängten Volksmassen sofort zu einem solchen übergegangen. Vielleicht bezog Caesar aber auch, indem er sagt: die „meisten der Belgen" seien über den Rhein gekommen, diese Nachricht auf den Theil des Volkes mit, von dem er an anderer Stelle berichtet, dass er über das

---

1) Caes. I, 1.   2) Offenbar stehen die Worte I, 1: Belgae ab extremis Galliae finibus oriuntur, in einem gewissen Gedankenzusammenhang mit der Nachricht II, 4; s. oben S. 231 N. 2.

Meer nach Brittannien gezogen, und sich hier neue Sitze erkämpft habe [1]).

Wenn nun aber auch nicht „die meisten": jedenfalls ist
ein Theil der Belgen von der rechten auf die linke Seite des
Rheins übergesiedelt. Es wird anzunehmen sein, dass einzelne
der Völkerschaften einst an beiden Seiten des Flusses Wohnsitze hatten, und sich dann, hier vielleicht stärker zusammengedrängt, mit den südlichern allein begnügen mussten. Doch
mögen auch einige schon ansessige belgische Völkerschaften
durch die Ankömmlinge weiter gen Süden gedrängt sein, und
Gebiet an die letztern verloren haben. Eine directe Vermischung aber wird, da Caesar die Völkerschaften scharf geschieden und in Stadtgebieten organisiert fand, kaum anzunehmen sein.

Diese allgemeinen Gesichtspunkte möchten durch die dürf-
tigen Nachrichten unserer Ueberlieferung eine Bestätigung erhalten.

Die (keltischen) Germanen gehörten, wol in Folge der
Abhängigkeit von den Treviren, nur in weiterem Sinn zu
den Belgen. Nach Abstammung und Volksthümlichkeit waren
sie aber sicher von denen nicht getrennt, weshalb auch Tacitus
mit gutem Recht auf sie eine Nachricht bezog, die Caesar über
die Herkunft der Belgen im allgemeinen giebt. Auch werden
die Römer aus gleichem Grunde das Land jener Germanen
mit dem der andern nördlichsten Kelten zu einer Provinz, die
nach diesen Germanen den Namen erhielt, vereinigt haben.
Und auch in der äussern Lage ergab sich für beide Theile
manche Aehnlichkeit.

Westlich an die Germanen grenzten — da von den Adua-
tikern einstweilen abzusehen ist — die Nervier und die Menapier. Jene erscheinen als das wildeste und als ein Volk
der eigentlichen Belgen, das am meisten Gefallen am Kriege
hat. Was Caesar zur Charakteristik der Belgen überhaupt
anführt, dass Kaufleuten der Zugang zu ihnen erschwert sei,
damit verweichlichender Luxus fern gehalten werde, erzählt
er an anderer Stelle von den Nerviern insonderheit [2]). Auch

---

1) Caes. V, 12.   2) Caes. I, 1 u. II, 15.

bezieht sich auf diese, auf die befreundeten Germanen und die Menapier vorzugsweise der Grund, den Caesar für die Tapferkeit der Belgen angiebt: sie seien die nächsten Nachbarn der Germanen, „die jenseits des Rheins wohnen", und hätten beständig mit denen Krieg zu führen. Die Geschichte hat, selbst während der kurzen Zeit, da Caesar in Gallien war, von mehreren solchen Kriegen zu erzählen. In ihnen wird eine Feindschaft, die ihre Wurzeln in der entschwundenen Zeit hatte, da diese nördlichsten Belgen noch über den Rhein hinüberreichten, fortgesetzt sein.

Wie es uns von den Germanen ausdrücklich versichert und durch ihre neuen Sitze bestätigt wird, so erinnerten die nördlichsten Sitze der Menapier auch daran, dass die Hauptstärke ihres Volkes einst am rechten Rheinufer war. Nur als ein Rest früherer Herrlichkeit erklärt sich ihr dortiger Besitz in der Zeit Caesars [1]). Doch lenkt uns auch eine dunkle Spur noch von anderer Seite her zu der Annahme, dass die Menapier, vermuthlich schon damals mit den Morinen eng verbunden, einst hoch gen Norden, bis zu dem Chaukenland gereicht [2]).

Schwieriger ist es für die Nervier nachzuweisen, dass sie, oder ein Theil von ihnen, in früherer Zeit an der rechten Seite des Rheins gewohnt. Sie müssten alsdann, da sie in historischer Zeit nicht mehr an den Rhein stiessen [3]), durch die Menapier zurückgedrängt, oder an dieselben nördliche Gebiete, vielleicht um durch ihren Zuzug gegen die nachdrängenden Deutschen geschützt zu sein, abgetreten haben. Jedenfalls wird ein näheres Verhältniss der Nervier zu den Menapiern, und besonders zu den (keltischen) Germanen [4]) auf ältere, vermuthlich rechtsrheinische Beziehungen zurück-

---

1) Caes. IV, 4. Das römische Militärgebiet vom rechten Rheinufer bestätigt diese Nachricht. 2) S. oben S. 193. 3) Möglich wäre es freilich, dass sie doch noch, zwischen Morinern und Menapiern, das Meer erreicht; die Ausdehnung der Diöcese Cambray und „aestuaria" bei Caes. II, 28 liessen sich dafür anführen. 4) Wie in dem Antheil an den Kämpfen der Eburonen tritt dieses auch noch in der Einrichtung von Germania secunda und in dem Aufstand des Civilis hervor.

zuführen sein. Und auf solche weist denn auch hin, dass Strabo, der sonst überwiegend Caesar folgt, die Nervier, gleich den Ubiern, die an das linke Rheinufer versetzt seien, ein (deutsch-)germanisches Volk nennt[1]). Sie werden sich daher, und zwar mit besserm Grunde als die Treverer[2]), auch germanischer Abkunft gerühmt haben. Die Zweifel von Tacitus[3]) an der Berechtigung dieses Anspruches werden, da er die Nervier als Kelten kannte, darauf beruht haben, dass er sich denselben ethnographisch, anstatt, wie es hätte geschehen müssen, geographisch begründet dachte. Darnach fehlt es auch für die Nervier, wie für die Moriner, und sicherer noch für die Menapier und Germanen nicht an sichern Zeugnissen für ihre einstige Ausdehnung am rechten Rheinufer.

III. Deutsche Völkerschaften.

1. Sueben.

Erst durch die Kriege Caesars in Gallien, ein halbes Jahrhundert vor unserer Zeitrechnung, eröffnet sich uns der Blick auf den Norden Deutschlands.

Der grosse Römer kennt in seinen Denkwürdigkeiten, ausser einigen germanischen Stämmen, die bereits den Rhein überschritten, nur wenig Völkerschaften in Germanien. Die Menapier, hinter denen die Bataver nur ihrem Gebiete nach erwähnt werden, und die eng verbundenen Moriner, erscheinen im Westen, an beiden Seiten des Unterrheins. Usipeter und Tencterer, beide, wie jene andern, eng verbunden, schlossen sich an. Sie wohnten an der Lippe. Südwärts von ihnen treffen wir Sigambrer, wol der Sieg entlang, sicher bis zum Rhein[4]).

---

1) Strabo IV, 4, 4. Die Beziehung des „καὶ τοῦτο" auf die Ubier schon bei Rettberg, Kirchengeschichte I, 21.   2) S. oben S. 232. 3) Germ. cap. 28. — Appian IV, 4 wirft die Nervier augenscheinlich, wie sich auch aus Erwähnung der 10. Legion ergiebt, mit den Aduatukern zusammen.   4) (Vgl. oben S. 200.)

Der grosse germanische Stamm aber, welcher uns hier am meisten interessiert, die Sueben, wohnten, nach Caesar, zwar östlich von den Ubiern und Sigambern, allein sie berührten auch, sich wol nordwestwärts ziehend, die Tencterer und Usipeter. Eine Grenze ist nicht angegeben. Doch erwähnt Caesar, dass die Sueben im Norden, wie wir sagen müssen, durch einen grossen Wald, in dem die Harz- und Wesergebirge zu erkennen, von den Cheruskern getrennt würden [1]). Alle Germanen östlich erscheinen dem Caesar als Sueben. Auch lässt sich nicht sagen, dass ihm falsche Kunde geworden.

Die Kriege zu Zeiten des Augustus und der ihm folgenden Kaiser haben den Völkern des Alterthums den Norden Europas und vor allem Deutschlands mehr erschlossen. Sie gaben dem grossen Geschichtsschreiber der Römer die Kenntnisse, um verhängnissvolle Kämpfe zu schildern, und um jenes ethnographische Bild der Germanen zu entwerfen, das wie ein sicherer Grundstein für den stolzen Bau der Geschichte unseres Vaterlandes dasteht.

Nun die dunkeln Umrisse, welche Caesar erkannte, in ein helleres Licht der Geschichte getreten sind, erkennen wir, dass die Sueben nicht eine, wenn auch sehr grosse Völkerschaft Germaniens bildeten [2]), sondern dass unter diesem Namen, ähnlich wie unter Belgen in Gallien, viele verschiedene, doch unter sich verwandte Völkerstämme verstanden wurden.

Die Nachrichten des Geographen Strabo, des Zeitgenossen des Augustus, über die Ausdehnung der Sueben schliessen sich an die Caesars an. Nur weiss er, dass die suebischen Hermunduren und Langobarden noch am rechten Ufer der Elbe wohnen, Dem Caesar gleich, vielleicht ihm folgend, rechnet auch Strabo, dem räumlichen Begriff nach [3]), die Chatten zu den Sueben, während er sie später allerdings als ein besonderes Volk nennt [4]).

Ist es dem helleren Licht der Geschichte zuzuweisen, dass

---

1) Caes. VI, 10.   2) Dieses ist doch wol die Ansicht von Caesar, da er Sueben neben andern kleinen Völkern nennt. Doch spricht er auch von den nationes, quae sub eorum sint imperio, sowie von ihren socii; VI, 10.   3) Strabo IV, 3; VII, 1.   4) Strabo VII, 1.

Tacitus die Chatten nicht mit den suebischen Völkerschaften aufzählt? Er sagt freilich auch keineswegs, dass sie nicht zu denselben gehört[1]). Es mochte bei dem losen Bande zwischen den Sueben zweifelhaft sein, ob die Chatten, die jetzt gewöhnlich mit ihrem besondern Namen genannt wurden, zu ihnen zu zählen seien oder nicht[2]). Vielleicht dürfen wir auch an dem Beispiel der Chatten erkennen, wie der weite Begriff der Sueben allmählich, je nachdem die einzelnen Völkerschaften bekannter wurden, eingeengt ist, und dem Namen der letztern Platz macht. Denn das ist unzweifelhaft: mit Recht haben Caesar und Strabo die Chatten mit zu den Sueben gezählt.

Die Sueben hatten den grössten Theil des alten Germaniens inne[3]). Tacitus hebt solches ausdrücklich hervor, und seine eigne Aufzählung der einzelnen Völkerschaften giebt den Worten höheren Werth und stärkere Bedeutung. Auch jüngere Nachrichten und Verhältnisse bestätigen hier wie an anderen Stellen, wo nationale Anschauungen den grossen Römer nicht in Befangenheit hielten, die Richtigkeit seiner Angaben.

Zählen wir unbedenklich, nicht gegen Tacitus, aber über ihn hinausgehend, die Chatten den Sueben zu[4]), so ist damit

---

1) Germ. cap. 38. 2) Es ist schwerlich unabsichtlich, wenn Tacitus über den Beginn des Sitzes der Sueben keine Notiz hat. Er geht in seiner Aufzählung aus von chattischen Nebenstämmen, handelt dann von den Chatten selbst, deutet die Lage der Landschaften verschiedener Völker zu einander an, und kommt nun auf die Sueben. Hier wird gelegentlich der Ocean ewähnt, sonst findet sich erst bei den Hermunduren wiederum eine geographische Angabe: die Aufzählung der Völker soll dem Lauf der Donau folgen. Dass hier ein Zusammenstoss mit den Chatten, die Tacitus später in den Annalen XIII, 57 als Nachbarn der Hermunduren kannte, nicht erwähnt wurde, ist doch auffallend, zumal der Anfang des hercynischen Waldes als Wohnsitz der Chatten, cap. 30, nicht erkennen lässt, wie weit sie sich gen Osten ausdehnten. Sollte hier eine Absichtlichkeit vorliegen, weil Tacitus nicht klar war, ob die Chatten auch noch zu den Sueben gerechnet würden? 3) Bei Orosius I, 2 heist es: deinde Germania est, ubi plurimam partem Suevi tenent, quorum omnium gentes sunt quinquaginta quatuor. Die Nachricht kann sich auf die Sueben, aber auch auf alle osteuropäischen Völker beziehen. Aus Aethicus. 4) Vgl. Grimm S. 569. Florus IV, 12 meint auch zweifelsohne Chatten, wenn er

das Volk genannt, welches von ihnen am weitesten westlich, bis an und über den Rhein vorgeschoben war. Denn zu den Chatten gehörten die Mattiaken, welche am Taunus, Mainz gegenüber wohnten [1]), und schon vor Caesar hatte sich von ihnen ein Zweig abgesondert, um künftig als Bataver auf den Inseln und südlich der Rheinmündung Sitze zu nehmen [2]). Vielleicht gehörten auch Sueben, welche von Augustus gemeinsam mit Sigambrern am linken Ufer des Rheins angesiedelt wurden [3]), zu den Chatten. Sie mögen als Abkömmlinge der Chatten Chattuarier genannt sein [4]): ein Name, der sonst vorzugsweise einer Völkerschaft zukam, die südöstlich von den Batavern, auch an beiden Seiten des Rheins wohnte, und die vielleicht nicht viel später als diese von dem eigentlichen Stamm der Chatten sich getrennt haben mag.

Alle germanischen Völkerschaften östlich von den Chatten rechnet auch Tacitus, von hier an wieder mit andern in voller Uebereinstimmung, zu den Sueben. Den Alten begegneten hier zunächst die Hermunduren, wie sie sagten. Für die Ausdehnung der Völkerschaft fehlten ihnen aber feste Begriffe. Die Werra wird Grenzfluss gegen die Chatten gewesen sein [5]). Nach Süden, wo sie jedenfalls im Westen dem römischen Zehntlande benachbart waren, reichten sie aber, wie Tacitus angiebt,

---

Sigambrer, Cherusker und Sueben schon im voraus die Beute theilen lässt, die sie den Römern abnehmen wollen. 1) Vgl. Zeuss p. 95. Grimm, G. d. d. S. 558 ff. In ihrem Lande wird Drusus das Castell angelegt haben, das er nach Dio Cass. LIV, 33 im Lande der Chatten erbaute. Auch scheint mir, wie Kritz, Tac. Germ. 29 mit den Worten: nisi quod ipso adhuc terrae suae solo et coelo acrius animantur, sagen zu wollen, dass die Mattiaken, weil sie den heimischen Boden nicht verlassen, nur noch um so wilder seien. Dann aber muss der Boden ein chattischer sein, da Caesars Sueben und Dios Chatten sich bis über ihr Gebiet erstreckt haben müssen. 2) Tac. Germ. cap. 29. Hist. IV, 12- An diese Sueben wird Agric. cap. 28 zu denken sein. Auch die Attuarii bei Vell. II, 105 sind vielleicht die Bataver; vgl. Zeuss S. 100. 3) Suet. Octav. cap. 21. 4) So mag es zu erklären sein, dass wir einen pagus Hattuaria am linken Rheinufer, längs dem Flüsschen Niers finden; s. Grimm S. 590. 5) Tac. Ann. XIII, 57; vgl. Grimm S. 573, und besonders Landau, Hessengau S. 20.

bis zur Donau; und es soll auch die Elbe in ihrem Lande entspringen [1]. An beiden Seiten derselben hätten sie also Sitze gehabt: wie auch Strabo angiebt [2]; der aber ist hier mit dem kundigen Vellejus [3] im Widerstreit, da dieser die Elbe nur an einer, wol der östlichen Seite, das Land der Hermunduren bespülen lässt. Und ganz ähnlich ist es, wenn Ptolemäus einer Völkerschaft, in der die Hermunduren erkannt werden dürfen, ein Waldgebirge, wol den Thüringerwald, zur Grenze giebt [4], während die Angaben des Tacitus über ihren Verkehr an der Donau, und auch Nachrichten über ihr Eingreifen in die Verhältnisse weiter östlich wohnender Völkerschaften [5], mit Bestimmtheit auf weitere Ausdehnung hinweisen. Auch das mag gleich in diesem Zusammenhang hervorgehoben werden, dass die Alten mit dem Namen der einzelnen Völkerschaft, Duren oder Thoringer, eine bezeichnende Hinweisung auf eine grössere Gemeinschaft, die der Hermionen, verbanden.

Dass das Land der Hermunduren an das anderer Germanen nichtsuevischer Abkunft stosse, wird nirgends berichtet [6]. Nicht sie, andere Sueben waren, im Anschluss an die Chatten, Nachbarn der Cherusker und der ihnen verwandten Völkerschaften. Doch lässt sich aus den Nachrichten der Alten kein klares Bild gewinnen. Tacitus besonders zeigt auch hier, dass ihm die Verhältnisse der Sueben wenig bekannt waren. Doch wissen wir, dass die Grenzen der Semnonen, welche auch an der Elbe wohnten, mit denen der Hermunduren zusammenstiessen [7]. Vielleicht dehnte sich das Volk, welches als das älteste, angesehenste und auch wichtigste der Sueben gepriesen wird, nach Westen bis zu den cheruskischen Völkerschaften aus. Sicher reichten die Semnonen auch weit nach Norden, da sie als Bewohner derselben Gegend Germaniens,

---

1) Germ. cap. 41,   2) Strabo VII, 1.   3) Vell. Pat. II, 106.
4) Ptol. II, 11; vgl. Zeuss S. 102 f.   5) Tac. Ann. II, 63. — XII, 29; 30
6) Da die Chatten Sueben waren, widerspricht auch Dio Cass. LV, 1 nicht, wenn er berichtet, dass Drusus durch das Chattenland zu den Sueben vorgedrungen sei.   7) Der gutunterrichtete Vellejus nimmt dieses II, 106 augenscheinlich an; über die Auslegung der Stelle s. Bluhme, Gens Langobard. S. 21.

wie die Cimbern und Chauken genannt werden [1]). Nach Osten
zu haben die Semnonen, wenigstens im zweiten Jahrhundert,
vielleicht gar weit ausgedehnte Sitze am rechten Elbufer gehabt [2]). Ob sie das linke ganz verlassen, mag sehr zweifelhaft sein. Nördliche Nachbarn der Semnonen, vielleicht an
der Elbe mit ihnen zusammenstossend, werden die Langobarden
gewesen sein, die für die Folge von grossem geschichtlichen
Interesse werden sollten. Es wird uns von Strabo, doch wenig
glaubhaft berichtet, dass das Volk ganz auf das rechte Elbufer
übergesiedelt sei [3]). Die Römer trafen dasselbe vielmehr stets
da an, wo wir bis heute seine Spuren erkennen: in einem
keilförmigen Landstrich südwärts von Hamburg gen Thüringen
hin. Zweifelhaft kann es jedoch sein, ob die Langobarden an
beiden Ufern der Elbe Sitze hatten. Doch ist es nicht unwahrscheinlich.

Neben den Langobarden nennt Tacitus sieben Völkerschaften, die er auch zu den Sueben rechnet. Er bezeichnet
ihre Gebiete, besonders auch die Lage derselben zu denen der
Cimbern nicht näher. Er giebt ihnen Namen, von denen nur
zwei, die der Angeln und Warinen, durch anderweitige Nachrichten beglaubigt sind, während die übrigen entweder gar
nicht, oder nur gewaltsam auf sonst genannte Völkerschaften
bezogen werden können. Es kann zweifelhaft sein, ob Tacitus
jene Völkerschaften mit Recht zu den Sueben gezählt hat.
Der grosse Geschichtsschreiber, dem es an einem sichern Kennzeichen der suevischen Art, nach der er freilich alle Germanen
eintheilt, gefehlt hat, wird schwerlich über jene sieben Völkerschaften gut unterrichtet gewesen sein. Doch handelte es sich
freilich um die Bevölkerung in Gebieten, von wo vor langer
Zeit mächtige Schaaren, Cimbern und Ambronen, fortgezogen
sein, und dadurch eine Verschiebung der Wohnsitze, eine
Vermischung benachbarter Völkerschaften herbeigeführt haben
werden. Die von Tacitus hier aufgezählten Angeln und Warinen gehörten sonder Zweifel zu den Sueben, deren Gebiet
sich dadurch bis über die Schlei hinaus ausdehnte. In den

---

1) Monum. Ancyr. 5 (Mommsen p. 72).   2) Ptolem. II, 11 §. 15.
3) Strabo VII, 1.

Eudosen, deren hier gedacht wird, hat man die Jüten, in den
Nuithonen die Holsten erkennen wollen. Beide waren nicht
suebischer Art. Doch wird eine alte Verbindung, die später
gewaltig hervortritt, früh schon die Holsten mit Angeln und
Warinen verbunden, und diese dadurch mehr von der grossen
Stammesgemeinschaft der Sueben getrennt haben. Tacitus
deutet wol selbst solches schon an. Er kennt einen besonderen
Cultus all jener kleinen Völkerschaften.

Hinter den Hermunduren, doch auch wol hinter den Semnonen, erwähnt Tacitus noch zahlreiche Sueben. Es sei genug,
der Markomannen in Böhmen noch zu gedenken. Tacitus
zeigt auch hier in der gesammten Aufzählung, dass er alle
östlichen Germanen, über die es ihm an näherer Kunde ge-
brach, selbst die Gothen und Schweden, den Sueben hinzu-
zählte. Von seinem Irrthum haben sich selbst schon die Alten
losgesagt: wir wollen ihm nicht von neuem verfallen.

Wenden wir uns nun von der blossen Aufzählung der
Völkerschaften, die den Vorfahren der Sachsen benachbart
waren, zu dem Wesen und den Zuständen der Sueben, so ist
es zunächst auffallend, dass die Alten, insbesondere Tacitus,
nicht klar hervorheben, wesshalb sie diesen scharfen Unterschied zwischen den Germanen, den Gegensatz machen zwischen Sueben und Nichtsueben, da doch diese wie jene in
zahlreiche einzelne Völkerschaften zerfielen?

Gewiss war der vornehmste Grund hierfür zunächst der
gemeinsame Name. Der muss uralt sein. Er war bei dem
Volke selbst, ganz anders als etwa der Germanen, im Gebrauch.
Viele Schriftsteller der Alten wenden ihn häufiger an als die
besondern Namen der einzelnen Völkerschaften.

Doch muss der Name auf grössern Eigenthümlichkeiten
beruhen, wenn er Verhältnisse bezeichnen soll, die von so
durchgreifender Bedeutung. Tacitus selbst legt auf den Germanennamen wenig Werth, wo er nicht mit der Nationalität
zusammenfällt [1]).

Eine besondere Haartracht wird ferner von Tacitus als
das Kennzeichen der Sueven erwähnt. Sie streichen, sagt er,

---

[1]) Vgl. Germ. cap. 28 u. 43.

das Haar nach hinten über und verschlingen es in einem Knoten. Bei anderen Völkern soll solches selten, doch innerhalb der Jugend vorkommen. Und auch das erklärt Tacitus dann aus einer gewissen Verwandtschaft mit den Sueben, oder, wie so oft geschehe, aus Nachahmung derselben.

Bei näherer Beleuchtung erweist sich dieses Kennzeichen als sehr wenig stichhaltig. Tacitus selbst hebt sofort die Ausnahmen hervor und sucht nach Gründen für dieselben. Später, da er wiederholt untersucht, ob er einzelne Völkerschaften richtig einordne, und wiederholt auf das Kennzeichen des Suebenthums kommt [1]), berücksichtigt er die Haartracht gar nicht. Auch wird dieselbe als bezeichnend für suebische Abkunft weder bei andern Schriftstellern der Alten, noch in der Folge erwähnt, vielmehr scheint das Schürzen eines Knoten auf dem Haupte in früherer Zeit allgemeiner bei den Germanen, auch bei den unsuebischen Sigambern [2]) üblich gewesen zu sein [3]), während sich später die Sitte, das Haar lang wachsen zu lassen, bei vielen, auch nichtsuebischen Völkerschaften, wie den Friesen, ja sogar als Kennzeichen der Germanen überhaupt [4]) findet [5]). Und auch die Sitte, Bart und Haar wachsen zu lassen, bis der Feind erlegt oder die Rache genommen, war bei suebischen Völkern, wie die Chatten [6]), und nichtsuebischen, wie den spätern Sachsen, heimisch [7]). Bei den ersteren weist der Brauch allein schon darauf hin, dass die Haartracht nicht unbedingt als das Zeichen der Angehörigkeit zum grossen Stamm aufzufassen ist.

Die gesammte Unterscheidung zwischen Sueben und Nichtsueben hätte aber geschichtlich überhaupt sehr wenig Werth, wenn sie sich nur in jenen äussern Kennzeichen kundgegeben. Das aber war keineswegs der Fall. Zunächst legt die politische Geschichte, so lückenhaft auch deren Ueberlieferung ist, Zeug-

---

1) Germ. cap. 43 u. 44.   2) Martial. de spect. III, 9: crinibus in nodum tortis venere Sicambri. Die Sache ist freilich nicht ganz ohne Bedenken, s. den übrigens sehr unbedeutenden Aufsatz von Braun, Rhein. Jahrbücher 1863, S. 145 ff.   3) Seneca ep. 124.   4) Suet. Calig. cap. 47.   5) Vgl. Grimm R. A. S. 283 ff.   6) Germ. 31; von den Batavern Hist. IV, 61.   7) Greg. Tur. V, 15.

niss ab, für die Berichtigung der ethnographischen Eintheilung, welche Tacitus seiner Aufzählung der germanischen Völkerschaften zu Grunde gelegt.

In der Zeit Caesars scheinen alle Sueben als ein Volk aufgetreten zu sein. Selbst der besondere Name der Chatten, der später so sehr überwiegt, dass die Völkerschaft kaum noch den Sueben anzugehören scheint, tritt ganz zurück. Gerade in ihren Grenzen muss sich das grosse Suebenheer versammelt haben, das über den Rhein vorbrechen wollte, um den Ariovist zu unterstützen. Mit den Chatten beginnend, sind auch, nach Caesar, alle östlich wohnenden Germanen zu dem einen „bei weitem grössten und kriegerischsten Volke der Sueben" zu zählen, das jährlich 100,000 Mann zum Kriege führt, und das in seiner Gesammtheit feindlich allen Germanen gegenüber steht, mit denen Caesar sonst in Berührung kam. Später freilich traten die Sueben in einer solch festen politischen Geschlossenheit nicht mehr auf. Vielleicht sind auch in dieser Beziehung die Berührungen mit den Römern nicht ohne Einfluss gewesen. Sie führten jedenfalls die am weitesten vorgeschobenen Chatten in mannigfache Berührungen mit den benachbarten nichtsuebischen Völkerschaften, und es mag dadurch deren allmähliche Trennung von den übrigen Suebenstämmen nicht am wenigsten mit bewirkt sein. Dass aber auch später noch unter diesen eine politische Verbindung bestand, lehrt insbesondere die Geschichte Marobods und seiner Herrschaft.

Es sind, so wird uns berichtet, suebische Markomannen, denen sich aber Genossen anderer, doch wahrscheinlich auch suebischer Stämme angeschlossen [1]), gewesen, welche von Marobod in das frühere Bojenland geführt wurden. Hier errichtete er alsdann eine feste Königsherrschaft. Bald ist dieselbe weit ausgedehnt, so dass sie den Römern als die bedenklichste Macht an ihren Grenzen erschien [2]). Ueber die gesammten, mindestens westlichen Sueben, mit Ausnahme der Chatten [3]),

1) Strabo VII, 1.   2) S. die Reden, welche Tac. Ann. II, 46 (12 Legionen seien gegen ihn im Felde gewesen) n. 63 dem Marobod und Tiberius in den Mund legt.   3) Dass Sentius Saturninus durch das Gebiet der Chatten gegen Marobod ins Feld ziehen soll, Vell. II, 109, beweist nicht, dass jene diesem unterworfen gewesen.

wird sich des Marobod Reich erstreckt haben. Ausdrücklich
werden die Langobarden, und besonders die mächtigen Semnonen [1]) genannt; da aber die Hermunduren sich gegen den
— Nachfolger des Marobod, den Catwalda erhoben, mag es nicht
zweifelhaft sein, dass auch sie zu dessen Reich gehörten. War
diese Herrschaft aber im Kriege gewonnen? Alsdann müsste
Marobod, der sich neue Sitze für sein Volk erkämpfte und
stets von der Macht der Römer bedroht war, Gewalt genug
gehabt haben, um gleichzeitig und binnen wenig Jahren auch
die mächtigsten Völkerschaften der Germanen zu unterwerfen.
Und wenn dieses nun schon zu Zweifeln Anlass geben muss,
so werden dieselben noch erheblich dadurch vermehrt, dass
die Alten, zumal Tacitus, nichts von solchen Kämpfen, insbesondere in den Reden erwähnen, welche Armin und Marobod
gehalten haben sollen, um ihre Stellung in Germanien zu bezeichnen. Marobod wird bei dem gesammten Suebenvolke
den mächtigsten Einfluss, eine Art Leitung, vorzüglich den
Römern gegenüber, gehabt haben: und darin mag seine Herrschaft über die böhmischen Wälder hinaus begründet gewesen
sein. Das Reich erschien aber dann mit Recht als das suebische [2]). In seiner Königsburg lag als Schatz die alte Beute
der Sueben [3]). Den Sueben wurde bei Unruhen von den Römern, in deren Schutz sich der gestürzte Marobod geflüchtet,
mit dessen Rückführung gedroht [4]).

Gewiss würden wir irren, wenn wir annehmen wollten,
Marobod habe vom Marcomannenlande aus eine feste Herrschaft über die Sueben begründet. Seine Stellung an der
Spitze der Sueben wird vielmehr nur ein Ausfluss des politischen und nationalen Zusammenhanges zwischen den einzelnen

---

1) Tac. Ann. II, 45; Strabo VII, 1.   2) Tac. Ann. II, 26: sic
Suebos regemque Marobodum pace obstrictum; vgl. I, 44; II, 44: Suebi
als natio den Cheruskern entgegengesetzt.   3) Tac. Ann. II, 62: veteres
illic Sueborum praedae.   4) Ann. II, 63: — si quando insolescerent
Suebi, quasi rediturus ostentabatur. — Bezieht sich der Schluss des
Monument. Ancyran. auf Marobod (cap. XXXII, 5): Ad me supplices
confugerunt. . . . . Sugambrorum Maelo, Marcomannorum Sueborumque
complures! — (Vgl. im Allgemeinen oben S. 103 ff.)

Volksstämmen, also ein Ergebniss längst vorhandener Zustände
gewesen sein, die denn auch, wie die Geschichte seines Nach-
folgers Catwalda beweist [1]), noch nach seinem Sturze fortdauerten. In ihnen war es gewiss auch begründet, dass das
Gebiet der Sueben, trotz der Scheidung in viele einzelne
Stämme, als Einheit, als Suebia erschien. Doch nicht nur in
diesen politischen Zuständen, auch noch in manchen andern
Momenten macht sich die Stammesverwandtschaft der Sueben
vielfach entscheidend für die deutsche Entwicklung bis auf
den heutigen Tag geltend.

Es deutet auch schon auf das Bewusstsein einer grossen
Stammesgemeinschaft hin, wenn sich, wie Tacitus berichtet,
die Semnonen für das älteste und edelste Volk, für das Haupt
der Sueben halten konnten. Ein religiöser Brauch wird als
Bestätigung angeführt. Doch lässt der Wortlaut es leider
zweifelhaft, ob bei ihm auch die übrigen suebischen Völkerschaften betheiligt waren [2]). Ueberhaupt hatten die Sueben
nicht durchweg gemeinsame Götter. „Ein Theil der Sueben
opfert auch der Isis“, hebt Tacitus [3]) hervor, und wenn er
später von einzelnen Völkerschaften berichtet, dass sie gemeinsam den Nerthuscult hatten [4]), so ist es nicht ohne Bedenken
beides zu verbinden, um etwa die Zahl besonderer religiöser
Eigenthümlichkeiten zu vermindern. Dass solche aber bei den
Sueben vorhanden waren, ist gewiss eben so unstreitig, als
dass dieselben im allgemeinen mit den übrigen Germanen die
gleichen Götter verehrten.

Nicht also lag, auch für Tacitus nicht, in dem Glauben
an die Götter und deren Cult das gemeinsame Band der Sueben, dessen äusserer Ausdruck etwa — was aber auch, wie wir

---

1) Dahingegen war das Suebenreich des Vannius u. a. ganz anderer
Art: eine Herrschaft gestützt und erhalten durch römischen Einfluss auf
fremdem Gebiete. 2) Germ. cap. 39: omnes ejusdem sanguinis populi.
Der Zusammenhang fordert jedoch wol an alle Sueben zu denken. Freilich sollte man gentes erwarten, da populus ein ganz unbestimmter Ausdruck ist, s. cap. 16; 28; 29; 35 u. a. Vielleicht wurde aber gens vermieden, weil in ihm bereits der Begriff „ejusdem sanguinis“ liegt. 3) Germ.
cap. 9. 4) Germ. cap. 40.

sahen, nicht richtig sein wird — die besondere Haartracht sein
könnte. Die Gemeinschaft, die in dem Namen sich kund gab,
konnte aber auch nicht in dem gemeinsamen Bewohnen eines
Landes begründet sein, denn Tacitus unterscheidet in Suebia
selbst die suebischen von den nichtsuebischen Völkern[1]). Er
gab eben, als erfahrener Historiker, bei seinen ethnographischen
Untersuchungen weit mehr als auf die Aeusserlichkeit der Namen und auch der besondern Tracht, auf Körperbeschaffenheit,
auf Sitten und Gebräuche im allgemeinen, auf politische Einrichtungen, Geistesbildung, und vor allem auf die Sprache[2]).
Auch bei den Sueben legt er auf die letztere Werth. Zweimal wird auch von ihm die Sprache der Sueben erwähnt.
Freilich handelt es sich in beiden Fällen nicht um den Gegensatz zu den andern germanischen Stämmen: wenn aber in
Suebien das Suebischsprechen, ausserhalb indessen einfach die
germanische Sprache bezeichnend ist[3]), so darf wol angenommen
werden, dass Tacitus von einer besondern suebischen Sprache
gehört hat. Sie eben, die er also zweimal hervorhebt, wird
ihm ein besonderer Anlass gewesen sein, wesshalb er so viele
Völker als Sueben bezeichnet, und sich in Betreff auch dieses
Namens nicht einfach mit der summarischen Aufzählung in
einem der einleitenden Capitel begnügt.

Schon seit langer Zeit wird der Gegensatz zwischen Sueben
und Nichtsueben als noch heute in dem hoch- und niederdeutschen
Dialect fortlebend angesehen. Durch die Lautverschiebung muss
aus der Sprache der Sueben der hochdeutsche Dialect hervor-
gegangen sein. Die Grenzen zwischen Hoch- und Niederdeutsch fallen noch heute mit den, freilich erst für jüngere
Zeiten erkennbaren Grenzen zwischen den Sueben und ihren

---

1) Germ. capp. 43 u. 45.   2) Germ. cap. 4: habitus corporis;
cap. 27: instituta ritusque; cap. 28: eodem sermone, institutis, moribus
utantur; cap. 43: Marsigni et Buri sermone cultuque Suebos referunt;
cap. 45: quibus ritus habitusque Sueborum, lingua Britannicae propior;
cap. 46: Peucini — sermone, cultu, sede ac domiciliis ut Germani agunt.
Auch sonst könnte von cap. 27 an fast jedes Capitel in Betracht kommen; vgl. besonders noch capp. 32; 43; 44; 46.   3) Vgl. Germ.
capp. 43; 45; 46; s. vorige Note.

nordwestlichen Nachbaren zusammen. Wo es nicht der Fall
ist, geben oft bestimmte historische Verhältnisse, die noch
innerhalb des Bereiches unserer Kunde liegen, den Schlüssel
zu der vorhandenen Abweichung. Die Baiern und Schwaben,
beide zweifelsohne Nachkommen suebischer Stämme, haben
hochdeutsche Dialecte, welche als solche in enger, naher Verwandtschaft zu den Dialecten der Nachkommen der Hermunduren und Chatten stehen. Vielleicht hat ein Theil der Hermunduren, sicher haben suebische Stämme nordwärts von ihnen
die alten Sitze etwa im dritten und vierten Jahrhundert unserer
Zeitrechnung aufgegeben. Hierher verbreiteten sich, zum Theil
über Belassung suebischer Ortsbezeichnungen, nichtsuebische
Stämme, welche damit ihren niederdeutschen Dialect in weitere
Gegenden trugen. Es gehörten zu diesen Sitzen auch die der
Langobarden. In denen wurde in der Zeit, aus der wir Kunde
haben, entschieden niederdeutsch gesprochen. Nichts aber kann
besser die hohe Bedeutung des Dialects, aus dem sich später
Hochdeutsch entwickelt, für die ältern ethnographischen Verhältnisse bezeugen, als dass, wie der grösste Kenner deutscher
Sprache erwiesen hat, deutliche Spuren vorhanden sind, wonach die Langobarden durch einen andern Dialect, als wir
ihn später in ihrer Heimath vorfinden, sich als nahe Verwandte
der übrigen suebischen Stämme, die wir kennen, kund geben [1]).

Leider fehlen uns Nachrichten über die Sprache der andern
suebischen Stämme, welche ihre Heimath verlassen. Wissen
wir doch nicht einmal, wo der mächtige Stamm der Semnonen
auch nur geblieben ist. Doch gehörten allerdings schon grosse
Volksmassen dazu, um über den Süden des spätern Deutschlands den suebischen, hochdeutschen Dialect auszubreiten.
Wenn wir über denselben aus dem fernen Spanien keine
Kunde haben, so wird das überhaupt nur an der Dürftigkeit
unserer Nachrichten liegen.

Nun wir aber in dem besondern Dialect der Sueben ein
sicheres Merkmal ihrer Zusammengehörigkeit, ihres Gegen-
satzes zu andern germanischen Stämmen gefunden haben, werden sich in der Folge auch noch mehrere andere Momente

---

1) S. Grimm G. d. d. Sprache S. 490 ff.

ergeben, die mit jenen zusammengestellt werden können. Auch in der Bauart der Häuser, die auf uralten agrarischen Zuständen beruhen muss, macht sich bis heute der alte Stammesgegensatz geltend. Und wie hier in der Sitte, so finden wir ihn auch mannigfach im Recht, vielleicht selbst in politischen Einrichtungen, die abgetrennt von den socialen und wirthschaftlichen Verhältnissen nicht wol gedacht werden können.

So scharf aber auch, ein Fundament für die gesammte deutsche Entwickelung, der oft berührte Gegensatz sich darstellt: schon in der römischen Zeit entstanden Uebergänge, welche in der Folge die Grenzen verschoben, zu Ausgleichungen, zu mancherlei Beziehungen führten, welche umgestaltend auf die Stammeseigenthümlichkeit wirkten.

Wichtig sind da insbesondere die nördlichen Stämme. Sie haben sich vielleicht früh schon von den andern Sueben etwas mehr gelockert. Die Semnonen schickten, vielleicht gemeinsam mit den sicher unsuebischen Cimbern, Gesandte an Augustus [1]. Hüben und drüben mischten sich Langobarden und Cherusker in ihre Stammesangelegenheiten [2]. Und so stark ist überhaupt der Einfluss der benachbarten nichtsuebischen Stämme auf die Langobarden gewesen, dass diese später im Recht und in den politischen Einrichtungen auch mit ihnen, wie mit den weit näher verwandten Baiern, vielfache Uebereinstimmung zeigen. Die Chatten, deren Nachkommen noch heute in der lebendigen Volkssprache lautes Zeugniss für die suebische Eigenart ablegen, haben sich aber sogar schon in der Zeit des Tacitus so sehr von den Sueben getrennt, dass er sie unter denen nicht mehr aufzählt. Von allen Sueben in den alten Stammsitzen allein durch die Römer bedroht, haben sie sich mit gleichfalls bedrohten Nichtsueben zur Abwehr verbunden. Sie schieden dadurch, wie eben die heutigen Zustände noch zeigen, nicht aus der Eigenart, wol aber aus der, freilich lockeren politischen Verbindung mit den übrigen Sueven aus.

Von grosser Folge für unseres Volkes Entwickelung ist

---

1) Monum. Ancyr. V, 14 ff. (Mommsen p. 72).　　2) Tac. Ann. II, 45; XI, 17.

es aber geworden, dass, wie von den Chatten, so auch von andern suebischen Stämmen einzelne Abtheilungen weiter gen Westen zogen. Sie wuchsen hier mit nichtsuebischen Stämmen zusammen. Es entstand so, den Niederdeutschen und Hochdeutschen gegenüber, eine Mischung von Deutschen verschiedener Stämme, die sich später fast als eine besondere Stammesart neben jenen beiden darstellt.

Aus Genossen verschiedener Völkerschaften bestand das Heer des Ariovist. Der Rest desselben wird grösstentheils am linken Rheinufer geblieben sein, wo auch schon vorher einzelne germanische Stämme sich angesiedelt. Gehörten diese Germanen, mannigfach wol unter sich verschieden, den Sueben an? Weder dafür, noch dagegen lässt sich ein ausdrückliches Zeugniss anführen. Doch bildeten die Schaaren Ariovists, in denen sicher Sueben überwogen[1]) und die aus Suebien über den Rhein gedrungen sein müssen, mit einem Theil jener Stämme, und den überrheinischen Sueben eine grosse Kriegspartei, der auch die Ubier und andere Germanen feindlich entgegen standen. Die Vermuthung liegt nahe, dass dieses gemeinsame Handeln, welches nicht durch Gleichartigkeit localer Interessen, wie der Einfluss der Zeit sie schafft, zu erklären ist, in der gemeinsamen Abstammung von dem grossen suebischen Stamme begründet war. Die Nachkommen dieser frühesten Deutschen am linken Rheinufer legen noch heute Zeugniss von der Richtigkeit jener Muthmassung ab. So weit hier die deutsche Zunge gen Westen klingt, waltet hochdeutsch, also suebisch vor. Und dieser Dialect is, wie die abweichende Mundart ausweist, nicht etwa von dem benachbarten, zwar sprachlich nahe verwandten alamanischen Gebiet eingedrungen. Ein scharfer Gegensatz thut sich zu dem Niederdeutschen kund: dessen immer steigender Einfluss, in Sprache, Recht, Sitten nach dem Norden zu stets zunimmt. Die Geschichte bietet für diese Thatsache vollständigen Aufschluss.

Nachdem die Herrschaft der Römer am linken Rheinufer fest begründet worden, werden nur selten, und dann, wie es geschehen ist, auf deren Veranlassung Sueben auf ihr Ufer

---

1) (Vgl. oben S. 30).

übergesiedelt sein. Vielleicht kam auf solche Weise die Verbindung zu stande, in der wir später die Trevirer mit den Bewohnern des alten chattischen Mattiakenlandes treffen. Die Römer fanden aber bereits am rechten Rheinufer Sueben vor: die chattischen Bataver. Dieselben scheinen früh, und vollständiger fast als irgend eine andere germanische Völkerschaft in der Nähe des heimathlichen Bodens, doch nach Art ihrer südlichen Nachbarn, der Menapier u. a., mit romanischem Element durchdrungen zu sein. Als Romanen, wenn freilich auch wol mit noch deutschem Namen, werden sie dann im 5. Jahrhundert von den Franken besiegt sein, und so mag hier, ein seltener Fall, der niederdeutsche den hochdeutschen Dialect bis auf unsere Tage verdrängt haben.

Gehörten auch die benachbarten Canninefaten den Sueben an? Dafür spricht ein bestimmtes Wort von Tacitus [1]). Doch kann sich dasselbe mehr auf die allgemeine Germanennatur beziehen; es kann auch arglos, erklärend mit nicht ganz genauer Kunde, niedergeschrieben sein. Gewiss unterhielten die Canninefaten ausser mit den Batavern, auch mit nichtsuebischen Völkern enge Beziehungen [2]). Sie erscheinen nicht so romanisiert als die Bataver [3]). Obwol mit diesen auf einer Insel wohnend, hielten sie sich doch gesondert [4]). Die Grenze zwischen beiden kleinen Völkerschaften fiel zweifelsohne mit einer jüngern zusammen: schied sie in alter Zeit Sueben von Nichtsueben? Lebten die letztern mit ihrem niederdeutschen Dialect fort als ein Theil der Friesen, welche später ihr Land besetzt hielten? Ich weiss es nicht, aber die Vermuthung liegt nahe, dass es so war.

Gehören die Canninefaten zu den Nichtsueben, so werden sie wol die erste niederdeutsche Völkerschaft gewesen sein, welche, sicher wie die Bataver, in vorrömischer Zeit, am

---

1) Hist. IV, 15: Canninefates —. Ea gens partem insulae colit, origine lingua virtute par Batavis.   2) Ein Führer der Chauken war ein Canninefat; Tac. Ann. XI, 18. — Neben Marsaci genannt Hist. IV, 56.   3) Ihr Feldherr hiess Binno; die Führer der Bataver haben stets zwei, darunter sicher einen römischen Namen.   4) S. Note 1; und Plin. IV, 101.

linken Rheinufer neue Sitze fand. Doch bald sind ihnen andere gefolgt.

Die westlichen Nachbarn der Sueben waren in der Zeit Caesars die Usipeter und Tencterer, die Sigambrer und die Ubier [1]). Der Stammesgegensatz zu den Sueben scheint bei allen vier Völkerschaften in eine beständige Feindschaft ausgeartet zu sein. Jahrelang sollen die Tencterer und Usipeter durch die Sueben in ihren Sitzen beunruhigt, am Ackerbau gehindert sein; als die beiden Stämme dann endlich dem Drängen der mächtigen Gegner gewichen, fand ein Theil von ihnen bei den Sigambern Aufnahme: die dadurch eine Feindschaft gegen die Sueben bekundeten [2]). Und in lauten heftigen Klagen gegen diese mächtigen, unruhigen Nachbarn ergingen sich stets die Ubier, welche gar von den Sueben, falls Caesar richtiges gehört hat, zinspflichtig gemacht wurden.

Zumal dem einheitlichen Handeln der mächtigen Sueben gegenüber, das sich selbst noch zu Gunsten der weit abgetrennten linksrheinischen Stämme geltend machte, erscheinen die Verbindungen zwischen jenen vier Völkerschaften als nur sehr unerhebliche. Nur vorübergehend haben engere Beziehungen zwischen einzelnen der Völkerschaften bestanden. Fast immer neben einander, gleichsam als Eine Völkerschaft, werden die Tencterer und Usipeter genannt. Beide müssen auch zu den Sigambern, deren Nachbarn sie später sind, alte, enge Beziehungen gehabt haben, da sie sonst ihnen schwerlich Aufnahme in ihr Land gewährt haben würden. Vielleicht waren ihnen schon seit lange Freundschaften und Feindschaften gemeinsam [3]). Doch ist es nicht zu erweisen. Gesondert aber von allen dreien stehen die Ubier da. Nicht bei ihnen, die doch in gleicher Weise von den Sueben bedrängt wurden, suchten die Tencterer und Usipeter eine Zuflucht. Ja, sie

---

1) Nur von diesen wird es Caes. IV, 3 ausdrücklich bezeugt, doch kann es bei den andern nach ihrem Auftreten nicht zweifelhaft sein. 2) Dass die Sigambern nicht zu den Sueben gehörten, kann überhaupt nicht zweifelhaft sein; s. auch Tac. Ann. II, 26; Pedo Albinov. in cons. Liv. v. 17. 18. 341. 312; Sueton. Octav. 21; Flor. IV, 12. 3) Vgl. Dio Cass. LIV, 20; 32; 33.

unterstützten sogar den Caesar, als der seine Feindschaft gegen jene beiden Stämme auch auf die Sigambrer übertrug. Und wie durch diese Haltung, so zeichneten die Ubier sich um diese Zeit auch schon durch ihre Sitten vor den anderen, benachbarten Germanen aus. Caesar sah hierin ein Zeichen gallischen Einflusses, da sie nur durch den Rhein von Gallien getrennt seien. Doch sassen den Ubiern nicht keltische Gallier, vielmehr Germanen gegenüber, die sich freilich selbst schon viel von der höheren Cultur jener angeeignet. Und deren Einfluss ist später noch gestiegen.

Die Römer haben die Ubier gar bald in ihre Schutzgewalt genommen. Dann wurden dieselben, wie es scheint freiwillig, unter Augustus gar auf das linke Rheinufer übergesiedelt. Sie erhielten hier Sitze, die etwas mehr nördlich als ihre früheren, doch auch noch am Ufer des Flusses lagen. Wir wissen nicht, welche germanische Völkerschaft vor der Zeit der Ubier dieses Gebiet besetzt hielt, doch ist es im hohen Grade wahrscheinlich, dass sie zu einer Reihe von kleinen Stämmen gehörte, die Caesar hier als Abhängige der mächtigen Trevirer fand. Es ist aber gewiss anzunehmen, dass die Römer die ansässige, ihnen schon seit mehr wol als einem Menschenalter unterworfene Bevölkerung nicht vertrieben haben werden, um den Ubiern Platz zu machen; vielmehr musste dieselbe vermuthlich nur den bisher allein bebauten Boden mit den neuen Ankömmlingen theilen[1]). So wird hier eine Mischung der Volksmasse eingetreten sein, die sich auch wol noch über den Rhein in einem ganz schmalen Küstenstrich etwa bis gen Düsseldorf ausdehnte. Ob derselbe früher zu dem alten Lande der Ubier, ob zu dem der Tencterer gehörte, mag zweifelhaft sein.

Die Ubier waren nicht die einzigen Germanen, welche durch die Römer von dem rechten auf das linke Rheinufer versetzt wurden. Es hing doch wol mit einer sehr wolbedachten Politik zusammen, wenn vielleicht gleichzeitig mit jenen auch ein sehr grosser Theil des angesehenen Stammes der Sigambrer in Gallien, wo nach Caesar doch kein besitzloses Land war [1]), hinüber geführt wurde. Auch hier wissen wir nicht recht bestimmt, in wessen Land die Sigambrer nun neue Sitze erhielten. Doch scheint dasselbe wiederum jenen kleinen, unter der Hoheit der Trevirer stehenden Völkerschaften angehört zu haben, denn in den Gegenden, wo diese früher von Caesar vorgefunden, kommen später die Gugerner vor, welche mit nicht geringer Wahrscheinlichkeit als die Nachkommen dieser linksrheinischen Sigambrer betrachtet werden [2]). Die Grenzen aber der letzteren stiessen nunmehr nordwärts an die der Bataver, im Süden an die der Ubier. Gewiss werden sie ihr Land mit einem Theil wenigstens der früheren Bebauer gemeinsam besessen haben. Die Möglichkeit hierzu war um so leichter gegeben, weil nicht der gesammte zahlreiche Stamm der Sigambern die Heimath verlassen. Nach Jahrhunderten sollten dieselben, denen die alte Stammesverbindung unvergessen war, den Römern von neuem Schrecken einflössen und vernichtend auf ihre Machtstellung einwirken.

Es mag kaum zweifelhaft sein, dass, ausser den Ubiern und Sigambern, auch noch andere Germanen von dem rechten auf das linke Rheinufer durch die Römer übersiedelt wurden. Doch geschah es wol mehr mit Einzelnen, nicht mit ganzen Stämmen oder einem grossen Theil von solchen. Aber auch diese Einzelnen werden nicht ohne Einfluss auf die Aenderung von Sprache, Recht und Sitte am linken Ufer des Flusses geblieben sein.

Denn eine solche wird stattgefunden haben. Noch heute wird in dem grössten Theil des Gebietes, welches von den Ubiern besetzt wurde, ein durch überwiegenden hochdeutschen Einfluss verdorbenes Niederdeutsch gesprochen. Dieselbe Mundart findet sich in dem schmalen Landstrich am rechten Ufer des Rheins, der, vielleicht von dem alten Ubierlande, durch die Römer unter ihrer Gewalt behalten wurde. Mit dem Ende

---

1) Caes. IV, 8.   2) So schon Cluver; s. Zeuss S. 86. Dass die Gugerni (oder Cugerni, wie auf einer Inschrift gelesen wird) vom linken auf das rechte Rheinufer übersiedelt, folgt auch aus Plin. Hist. IV, 17: Rhenum autem adcolentes Germaniae (nicht Germanorum) gentes etc. (Vgl. oben S. 94).

dieses Landstriches wendet sich, fast einen rechten Winkel bildend, gleich oberhalb Düsseldorf, die Sprachgrenze gen Westen. Im Norden dieser Linie wird ein weit reineres Niederdeutsch gesprochen als im Süden. Man darf daraus schliessen, dass die Ubier in dem Theil der neuen Sitze, welche dem Meere am nächsten lagen, gleich den benachbarten Sigambern, deren Gebiet sich aber auch noch durch besondere sprachliche Eigenthümlichkeiten zu erkennen giebt, die Mundart der Heimath treuer als in dem übrigen Theil des neuen Gebietes bewahrt haben. Denn es kann keinem Zweifel unterliegen: niederdeutsch war der Dialect in der Heimath der Ubier und Sigambern. Sobald jene durch die Römer geschaffene Landschaft der sprachlichen Mischung verlassen ist, wird ein Niederdeutsch gesprochen, das zunächst freilich noch manche andere Elemente enthält, allmählich aber immer reiner und unvermischter wird. Es wird auf solche Weise hier, wie an der Ostgrenze, ein beredtes und untrügliches Zeugniss für die nichtsuebische Art abgelegt, ein Zeugniss, dass auch noch durch andere Verhältnisse, durch uralte agrarische Zustände, besonders auch durch den Hausbau, der mit jenen zusammenhängt, eine vollgiltige Beglaubigung findet. Von der Ruhr, und vollends von der Lippe an, haben wir eine reine niederdeutsche Bevölkerung.

Durch den Abzug der Ubier und eines grossen Theiles der Sigambern vom rechten Rheinufer muss daselbst eine starke Völkerbewegung entstanden sein. Vielfache Kämpfe, Aufgabe alter, Aufsuchung neuer Sitze durch einzelne Völkerschaften werden hierin ihren Grund gehabt haben. Für eine lange Zeit war auch hier, wie weiter südlich [1]), ein Boden zweifelhaften Besitzes geschaffen.

Zwei Menschenalter mochten verflossen sein, seit der Zeit, da die Usipeter und Tenelerer von den Sueben vertrieben. Die beiden Völkerschaften, neben denen jetzt auch häufig die Tubanten genannt werden, scheinen noch immer keine neue Heimath gefunden zu haben. Aus Sitzen an der Lippe wol

---

[1]) Vom Decumatenland sagt Tac. Germ. 29: dubiae possessionis solum.

bis zum Rhein, in denen früher vielleicht zum Theil Sigambrer gesessen, sollen sie, es ist ungewiss ob friedlich oder feindlich, Chamaven[1]) verdrängt haben; später mögen sie wieder den südlichen Theil dieses Gebietes wol schon seit länger geräumt haben, als sie, etwa um die Mitte des ersten Jahrhunderts, dem Rhein zu, wahrscheinlich in die verlassenen Sitze der Ubier zogen. Hier, als Nachbarn der suebischen Chatten, kennt Tacitus' Germania die Usipeter und Tencterer. Die Tubanten, welche später allein genannt werden, müssen unter oder neben jenen ihre Sitze gehabt haben. Später scheinen sie mehr westlich gezogen zu sein; sie waren dann wol Südnachbarn der Friesen[2]).

Westliche Nachbarn dieser Völkerschaften, auch wol in einem Theil des alten Ubierlandes, waren die Brueterer, die in der Zeit des Tacitus durch Chamaven und Angrivarier eine Niederlage erlitten, welche den Römern einer vollkommenen Vernichtung gleich zu sein schien. Doch hielten sie sich auch ferner in ihrem Lande, wenn auch nicht in der einstigen Ausdehnung bis in die Nähe der Friesen und Chauken. Die Chamaven begegnen zuerst an der Lippe bis zum Rhein hin; sie sollen hier, wie angegeben wurde, später von Tencterern und Usipetern verdrängt sein: allein dann muss mindestens das Land ihren Namen behalten haben[3]). Und dieses erscheint dann in jüngerer Zeit sogar in grösserer Ausdehnung, namentlich am Rhein, von wo es sich freilich einst wol auch mehr gen Norden, bis zu den Grenzen der Friesen erstreckte. Nachbarn der Chamaven und Brueterer waren die Ampsivarier, denen wol ein Theil des alten Ubierlandes zugefallen sein mag.

Noch ist hier, wo es sich nur um die Verhältnisse einer jüngeren Zeit handelt, ein Wort über die Marsen zu sagen. Eine mächtige Völkerschaft, hochberühmt durch die Theil-

---

1) Tac. Ann. XIII, 55.   2) Mit Böcking stimme ich dieser Annahme von Herm. Müller zu, besonders auch nach der Stellung in der Not. dign.   3) Wie es ihm oft passiert, verlässt sich Zeuss auch bei der Bestimmung der Wohnsitze der Chamaven zu sehr auf Ptolemaeus; Tac. Ann. XIII, 55; Germ. 33; Tab. Peuting. und besonders Hamaland beweisen die Continuität mindestens des örtlichen Namens.

nahme an den Kämpfen des Arminius! Mit ihrem Namen
nannten die Römer auch eine Völkerschaft der Heimath. Ein
Irrthum in demselben musste dadurch erschwert werden. Und
doch ist der Name, der Völkerschaften im Norden der Bructerer, bis zu den Cheruskern, und nördlich bis zu den Chauken bezeichnet haben muss, verschollen. Völkerschaften, die
weiter südlich nach dem Rhein, vielleicht auch mehr westlich
nach dem Meere zu gezogen sein mögen, etwa Sigambern,
Chamaven, Ampsivarier u. a., sind vielleicht einst unter
jenem Namen zusammengefasst. Die Trennung erst hat wol
bei einigen dem besonderen Namen eine weitere Verbreitung
verschafft.

Eine gleiche Bewandtniss wie bei den Marsen liegt vielleicht
auch bei den Chauken und Cheruskern vor, welche als deren
Nord- und Ostnachbaren erscheinen. Der Name jener, der Chauken, kommt freilich auch noch in jüngerer Zeit in angelsächsi-
scher Ueberlieferung vor; der Name der Cherusker aber, der an
der lebendigen Tradition der römischen Welt allein schon einen
festen Halt hatte, verschwindet spurlos. Er kann unmöglich
bei dem Volke selbst ein allgemein und weit verbreiteter gewesen sein. Vielleicht wurde von den benachbarten Sueben,
zunächst also von Chatten, eine Reihe von Völkerschaften, die,
von anderer Stammesart, ihnen in Feindschaft gegenüber zu
stehen pflegten, unter dem Namen Cherusker zusammengefasst.
In Kämpfen gegen Marobod und die Römer wäre alsdann jene
Waffengemeinschaft weiter befestigt. Doch scheint allerdings
Ein Volk vorzugsweise Cherusker genannt zu sein. Die Foser
werden wenigstens, obwol sonst sicher Genossen der Kämpfe
jener, bestimmt von ihnen unterschieden [1]). Schon der Raum
verbietet aber das Volk der Cherusker, selbst mit allen etwaigen
Bundesgenossen, für ein zahlreiches und mächtiges zu halten.

---

1) Tac. Germ. cap. 36. Dahingegen lege ich auf Strabo: οἱ Χηροῦσκοι
καὶ οἱ τούτων ὑπήκοοι, sowie Tac. Ann. II, 45: Cherusci sociique eorum,
nicht, wie von Zeuss p. 106 geschieht, viel Gewicht, da es sich um die uns
unter anderen Namen bekannten Bundesgenossen in dem Kriege gegen
die Römer handelt. — Dass der Name der Cherusker älter ist, beweist
seine Erwähnung bei Caesar.

Auch haben sie sich nicht durch besondere Stammesart, etwa
Sprache, Recht und Sitte, von den benachbarten Völkerschaften,
ausser wenn sie wie Langobarden und Chatten den Sueben
angehörten, ausgezeichnet. Den westlichen Völkern bis zu
dem Rhein hin, von wo sich einiger suebischer Einfluss geltend machte, waren die Cherusker durch alle Zeiten hindurch
und bis auf den heutigen Tag nahe verwandt. Und ebenso
war es mit den nördlichen Nachbarn der Fall, mit den schon
genannten Chauken, die einen breiten Strich des Tieflandes
zwischen Elbe und Ems besetzt hielten. Auch sie bestanden
wol aus vielen einzelnen kleinen Völkerschaften [1]), die, wie
später noch oft geschah, nach einem Waldgebirge, nach einem
Fluss, nach einem Umstande genannt wurden, der sich unserer
Kenntniss entzieht. Ein solcher Stamm der Chauken, der vielleicht nur vorübergehend zu ihnen gezählt wurde, und uns
daher recht gut unter einem anderen Namen bekannt sein kann,
dehnte sich wol von ihnen südlich, bis zu den Chatten aus.

Sicherer kennen wir als nördliche Grenznachbarn dieser
Sueben nur die Cherusker. Sie, oder eine Völkerschaft, die
zu ihnen gerechnet wurde, dehnten sich auch wol bis zu den
Sueben aus, die nördlich von den Hermunduren wohnten.
Auch bis zu den Langobarden wird der Cherusker Gebiet in
dem einer verbündeten Völkerschaft, hier vielleicht die Foser,
sich erstreckt haben. Und auch hier werden die Chauken,
wahrscheinlich gar in einem Stamme, der fester und länger
zu ihnen gehörte, den Sueben benachbart gewesen sein. Im
Norden der alten Heimath der Langobarden wohnten wenigstens noch mehr als ein Jahrtausend später einzelne kleine
Stämme, die sich durch besondere Art von den südlichen
schieden, und dadurch chaukischen Ursprung zu verrathen
scheinen.

So ist diese Umschau denn wiederum an der Elbe angelangt. Sie ist auch uns, wie schon den Alten, auf deren
Nachrichten wir uns für diese früheste Zeit unserer Geschichte
fast ausschliesslich stützen müssen, die Grenze sicherer Kennt-

---

1) Vell. Pat. II, 105: receptae Cauchorum nationes. — Plin Hist.
nat. IV, 14: Chaucorum gentes.

niss. Unsicher sind wir schon, wenn wir über die Abgrenzung zwischen Langobarden und Semnonen sprechen wollen. Zogen sich zwischen beiden, alsdann auch wol im Süden Nachbarn nichtsuebischer Völker, Angeln und Warinen hin? Oder sassen dieselben, wie gewiss anzunehmen, nordwärts von den Langobarden und hier allein? Zweifelsohne bespülte das baltische Meer im Westen Küsten suebischer Völker [1]. Zu ihnen werden, als nächste Grenznachbarn, nichtsuebische Völkerschaften, oberhalb der Langobarden, die Warinen gehört haben, welche dem Lande bis auf den heutigen Tag ihren Namen gelassen [2]. An sie lehnten sich dann nördlich die stammverwandten Angeln, die wol die Grenzwacht der Sueben im äussersten Norden hatten.

Westlich von diesen beiden suebischen Stämmen, mit ihnen die Halbinsel theilend, sassen Nichtsueben. Berührungen und enge Beziehungen werden zwischen beiden schon seit uralter Zeit, vielleicht seit den Tagen stattgefunden haben, als aus diesen Gegenden Cimbern und Ambronen aufbrachen und andere mit sich fortrissen [3]. Die Namen der nichtsuebischen Stämme sind uns hier nicht mit Sicherheit überliefert. Wurden sie alle vielleicht, wie besonders Tacitus geglaubt haben kann, unter dem Namen Cimbern zusammengefasst? Alsdann läge auch hier der wunderbare Fall vor, dass ein Name der Vergessenheit anheim gefallen wäre, mit dem grosse Erinnerungen, wie bei dem Cheruskernamen, verknüpft waren, und der dadurch, wie aus anderen Gründen auch der der Marsen, dem römischen Ohre wol bekannt war [4]. Wie dem aber auch sei: die Völker der cimbrischen Halbinsel gehörten, auch abgesehen von jenen Sueben, nicht Einem Stamme an.

Die jüngere Zeit lässt dieses deutlich erkennen.

Verwandt nach Sprache, Recht und Sitte, auch nach dem Namen selbst, der später gebräuchlich wurde, sind mit den

----

1) Dafür ja namentlich Tac. Germ. cap. 40.   2) Bei Widuk. und Thietm., wo sie zuerst mit besonderen Namen vorkommen, heissen die Wagrier: Wari, Waari, Waarii. Der Name ist augenscheinlich nicht slavisch; vgl. Wigger, Mckl. Annalen p. 105.   3) Vgl. oben S. 16.
4) (Vgl. den folgenden Abschnitt über die Cimbern).

Germanen zwischen Elbe und Rhein nur drei ganz kleine
Stämme im Norden der Elbe. Der eine aber, der der Ditmarschen, zeigt daneben auch nahe Beziehungen zu den Friesen: die anderer Art als jene Völkerschaften sind, und sich
darin durch alle Jahrhunderte hindurch behauptet haben.

Auch ihrer, der nördlichen Nachbarn der nichtsuebischen
Stämme, ist hier noch zu gedenken.

Schon die Römer kannten die Friesen an den Meergestaden
rechts von den Rheinmündungen. Die Canninefaten, die westlichen Nachbarn der Bataver, wurden nicht mit zu jenen gezählt: ob es aus Unkenntniss oder in richtiger Anschauung
geschah, mag zweifelhaft sein [1]). In jüngerer Zeit gehörte das
Gebiet derselben zweifelsohne zu dem der Friesen. Deren
Hauptmasse sass sodann nördlich bis zur Ems. Wie weit sie
sich gen Süden, wo ein Theil von ihnen einst versuchte in
dem alten verlassenen Lande am Niederrhein [2]) neue Wohnsitze zu finden, sich erstreckt haben, bleibt dunkel. Vielleicht
stiessen sie früh mit den Angrivariern und Chamaven zusammen, die sie, nach Tacitus, von den Bructerern trennten. Im
Norden wurde von Ptolemaeus die Ems für den Grenzfluss
zwischen Friesen und Chauken gehalten. Den Römern, vielleicht Plinius, der selbst in diesen Gegenden war, ausgenommen, ist es augenscheinlich entgangen, dass die Friesen auch
noch weiter östlich, auf Inseln an den Gestaden des Meeres,
zum Theil auch auf der Küste selbst Wohnsitze hatten. Im
schmalen, oft durch das Meer, durch Sümpfe, Flüsse, Sitze
anderer Völkerschaften unterbrochenen Landstrich dehnen sich
die Friesen noch heute bis hoch gen Norden, bis in das Land
der Jüten aus, und sie müssen hier schon in uralter Zeit als
Nachbarn der Chauken und der überelbischen Nichtsueben
ihre Heimath gehabt haben.

Besonderes Recht und besondere Sprache scheiden die
Friesen bis auf den heutigen Tag von ihren stammverwandten
Nachbarn. Es hat freilich die verschiedenartige Entwickelung
die Eigenthümlichkeit beider wol mehr zum Ausdruck gebracht:
allein eine jüngere Zeit kann hier nur an ältere Ausgangs-

---

1) S. oben S. 176.   2) Tac. Ann. XIII, 54.

punkte angeknüpft haben, und so mag es fast gestattet sein, in den Friesen einen dritten Stamm der Germanen, neben Sueben und Nichtsueben zu erkennen.

***

2. Cimbern.

Die zuverlässigste Nachricht über die Sitze der Cimbern findet sich in dem Thatenbericht des Augustus. Das weite Vordringen der römischen Flotte gen Norden wird erwähnt und daran die triumphirende Bemerkung geknüpft: „die Cimbern, Charyden, Semnonen und andere Völkerschaften der Germanen in jener Gegend haben durch Gesandte meine und des römischen Volkes Freundschaft erbeten" [1]. Auf dasselbe Ereigniss muss sich die Nachricht des Zeitgenossen Strabo beziehen, dass die Cimbern, welche noch das Land, von wo sie früher ausgezogen, inne hätten, an Augustus den heiligsten ihrer Kessel mit der Bitte um Freundschaft und Verzeihung gesandt [2].

Dass die Sitze der Cimbern selbst durch römische Heere erreicht, ist weder von Augustus noch von Strabo gesagt. Auch ist das wenig glaublich, da sonst unzweifelhaft ein Zusammentreffen mit dem gefürchteten, vielberufenen Volk in einem der Berichte über die Kriege der Römer hier hoch im Norden erwähnt sein würde. Sogar Vellejus Paterculus, der selbst unter Tiberius bis zur Elbe zog, und der in seinem Geschichtswerk, um des Effectes willen, der Cimbern und des Schreckens, der sich an ihren Namen knüpfte, oft genug eingedenk ist, erzählt nichts von der Erreichung der Sitze derselben. Darf hieraus nun geschlossen werden, dass die Cimbern, welche zu Augustus sandten, nicht westlich von der Elbe angesessen gewesen, so liegt die Vermuthung nahe, dass sie, da sie gewiss nicht freiwillig die ehrende Gesandtschaft nach Rom geschickt [3]), an einer Küste höher im Norden, durch die römische Flotte angetroffen wurden. Auch der Thatenbericht scheint solches zur Voraussetzung zu haben.

***

1) Res gestae V, 14: vgl. oben S. 113 N. 2.   2) Strabo VII, 2, 1.
3) S oben S. 114.

Die jüngeren Nachrichten der Alten bestätigen, dass sie sich in jenen Gegenden, an der westlichen Küste der jütischen Halbinsel, die Sitze der Cimbern dachten. Doch sind sie freilich niemals zur Klarheit über dieselben gekommen.

Strabo [1] weiss wohl, ohne sich die Ansicht anzueignen, dass die Cimbern eine Halbinsel bewohnen: aber er denkt sich, obgleich ihm jene genauere Kunde zugegangen, die Sitze derselben doch westlich von der Elbe. Er begründet diese Anschauung dadurch, dass mit diesem Fluss die Kenntniss Germaniens derzeit ihr Ende erreicht habe: allein er hätte so schon gar nicht schreiben können, wenn ihm sichere Nachricht über die Lage des cimbrischen Staates zugegangen. Mela kennt dann bereits die Cimbern, denen er die Teutonen an die Seite stellt, als Anwohner eines fabelhaften, unbekannten Meeres hoch oben im Norden, während Plinius wiederum von der Halbinsel spricht und deren äusserste Spitze nach dem berühmten Volke nennt. Er giebt weiteren Aufschluss durch die ethnographische Stellung, welche er den Cimbern anweist: sie bilden mit den Teutonen und Chauken einen Stamm [2]. Tacitus schliesst sich hier an. Von Westen nach Osten vorschreitend, erwähnt er im Norden die Chauken: sie wohnen in einer weiten Ausbucht Germaniens, und haben östlich von den Friesen einen Theil der Küste inne. Südlich werden die binnenländischen Cherusker aufgezählt: worauf, wieder zum Norden gewendet, in jener Ausbucht als „die nächsten am Occan" die Cimbern genannt sind.

Tacitus sagt nicht, dass letztere mit den Chauken zusammenstossen: und doch muss dieses seine Meinung gewesen sein, wenn er glaubte, alle Völkerschaften, und hier besonders die an den Gestaden jener Ausbucht aufzuzählen. Auch ist es

1) Ob die Cimbern und Teutonen auf der Weltkarte des Augustus gestanden, ist mir zweifelhaft: Tabul. Penting., Aethicus und Geogr. Ravenn., sowie die gedruckte Handschrift des Honorius orator sprechen dagegen: nur eine jüngere Handschriftenclasse des letzteren, s. Müllenhoff S. 11, und Plinius, der hier aber nicht direct abgeschrieben haben kann, lassen sich, trotz der Berühmtheit des Namens, dafür anführen.
2) Plin. IV, 14.

möglich, dass er sich die Sitze der Chauken noch über die
Elbe, die von ihm hier nicht genannt wird, weit hinaus
reichend gedacht hat. So setzte auch Tacitus. denn also die
Cimbern hoch oben gen Norden. Und klein, sagt er, sei da
jetzt ihr Gemeinwesen.

Abweichend von diesen Berichten ist Ptolemaeus. Er stellt
die Cimbern, hierin an Plinius erinnernd, in die äusserste
Spitze der Halbinsel, die er nach ihnen genannt: allein er
trennt sie durch eine ganze Reihe von Völkerschaften von den
Chauken, deren Wohnsitze nach ihm bis zur Elbe reichten.

In jüngerer Zeit werden die Cimbern von den Alten nicht
mehr, oder doch nur, besonders bei Dichtern, in historischer
Reminiscenz erwähnt.

Obige Nachrichten lassen keinen Zweifel, dass die Alten
glaubten, die ursprünglichen Wohnsitze des Volkes, das einst
Rom bedroht, seien an den westlichen Gestaden der jütischen
Halbinsel gelegen. Dort scheinen sie dieselben auch gefunden
zu haben: denn es ist doch kaum anders möglich, als dass
sich die von Augustus und Strabo überlieferte Nachricht auf
das Volk bezieht, von dem einst die gewaltige Bewegung
ausgegangen. Aber damit ist noch keineswegs gesagt, dass
hier ein, dass hier eben jenes Volk von seinen eignen Angehörigen oder den germanischen Nachbarn Cimbern genannt
sei. Nirgends und nie begegnet der Name oder ein Anklang
an ihn hier in dieser Gegend, die stets germanisch geblieben
und bis heute manchen Namen bewahrt hat, der schon den
Alten bekannt war. Insbesondere weiss der altgermanische
Sagenkreis, der sich sonst grade in den Gegenden bewegt,
die meist von den Cimbern der Alten bewohnt waren, nichts
von denselben zu berichten. Es ist aber hierauf um so mehr
Gewicht zu legen, da jede, auch die dürftigste Kenntniss römischer Geschichte zu einer besondern Berücksichtigung des
Cimbernnamens hätte führen müssen.

Besser als über den einheimischen Namen der Cimbern
sind wir über die Stammesverwandtschaft derselben unterrichtet. Strabo lässt die Cimbern wohnen, wo, andern Nachrichten zufolge, Chauken sassen. Weitergehend stellt Plinius
ethnographisch die Cimbern mit den Chauken zusammen. Das

aber erscheint um so bedeutsamer, da letztere, nebst den Friesen, viel länger als die südlichen Nichtsueben bis zur Lippe hin unter römischer Herrschaft standen. Die Römer waren somit in der Lage, über die Chauken genaue Kunde einzuziehen. Und kaum ist anzunehmen, dass sie diese friedfertigsten der Germanen mit den wildesten Gegnern, von denen die Geschichte ihres Staates zu erzählen weiss, zusammengestellt, wenn nicht ein ganz positiver ethnographischer oder geschichtlicher Anlass dazu vorgelegen. Auch gewähren andere Gründe der Nachricht von Plinius noch einen neuen Halt. Wenn die Cimbern Nichtsueben gewesen, so müssten sie durch Langobarden und Chauken von den Stammesgenossen getrennt gewesen sein: was doch wenig glaublich ist. Wol aber sind die Cimbern im Thatenbericht des Augustus und bei Tacitus, dessen geographische Angaben hier durch jenen Bericht verständlicher gemacht werden, räumlich neben Sueben genannt. Doch gehörten sie auch nicht zu denen: „Nun ist von den Sueben zu reden", hebt Tacitus an, da er aufhört über die Cimbern zu sprechen. Demnach dürfen die letztern weder zu den Sueben noch zu den Nichtsueben gezählt werden.

Es könnten nun freilich die Cimbern noch, wodurch die Richtigkeit von der durch Plinius überlieferten Stammesverwandtschaft gleichfalls widerlegt wäre, zu den scandinavischen Germanen gestellt werden: ja die Angabe des Ptolemaeus über den Wohnsitz derselben im äussersten Norden der Halbinsel würde Anlass bieten, in den heutigen Jüten [1]) Nachkommen der Cimbern der Alten zu sehen. Allein die Nachricht des ägyptischen Geographen erweist sich, wie so häufig bei ihm der Fall, als völlig unhaltbar. Nach Strabo, der sich ernstlich bemühte, über die Sitze der Cimbern Klarheit zu gewinnen, waren dieselben gar nicht so weit gen Norden zu suchen. Der Thatenbericht und Tacitus bestätigen solches, indem sie

---

1) Ob dieselben zu den nordischen Germanen gehören, ist allerdings wol zweifelhaft: doch bekenne ich, dass mir mehr dafür als dagegen zu sprechen scheint. Geschichtlich sind sie nie, etwa wie stets Angeln und Friesen, von den Dänen verschieden. Sprachlich kann die Artikelabweichung doch unbedingt nicht entscheidend sein.

die Cimbern neben Sueben stellen: geschweige dass, nach
Plinius und Tacitus, auch ihre Berührung mit Chauken anzunehmen ist. Von Chauken und Sueben sollen die Cimbern
aber nach Ptolemaeus durch eine lange Reihe von Völkerschaften, die er aufzählt, getrennt sein[1]). Es würde nun aber
aller Kritik Hohn sprechen, wenn wir den Angaben, die der
ägyptische Geograph aus seinem universellen Wissen mittheilt,
mehr Glauben beimessen wollten, als denen der Römer, die
hier bessere Nachricht haben konnten, und schon durch ihre
Geschichte darauf hingewiesen sein mussten, solche einzuziehen.
Freilich stellt auch unter ihnen Mela die Cimbern in den hohen
Norden, und erhält da durch die Bezeichnung der letzten Spitze
der Halbinsel bei Plinius eine gewisse Beglaubigung. Allein das
beruhte augenscheinlich auf einer allgemeinen Anschauung, die
hier durch die vorhandenen Verhältnisse wol zu erklären ist:
während die Nachbarschaft, in der die Cimbern erscheinen,
annehmen lässt, dass sie weiter südlich wohnten. Dadurch ist
aber auch ausgeschlossen, die heutigen Jüten als Nachkommen
der Cimbern zu erkennen.

Gehörten demnach die Cimbern weder zu den Sueben,
noch zu den Nichtsueben, noch zu den nordischen Germanen,
denen vorgreifend hier die Jüten einmal zugewiesen sein mögen,
so ist der Gedanke an und für sich schon kaum abweisbar,
dass sie Friesen waren, die, wie wir wissen, seit uraltersgrauer
Zeit Inseln und Westgestade der jütischen Halbinsel inne
hatten. Und damit, wie auch mit den glaubhaftesten geographischen Angaben, ist nun, da Chauken ganz zweifellos
Friesen waren, auch das ethnographische Verhältniss, welches
Plinius überliefert hat, in vollkommener Uebereinstimmung, so
dass dessen Glaubhaftigkeit, die ohnehin schwer anfechtbar,
durch jene Erwägungen bestärkt wird. Demnach dürfen wir
unbedenklich die Cimbern der Alten zu den Friesen rechnen.

Am wenigsten lässt sich hiergegen geltend machen, dass
die Cimbern nirgends ausdrücklich als Friesen bezeichnet sind:
das ist auch nicht bei den Chauken der Fall. Ueberhaupt

---

1) Nur stellt er freilich die Χαροῦδες in ihre Nähe, und die sind
Sueben: allein hierdurch wird die Verwirrung nur noch grösser.

aber ist zu berücksichtigen, dass die Römer schon deshalb schwer zu einer klaren Anschauung über die Cimbern kommen konnten, weil in der Gegend, wo sie dieselben mit Recht suchten, sicher in ihrer Zeit kein Volk ansässig war, das jenen Namen trug. Eine gewisse geschichtliche Berechtigung führte dazu, die Cimbern nach den westlichen Gestaden eines weit entlegenen Küstenlandes zu versetzen. Von hier aus hatte sich eine Bewegung erhoben, die dem römischen Staat unter jenem gefürchteten Namen seine gefährlichsten Feinde entgegen geführt. Daher lag auch ein guter Grund vor, den dort noch vorhandenen, sesshaft gebliebenen Rest des wilden Volkes Cimbern zu nennen, obwol dieser Name den ausgezogenen Angehörigen des Volkes erst fern von der Heimath, erst nach dem keltischen Lande gegeben war, von wo sie sich dem Süden zugewandt.

Aus diesen Verhältnissen erklärt sich nun aber auch, dass die Alten, obwol sie inmitten der germanischen Welt die ursprünglichen Sitze der Cimbern zu kennen glaubten, doch dieselben so häufig noch für Kelten hielten [1]). Vermuthlich würden sie vollends als solche, vielleicht als Angehörige eines ausgestorbenen keltischen Stammes erklärt sein, wenn die Einwirkung der Römer auf den Norden eine dauernde gewesen wäre, und sie so zu der Erkenntniss geführt hätte, dass daselbst gar keine Cimbern sesshaft seien.

Gerechten Zweifeln kann es endlich auch noch unterliegen, ob die Alten unter Cimbern hier auf der Halbinsel wirklich ein Volk mit eigenem Gemeinwesen, oder etwa nur die letzten Angehörigen eines Volkstammes verstanden, der sich weiter gen Süden ausdehnte und eine grössere, oder doch anders gestaltete politische Einheit ausmachte. Der Thatenbericht des Augustus sowie Strabos Erzählung haben allerdings das Vorhandensein eines cimbrischen Staates zur Voraussetzung. Allein Strabos Unsicherheit, die unvermittelt neben seinen genauen Angaben steht, lässt vermuthen, dass die Sicherheit der Anschauung, welche die Existenz eines Staates immer gewährt, ihm fehlte. Tacitus erwähnt dann den Staat der Cimbern aus-

---

1) Vgl. Zeuss S. 144; Diefenbach Orig. europ. S. 136 f.

— drücklich, und sagt, derselbe sei jetzt klein. Das kann aber auch darauf zurückgehen, dass die Römer sich ihre geringe Kunde über den vorausgesetzten cimbrischen Staat durch die angenommene Unbedeutenheit desselben erklärten, während eine längere Bekanntschaft mit den Verhältnissen des germaschen Nordens sie wol zu der Einsicht geführt hätte, dass daselbst ein cimbrischer Staat gar nicht existirte [1]).

Vermuthlich war es mit den Cimbern der Alten, überhaupt mit den Friesen im Norden der Elbe, wie auch anderswo, und wie bei den Nordfriesen selbst, da ihre Verhältnisse in ein volleres historisches Licht treten. Der Staat erhob sich kaum über eine Reihe von localen Verbänden. Vielleicht ist einer derselben vorzugsweise mit dem Cimbernnamen von den Alten beehrt. Doch ist es auch wieder möglich, dass alle Friesen nördlich von der Elbe mit jenem Namen bezeichnet wurden. Tacitus liesse sich dafür anführen, wenn seine Nachricht, dass der Staat der Cimbern klein sei, sich nicht auch gegen jene Auffassung geltend machen liesse.

Vermuthlich gehörten die Cimbern der Alten thatsächlich zu den friesischen Sachsen, die hier im Norden der Elbe Sitze hatten.

---

3. Teutonen.

Unzertrennlich sind in der Geschichte die Namen der Cimbern und Teutonen verbunden. Liegt dazu ein ethnographischer Anlass vor?

Geschichtlich werden die Teutonen weit früher genannt als die Cimbern. Sie erscheinen da hoch oben im Norden [2]). Dort wurde ihre Heimath auch gesucht, wenn die Alten zurückschauten nach der Gegend, von wo die Bewegung, die ihre Welt bedroht, den Anfang genommen [3]). Als aber die Römer

---

1) (Vgl. oben S. 216). Es ging mit dem Cimbernnamen, wie mit den Eieressern, Pferdefüssen u. a. (s. Müllenh. S. 492 ff.), wie mit den Skythen (Plin. IV, 81), wie mit Thule: man schob ihn immer mehr in die Ferne zurück: d. h. man suchte neben dem neuen Wissen das alte zu behaupten (späterer Zusatz). 2) S. oben S. 225. 3) S. oben S. 226.

selbst gen Norden vordrangen, fanden sie daselbst keine Teutonen: und es wird sich ihnen auch kein Anlass dargeboten haben, unter Teutonen ein besonderes Volk zu verstehen. Bei den Cimbern war es ganz anders: deren weitverbreiteter Name [1]) liess auf eine Heimath derselben schliessen, und die Alten suchten diese da, von wo sich die Bewegung, die den Volksnamen unsterblich gemacht, erhoben. So ist denn auch keine sichere Nachricht von den Römern über die engern Sitze der Teutonen überliefert. Mela stellte sie und die Cimbern, die auch nach Plinius verwandt waren, in den hohen, unerreichbaren Norden. Doch werden die Teutonen hier augenscheinlich nur genannt, weil ihr Name geschichtlich eng verbunden mit dem der Cimbern erscheint, für welche eben eine Gegend im hohen Norden als Heimath angenommen wurde. Ein gleicher Grund führt auch noch in jüngerer Zeit zu den gleichen und wiederholten Angaben über die Sitze der Teutonen [2]).

Anderer Art sind die Nachrichten des Ptolemaeus. Nach ihm waren die Teutonen von den Cimbern durch mehrere Völkerschaften getrennt. Auch unterscheidet er Teutonarii, unzweifelhaft Abkömmlinge des Hauptvolkes, von den eigentlichen Teutonen. Der Geograph muss hier seine guten und ganz positiven Gründe gehabt haben, aus denen er eine von der in der Geschichte begründeten Anschauung, wonach Cimbern und Teutonen neben einander wohnten, abweichende Darstellung gab. Vermuthlich liegt hier ein Fall vor, in dem Ptolemaeus, ohne einer bestimmten Vorlage zu folgen, geographische und historische Nachrichten bei seiner Ausarbeitung combinierte.

Es wird bekannt gewesen sein, dass Pytheas im Norden Teutonen erwähnte, die doch nach seiner Ansicht wol nicht am Meere wohnten. Daneben lag die Annahme vor, dass die Cimbern die nördlichste Spitze der nach ihnen benannten Halbinsel bewohnten. Ganz weit von den Sitzen dieser durften aber auch die der Teutonen nicht gesucht werden.

---

1) Tac. Germ. 37; vgl. oben S. 268.   2) Vgl. Müllenhoff, Weltkunde S. 12.

Ausgehend von diesen Erwägungen mag Ptolemaeus zu seinen Angaben gekommen sein. Er nennt unter den Sachsen, sowie zwischen denen und den Sueben, die Teutonarii und Viruni. Im Osten schliessen sich an die Sachsen die Pharodiner; erst zwischen denen und den Sueben erscheinen dann seine Teutonen. Demnach ist also das Hauptvolk am weitesten von den Cimbern fortgerückt. Das ist vermuthlich geschehen, weil Ptolemaeus keine sicheren Wohnsitze für das Volk anzugeben wusste: je weiter er es gen Osten schob, je unsicherer und unbestimmter ist seine Angabe. Näher bei den Cimbern wohnen dann die Teutonarii. Oft ist bei so gebildeten Volksnamen an Ausgewanderte zu denken [1]). Doch braucht das nicht zu sein: es kann auch an den Rest einer sitzen gebliebenen Bevölkerung gedacht werden [2]). Das möchte nun bei der Nennung der Teutonarii der Fall sein. Es wird dem Ptolemaeus bekannt gewesen sein, dass in dieser Gegend einst Teutonen gewohnt. Er fand sie nicht mehr vor: schob sie daher wol mehr nach dem unbekannten Osten hin, während die Erwähnung ihrer Nachkömmlinge an die alte Heimath erinnert.

Denn dass in geschichtlicher Zeit in dieser Gegend, oder vielmehr überhaupt der Teutonenname keiner besondern Völkerschaft entsprach, ist aus dem Schweigen der Römer, die bis hierher vorgedrungen, mit Bestimmtheit zu entnehmen [3]). Mela und Plinius nennen die Teutonen doch nur, da sie die Cimbern erwähnen, also in gewisser historischer Reminiscenz. Daher ist auch kein Werth darauf zu legen, dass nach der Auslegung, die wir sonst den Nachrichten von Plinius geben müssen, die Teutonen zu dem friesischen Stamm zu zählen sein würden.

Der Hauptgrund aber, aus dem Ptolemaeus gleich östlich von dem alten Keltenlande Abkömmlinge, oder vielleicht Nachkommen der Teutonen nennt, wird sein, dass hier einst in uraltersgrauer Vorzeit mit „Teutonen" der Gegensatz zu den

---

1) Vgl. Chattuarii. 2) Vgl. Bajovarii. 3) Dieses gegen J. Grimm, der G. d. d. S. 641 aus ihrem Namen zu erweisen suchte, dass die heutigen Ditmarschen Nachkommen der Tentonen seien.

Kelten bezeichnet wurde. Die Wurzel des Wortes erscheint unzweifelhaft als eine deutsche. Die deutschen Germanen werden sich eben, nicht unähnlich wie es heute geschieht, dem benachbarten undeutschen Volke gegenüber „Teutonen" genannt haben [1]). Demnach liegt hier ein Gesammtname vor, der die Friesen nicht ausschliesst, allein auch nicht für sie, oder einen Theil von ihnen besonders gebraucht sein wird.

4. Sachsen.

Unter den Völkerschaften östlich von der Elbe nennen die besten Handschriften des Ptolemaeus die Axones [2]). Zweifelsohne sind darunter die Saxones zu verstehen, so dass jüngere Handschriften, indem sie diesen Namen mit dem andern vertauschten, eine nicht unberechtigte Correctur vornahmen.

Der Geograph stellt die Sachsen neben die grossen Chauken, die von ihnen durch die Elbe getrennt sind, und in den Süden der cimbrischen Halbinsel. Sie füllen den Rücken derselben. Durch fünf Völkerschaften, unter denen auch die Chauken, sind die Sachsen von den Cimbern geschieden, während die Teutonarier sie südlich von den Sueben trennen.

Dass die Sitze der Sachsen das Meer, und zwar die westlichen Gestade berührt, wird von Ptolemaeus freilich nicht gesagt: doch ist es gewiss seine Meinung, denn er erwähnt drei Eilande vor der Mündung der Elbe, die „Sachseninseln" genannt würden. Auch scheint die Aufzählung der nördlichen Völkerschaften darauf hinzuweisen, dass deren Wohnsitze in Einer Linie, in der Breite der Halbinsel, also oberhalb der Sachsen, gedacht wurden. Demnach ist anzunehmen, dass Ptolemaeus für seine Sachsen im wesentlichen das heutige Holstein und da vorzugsweise das westliche Land, Ditmarschen und ein Theil Stomarns, in Anspruch nahm.

Mit geringerer Sicherheit lässt sich sagen, an welche Inseln zu denken ist, da hier die Fluten der Nordsee das gesammte Land mannigfach umgestaltet haben. Doch ist die Frage ethno-

---

1) S. oben S. 213.   2) Ptol. II, 11

18*

graphisch auch von keiner grossen Bedeutung. Ptolemaeus erwähnt an diesem westlichen Gestade weiter nördlich noch drei andere Inseln: wodurch die Annahme gerechtfertigt erscheint, dass die Sachseninseln an der holsteinschen oder schleswigschen Küste lagen. Hier aber haben die Inseln in historischer Zeit friesische Bevölkerung: und es ist kaum anzunehmen, dass es je anders gewesen. Alsdann hat aber Ptolemaeus den Sachsennamen in die Geschichte eingeführt für Friesen.

So wenig Zweifel aber auch daran gerechtfertigt sein mögen, dass jene Eilande, seitdem Germanen sich in diesen Gegenden niedergelassen, von Friesen bewohnt waren: so gewiss ist es, dass letztere in historischer Zeit nicht als Sachsen bezeichnet wurden. Sie erscheinen bei den benachbarten Deutschen und Dänen sowie bei den Einwohnern Brittanniens gerade im Gegensatz zu den Sachsen als Friesen.

Trotzdem stehen aber die Nachricht des Ptolemaeus und die Annahme, dass die Sachseninseln von je her friesische Bevölkerung gehabt, nicht in Widerspruch mit einander. Geschichtlich lassen sich beide ganz gut vereinigen.

Für Jahrhunderte lang verschwindet nach der Zeit des Ptolemaeus der Sachsenname aus der Geschichte. Er taucht dann wiederum in Brittannien und auf dem Festlande in Gegenden auf, die zu den Brittannen Beziehungen hatten. Hier aber wurden überhaupt die eingedrungenen Germanen im Gegensatz zu den Kelten und Romanen von den Angesessenen „Sachsen" genannt: während von jenen selbst dieser Name noch viele Menschenalter hindurch nicht gebraucht wurde [1]. Kennt doch selbst der Sagenkreis im Beowulf noch keine Sachsen. Von Brittannien aus ist dann dieser Volksname wiederum nach dem Festlande getragen, wo er zuerst für die Friesen am Rhein, dann, im Gegensatz zu den Franken, für die Niederdeutschen zwischen Rhein und Elbe in Gebrauch kam. Somit ging die jüngere, allgemeinere Bedeutung des Sachsennamens von einer keltischen Bevölkerung aus, deren Vorfahren einst Norddeutschland bis zu der Gegend inne hatten, in der Ptolemaeus Sachsen kennt.

---

1) Vgl. unten S. 283.

Ist es gestattet, aus diesen hier kurz angedeuteten Verhältnissen Schlüsse zu ziehen, so hat einst in uraltersgrauer Vorzeit der Sachsenname eine ähnliche Bedeutung gehabt als der der Teutonen. Beide bezeichneten die den Kelten im Osten der Elbe benachbarten Germanen.

Während wir nun aber annehmen müssen, dass in dem Namen Teutonen eine deutsche Wurzel enthalten, und wissen, dass auch nur ein Anklang an ihn in historischer Zeit für keltische Volksnamen schwerlich vorhanden war: erinnert der Name der nicht selten genannten keltischen Tecto-sagen an den der Sachsen. Er erweist wenigstens das Vorhandensein von ähnlich klingenden Volksnamen in der keltischen Welt. Und da nun die Nachkommen der einst vom Festlande nach Brittannien übergesiedelten Kelten die Germanen, die ihnen auch dort die Sitze streitig machten, allesammt Sachsen nannten, während diese selbst den Namen erst in jüngerer Zeit für sich oder einen Theil von ihnen anwandten, so ist die Annahme wol gerechtfertigt, dass in jener unvordenklichen Zeit die Kelten die ihnen östlich von der Elbe benachbarten Germanen, die sich selbst vermuthlich Teutonen nannten, mit dem Namen Sachsen bezeichneten.

Ptolemaeus hat alsdann hier wie anderswo Nachrichten aus verschiedenen Zeiten zusammengetragen und zu einem geographischen Bilde zu vereinigen gesucht. Nach dem Begriff, der bei ihm vorauszusetzen, wird sich der Sachsen-, wie auch der Teutonenname mit über die Friesen erstreckt haben, ohne für einen Theil derselben besonders in Anspruch genommen werden zu können.

---

5. Friesen.

Der uralte Friesenname ist nach den Ueberlieferungen der Geschichte, selbst der grauesten Vorzeit, nicht, wie so oft, von einem Lande auf ein Volk, sondern umgekehrt erst von dem Volk auf einen Theil des von ihm bewohnten Landes übergegangen.

Friesen werden von den Alten auf dem vormals keltischen Boden zwischen der Mündung der Schelde und dem
Fluss Amisius (Ems) erwähnt. Dass sich das Volk noch
weiter ostwärts ausdehnte, war entweder nicht bekannt, oder
es ist nicht überliefert. Und doch war dieses zweifelsohne
der Fall.

Von vorn herein ist anzunehmen, dass die Friesen, da
sie sich weiter gen Westen ausdehnten, das bisher behauptete
Land, die alte Heimath, nicht ganz aufgegeben haben werden. Bestimmte geschichtliche Zeugnisse bestätigen diese Vermuthung.

Die römischen Heere trafen, indem sie am Meere entlang
vom Lande der Friesen gegen Osten zogen, regelmässig auf
die Chauken. Auch Plinius, Tacitus und Ptolemaeus stellen
die Sitze beider unmittelbar, und in jener Reihenfolge, neben
einander [1]). Nun aber erscheinen beide in durchaus gleichen
Verhältnissen. Sie schliessen sich leicht den Römern an [2]);
diese haben im Lande sowol der Friesen als auch der Chauken
Besatzungen unterhalten können [3]); an dem Aufstand gegen
Varus nahm keine der beiden Völkerschaften theil, so dass
Augustus sich auch noch am Abend seines Lebens rühmen
konnte, er habe das Reich über das Land ostwärts von den
Rheinmündungen bis zur Elbe hin, also über das Land der
Friesen, ausgedehnt [4]). In den Kriegen des Germanicus wer-
den sodann freilich nur die Hülfsschaaren der Chauken aus-
drücklich in dem römischen Heer erwähnt [5]): aber wie ihre,
so muss nach der Erzählung des Tacitus auch die friesische
Küste den Römern bei ihrem wiederholten Missgeschick zur
See als befreundetes Land erschienen sein. Zuletzt standen
dann noch in dem batavischen Aufstand die Schaaren der
Friesen und Chauken eng verbunden neben einander [6]).

Diese Nachrichten beweisen zunächst noch nicht mehr, als
dass Friesen und Chauken nahe Beziehungen zu einander

1) Ebenso wol Strabo VII, 1. 3. 2) S. oben S. 81. 3) Tac.
Ann. I, 38; IV, 72; IX, 19. 4) Res gest. divi Augusti cap. 26, 5.
10. 11. ed. Mommsen p. 71. 5) S. oben S. 146. 6) Hist. IV, 79;
s. oben S. 178.

hatten. Nirgends zeigt sich zwischen ihnen Feindschaft: während solche bei beiden Völkerschaften gegen die benachbarten Nichtsueben wiederholt zu Tage tritt. Der rasche Anschluss an die Römer und die stete Theilnahme der Chauken an den Feldzügen des Germanicus gegen die nichtsuebischen Völkerschaften südlich von ihnen, lässt vermuthen, dass die Römer hier eine alte Stammesfeindschaft für ihre Zwecke ausnutzen konnten [1]). Zeigten doch auch ausserdem die Chauken sich feindselig gegen die nichtsuebischen Ampsivarier [2]), wie die Friesen gegen die jenen verwandten Usipeter [3]).

Deutlicher tritt dann doch erst die Zusammengehörigkeit der Friesen und Chauken in den jüngern Jahrhunderten hervor. Da ist der Chaukenname verschwunden: und wo sie einst gesessen, treffen wir, doch ganz gewiss als ihre Nachkommen, zahlreiche einzelne Völkerschaften an, die als Friesen bezeichnet werden. Sie sind im Recht und in der Sprache den Friesen, welche die Römer kannten, nahe verwandt, und leben, gleich den Chauken, getrennt von, oft in Feindschaft mit den benachbarten Sachsen, den Nachkommen jener von ihnen südlich wohnenden Nichtsueben [4]).

Die Chauken reichten nach Ptolemaeus bis an die Elbe. Da entsteht nun die wichtige Frage: ob nicht auch Völkerschaften, die östlich von dem Fluss genannt werden, noch zu den Friesen gehörten?

Von den Alten werden hier keine Friesen genannt: aber ihnen ist ja auch die Zugehörigkeit der Chauken zu jenen entgangen.

Dahingegen erscheinen im Norden der Elbe, an der westlichen Küste seit dem neunten Jahrhundert wirklich Friesen. Ihr Name weist sie als solche aus: doch entscheidender ist es noch, da jener mit neuem Gebiet auf die Völkerschaft über-

---

1) Stammesfreundschaft zeigt sich nur in dem phantastischen Gerücht, welches Tacitus Ann. II, 17 in Betreff der Flucht des Arminius mittheilt. 2) Tac. Ann. XIII, 55. 3) Tac. Agric. 28. 4) Ueber die Verwandtschaft zwischen Friesen und Chauken vgl. Grimm, G. d. d. Sp. II, 678, und Richthofen im Staatswörterbuch IV, 2.

gegangen sein könnte, dass Sprache [1]) und Recht [2]) die uralte
Stammesverwandtschaft dieser nördlichen Friesen mit den schon
den Römern bekannten darthun. Dass nun aber jene hierher
in den fernen, ungastlichen Norden erst in jüngerer Zeit eingewandert, ist zwar eine alte Vermuthung [3]), die aber durch
keine geschichtlichen Thatsachen, und auch nicht durch jüngere
Verhältnisse gestützt wird [4]). Der altnordische Sagenkreis,
wie er zuerst im Beowulf niedergelegt wurde, kannte jene
Friesen bereits als Nachbarn der Dänen. Und wie wäre es
anzunehmen, dass das kleine Völkchen hier in dem fernen
Lande seinen heimischen Namen bewahrt, nicht den des Landes selbst angenommen; wenn es dorthin erst eingewandert,
und nicht seit Anfang seiner geschichtlichen Entwickelung
daselbst schon Sitze gehabt!

Stehen demnach der Vermuthung selbst, dass die Nordfriesen von denen zwischen Ems und Rhein abstammen, bereits
gewichtige Bedenken entgegen: so unterstützen auf der andern
Seite gewichtige historische Momente, obwol sie uns nur ganz
dunkel überliefert sind, die Annahme, dass umgekehrt von
hier aus die Friesen nach dem Rhein gezogen sind. Wissen
wir doch bestimmt, dass, während wir die Nordfriesen als Ureinwohner betrachten müssen, die Lande zwischen Ems und
Rhein, wo die Römer allein Friesen kannten, einst von Kelten
bewohnt wurden. Ja dasselbe ist für die Gebiete bis zur Elbe
hin in der grauesten Vorzeit anzunehmen: scheint doch selbst
der keltische Chaukenname dadurch auf die dort angesessenen
Friesen übergegangen zu sein [5]). Und mehr noch. Wenn die
Alten hier im äussersten Norden einen germanischen Stamm
mit dem Namen des keltischen Volkes bezeichneten, das einst
die Sitze der ihnen bekannten Friesen inne hatte: so liegt
auch darin, mag diese geschichtliche Thatsache nun erklärt
werden wie man will, eine enge Beziehung zwischen jenen

---

1) Grimm l. c. II, 668. 680 f.   2) Vgl. Richthofen, Friesische
Rechtsquellen, Vorwort.   3) Saxo Gramm. ed. Müller et Velschow p. 689.
4) Vgl. besonders Michelsen, Nordfriesland im Mittelalter S. 30 ff.
5) S. oben S. 207.

Friesen und der germanischen Völkerschaft im Norden, die die Alten mit keltischen Namen bezeichneten, den Cimbern.

Auch die geographische Stellung, welche dem hochberühmten Volke von den Alten gegeben wird, fordert dazu auf, sie mit den Friesen in Verbindung zu bringen. Strabo scheint schon einen Theil der Chauken zu den Cimbern zu rechnen, da er diese an der linken Seite der Elbe wohnen lässt [1]). Der kundige Tacitus aber nennt die Sitze der Cimbern am Meere, neben denen der Chauken [2]). Andere Berichte sind weniger genau.

Viel Werth ist endlich auch noch auf die ethnographischen Andeutungen der Alten zu geben. Die Cimbern gehörten nach ihnen nicht zu den Sueben: aber auch den Nichtsueben dürfen sie allen Nachrichten zufolge, welche über dieselben vorliegen, nicht zugezählt werden. Dahingegen hat uns Plinius ein ausdrückliches Zeugniss dafür überliefert, dass Cimbern und Chauken nahe verwandt [3]). Alle die vorgenannten Momente sprechen für die Richtigkeit dieses Zeugnisses: keine geschichtliche Ueberlieferung lässt sich dagegen anführen. Und so muss denn die Annahme, dass die Cimbern der Alten, wie ihre Chauken, zu den Friesen gehörten, als gerechtfertigt erscheinen [4]).

Eine Frage ganz anderer Art ist es nun, ob in jenen Nordfriesen die Cimbern fortleben? Die Beantwortung muss von der räumlichen Ausdehnung abhängen, die der vielberühmte Volksname im Norden der Elbe hatte. Allein hier ist eine unüberwindbare Schwierigkeit. Der Cimbernname hatte für Kelten und Italiker eine Bedeutung durch Verknüpfung mit einer Bewegung, deren Ausgang sie an den Westgestaden der weit gen Norden vorgeschobenen Halbinsel wussten. Daher war der Name durch sie hierhin übertragen, obwol seine ethnographische Bedeutung vom Rhein bis zur Weser, oder höchstens bis zur Elbe zu suchen war. Wenn auch die angeborne Friedfertigkeit der Friesennatur und die Nähe der römischen

---

1) Strabo VII, 1. 3.   2) Germ. cap. 37.   3) Plin. IV, 14: alterum genus Ingaevones, quorum pars Cimbri, Teutoni ac Chaucorum gentes.   4) Vgl. oben S. 270.

Flotte im Jahr 5 n. Chr. einen Theil der Küstenbewohner hier
im Norden bewogen hat, sich ·als Cimbern zu bekennen [1]):
so kann es doch keinem Zweifel unterliegen, dass im Norden
der Elbe eigentlich nie eine Völkerschaft jenen Namen getragen
hat [2]). Demnach werden die Nordfriesen freilich auch von den
Römern zu den Cimbern gezählt sein: aber wir sind nicht zu
der Annahme berechtigt, dass in ihnen das Gemeinwesen des
einst so gefürchteten Volkes noch fortgelebt. Vielmehr werden
sich die Cimbern der Alten einst unter anderem, vermuthlich
dem Friesennamen, längs des ganzen Gestades bis zu der
Elbmündung ausgedehnt haben. Sie werden dann, wie auch
anderwärts die friesischen Völkerschaften seit uralten Zeiten,
in lauter einzelne Gemeinwesen zerfallen sein: und die Alten
haben wol, als sie in diese Gegenden, von wo sich die Friesen
bereits weiter westlich ausgedehnt, bald alle, bald einzelne,
gemeiniglich aber die in dem unbekanntesten äussersten Norden
mit dem Namen bezeichnet, der hierher eigentlich nur durch
eine Art historisches Misverständniss hingerathen war.

Für uns entsteht die Frage, ob hier inmitten der germanischen Welt, der zweifelsohne der Cimbernname in seiner
den Alten geläufigen Bedeutung unbekannt war, ausser dem
allgemeinen Stammesnamen, noch andere, etwa für einzelne
Theile der Friesen geläufig waren? Zunächst wird da immer
an Teutonen gedacht werden, denn sie scheinen so eng verbunden mit den Cimbern, dass die Annahme ein und derselben
Stammesgemeinschaft für beide unabweisbar sein möchte. Obwol nun aber östlich von der Elbe Teutonen genannt werden,
so kann es doch zweifelhaft erscheinen, ob damit eine dort
angesessene friesische Völkerschaft verstanden werden darf.
Durch Missverständniss der Geographen kann dem Namen
daselbst eine locale Bedeutung gegeben sein, die ihm nicht
zukam. Anders steht es aber mit dem Namen Axones [3]), den
uns Ptolemaeus für eine Völkerschaft der Halbinsel aufbewahrt
hat, die im Süden derselben das mittlere Land bewohnte.
Ob sie im Westen an das Meer gereicht, kann zweifelhaft erscheinen: doch war dieses wol die Ansicht des Geographen,

---

1) S. oben S. 266.   2) S. oben S. 271.   3) Ptol. II, 11. (Vgl. S. 275 ff.)

da er auch mitzutheilen hatte, dass die Inseln vor der Elbmündung, es seien deren drei, Inseln der Sachsen genannt
würden. Durch diese Inseln werden aber die Axonen als
Friesen ausgewiesen, weil alle Inseln, welche da in Betracht
kommen können, noch heute von Friesen bewohnt werden,
und es gerade bei ihnen, schon der Dürftigkeit des Bodens
wegen, am allerwenigsten anzunehmen ist, dass Ankömmlinge
die Ureinwohner aus ihrer lieben Heimath verdrängt. Zur
Beglaubigung dient aber auch die jüngere Geschichte, weil in
ihr der Name Axonen, oder Saxonen, wie man dann sagte,
anfangs für Friesen gebraucht wurde. Dieses geschieht nun
aber vornehmlich für die Friesen am Rhein: und dadurch
wird der Gedanke nahe gelegt, dass der Sachsenname ursprünglich für den ganzen Friesenstamm gebraucht sei. Dafür
würde auch sprechen, dass der Sachs, jene Waffe, nach deren
Namen, alter Auslegung zufolge, der Volksname entstanden,
auch bei den Friesen in Gebrauch gewesen. Allein der Annahme steht die Thatsache gegenüber, dass der Sachsenname
doch schon sehr früh die Friesen nicht mehr mit umfasste,
vielmehr ganz auf die Nichtsueben überging: was gewiss nicht
möglich gewesen wäre, wenn er seit uralter Zeit den ganzen
Friesenstamm bezeichnet hätte.

Ueberhaupt liegt gar kein Grund vor, zu bezweifeln, dass
die Angehörigen des grossen germanischen Volksstammes, welcher sich in historischer Zeit über die Gestade und Inseln der
fernen Westküste Schleswigs bis über den Rhein erstreckte,
insgesammt seit der frühesten Zeit der Entwickelung Friesen genannt seien. Der Name blieb, obwol die Geschichte
kaum von einer Verbindung zu erzählen weiss, in der alten
Heimath haften, und die Ausgewanderten, die sich im westlichen Keltenlande niedergelassen, haben ihn auch hier weiter
geführt. Dadurch ist auch ein ziemlich sicherer Fingerzeig
für die Erklärung des Namens gegeben. Derselbe wird innerhalb der (deutsch-)germanischen Welt entstanden, also auch
germanischen Ursprungs sein. Allerdings wäre es wol möglich, dass die Kelten, da sie in dem Stamm der Chauken
noch die Elbe berührten, der Völkerschaft, die ihnen gegenüber
sass, und durch die sie hier vom Meere abgedrängt wurden,

den Namen gegeben. Allein es ist doch zu berücksichtigen, dass schon in jener altersgrauen Zeit östlich von germanischen Küstenbewohnern (deutsche) Germanen gewohnt haben müssen, mit denen jedenfalls, weil kein mächtiger Strom und kein Gebirge sie von einander schied, vielfache Berührungen stattfanden. Daher ist wol anzunehmen, dass diese Germanen noch weit früher als jene Kelten ein Bedürfniss empfanden, die ihnen verwandten, aber doch auch wieder nicht angehörigen Küstenbewohner mit Einem Namen zu bezeichnen. Insbesondere spricht aber auch der Umstand, dass die Friesen sich selbst mit diesem Namen nannten und noch nennen, ja dass sie ihn fortgeführt, trotz des Aufhörens aller Stammesverbindung, für die Annahme, dass der Name germanischen Ursprungs sei.

Das Wort zu erklären ist freilich trotzdem nicht leicht. Es können Cultur-, es können agrarische, es können ethnographische oder terrestrische Verhältnisse bei dieser Namensbildung von Einfluss gewesen sein, die sich völlig unserer Kunde entziehen.

Die bisherigen Erklärungsversuche werden schwerlich stichhaltig sein. Sie gehen zunächst von der noch keineswegs erwiesenen Annahme aus, dass der Name uns in einer Form überliefert [1]), welche unzweifelhaft die ursprüngliche Bedeutung noch erkennen lasse. Aber selbst zugegeben, dass diese Voruntersuchung zu einem Ergebniss führen würde, das eine einfache Erklärung nach dem Wortlaut ermöglicht: so lässt der altgermanische Wortschatz doch noch mehrere Auslegungen zu. Es ist, indem romanische Worte mit dem angelsächsischen frisle, fresle (Haarlocke) zusammengestellt, an eine Bezeichnung nach einer besonderen Haartracht gedacht [2]). Dass eine solche uns von den Friesen nicht überliefert, kann kein Grund gegen jene Ansicht sein: denn die Haartracht wurde, zumal da der Volksstamm inzwischen auseinandergerissen, vielleicht schon seit unvordenklichen Zeiten nicht mehr getragen, als die Alten endlich schwache Kunde über das weit entfernte, ihnen stets räthselhafte Volk erhielten. Es ist aber überhaupt

---

1) Zusammenstellung bei Zeuss S. 136 und vollständiger bei Grimm, G. d. D. Sprache S. 669.   2) Grimm a. a. O.

kaum glaublich, dass eine derartige Volkstracht sich früher ausgebildet, als für die umwohnende Völkerschaft, ja für das Volk selbst, eine Nothwendigkeit vorhanden war, die Friesen zu nennen. Eher möchte schon an Verwandtschaft mit dem gothischen fraisan, das auch im Althochdeutschen und Angelsächsischen anzunehmen, zu denken sein [1]). Danach würden Friesen die Wagenden, die Muthigen sein. Der geschichtliche Anlass zu dieser Bezeichnung müsste aber alsdann ausserhalb unserer geschichtlichen Kunde liegen, denn das Zurückdrängen der Kelten kann den Namen kaum veranlasst haben, da, wie die Nordfriesen ausweisen, der Name älter sein muss als jenes wichtige Ereigniss. Es könnte auch an ein Wagen zur See gedacht werden, weil sie von je her das Element der Friesen gewesen zu sein scheint. Während aber für das Volk selbst dieses Wagen nichts Bezeichnendes sein konnte — weil doch anzunehmen, dass es ganz ihrer Natur entsprach, ganz mit ihnen verwachsen war —, ist auch kaum glaublich, dass die germanischen Völkerschaften in ihrem Rücken die Friesen nach einer Beschäftigung nannten, für welche sie doch wol nur wenig Sinn und Verständniss hatten, und durch die sie selbst nicht berührt wurden.

Keine der angegebenen Worterklärungen darf darnach als eine befriedigende angesehen werden.

Am nächsten liegt es wol noch an geographische Verhältnisse zu denken. Auch als sie sich noch nicht auf Kosten der Kelten ausgedehnt, müssen die Friesen die Gestade des Meeres bewohnt haben. Dieses erscheint überhaupt so sehr als ein von ihnen begrenztes Element, dass es nach den Friesen genannt wurde. Sollte dieses von Einfluss auf den Namen gewesen sein? Haben vielleicht die nachrückenden suebischen Völkerschaften die Friesen aus dem Innern mehr nach den Gestaden des Meeres gedrängt und sie hiernach nun genannt?

---

1) So zuerst Zeuss, dann, sich anschliessend, Grimm.

Druckfehler.

S. 17 N. Z. 2 l.: profugi.
S. 20 Z. 21 l.: Pythens.
S. 27 Z. 20 l.: Nemeten.